『산업보안 및 위기관리』 국제표준 개론

박현호

박영사

머리말

표준은 보안 및 재난안전 산업을 포함한 산업 경제와 기업성장을 견인하는 국가경쟁력의 핵심 요소인 동시에 각종 테러 공격이나 범죄, 재난으로부터 국민의 편안하고 안전한 삶을 보장하는 국가인프라에 해당한다.

저자는 보안, 범죄과학, 리스크·위기 관리(risk·crisis management) 분야에서 약 10여년 간 연구책임자로서 다수의 연구프로젝트를 수행하고 관련 국제 및 국내 표준화 기구에서 활동해 왔다. 개인적으로 표준을 접한 최초의 경험은 현직 경찰관 신분으로 2000년대 초반에 공무원 국외훈련 프로그램의 지원을 받아 영국에 교육 파견을 가서 석사과정 공부를 하던 중에 있었다. 당시 만나서 많은 이야기를 나눈 영국 경찰관들이 보안과 범죄예방 분야에서 EN, BS, PAS 등 표준을 수시로 언급 및 강조하는 점을 보고 한국에는 왜 이런 표준이 없고 표준화가 안되어 있는지에 대한 강한 호기심에서 표준을 연구하면서, 그리고 이를 통해 우리나라에서는 헌법 제127조에 의해 국내외 표준체계를 총괄하는 산업통상부와 국가기술표준원(특히 당시 박정우·조영돈 연구관님) 관계자분들의 열정적인 가이드와 도움을 받아 국내와 스위스 ISO 본부 등에서 표준화 전문교육을 이수하면서, 나아가 관련 분야 ISO 표준 기술위원회 총회와 워킹그룹 회의에 참여하면서 표준 전문가로 성장하게 되었다.

초기인 2007~2010년 사이에는 유럽 CEN/TC 325(물리보안)에 국제옵서버로 참여하여 활동하면서 비엔나 협약의 의미를 다소나마 이해하게 되었다. 2009년에 ISO/TC 292로 통합된 ISO 프로젝트위원회 ISO/PC 246 제품위조방지(anti-counterfeiting tools)에 한국 전문가로 참여를 시작하였고, 2010년부터는 ISO/TC 247 위조사기방지(fraud countermeasures and control)의 워킹그룹 컨비너, ISO COPOLCO(소비자정책위원회)의 태스크그룹 컨비너로 각각 임명되어 더 이상 방관자가 아닌 리더급으로 활동을 하기 시작했다. 특히 2014년 7월에는 컨비너 자격으로 국가기술표준원과 함께 서울에서 ISO/TC 247 총회를 성공적으로 개최한 바 있다. TC247이 2015년 1월에 ISO/TC292 보안 및 회복력(Security and Resilience)에 흡수되고 나서는 산업보안, 재난관리, 위기관리 분야의 다양한 워킹그룹에 참여하면서 프로젝트리더 및 전문가로서 ISO 국제표준을 제안하거나 코멘트 제시, 회의 주재 등의 적극적인 방식으로 활동하였다.

저자의 표준 개발 노력을 연대기적으로 돌이켜 보면, 2007년~2011년 간 매년 국가기술표준원(KATS) 학술연구용역 '범죄예방환경설계 (CPTED) 표준화 연구'을 통해 KS A 8800 1종을 제정 완료하였고, KS 표준안 5종 개발을 완료한 바 있다. 이후 2012~2014년에는 국가표준기술력향상사업 R&D 총괄책임자 과제 수행으로 ISO 22380 표준을 제안 및 제정 완료하였으며, 2017~2020년에도 총괄책임자 과제 수행으로 물리보안 분야에서는 처음으로 ISO 22341 범죄예방환경설계 표준을 제안 및 제정 달성하였다. 국가표준인 KS 4종도 제안하여 입법예고를 완료한 바 있다. 연구 성과인 ISO 22341 제정으로 우리나라가 보안 및 범죄예방시스템 분야 국제표준화를 주도하고, 보안산업 및 방범기기 시장을 선점할 수 있는 기반을 마련하였으며 서비스 표준으로서 ISO 22341는 CPTED 분야 세계 최초의 국제표준으로서 이 분야 산업화와 응용 분야에 다양하게 활용될 수 있는 표준이다. 이 밖에도 한국표준협회 부합화 표준 제정안 개발 과제 연구책임 수행으로 ISO 22380, 22381, 22382(제품위조방지 3종) 및 ISO 18385, 21043-1, 21043-2(법과학 3종)의 부합화를 수행하였다. 또한 2017~2020년(4년) 간 국제저명저널 SCI급 2편과 연구재단 등재지 포함 총 22건의 보안 및 리스크관리 표준화 분야 논문을 발표한 바 있다.

표준의 선진화 및 활용 활성화에도 기여하였다. 먼저 공공서비스 전문위원회 위원으로서 재난관리, 범죄예방, 법과학, 부패방지경영시스템 등 30여종의 서비스 표준의 KS제정 및 개정 활동에 참여하였다. 2016~2019년 간 대학, 경찰청 등 정부 기관 등을 대상으로 범죄예방 시스템 표준화 등 강의와 컨설팅을 하여 국제표준과 국가표준 도입을 권고하고 표준화가 미진한 경찰의 범죄예방시설 환경디자인 분야 표준화를 지원하였다. 또 저자가 주도하여 제정한 ISO 22341 표준의 보급과 표준화를 위해 보안 및 범죄예방 표준화 사업 관련 핵심 전문단체인 (사)한국방범기술산업협회의 범죄예방성능 관련 단체표준 2건 제정을 완료하였다. 이후 단체표준 제정 후 인증심사위원회를 거쳐서 (사)한국방범기술산업협회의 1호 단체표준 인증을 획득하는 등 산업화에도 기여하였다.

이러한 개인의 표준화 경험과 연구를 통해 쌓은 지식과 정보를 저술 작업을 통해 보다 많은 분들과 공유하고 싶은 마음이 간절하던 차에 2017년 한국연구재단의 연구사업에 채택되어 4년여의 작업 끝에 이 책을 출간하게 되었다.

아무쪼록 이 저서가 산업보안, 재난관리, 위기관리 분야에서 열띠게 진행되고 있는 ISO 표준화의 내용에 대하여 나름 유익한 정보이자 소스가 되어 주기를 바라마지 않는다. 저자가 본서에 나오는 방대한 표준 분야를 모두 잘 아는 전문가는 아니며 그것은 사실상 불가능하다. 분량이 방대하고 분야도 다양한 표준 분야 학술서의 저술은 당연하게도 큰 어려움과 도전을 받았고 그런 이유로 완성도에 한계가 많음을 고백하며 이 분야 전문가와 연구자들께서 너그러운 마음으로 양해를 구하는 바이다. 다만 겸허한 마음으로 표준의 내용을 번역, 정리, 해석, 재해석 과정을 통해 내용을 요약하고 시사점도 발굴하기 위해 장기간 성실하게 땀을 흘린 점에 스스로 자긍심을 갖고 위안을 삼고자 한다. 앞으로 독자분들께 이 저서의 완성도가 조금이라도 향상되기 위한 지적과 조언을 머리 숙여 요청드리고자 한다.

이 책이 나오기까지 많은 사람의 인내와 배려가 있었다. 우선 오랜 연구와 집필로 인하여 자주 힘들어하던 저자를 늘 감싸고 응원해주신 부모님, 항상 격려와 위로를 아끼지 않은 아내와 사랑스런 딸 상미, 시연, 지안에게 감사한다. 또한 고된 집필과 교정 과정에서 지도교수를 철석같이 믿고 처음부터 끝까지 정성으로 도와준 연구소의 박민진, 정지연 연구원에게 머리 숙여 고마움을 표현하고 싶다. 그리고 그간 저자의 연구를 직접, 간접적으로 도와주신 장태우 교수(경기대), 이주락 교수(중앙대), 김면기·서준배 교수(경찰대), 김학경 교수(성신여대), 정제용 교수(울산대), 조준택 박사(경찰인재개발원), 박윤규 회장님(한국방범기술산업협회), 표창원 소장님(표창원범죄과학연구소), 국내 소방시설 표준화에 대응하여 방범시설 성능표준화를 도와주신 민갑룡 경찰청장님, 박인욱 센터장 및 김효건 연구원(KCL), 신지웅 대표님과 고정림 사장님(EAN 테크놀로지)을 비롯하여 많은 분들께 감사한 마음을 전하고자 한다. 무엇보다 국제표준 ISO/TC 292 등에 대응하는 공공서비스 전문위원회의 위원님들과 국가기술표준원 및 한국표준협회, 한국산업기술평가관리원 담당자분들의 정성 어린 조언과 기여도 저술에 큰 힘이 되었다.

마지막으로 어려운 출판환경과 여러 가지 무리한 부탁에도 불구하고 흔쾌히 응해주신 도서출판 박영사의 직원분들과 멋진 모습의 저서를 위해 세심하게 편집을 맡아 주신 염상호 위원께 감사의 마음을 전하고자 한다.

저를 아는 모든 분들의 안전과 행복을 기원하며......
2021년 8월에 부아산 자락 연구실에서

차례

CHAPTER 03
보안 표적, 위협, 대응책

CHAPTER 04
업무연속성관리

CHAPTER 05
제품 및 문서 보안

CHAPTER 06
보호적 보안

CHAPTER 07
긴급사태관리 및 커뮤니티 회복력

CHAPTER 08
산업보안 및 위기관리 분야 국제표준화의 전망

표 목차

그림 목차

CHAPTER

01

서론

『산업보안 및 위기관리』
국제표준 개론

제1절　연구저술의 배경 및 목적

표준이 보안산업을 포함한 산업 경제와 기업성장을 견인하는 국가경쟁력의 핵심 요소인 동시에 각종 테러 공격이나 범죄, 재난으로부터 국민의 편안하고 안전한 삶을 보장하는 국가인프라라는 전 세계적인 인식이 확산되고 있다. 이렇게 안전이 향상된 사회에 대한 요구 등을 만족시키고 기업의 생산경쟁력을 향상시키기 위한 표준화 정책을 펼 필요가 있으며 융·복합분야 등 신성장분야에 대한 표준을 개발하고 부처간 협력체계를 공고히 하여 신수요 분야에 대한 표준 확대 등을 지속적으로 추진해야 한다. 최근, 표준의 기능과 역할은 사회적 현상과 국민 욕구의 다양화로 인해 그 범위가 대폭 확대되고 있다.[1]

ISO/IEC Guide 2(표준화 및 관련 활동에 대한 일반용어 및 정의, 1991)에 따르면 "표준은 공통적이고 반복적인 사용을 위하여 합의에 의해 제정되고 인정된 기관에서 승인된 문서로서, 주어진 여건 아래서 최적의 질서 확립을 목적으로 하는 활동이나 그 결과에 대한 규칙, 지침 또는 특성을 제공한다"라고 정의되고 있다. 표준화는 표준을 개발하고 발간하며 이행하는 프로세스를 말하며, 표준의 보급과 이해관계자들에게 관련된 정보를 제공하는 것 등을 포함한다.[2] 이러한 표준은 다양한 산업 분야에서 채택되어 막대한 경제적 파급효과를 유발하고 있으며, 사회 발전에 의한 시대적 요구에 따라 표준의 글로벌 및 사회적 니즈가 변화하고 있다.

1980년대에는 산업경쟁력 강화를 위한 전통기간사업 및 정보통신 중심에서 1990년대 산업화가 발달되면서 분야가 다양해졌고 1990년에는 환경, 2000년에는 식품안전 분야가 강화되었다. 2010년에는 안전하고 행복한 국민생활 안전분야 및 보안에 대한 요구가 증대하고 있다.[3] 이에 따라 공공행정 및 산업경영 분

---

1) 국가기술표준원(2014). 국가기술표준백서.

2) 상게서, p. 15.

3) 유병태(2014). 재난분야 국제표준(ISO/TC 223) 현황분석 및 효율적 대응방안, 대한안전경영 과학회지. v.16 no.1.

야를 아우르는 품질경영시스템(ISO 9001), 환경경영시스템(ISO 14000), 식품안전경영시스템(ISO 22000), 도로교통안전경영시스템(ISO/PC 241) 표준화의 흐름에 이어서 범죄예방 및 보안경영시스템(Security Management System)과 같은 사회시스템도 ISO 표준화가 적극적으로 진행되고 있는 것이다.

2015년 1월부터 기존의 국제표준기구(International Standard Organization: ISO) 내에서 운영하는 기술위원회(Technical Committee: TC)인 ISO/TC 223(Societal security-사회안전)이 ISO/TC 247(Fraud countermeasures and control-제품/문서보안), ISO/TC 284(Management system for quality of Private Security Company operations-민간보안산업의 품질경영시스템), 그리고 물류보안 표준인 ISO 28000 시리즈를 제정해 온 ISO/TC 8(Supply chain security-공급사슬보안경영시스템) 등 4개의 기술위원회가 ISO/TC 292 Security and Resilience(보안 및 회복력) 하나로

▎그림 1-1 TC 292 총회 장면과 회원국 현황

통합되어 운영되기 시작하였다. TC 292는 2015년 1월 시작단계에서는 TC의 타이틀을 '보안(Security)'으로 하였으나 전 세계적으로 각종 테러공격이나 재난 등의 대규모 손실 리스크로 인해 불확실성(Uncertainty)이 높아가고 보안 실패의 상황이 빈발하는 가운데 국가, 기업, 개인의 업무연속성(Public private business continuity)과 회복력(Resilience)의 중요성이 강조되면서 '보안 및 회복력(Security and resilience)'으로 변경되었다

전체적인 TC 292의 표준화 내용의 모습은 민간 및 공공 보안과 범죄·테러 안전, 그리고 산업 위기관리 요소들이 혼합되어 있다고 볼 수 있다. 그러나 제정되었거나 개발 진행 중인 TC 292 내의 표준들은 대부분 공공보안이나 산업보안 분야에 그 성격상 직접 적용해야 하거나 직·간접적으로 활용할 수 있는 것들이다. 크게 보면 TC 292는 업무연속성관리, 긴급사태관리(비상경영)4) 및 재난관리, 회복력, 지식재산권(IPR) 보호를 위한 제품과 문서의 보안, 영상감시 및 접근통제 등 물리적 보안과 보안서비스 품질경영, 물류보안관리 등으로 구분될 수 있다. 공식적으로 TC 292 홈페이지 www.isoTC 292online.org에서 제시된 WG별 보안 분야 표준화의 틀은 <그림 1-2>과 같다.

▌그림 1-2 ISO/TC 292의 워킹그룹 별 표준화의 틀5)

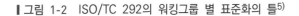

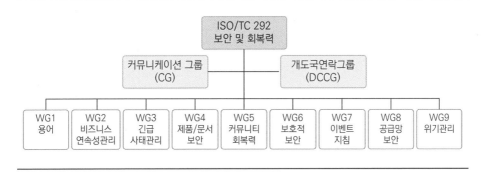

---

4) Emergency management를 사전에서는 응급관리, 재난관리 등으로 해석하고 KS A ISO 22320:2014에서는 긴급사태관리로 번역을 했으나 저자는 이를 국가표준서에 맞게 주로 긴급사태관리로 표현하되 기업 차원에서는 긴급사태라기 보다는 비상 상황에서의 경영관리를 다루는 사안이므로 비상경영이라는 용어도 혼용하고자 한다.

5) 2019년을 기점으로 Working Group 7: Guidelines for events(이벤트 지침), Working Group 8: Supply chain security(공급사슬보안), Working Group 9: Crisis management(위기관리)로 조직이 추가 또는 변경되었음을 밝힌다.

여기서 TC 292는 산업보안 분야에서 다루어지는 일반적인 주제들과 크게 다르지 않지만 재난관리, 회복력, 물류보안 등은 산업보안과 연관성은 있으되 다소 특화된 보안 영역들을 포괄하고 있는 것으로 분석된다. 실제로 2015년 12월 인도네시아 발리에 개최된 TC 292 총회에서도 보안 분야의 새로운 워킹그룹의 설립을 권고한 바 있고 그만큼 향후 TC 292 안에서 보안 관련 표준화의 영역이 넓어지고 확대되는 방향으로 나아갈 수 있다는 것을 시사한다.

한 국가가 국제표준화에 대응하지 못하면 그 국가의 국제 경쟁력과 대외 신뢰도가 약화되고 산업과 경제의 손실이 매우 커지기 때문에 관련 정부부처와 산업은 위기관리와 리스크관리 차원에서 적절히 표준화의 흐름과 내용을 잘 파악하고 대응해야 한다. 수출입 등 산업의 대외 의존도가 높은 우리나라에서 조직의 경쟁력 강화를 위한 기본사항이 되어 수많은 기업과 조직들이 ISO 9001 품질경영시스템 인증을 획득하고 있듯이 조만간 TC 292에 의해 제정되고 있는 여러 보안경영시스템 관련 표준의 인증 획득은 관련 산업과 조직의 필수 요구사항이 될 공산이 크다.

그러나 국내에서는 이렇게 중차대한 산업보안 및 위기관리 분야의 국제표준화의 내용을 종합적이고 체계적으로 설명해 주고 있는 학술서는 전무한 실정이다. 따라서 이 연구는 우리나라의 공공행정 및 민간산업의 보안 및 안전 분야에 충분한 지식과 정보를 제공하여 그러한 국제적 표준화 경향에 잘 대비 및 대응할 수 있도록 '보안 및 회복력(Security and Resilience)'을 타이틀로 하는 국제표준기구 기술위원회인 ISO/TC 292에서 제정 및 진행되고 있는 국제표준들을 분석하여 그 내용과 관련된 지식과 정보를 공유하기 위해 그 주요 내용을 제공하고자 하는 것이다.

물론 산업보안, 물리보안 및 범죄예방환경설계, 긴급사태관리, 업무연속성관리, 지식재산권 침해 방지 등의 개념 사용은 우리나라에서도 분야 별로 점차 활성화되고는 있으나 산업보안 및 위기관리의 전체가 아닌 부분만을 다루고 있다. 또한 국제표준기구(ISO)와 국제전기기술위원회(IEC)의 합동전문위원회인 ISO/IEC JTC 1나 IETF, ITU－T, 3GPP 등에서도 글로벌 표준화가 수행되고 있기는 하지만 정보통신시스템에서 저장 및 유통되는 정보의 기밀성(정보누출 방지)과 무결성(데이터 위·변조 방지)을 보장하며, 정보통신 시스템의 안전성과 가용성을 향상시키는데 필요한 핵심기술을 지칭하는 소위 정보보호기술(IT security techniques)[6]에 치중하고 있다. 따라서 보안과 회복력에 대해 종합적이고 포괄적으로 다루고 있는 국제적 표준화는 최초의 일이다. 더욱이 학제적 성격이 강하다보니 법학, 경찰학, 범죄학, 행정학, 보안경영학(Security Management), 산업보안학(Industrial Security) 분야 등의 학계에서는 제대로 인지되거나 알려지지 않았다. 따라서 이 저술은 이러한 세계적인 표준화 경향에 발맞추어 본질적 차원(Fundamental dimension)에서 보안과 회복력 분야의 학문성에 대해 심도 있게 탐색 및 논의하고, 실용적 차원(Pragmatic dimension)에서 이 분야의 개념과 내용, 범위 등에 대한 국제적인 기준을 체계적으로 안내하고자 한다. 이를 통해 그러한 학문적/실무적 갭(Gap)을 메우고 수요를 충족시키고자 한다.

---

6) 염흥열, 정보보호일반표준화로드맵 2006. TTA

제2절 주요 내용

TC 292의 사업 범위는 크게 보면 사회의 안전과 회복력 제고를 위한 보안 분야 시스템 표준화이다. 따라서 저술내용은 전체적으로 TC 292의 공식 웹사이트(www.isoTC 292online.org)에서 제시하는 바대로 워킹그룹 별 표준화 주제를 따라 (1) 용어 정의(Terminology) 및 일반적 보안 기준, (2) 업무연속성 및 조직회복력(Continuity and organizational resilience), (3) 긴급사태관리 및 재난관리(Emergency management), (4) 제품·문서의 보안관리(Authenticity, integrity and trust for products and documents)7), (5) 커뮤니티 회복력(Community resilience), (6) 보호적/물리적 보안 (Protective security), (7) 이벤트 지침(Guidelines for events), (8) 공급사슬보안 경영시스템(Supply chain security management), (9) 위기관리(Crisis management)의 순으로 제정 또는 진행 중인 표준화 내용을 구체적으로 제시하고자 한다. 또한 동시에 이러한 보안 분야 표준화 내용을 다루기 이전에 이 표준들이 대상으로 하고 있는 각종 보안 위협 요소들로서 ISO 보안분야 전략자문그룹(SAG-S)이 제시하고 있는 보안 공격 타겟과 위협의 목록(Inventory of security-related standards)도 체계적으로 설명하고자 한다.

2020년 2월 현재 TC 292에서 제정 및 진행 중인 표준은 약 55개로 집계된다. 이 중에서도 <표 1-1>은 특히 산업보안 및 위기관리/회복력과 관련성이 크며 제정이 완료된 국제표준들이며 용어, 업무연속성관리, 긴급사태관리, 위조제품 거래 방지시스템, 대피계획, 민관 파트너십, 영상보안감시, 민간보안서비스경영, 공급사슬보안 등 다양하다.

---

7) 직역하면 '제품·문서의 위조방지를 위한 정품성, 무결성과 신뢰'이나 WG4의 작업 범위가 전체적으로 보면 제품/문서의 보안에 해당하여 이렇게 의역하였다.

표준명(영문)	표준명(한글)
ISO 22300 Societal security – Terminology	용어
ISO/TR 22312 Societal security – Technological capabilities	기술적 역량
ISO 22398 Societal security – Guidelines for exercises	훈련을 위한 지침
ISO 22301 Business continuity management systems(BCMS) – Requirements	업무연속성관리시스템 요구사항
ISO 22313 BCMS – Guidance	업무연속성관리시스템 지침
ISO/TS 22317 BCMS – Guidelines for business impact analysis(BIA)	업무연속성관리시스템 – 업무영향분석(BIA) 지침
ISO/TS 22318 BCMS – Guidelines for supply chain continuity	업무연속성관리시스템 – 공급사슬 연속성 지침
ISO/TS 22330 Security and resilience – Business continuity management systems – Guidelines for people aspects on business continuity	업무연속성관리시스템 – 업무연속성의 인적 요소 지침
ISO/TS 22331 Security and resilience – Business continuity management systems – Guidelines for business continuity strategy	업무연속성관리시스템 – 업무연속성 전략 지침
ISO/IEC/TS 17021 – 6 Conformity assessment – Requirements for bodies providing audit and certification of management systems – Part 6: Competence requirements for auditing and certification of business continuity management systems	적합성 평가를 위한 업무연속성관리시스템 인증심사를 위한 역량 요구사항
ISO 12931 Performance criteria for authentication solutions used to combat counterfeiting of material goods	유형제품8)의 위조방지에 사용되는 진품판정솔루션의 성능기준
ISO 16678 Guidelines for interoperable object identification and related authentication systems to deter counterfeiting and illicit trade	상호운용 가능한 상품식별과 위조·불법거래 방지를 위한 입증 시스템 지침

---

8) material goods는 '물질적 재화'로 번역될 수 있으나 본서에서는 가독성을 고려하여 '형태가 있는 제품'이라는 의미로 유형제품으로 번역하였다.

표준명(영문)	표준명(한글)
ISO 22311 Societal security – Video – surveillance – Export interoperability	영상감시 송출의 상호운용성
ISO 18788 Management system for private security operations – Requirements with guidance for use	민간보안서비스 경영시스템의 사용 지침 요구사항
ISO 28000 Specification for security management systems for the supply chain	공급사슬 보안경영시스템 시방 – ISO 28000 실행지침
ISO 28001 Security management systems for the supply chain – Best practices for implementing supply chain security, assessments and plans – Requirements and guidance	공급사슬보안경영시스템 – 공급사슬 보안의 실행, 평가, 계획의 모범경영
ISO 28002 Security management systems for the supply chain – Development of resilience in the supply chain – Requirements with guidance for use	공급사슬보안경영시스템 – 공급사슬 회복력 개발 사용 지침 요구사항
ISO 28003 Security management systems for the supply chain – Requirements for bodies providing audit and certification of supply chain security management systems	고급사슬보안경영시스템 – 심사 및 인증기관 요구사항
ISO 28004 Security management systems for the supply chain – Guidelines for the implementation of ISO 28000 (Part 1 – 4)	공급사슬 보안경영시스템 – ISO 28000 실행지침
ISO 22320 Societal security – Emergency management – Guidelines for incident management	긴급사태관리 – 사고관리 지침
ISO 22322 Societal security – Emergency management – Guidelines for public warning	긴급사태관리 – 공공 예보 · 경보
ISO 22324 Societal security – Emergency management – Guidelines for colour coded alert	긴급사태관리 – 컬러 경고 코드
ISO 22325 Security and resilience – Emergency management – Guidelines for capability assessment	긴급사태관리 – 역량평가 지침
ISO 22326 Security and resilience – Emergency management – Guidelines for monitoring facilities with identified hazards	긴급사태관리 – 확인된 위험 시설의 모니터링 지침
ISO/TR 22351 Societal security – Emergency management – Message structure for exchange of information	긴급사태관리 – 정보 교환을 위한 메시지 구조

표준명(영문)	표준명(한글)
ISO 22315 Societal security – Mass evacuation – Guidelines for planning	공동체 회복력 – 대규모 대피 계획 지침
ISO 22319 Security and resilience – Community resilience – Guidelines for planning the involvement of spontaneous volunteers	공동체 회복력 – 긴급 자원봉사자 참여 기획 지침
ISO 22395 Security and resilience – Community resilience – Guidelines for supporting vulnerable persons in an emergency	공동체 회복력 – 긴급사태 시 취약집단 지원 지침
ISO 22396 Security and resilience – Community resilience – Guidelines for information sharing between organisations	공동체 회복력 – 조직간 정보교환 지침
ISO 22397 Societal security – Guidelines for establishing partnering arrangements	파트너십 협정 지침

TC 292에서 제정/개정 진행 중인 표준 중에서 보다 핵심적인 표준 프로젝트는 <표 1−2>와 같다. 이 또한 조직 회복력, 업무연속성 절차 개발 지침, 긴급사태관리를 위한 자연재난 조기경보, 보안 아키텍쳐, 진품판정솔루션 성능기준, 범죄예방환경설계, 도시회복력 지침 등 매우 포괄적이고 다양하다. 특히 WG6에서 주도하고 있는 보호적 보안 영역에서는 물리보안, 보안 프로그램 및 시스템 관리, 사건·사고관리, 인적 보안, 정보보안, 감시기술 등 범죄예방과 보안에 관한 가장 폭넓은 표준화 로드맵을 구성하였다.

▼ 표 1-2 ISO/TC 292에서 제정 중인 보안 · 회복력 표준[9]

표준 프로젝트(영문)	표준 프로젝트(한글)
ISO 22300 Security and resilience – Vocabulary	용어 정의(개정 중)
ISO 22398 Security and resilience – Guidelines for exercises	연습/훈련 지침

9) TC 292에서 진행 중인 표준화 프로젝트들은 상황과 필요에 따라서 종종 수시로 다른 TC로 이전하거나 중단시키거나 폐지되고 개정되고 있어서 실시간으로 본서에서 최신 상태로 업데이트하기는 현실적으로 극히 곤란하여 전체적인 표준화 진행 트랜드만을 보여준다는 점을 밝힌다. 참고로 ISO 표준의 제정 절차는 일반적으로 PWI(예비)→NP/AWI(제안)→WD(준비)→CD(위원회)→DIS(질의 및 승인)→IS(출판)의 순서로 진행된다.

표준 프로젝트(영문)	표준 프로젝트(한글)
ISO/TS 22332 Security and resilience – Business continuity management systems – Guidelines for developing business continuity procedures	업무연속성관리시스템 – 업무연속성 절차 개발 지침
ISO 22383 Security and resilience – Authenticity, integrity and trust for products and documents – Guidelines and performance criteria for authentication solutions for material goods [CD – Revision of ISO 12931]	유형제품의 위조방지에 사용되는 진품판정솔루션의 성능기준
ISO 22384 Security and resilience – Authenticity, integrity and trust for products and documents – Guidelines to establish and monitor a protection plan and its implementation	보호계획 수립 및 구현 모니터링 지침
ISO 22385 Security and resilience – Authenticity, integrity and trust for products and documents – Guidelines for establishing a framework for trust and interoperability	신용 및 상호운용성 프레임워크 수립 지침
ISO 22340 Security and resilience – Protective security – Guidelines for security architecture, framework and controls	보호적 보안의 아키텍쳐, 프레임워크 가이드라인
ISO 22341 Security and resilience – Protective security – Guidelines for crime prevention through environmental design	범죄예방환경설계 가이드라인
ISO 22342 Security and resilience – Protective security – Guidelines for the development of a security plan for an organization	조직의 보안계획 개발 지침
ISO 22343 Security and resilience – Vehicle security barriers – Performance requirement, vehicle impact test method and performance rating	차량 보안 베리어의 성능 요구사항, 차량충격 시험방법 및 성능 등급
ISO 22328-1 Security and resilience – Emergency management – Guidelines for implementation of a community–based natural disasters early warning system	긴급사태관리 – 지역사회 기반 자연재난 조기경보시스템 구현 지침

표준 프로젝트(영문)	표준 프로젝트(한글)
ISO 22329 Security and resilience – Emergency management – Guidelines for the use of social media in emergencies	긴급사태관리 – 긴급사태 시 소셜미디어 사용 지침
ISO 22350 Security and resilience – Emergency management – Framework	긴급사태관리-프레임워크
ISO 22392 Security and resilience – Community resilience – Guidelines for conducting peer reviews	공동체 회복력 – 동료 리뷰 수행 지침
ISO 22370 Security and resilience – Community resilience – Framework and principles for urban resilience	공동체 회복력 – 도시회복력 프레임워크 및 원칙
ISO 22360 Security and resilience – Crisis management – Concepts, principles and framework	위기관리 – 개념, 원칙 및 프레임워크
ISO 22361 Security and resilience – Crisis management – Guidelines for developing a strategic capability	위기관리 – 전략적 역량 개발 지침

　물론 회원국 간의 경쟁의식 등 여러 현실적 한계와 장애가 존재하는 것도 맞지만 보안(Security)과 회복력(Resilience)이라는 매우 핵심적인 용어조차도 국제표준인 ISO 내에서 개념정의가 완전한 합의에 도달하지 못하고 현재도 논의가 진행 중에 있다. 이런 이유로 보안과 안전의 문제는 전 세계적으로 중요한 이슈가 되고 있지만 모범적인 관리시스템과 실용적인 실무기법(Practice)이 상호 전달 및 호환되지 못하면서 국가 간 교류와 전체적인 보안·안전 사고의 예방/대비/대응/복구 수준이 제고되지 못하는 어려움에 봉착한 것이다. 또한 보안이라는 용어와 영역에 대해 관련 기술위원회마다 서로 다른 목소리와 정의를 내리면서 조화되지 못하고 상호 충돌하는 양상이 발생하자 2014년 6월에 ISO 산하 기술관리위원회(TMB)에서 위원회 간 조화(Harmony)와 통일성 향상을 위해 연관된 모든 TC들을 통합하여 하나의 TC를 설립하는 결정을 내림으로써 TC 292가 탄생하게 된 것이다.

　따라서 이 저술은 위와 같은 내용들을 중점적으로 다루되 용어의 정의부터 각각의 산업보안 및 위기관리 분야별로 국제표준의 핵심적 내용을 상세하게 분

석한 후 관련된 국내의 공공 및 민간 분야의 법규, 제도, 정책, 실무, 실제 사례
와 최대한 연계시켜 요약 설명함으로써 관련 분야 독자들의 이해를 돕고 이 분
야의 지식과 정보를 시의성 있게 제공하여 저술서의 활용도를 높이고자 한다.

제3절 분석 및 저술의 방법

서두에서 필자가 밝힌 바대로 본서의 집필 의도는 TC 292 분과에서 개발, 제정, 개정 완료 또는 진행 중인 표준들의 주요 내용을 요약, 발췌, 편집, 분석, 재해석 등의 다양한 방식으로 국내의 독자와 이해관계자분들에게 소개함으로써 관련 산업, 학계, 정부부처 등이 그 분야 국제표준화 트랜드를 이해하고 적절히 대응하며 업무에 활용하는 것을 돕는 것이다.

각 표준의 분석 및 해설에 대한 기술 방식과 순서는 3단계 작업을 통해 진행하였다. 1차 작업으로 해당 영문표준의 핵심 부분을 국문 번역하였다. 물론 부합화(Harmonization) 작업을 통해 기 KS로 제정되거나 필자가 연구과제를 통해 부합화 작업을 완료한 경우에는 KS나 KS(최종)안의 내용을 제한적으로 인용하였으나 최대한 간접적으로 인용하였다. 2차 작업으로 번역 내용을 분석 및 재해석하여 핵심을 분석 및 파악하였다. 3차 작업으로 각 표준 별 중요도, 산업 관련성, 국익 연관성 등을 고려하여 그 핵심 분석 내용을 요약, 편집 및 설명, 해석 및 재해석하였다. 다만, 본 저술서는 독자들에게 각각의 ISO 표준들의 핵심 내용을 요약하여 전달하는 것이 주요 목적이며 저술의 특성인 바, 각 절 별로 인용한 해당 표준의 내용을 문장이나 단락 단위로 일일이 모두 표시하기 보다는 각 절 서두에서 당해 절 내에 전반적으로 참고한 내용의 주요 출처인 해당 ISO 표준을 밝히고 보다 구체적인 예시나 세부 설명 요소들(a), b), c)) 등이나 가운데 점으로 제시된 내용들은 철저히 출처를 밝혔다. 물론 여기서도 표준의 원문 또는 번역본의 내용을을 그대로 갖다 붙이지 않고 저작권 침해가 없도록 필자가 재해석하고 보다 가독성 있게 수정, 편집하였으며 필요시 곳곳에 관련 예시 그림과 설명을 직접 추가로 보강하였다.

필자의 주관적 관점에서 분야 별 표준들의 중요도나 우리나라와의 연관성, 독자들의 관심도 등을 고려하여 기술의 분량과 깊이, 그리고 구체성을 조절하고 달리함으로써 불가피하게도 각 절 별로 기술내용의 분량이 일관되지 못하고 다소

차이가 있음을 밝힌다. 아울러 표준문서에 있는 그대로를 보여주는 그림이나 표 하단에는 해당 표준의 문서번호 등 출처와 인용 표시를 하였다. 다만 각 표준 문서 별로 본문 전체가 아닌 최대한 부분적이고 제한적인 범위 내에서만 그 내용을 소개하고 이에 대한 필자의 해설과 설명을 덧붙였다.

CHAPTER

02

연구저술의 범위 및
용어의 정의

『산업보안 및 위기관리』
국제표준 개론

제1절 연구저술의 범위

본서의 연구범위는 <표 2-1>과 같이 크게 보안 목표, 위협, 대응이라는 위험평가 단계에서 시작하여, 대략 TC 292 워킹그룹 번호 순서를 따라 업무연속성 관리, 제품·문서 보안, 보호적 보안, 긴급사태 관리 및 공동체 회복력(위기관리 포함)분야까지를 포함한다.[1] 다만 TC 292의 모든 표준을 설명하기보다는 상대적으로 더 중요하고 핵심적인 표준들을 선별하여 보다 집중적으로 다루었다.

물론 저술 내용의 순서가 반드시 엄격히 갖추어졌다고 볼 수는 없으며 표준 내용이 다소 중복되거나 '대응단계' 중심의 표준도 논리적 순서로는 '예방 단계'와 긴밀히 연결될 소지가 있음을 이해해야 한다. 다만, TC 292 국제표준들을 다루고 있지만 TC 292외의 본서의 주제와 직접적 혹은 간접적으로 연관되는 다른 Project Committee(PC)나 Technical Committee(TC)들의 표준들도 추가로 연계하여 다루고자 하였다. 대표적으로 ISO 37001: Anti Bribery Management Systems은 ISO/PC 278에서 제정한 표준으로서 반부패(뇌물방지)경영시스템을 구축하고 이행하며 유지하고 발전시키는데 필요한 요구사항을 명시하고 지침을 제공하며 경영진과 오너, 투자자와 사업관계자들에게 조직이 뇌물통제와 관련하여 국제적으로 인정받는 관행을 받아들이고 이행하고 있다는 확신을 줄 수 있고, 관계당국의 조사를 받는 경우, 검사 혹은 법원에 조직이 뇌물을 막기 위한 적절한 절차와 단계를 밟아왔다는 증거를 제공할 수 있는 등 법적 리스크(Legal risk) 관리에 관한 표준이다.[2] 따라서 이는 뇌물수수라는 준법경영, 법적 책임 리스크, 인적 보안(Personnel security) 등과 연결되므로 보호적 보안 영역에서 다루고자 한다.

---

1) 각 분야 별 ISO 표준의 구체적인 명칭 및 내용은 개별 장에서 상세하게 설명하였고 여기서는 대략적인 아웃라인만 보여주고 있다.
2) http://bsiblog.co.kr/archives/1396 참고

분야	단계	항목
1. 보안 목표(Target), 위협(Threat), 대응(Counter - measure)	위험 평가	– 보안공격 대상(Security target) • 식품 및 농산물 • 수자원(물공급과 하수 포함) • 에너지(전기, 원자력, 가스, 파이프라인) • 정보통신인프라(ICT) • 제조산업시설(침입 방지/탐지/센서, 소방시설, 냉난방 · 환기) • 공공안전 · 응급의료 시설, 교통인프라 • 다중운집시설(대형행사장, 퍼레이드, 스포츠아레나 등) – 보안 위협(Threats) • 생화학 · 핵 · 폭발물(CBRNE) 위협 • 사이버보안 위협 • 범죄공격(제품 · 문서 위조사기, ID사기 등) 위협 • 자연재난 위협 – 보안 대응(Countermeasures)
2. 업무연속성 관리 (Business continuity management)	대비, 대응, 복구	• 22301 업무연속성관리시스템 요구사항 • 22313 업무연속성관리시스템 – BCMS 가이드라인 • 22317 업무영향분석(BIA) 가이드라인 • 22318 공급사슬 연속성 가이드라인
3. 제품 및 문서 보안 (Product & document security)	예방, 대비	• 22380 제품위조사기 범죄의 유형과 대응에 관한 일반원칙 • 22383(12931) 상품의 위조방지를 위한 진품판정솔루션 성능 기준 • 16678 상품의 위조 · 불법거래 방지를 위한 입증시스템 가이드라인 • 22381 상품 진위식별시스템의 상호운용성 가이드 • 22382 소비세 소인(Tax stamp)의 보안 요구사항
5. 보호적 보안 (Protective security)	예방, 대비	• 28000시리즈 공급사슬보안관리 • 37001 반부패경영시스템 • 18788 민간보안운영 관리시스템 • 보안 프로그램 및 시스템 관리, 사건 · 사고관리 • 인적 보안, 정보보안, 감시기술
6. 긴급사태 관리 (Emergency management) 및 커뮤니티 회복력 (Community resilience)	대비, 대응, 복구, 회복	• 22320 긴급사태관리 및 사고대응 요구사항 • 22322 공공 예보 · 경보와 컬러 경보 코드 기준 • 22351 긴급사태관리 시 정보교환 메시지 • 22326 확인된 위험시설 모니터링 • 22315 다중대피계획 • 22396 정보교환, 22395 취약집단 지원체계 • 22360 위기관리의 개념, 원칙, 프레임워크 • 22361 위기관리의 전략적 역량 개발 지침

제2절 핵심 용어의 정의

산업보안 및 위기관리 분야의 ISO 국제표준을 이해하기에 앞서 본서에서 기술할 표준 내용에서 핵심이 되는 용어에 대한 정의를 이해해야 할 것이다. 무엇보다 ISO/TC 292의 타이틀인 Security와 Resilience라는 용어에 대해 그 개념정의가 중요하다.

1. 보안(security)

ISO 22300:2017에 의하면 Security (ISO/TC 292 문서 전체에 적용)는 'State of being free from danger or Threat', 즉 '위험과 위협으로부터 자유로운 상태'를 의미한다. 한편 보안 관련 학회인 산업보안연구학회(2012: 6)에서는 '산업보안(Industrial Security)'은 광의의 개념으로 '테러와 범죄 등 고의, 악의, 또는 과실에 의해 야기된 해(Harm)로부터 산업의 손실을 예방하고 산업제반을 보호하는 활동이나 체계'로서 정의하고 있다. KS X ISO/IEC 27000:2014 정보기술 −보안기술 −정보보호경영시스템 −개요와 용어에 따르면 정보보호(Information security)는 '정보의 기밀성, 무결성, 가용성을 보존하는 것'이라고 Security를 보호라고 한정하여 정의하고 있다.

따라서 본서에서 설명하고자 하는 보안은 산업뿐만이 아니라 민간, 공공에 관계 없이 모든 분야에 대한 보호를 지향한다고 볼 수 있어 그 개념이 더 확장적임을 밝힌다.

2. 사회안전(Societal security)

　　Societal Security라는 용어는 ISO 내에 존재하는 보안 및 안전관리 관련 TC의 통합으로 탄생한 TC 292 이전에 재난관리를 위주로 한 TC 223 Societal Security에서 ISO 22300:2012에 의해 정의된 것으로서 당시에는 '의도적 또는 비의도적 인간 행동, 자연 위험 요인 및 기술 실패로 인하여 야기된 사고, 긴급 사태 및 재난으로부터의 사회 보호와 이에 대한 대응'으로 정의되었다. 그러나 TC 292의 탄생으로 인해 Security라는 보다 포괄적이고 거시적인 용어의 정의가 이루어지면서 Societal Security는 ISO 22300:2017에서는 별도의 용어로서 존재하지 않게 되었다. 그럼에도 불구하고 이 용어는 재난 및 안전관리라는 큰 틀에서 여전히 TC 292의 관련 워킹그룹에서 종종 사용되고 있는 용어이다.

3. 회복력(Resilience)

　　Resilience는 ISO/IEC GUIDE 73에 의하면 '복잡하고 변화하는 환경에 대한 조직의 적응 능력(Adaptive capacity of an organization in a complex and changing environment)'으로 정의되고, 이러한 회복력은 파괴적인 관련 리스크를 관리할 수 있는 조직의 능력을 의미한다. 분야 별로 복원력, 회복탄력성 등 다양하게 명명되고 있는 Resilience는 '다시 뛰어 오르다(to jump back)'라는 라틴어 리실이오(Resilio)에서 유래된 것으로 '자극이 가해지기 전의 상태로 돌아감'을 의미한다. 복원력의 개념은 생태학자 홀링(Holling)이 생태학적 관점에서 '생태시스템이 변화를 수용하면서도 지속할 수 있는 능력의 정도'로 사용하기 시작하여 이후 생태학, 물리학, 심리학, 공공보건, 교육학, 지리학 등을 중심으로 사용되었으나 최근에 와서는 사회과학 여러 분야에서 사용되고 있다.[3] 특히 TC 292에서 다루는 조직회복력(Organizational Resilience)이라는 개념은 Yossi Sheffi가 2005년 그의 저서 '회복력 있는 기업(Resilient Enterprise)'를 통해 업무연속성전략에 회복력이

---

3) 김도균, 박재묵 (2012). 허베이 스프리트호 기름유출사고 이후 재난관리 거버넌스 구축 실패와 재난 복원력의 약화. 환경사회학연구 ECO, 16(1), 7-43.

라는 개념을 확장시키면서 시작되었고 미국의 국토안보부[4)는 회복력을 국토안보정책의 핵심요소로 삼았다.

사실 Resilience라는 개념은 명사로서 네이버 사전(en.dict.naver.com)에서는 '회복력' 외에 '탄성(彈性)', '탄력', '탄력성', '회복탄력성' 등 다양하게 명명되고 있으며 사회과학, 자연과학, 공학 등 다양한 학문 또는 산업 분야 별로 다르게 부르고 있어 국내에서는 번역 명칭에 있어서 온전한 합의에 이르지 못한 개념으로서 불가피 '리질리언스'라고 명명하는 경우가 종종 있다. 다만, 필자가 이것을 '회복력'이라고 표현한 것은 이 유행하는 개념에 대한 보편화된 명칭이나 사용기준이 아직 마련되지 않음에 따른 고육지책임을 밝힌다. 다만, 용어정의를 포함한 ISO 국제표준에 대한 국가표준 부합화는 산업통상자원부 국가기술표준원에서 「국가표준기본법」 또는 「산업표준화법」 등 제 법령의 규정에 따라 분야별 전문위원회 및 기술심의회를 통해 KS 국가표준으로 번역되고 제·개정된 후 활용되는데 resilience라는 용어가 정의된 ISO 22300의 경우에는 2020년 현재까지 제정이 완료되지 않아 필자가 주변 전문가들과 논의해보고 주관적으로 판단한 바 그 본의에 가장 가깝다고 판단하여 본서에서는 '회복력'으로 명명하고 있는 점에 대해 독자분들에게 양해을 구하고자 한다. KS ISO 22300 제정이 완료될 경우에는 그 표준에서 결정된 명칭으로 본서의 모든 용어를 그에 맞춰 수정할 계획임을 밝힌다.

<그림 2-1>은 도시체계가 경험할 수 있는 각종 이벤트로부터 특히 지역경제 시스템이 적절히 회복될 수 있는 리질리언스 요인들에 대해 예시적으로 잘 설명하고 있다.

---

4) Homeland Security Advisory Council (September 2008) Top Ten Challenges Facing the Next Secretary of Homeland Security.

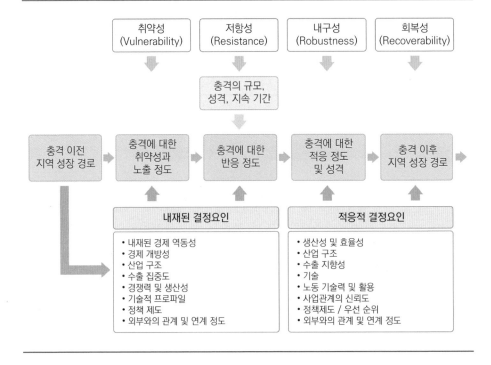

4. 기타 주요 용어들

기타 본서에서 자주 다루는 핵심적 용어들에 대한 정의를 ISO 22300: 2017
을 위주로 설명하면 다음과 같다.[6]

• 자산(asset)

조직에 가치가 있는 모든 것들. 자산에는 인적, 물리적, 정보, 비가시적, 환경
적 자원을 포함한다.

---

5) Martin R. L. Sunley P. J . (2015) On the notion of regional economic resilience: conceptualisation
   and explanation, Journal of Economic Geography , 15: 1-42.
6) 용어 정의는 주로 관련 ISO 22300 및 부합화된 KS표준들의 Terms & Definition에서 인용하
   였지만 저자가 본서의 성격에 맞게 일부 수정 및 보완하였음을 밝힌다.

• 위험 요인(hazard)

잠재적 위해의 근원. 위험 요인은 리스크의 근원(source)이 될 수 있다.

〈출처: KS A ISO/IEC GUIDE 73〉

• 위기(crisis)

조직의 핵심 활동 및/또는 신용을 저해하고 긴급한 조치를 요구하는 높은 수준의 불확실성이 존재하는 상황. 원래 그리스의 Krisis가 근원이며 이것은 매우 험난하고 어려운 상황이 전개될 수 있는 불안정한 상태에서의 중요한 결정적 단계, 또는 중대국면, 고비라고 정의한다. Crisis라는 단어는 매우 다양하게 사용되고 있는데 예를 들면 중동 위기, 에이즈위기, 오존층 위기 등에 사용되고 있다.[7]

• 재난(disaster)

해당 조직, 공동체 또는 사회의 보유 자원을 활용한 대응 및 복구 능력을 초과하는 광범위한 인적, 물질적, 경제적 또는 환경적 손실의 발생 상황

• 완화(mitigation)

사고, 긴급 사태 및 재난의 부정적 결과로 인한 영향을 예방하고, 제한하고, 줄이기 위하여 취하는 조치

• 긴급사태 관리(emergency management)

발생 가능한 긴급사태를 예방하고 관리하는 총체적 접근법. 일반적으로 긴급사태 관리에서는 잠재적으로 불안정한 사건 또는 중단성(disruptive)[8]이 있는 사건의 발생 전, 중, 후의 예방, 대비, 대응 및 복구에 대한 리스크 관리 접근법을 활용한다.

〈출처: ISO 22320〉

Emergency란 인명이나 재산 등을 위험한 상황에 처하게 하는 예측하지 못한 사건을 의미하며, 일상적으로 조직이 보유하고 있는 자원이나 절차에 따라서 즉시 대처해 나가야 한다.[9]

---

7) 한국BCP협회(2011), 재난관리 기본과정 교육 교재, p. 387
8) '중단성(中斷性)'이라는 용어는 본서에서는 '사건사고가 다소 파괴력이 있어서 업무의 중단이 발생할만한 수준의'라는 뜻으로 정의하고자 한다.

• 리스크(risk)

목표에 대한 불확실성의 영향

비고 1 영향은 긍정적 및/또는 부정적인 예상에서 벗어난 것이다.

비고 2 목표는 다양한 관점(재무, 보건 및 안전, 환경적 목표 등)을 가질 수 있으며, 다양한 수준(전략적, 전사적, 프로젝트, 제품 및 프로세스 등)에서 적용될 수 있다.

비고 3 리스크는 잠재적 사건 및 결과, 또는 양자의 조합을 기준으로 종종 특성화된다.

비고 4 리스크는 사건의 결과(상황 변화를 포함하는) 및 이와 관련되어 발생될 수 있는 것의 조합으로 종종 표현된다.

비고 5 불확실성은 사건 또는 그 결과 또는 사건 가능성의 이해나 지식에 관련된 정보의 부족 상태(부분적이라도)이다.

〈출처: KS A ISO/IEC GUIDE 73〉

• 리스크 근원(risk source)

단독 또는 결합되어 리스크(2.1.5)를 야기할 수 있는 본질적 잠재력을 지닌 요소

• 리스크 평가(risk assessment)

리스크 식별, 리스크 분석 및 리스크 추정에 대한 총체적 프로세스

〈출처: KS A ISO/IEC GUIDE 73〉

• 위협(threat)

개인, 시스템 또는 조직 환경 또는 공동체에 해를 끼칠 수 있는 원하지 않은 사고의 잠재적 원인

• 관리/경영 시스템(management system)

정책 및 목표를 설정하여 제공하는 조직의 일련의 상호관계 또는 상호작용 요소, 또는 그 목표 달성을 위한 프로세스

---

9) 상게서, p. 386

비고 1 관리시스템은 단일 분야 또는 여러 분야를 다룰 수 있다.

비고 2 관리시스템의 요소에는 조직의 구조, 역할과 책임, 기획, 운영 등이 포함된다.

비고 3 관리시스템의 범위에는 조직 전체, 조직의 특정 부서, 조직의 특정 부문 또는 조직의 그룹 전반에 걸친 1개 이상의 분야가 포함된다.

• 업무연속성(business continuity)

업무 중단적 사고(disruptive incident) 후에 사전에 규정된 수용 가능한 수준에서 제품 또는 서비스 공급을 지속할 수 있는 조직의 능력

• 업무영향분석(business impact analysis)

업무 중단이 미칠 수 있는 활동 및 결과를 분석하는 프로세스

• 취약성(vulnerability)

결과가 있는 사건으로 귀결될 가능성이 있는 리스크 근원에 대한 민감성을 유발하는 것들의 본질적 성질

• 복구(recovery)

리스크 요소를 줄이기 위한 노력을 포함하여, 영향을 받은 조직(2.2.9)의 운영, 시설, 생계 또는 생활 여건의 복원과 개선

• 진품입증(authentication)

제품의 진위 여부를 확인시켜 주는 일

• 위조, 동사(counterfeit, verb)

권한을 가진 자의 승인 없이 유형제품이나 포장을 시뮬레이션, 재생산 또는 변형시키는 것

CHAPTER

03

보안 표적, 위협, 대응책

『산업보안 및 위기관리』
국제표준 개론

TC 292가 다른 TC들을 통합하여 탄생 된 배경 중 하나는 개인, 기업, 조직, 지역공동체가 서로 의존하여 살아가고 언제 그리고 어디에서나 원활하게 생산적 활동을 수행하기 위한 안전환경을 대규모로 위협하는 요소들이 점차 다양화되어 가고 있다는 점이다. 이에 대해 ISO 보안분야 전략자문그룹(Strategic Advisory Group on Security)인 SAG-S는 공격의 대상이 되는 보안 표적과 위협의 목록(Inventory of security-related standards: www.iso.org/sites/sags)을 체계적으로 안내 및 제시하고 있다.[1]

먼저 보안 대상(targets)은 식품 및 농산물, 수자원(물공급과 하수 포함), 에너지(전기, 원자력, 가스, 파이프라인), 정보통신인프라(ICT), 제조산업시설(침입 방지/탐지/센서, 소방시설, 난방·환기·냉방시설), 공공안전·응급의료 시설, 교통인프라, 다중운집시설(대형행사장, 퍼레이드, 스포츠아레나 등)로 제시하고 있다.

보안 위협(threats)은 생화학·핵·폭발물(CBRNE) 위협, 사이버보안 위협, 범죄공격(침입, 제품·문서 위조사기, ID사기 등) 위협, 자연재난 위협 등으로 구분하고 있다. 더불어 보안 대응책(countermeasures)으로서 시간 순서적인 타임라인(timeline)도 제시하고 있다. 이렇게 다양해지는 각종 산업과 도시시설 환경의 보안 위협들의 유형들도 표준화하여 대응하려는 국제사회의 움직임으로 이해될 수 있다.

여기서는 ISO 보안분야 전략자문그룹 SAG-S가 보안 분야에서 ISO와 IEC(International Electronical Committee), 그리고 국제전기통신연합 표준화부문인 ITU-T(International Telecommunication Union-Telecommunication Standardization Sector)의 전문가들에게 요청하여 보안 관련 분야의 표준을 수집하여 표적, 위협, 대응책으로서의 타임라인 등 3대 영역의 표준 목록을 작성한 내용을 제시하고자 한다.

---

1) 박현호(2016) ISO/TC 292에 의한 산업보안 분야 국제표준화의 동향, 한국경호경비학회지, 제48호.

ⓘ 제1절 보안 표적(target)

1. 식품 및 농산물(food and agriculture)

　보안 표적으로서의 식품과 농산물은 농업생산 서비스, 동물 생산자, 식물 생산자, 식품 가공업자 및 제조업자, 레스토랑, 식품서비스회사, 그리고 창고 및 물류 시설들이다. 식품과 농산물 보안 관련 표준 예는 <표 3−1>와 같다. 보다 많은 국제표준들이 존재하지만 여기서는 지면 관계상 일부의 표준만 예시하고자 한다. 식품에 독극물이나 유해 물질을 살포하는 범죄행위는 소비자들에게 다량의 인명피해를 유발할 수 있는 위협적 식품테러 행위이다.

▼ 표 3-1 식품 및 농산물 보안 관련 표준

표준 문서 번호	제목
ISO 22000: 2005	식품안전경영시스템-식품사슬 내 조직의 요구사항 (Food safety management systems – Requirements for any organization in the food chain)
ISO 22005: 2007	공급 및 식품 사슬 내 추적가능성-시스템 디자인 및 실행 기본 요구사항 (Traceability in the feed and food chain – general principles and basic requirements for system design and implementation)
ISO 22004: 2005	식품안전경영시스템 ISO 22000 가이드(Food safety management systems-Guidance on the application of ISO 22000: 2005)
ISO 11504: 2012	토양 품질 – 석유 탄화수소로 오염된 토양의 영향 평가(soil quality – Assessment of impact from soil contaminated with petroleum hydrocarbons)

출처: Inventory of security-related standards(www.iso.org)

2. 수자원(water)

보안 표적으로서의 음용수는 공공식수와 수공급 파이프라인, 하수 시스템(하수처리공장 및 관리), 관개(댐, 수로, 운하) 그리고 폭우로 인한 배수 시스템 등이다. 이러한 수자원 보안 관련 표준은 물공급, 음용수, 하수 등 3개 분야로 구분된다. 물 공급을 차단하거나 상수관 등에 유해 화학물질을 살포할 경우 대량살상 테러가 가능하는 등 중요 위협이 될 수 있다.

가. 물공급(water supplies) 관련 보안 표준

표준 문서 번호	제목
ISO 14000 시리즈	환경경영시스템표준 ISO 14000
ISO 5667-14: 1998	수질-표본조사-파트 14 환경 상의 물 표본 및 처리의 품질 보증 가이드 (Water quality -- Sampling -- Part 14: Guidance on quality assurance of environmental water sampling and handling)
ANSI/AWWA G300-2007	미국표준협회/미국물산업협회 수원보호표준(Source Water Protection)

출처: Inventory of security-related standards(www.iso.org)

나. 음용수(drinking water) 관련 보안 표준

표준 문서 번호	제목
ISO 10703:2007	수질-방사성핵종의 활성화 집중도 측정-고해상도 감마선 분광분석법(Water quality-Determination of the activity concentration of radionuclides-Method by high resolution gamma-ray spectrometry)
ISO 10704:2009	수질-비함염수의 총알파 및 총베타 활동 측정-미세 소스 디포짓 방법(Water quality-Measurement of gross alpha and gross beta activity in non-saline water-Thin source deposit method)
ISO 10872:2010	수질-침전문과 토양 샘플의 성장, 비옥도, 선형동물 재생에 대한 독성 효과의 측정(Water quality-Determination of the toxic effect of sediment and soil samples on growth, fertility and reproduction of Caenorhabditis elegans (Nematoda))

표준 문서 번호	제목
ISO 1731-2: 2004	수질 – 레지오넬라(세균성 폐렴이 발생하는 원인의 20%를 차지하는 세균)의 탐지 및 열거 – 저박테리아농도 물의 직접적 세포막 여과 방법(Water quality – Detection and enumeration of Legionella -- Part 2: Direct membrane filtration method for waters with low bacterial counts)

출처: Inventory of security-related standards(www.iso.org)

3. 에너지(energy)

　보안 표적으로서의 에너지는 시스템과 네트워크로 연결되어 있고 지리적으로 흩어져 있는 전기, 원유, 천연가스 등의 자산으로 구성되어 있다. 에너지 표적은 스마트그리드(SmartGrid)와 원자력발전소와 같은 구체적인 자산을 포함한다. 에너지는 전기유틸리티, 원자력에너지, 원유/가스/파이프라인 등 총 3개의 분야로 구분된다. 그러나 물리적 공격, 사이버 공격 또는 자연 재해는 인프라 장애, 정전, 에너지 도난, 고객 프라이버시 침해, 운영 인력의 안전 위험 등은 스마트그리드 설비의 주요 위협이다.

가. 전기유틸리티(electric utility) 관련 보안 표준

표준 문서 번호	제목
IEC/TR 62210	전력시스템 통제 및 관련 커뮤니케이션 – 데이터 및 커뮤니케이션 보안 (Power system control and associated communications – Data and communication security)
IEC 62351-SER	전력시스템 통제 및 관련 정보교환 – 데이터 및 커뮤니케이션 보안 – 전체 파트 (Power systems management and associated information exchange – Data and communications security – ALL PARTS)
IEC/TS 62351-1	전력시스템 통제 및 관련 정보교환 – 데이터 및 커뮤니케이션 보안 – 파트 1. 커뮤니케이션 네트워크 및 시스템 보안 – 보안 이슈 기초(Power systems management and associated information exchange – Data and communications security – Part 1: Communication network and system security – Introduction to security issues)

표준 문서 번호	제목
IEC/TR 62351-10	전력시스템 통제 및 관련 정보교환 – 데이터 및 커뮤니케이션 보안 – 파트 10. 보안 아키텍쳐 가이드(Power systems management and associated information exchange – Data and communications security – Part 10: Security architecture guidelines)

나. 원자력에너지(nuclear energy) 관련 보안 표준

표준 문서 번호	제목
ISO 15080:2001	원자력시설 – 차폐 룸으로의 통풍 침투 – Nuclear facilities -- Ventilation penetrations for shielded enclosures
ISO 15382:2002	원자력에너지 – 방사선 보호 – 미약하게 침투하는 방사선의 외부 노출 방지를 위한 핵시설의 방사선 보호 모니터링 절차(Nuclear energy -- Radiation protection -- Procedure for radiation protection monitoring in nuclear installations for external exposure to weakly penetrating radiation)
ISO 26802:2010	원자력 시설 – 원자로 누출 방지 및 환기 시스템의 설계 및 운영 기준(Nuclear facilities -- Criteria for the design and the operation of containment and ventilation systems for nuclear reactors)
ISO 27467:2009	원자력 위험성 안전 – 가상적 위험 사고 분석(Nuclear criticality safety -- Analysis of a postulated criticality accident)

다. 원유/가스/파이프라인(oil, gas, pipelines) 관련 보안 표준

표준 문서 번호	제목
ANSI/ASTM F2897-2011	천연가스 유통 구성요소(파이프, 튜브, 밸브 등)의 종추적 암호화 규격(Specification For tracking And Traceability Encoding System Of Natural Gas Distribution Components (Pipe, Tubing, Fittings, Valves, And Appurtenances))
ANSI/NFPA 326-2010	진입, 세척, 수리를 위한 탱크와 컨테이너의 세이프가딩 표준(Standard for the Safeguarding of Tanks and Containers for Entry, Cleaning, or Repair)

표준 문서 번호	제목
ANSI/NFPA 96-2013	상업 주방 오퍼레이션의 환기 통제 및 화재 예방 표준(Standard for Ventilation Control and Fire Protection of Commercial Cooking Operations)

4. 정보커뮤니케이션 기술(ICT)

보안 표적으로서의 정보커뮤니케이션 기술(ICT)은 목소리, 영상, 인터넷, 데이터 서비스 및 시스템 등을 포함한다. 이러한 서비스들의 전송은 점차 상호 연결되어 가고 있으며 위성, 유선, 무선 통신 사업자들은 통신을 개시하거나 종료하기 위해서 상호 의존적이며 기업들은 상호운영성 확보를 위해서 서로 시설과 기술을 일상적으로 공유한다. 이 표적은 네트워크와 시스템의 신뢰성 있는 운영과 중요 데이터의 전송 및 저장 서비스를 포함한다. 또한 사고관리 커뮤니케이션, 도메인－이름 해결 서비스, 인터넷 콘텐츠와 정보, 인터넷 라우팅, 접근 및 연결 서비스도 있다.

이 정보커뮤니케이션기술 분야의 보안 관련 표준은 ID카드, 정보보안(information security) 및 헬스케어 인포메틱스(informatics)[2], 생체인식(biometrics), 그리고 커뮤니케이션과 무선인식(radio－frequency identification) 기술로 구분된다.

이 분야 표준에는 IEC 60839－11－1 Ed. 1.0 경보시스템 파트 11－1: 전자접근통제 시스템－시스템 및 구성요소 요구사항(Alarm systems－Part 11－1: Electronic access control systems－System and components requirements), ISO 11238 헬스인포메틱스－의료제품의 ID－고유 식별 및 통제된 물질 정보 교환을 위한 데이터 요소 및 구조(Health informatics－Identification of medicinal products－Data elements and structures for the unique identification and exchange of regulated information on substances), ITU－T X.1311(ISO/IEC 29180) 유비쿼터스 센서 네트워크의 보안 프레임

---

2) 건강정보학(건강관리정보학, 의료정보학, 의료정보학, 간호정보학, 임상정보학 또는 생체의학정보학이라고도 함은 의료분야에 적용되는 정보공학이다. 그것은 공공 보건 및 의료 서비스 제공, 관리 및 계획에서 컴퓨터 기반 혁신의 설계, 개발 및 적용에 대한 연구를 포함한다. 'Mettler T, Raptis DA (2012). "What constitutes the field of health information systems? Fostering a systematic framework and research agenda". Health Informatics Journal. 18 (2): 147-56 참고.

워크(Security framework for ubiquitous sensor network), ISO/IEC 19784−1:2006/Amd 3:2010 인증서 교환 및 보안 확인 지원(Support for interchange of certificates and security assertions, and other security aspects), ISO 11428 인체공학−시각적 위험 시그널−일반 요구사항, 디자인 및 테스팅(Ergonomics−Visual danger signals −− General requirements, design and testing) 등이 있다.

5. 산업 기지(Industrial base)

보안 표적으로서의 산업 기지는 여러 넓은 범위의 제조산업을 기초로 하는데 화학, 석유화학시설, 기초 금속 제조업, 기계 제조, 전기장치와 IT 구성품 제조, 운송 장비 제조 등을 포함한다. 또한 전 세계 수천개의 산업시설로서 군수 무기 시스템, 서브시스템, 부품, 군사 인프라의 부속품을 수행, 연구개발, 디자인, 생산, 배송 그리고 유지하기 위해 다양한 역량을 갖춘 시설들도 포함한다. 이러한 산업기지는 크게 모델링(modelling), 시뮬레이션/분석(simulation/analysis), 침입방지(intrusion prevention), 감지기 및 탐지기(sensors and detectors), 화재 예방(fire prevention), 난방/환기/에어컨디션(HVAC: heating, ventilation and air conditioning)으로 구분된다. 국내에서 보안 타겟으로서의 석유화학시설 보안 사고의 대표적 예가 있다. 2018년에 발생한 고양 저유소 화재 폭발 사고에 대해 경기북부지방경찰청 광역수사대와 고양경찰서는 풍등을 날려 저유소에 불이 나게 한 혐의(중실화)로 외국인 근로자 A(27·스리랑카인)씨를 입건한 바 있는데 당시 경찰은 국립과학수사연구원의 감정 결과와 화재 분야 전문가들의 의견, 폐쇄회로(CC)TV 영상 분석 등을 종합한 결과 A씨가 날린 풍등의 불씨가 저유소 탱크 인근 제초된 건초에 옮겨 붙어 탱크가 폭발한 사실을 확인했다고 밝혔다.[3] 정치적 테러 목적도 없이 단순한 풍등 정도의 도구로 실화범죄로 인해 휘발유 46억원(약 282만 리터), 탱크 2기 총 69억 원, 기타 보수비용 2억 원 등을 합쳐 총 117억 원의 재산 피해가 난 것으로 집계된 한편 화재 진화에만 총 17시간이 소요됐고 검은 연기가 서울을 비롯한 수도권 일부 지역으로 번져 외출 자제 안내가 이뤄지기도 했을 정도로 사회에 큰 위협으로 작용되었다.

보안표적으로서의 산업기지 관련한 국제표준들을 몇 가지 예시하면 ISO

---

3) 경기신문 [2018.12.17.] "고양저유소 폭발은 날아온 풍등이 원인" 결론

19706:2011 사람에 대한 화재 위협 평가 가이드(Guidelines for assessing the fire threat to people), ISO 20858:2007 선박 및 해양 기술－해양항만 시설 보안 평가 및 보안 계획 개발(Ships and marine technology－Maritime port facility security assessments and security plan development), ISO 11601:2008 소방－바퀴 달린 소화기－성능 및 공사(Fire fighting－Wheeled fire extinguishers－Performance and construction), ISO 11222 공기질－공기질 측정의 평균 시간의 불확실성 판정 (Air quality－Determination of the uncertainty of the time average of air quality measurements) 등이 있다.

6. 공공안전, 비상응급서비스, 헬스케어

　보안 표적으로서의 공공안전, 비상응급서비스, 헬스케어는 인적 재난 및 자연 재난 상황 하에서 대중들에게 제공되는 경찰, 소방, 비상응급 및 의료 서비스 등을 포함한다. 그밖에 병원, 의원, 앰뷸란스 서비스, 혈액은행, 보건기관 케어, 약품 연구 및 제조 기업도 이에 해당한다. 이 분야를 크게 3가지로 구분하면 공공안전(public safety), 응급서비스(emergency services) 및 헬스케어(healthcare) 등이 있다.

　관련 표준들은 NFPA 1061(미국화재예방협회) 공공안전 원격통신 인력의 전문자격 기준(Standard for Public Safety Telecommunications Personnel Professional Qualifications, 2014 Edition), IACP(국제경찰청장협회) 법집행 표준(Standards/ specifications for law enforcement), NFPA 1026 사고 관리 인력의 전문자격기준 (Standard for incident management personnel professional qualifications), ISO/PRF TS 21547 헬스인포메틱스－전자건강기록 저장의 보안 요구사항－원칙(Health informatics－Security requirements for archiving of electronic health records－ Principles) 등이다.

7. 운송(Transportation)

　운송 및 로지스틱스 표적은 광대한 상호의존적 네트워크 속에서 수천만 명의 승객과 수천억 달러의 상품을 실어 나르는 모든 유형의 운송 체계를 포함한다.

일반 도로, 고속도로, 철로, 교각, 터널, 항만, 공항, 수로, 열차역사, 대규모환승센터 등을 의미한다. 이것은 다시 인프라(infrastructure), 복합수송 및 철도(intermodal and rail), 해운(maritime), 그리고 항공화물(air cargo) 등 4가지로 구분되며, 그 하위에 운송 및 로지스틱스 네트워크 내에서 자산을 검사하고 추적하는 툴 표준으로서 무선인식(RFID)과 엑스선검사시스템(X-ray inspection systems)이 있다. 운송인프라가 타겟으로서 받는 위협 사례로서는 2003년 2월 18일 대구광역시 중구 중앙로역에서 일어난 대형 지하철 방화테러로 인한 화재사고가 대표적일 것이다. 50대 중반의 정신장애 방화범 남성이 저지른 방화로 인해 총 12량의 지하철 객차가 불에 타고 192명의 승객이 사망한 바 있다.

관련 표준으로서는 ISO 22188:2004 방사능물질의 불법거래 및 이동 모니터링(Monitoring for inadvertent movement and illicit trafficking of radioactive material), ISO 3874:1997 Series 1 화물 컨테이너-핸들링 및 보안(freight containers-Handling and securing), ISO 28004-2 공급사슬 보안경영시스템-ISO 28000 이행 가이드 파트 2 중소항만 운영(Security management systems for the supply chain -- Guidelines for the implementation of ISO 28000 -- Part 2: Guidelines for adopting ISO 28000 for use in medium and small seaport operations), 국제항공운송협회(IATA)의 위험상품규칙 정규 정리 매뉴얼(Dangerous Goods Regulations (DGR) Regular Bound Manual), ISO 17363 공급사슬 내의 화물 컨테이너 RFID 적용(Supply chain applications of RFID-Freight containers) 등이 있다.

8. 다중운집(Mass gatherings)

다중운집 표적은 대중이 고도로 가시적인 보안 장애물의 억제 장치 없이 이러한 시설에 자유로이 움직일 수 있는 개방된 공공접근의 원칙하에 운영되는 시설을 의미한다. 이 분야에는 숙박시설, 리조트, 정부건물, 상업업무시설, 컨벤션센터, 스타디움, 테마파크, 학교, 교회/종교시설 등을 포함한다. 이 표적은 크게 공공장소(public places)와 특별행사 및 스포츠행사 장소(special events and sports venues) 등 2가지로 구분된다. 국내에서 스포츠 스타디움에서 발생한 보안 사고 사례로는 상주 콘서트 압사 참사가 대표적이다. 당시 상주시민운동장 직3문 출입구에서, 상주 자전거 축제 행사 중 하나로 초청한 문화방송 가요콘서트를 관람하기 위해 입장하던 관객들 중 시민 11명이 압사하고 70여명이 부상을 당한 바 있다.

　관련 표준으로는 UL 2576 집단통보시스템(Mass Notification Systems)과 ISO 20121 행사 지속성 경영시스템－가이드 요구사항(Event sustainability management systems －－ Requirements with guidance for use) 등이 있다.

ⓘ

제2절 보안 위협(threats)

제2절에서는 보안에 대한 위협 요소들을 제시하고 있는데 그 성격상 관련 표준들은 보안 표적 관련 표준들과 중복되는 경우가 다소 있어서 관련 표준은 생략하였다. 이 역시 ISO 웹사이트에서 제시한 Inventory of security-related standards를 중심을 편집 및 정리하였음을 밝힌다.

1. 생화학 · 핵 · 폭발물 위협(CBRNE threats)

생화학 · 핵 · 폭발물(Chemical, Biological, Radiological/Nuclear and High Yield Explosives) 위협은 이 중에 어느 한 가지 혹은 두 가지 이상의 위험이 존재하는 상황을 말한다. <그림 3-1>은 미 육군주방위군(Army National Guard)에서 분석한 CBRNE 위협과 위험도 측면에서 가장 확률이 높은 폭발물(HYE: 일반 고성능폭탄)과 가장 손실위험이 치명적인 수준의 폭발물(Nuclear Weapons: 핵폭탄)을 보여주고 있다.

CBRNE 표준들은 이러한 위협을 탐지, 인력 보호, 오염제거(decontamination), 그리고 완화(mitigation)하기 위한 제품과 서비스를 다룬다.

가. 화학적 위협(chemical threats)

화학적 위협은 화학작용제(warfare agents), 독성산업화학물, 독성산업물질, 에어로졸 분산, 물 오염, 탱크차량, 화학공장, 화학물질살포, 위험물질 등을 포함한다.

■ 그림 3-1   CBRNE위협의 발생 확률과 인명손실 규모의 비교

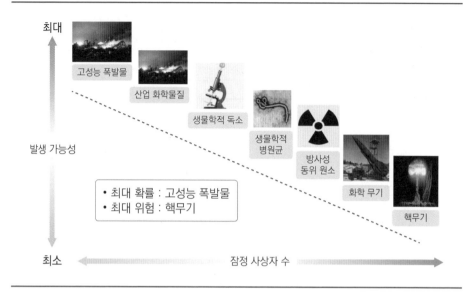

출처: www.globalsecurity.org 참조

나. 생물학적 위협(biological threats)

생물학적 위협은 바이러스(예 H1N1 신종플루), 단백질독소, 박테리아(예 탄저균 Bacillus anthracis), 그리고 전염병이나 기생충 침투 등이다.

다. 방사능/원자력 위협(Radiological/Nuclear threats)

방사능/원자력 위협은 핵분열 제품, 의학적 동위원소, 그리고 산업 동위원소와 특수 원자력 물질을 포함한다.

라. 폭발물 위협(Explosives threats)

폭발물 위협은 전통적인 군사/산업 폭발물, 질산암모늄(Ammonium Nitrate, NH₄ NO₃)과 경질유를 목적에 맞게 폭발감도를 조절하여 제조하는 ANFO(Ammonium Nitrate Fuel Oil)폭약, 사제폭탄[TATP(트라이아세톤 트라이페록사이드)] 등이다.

2. 사이버보안 위협(Cybersecurity threats)

사이버 보안은 컴퓨터나 네트워크상에서 해악을 야기하는 파괴적 활동이나 그러한 협박을 포함하는 개념이다. 최근에는 사이버 위협의 패러다임이 크게 달라지고 있는데 과거에는 불특정 다수에게 악성코드를 배포하여 금품 또는 정보를 탈취하는 방식이 특정 타겟을 노린 범죄로 옮겨가고 있고 전문 기술과 장비 없이도 쉽게 도구와 기술자를 이용할 수 있는 시대(CaaS: crime-as-a-service, 서비스로서의 범죄)인 만큼 공격이 보다 다양하고 치밀한 경로로 이루어질 가능성이 커져가고 있다. 인공지능(AI) 또한 딥러닝(deep learning) 기술의 발전으로 예상되는 위협으로서 적응형 학습(Adaptive Learning) 악성코드는 보안 장치와 도구를 자동으로 탐지, 우회하는 공격도 가능하여 기존 악성코드와는 매우 다른 막대한 위협이 될 것으로 보인다. 제로데이 공격(또는 제로데이 위협, Zero-Day Attack)은 컴퓨터 소프트웨어의 취약점을 공격하는 기술적 위협으로, 해당 취약점에 대한 패치가 나오지 않은 시점에서 이루어지는 공격 형태로서 CaaS의 비약적 성장과 맞물려 엄청난 사이버 위협 시너지로 작용할 것으로 전망된다.[4]

나아가 완벽한 인증으로 알려진 생체인증에 대한 무력화 시도와 우회 공격의 위협(이미 홍채인식 시스템은 해킹되어 범죄에 활용 중)도 증가될 것으로 보이고 4차 산업시대에 큰 성장세의 사물인터넷(IoT)에 대한 공격 위협도 증가 전망이다.

3. 범죄공격 위협(Criminal threats)

범죄공격 위협은 사이버보안 위협을 제외하고 바이오인식 표준과 같이 범죄자의 신원 확인을 돕는 표준이나 사기 및 위조(fraud and counterfeiting)와 같은 범죄활동에 연관되는 위협을 의미한다.

4. 자연재난 위협(Natural disaster threats)

자연재난 위협은 대중들에 대한 다양한 범위의 위협을 말하고 크게 지리적

---

4) 디지털타임즈 2017.12.28 http://www.dt.co.kr 참고

해저드(Geographical Hazards)와 기상학적 해저드(Meteorological Hazards)로 구분된다. 여러 재발하는 재난들은 역사적인 기록 데이터와 점차 정확해지고 있는 예보기술 체계로 인해 예측될 수 있다.

가. 지리적 해저드(Geographical Hazards)

지리적 해저드는 지진, 쓰나미, 화산폭발, 산사태, 이류(泥流: 산사태 때 걷잡을 수 없이 흘러내리는 진흙 더미), 지반침하(subsidence), 빙하 등의 위협을 말한다.

나. 기상학적 해저드(Meteorological Hazards)

기상학적 해저드는 홍수, 국지적 기습 폭우, 정진(靜振, seiche)[5], 조류/급류, 가뭄, 화재(산불, 도시 화재 등), 눈, 얼음, 해일, 진눈깨비, 눈사태, 폭풍, 아열대 사이클론, 허리케인, 토네이도, 용오름(water spout), 황사, 이상 고온/저온, 번개 등이다.

---

5) 호소(湖沼) · 후미 · 만(灣)따위에서 바람 · 지진 · 기압 변화 등으로 갑자기 일어나는 수면의 진동.

제3절 보안 대응책(countermeasures)

ISO 전략자문그룹(SAG-S)이 작성한 보안표준목록에는 보안 표적과 보안 위협 외에 보안 대응 관련 타임라인(timeline) 표준들이 포함되어 있다. 테러 공격이나 자연재난의 시간적 흐름 속에서 위험관리를 위한 보안 대응책들을 시간-순서적으로 제시하고 있다. 여기서는 크게 대비, 대응, 복구, 복원의 4단계로 대응책을 설명한다. TC 292의 여러 표준들이 보안 대응책의 구체적인 가이드라인과 요구사항들을 제시하지만 ASTM 등 ISO 표준외의 단체표준들도 상당수 관련이 있다.

1. 대비(Preparedness)

대비는 조직적 역량 강화를 위해 분석, 기획, 자원, 훈련, 실전연습, 영향 경감 등을 다루는 첫 단계이다. 대비 단계는 다시 훈련(Training)과 장비(Equipment)의 두 가지 분야로 세분된다. 관련 국제표준으로는 ASIS(미국산업보안협회) GDL PSO 민간보안요원 선발 및 훈련 가이드(Private Security Officer Selection and Training-Guideline), ASTM E2413 병원 대비 및 대응 가이드(Standard Guide for Hospital Preparedness and Response), ISO 22300 사회안전-업무연속성관리 요구사항(Societal security-Business continuity management systems-Requirements) 등이다.

2. 대응(Response)

대응은 인명을 구조하고 재산 및 환경을 보호하며 기본적인 인간의 안전욕구를 충족해주기 위한 두 번째의 즉각적인 실행 단계를 의미한다. 긴급사태 및 비상대응계획과 사고관리자의 조치의 수행을 포함한다. 이 대응 단계는 커뮤니케이션(Communication), 사고관리(Incident management), 인력보호장비(Personal Protective Equipment: PPE), 장치(Equipment)로 세분된다.

관련 표준으로는 IEC 60839−7−1 경보시스템 파트7−1. 경보전송시스템 내의 시리얼 데이터 인터페이스 메시지 포맷 및 프로토콜(Alarm systems−Part 7−1: Message formats and protocols for serial data interfaces in alarm transmission systems −General), IEC 62676−3 보안 적용을 위한 영상감시시스템 파트 3. 아날로그 및 디지털 영상 인터페이스(Video surveillance systems for use in security applications −Part 3: Analog and digital video interfaces), ASTM F1560 응급의료팀출동관리 표준 실무(Standard Practice for Emergency Medical Dispatch Management), ISO 11393−1 휴대용 동력 사슬톱을 위한 보호 장구−사슬톱으로 커팅하는 저항성능 테스트를 위한 플라이휠 시험장치(Protective clothing for users of hand−held chain−saws−Part 1: Test rig driven by a flywheel for testing resistance to cutting by a chain−saw), ISO 30061 비상보안조명(Emergency lighting) 등이 있다.

3. 복구(Recovery)

복구 단계는 세 번째 단계로서 사고 현장에서 소위 triage, 즉 (업무 우선순위를 정하기 위한) 분류 작업을 하는 훈련된 전문가의 조치 활동을 포함한다. 즉, 범죄의 형사증거를 수집하는 경찰관, 전기/통신/물/운송 등을 복구하는 공공유틸리티 기술자, 현장에서 사람과 중요 시설의 오염을 제거하고 해독하는 위험물 취급 전문가 등을 포괄한다.

관련 표준으로는 ASTM E2521 도시 수색 및 구조 로봇 운영 표준 용어(Standard Terminology for Urban Search and Rescue Robotic Operations), ASTM E2853 응급대응로봇의 역량 평가 시험 방법: 인간시스템 인터렉션: 수색 업무: 복잡한 지형에서의 랜덤 미로 방식(Standard Test Method for Evaluating Emergency Response Robot Capabilities: Human−System Interaction (HSI): Search Tasks: Random Mazes with Complex Terrain) 등이 있다.

4. 복원(Remediation)

복원은 네 번째 단계로서 조직이나 환경을 원 상태 또는 새로운 정상적 상태로 복귀시키는 단계이다. 미래의 비교되는 사건사고에 대응하는 조직과 환경의 역량을 제고하려는 노력이기도 하다. 관련 표준으로는 P0080PE 위험한 폐기물 사이트의 복원(Hazardous Waste Site Remediation: Assessment & Characterization), ASTM E2020 오염된 지역에서의 생태학적 위험 평가를 수행하기 위한 데이터 및 정보 옵션 가이드(Standard Guide for Data and Information Options for Conducting an Ecological Risk Assessment at Contaminated Sites) 등이다.

제4절 핵심 기술역량 표준화 체계

Inventory of security—related standards(www.iso.org/sites/sags)와 ISO/TR 22312 Societal security—Technological capabilities에서는 포괄적인 수준에서 제1~3절에서 설명한 보안·범죄예방 그리고 재난관리 회복력에 관련된 핵심적 기술 역량에 대한 기준을 도식화하여 보다 상세하게 안내하고 있다.[6] 이를 위해 ISO이사회 보안 및 안전 분야 전문가그룹인 AHG1은 국제표준으로 인해 채워질 표준화 수요의 갭(gap)을 고려하여 <그림 3-2>와 같은 사용하는 보안 표적, 위협, 대응책 모형을 사용했다. 보안 관련 핵심 요소들까지도 ISO에서 구체적인

▌그림 3-2 보안 표적, 위협, 대응책 모형

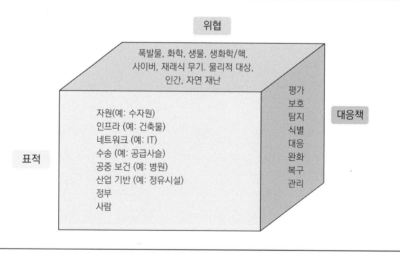

www.iso.org/sites/sags 및 ISO/TR 참고

---

6) 이 기술보고서(TR)는 기존의 ISO/TC 223 Societyal Seuciryt와 전문가그룹인 AHG1이 연구를 수행한 6개월 동안에 축적된 지식을 체계적으로 정리한 것이고 보안 및 재난관리 등 사회안전 영역 내 표준화하는 것과 관련 있을 법한 다양한 기존의 가용 기술들이 정교하게 분석되었다.

기준 마련으로 표준화하는 적극적인 노력의 일환으로 해석된다.

이 모형은 보안의 표적, 위협, 대응책의 세 차원을 규정하고 있고, 여기에 ISO이사회 AHG1은 네 번째 차원인 기초적 보안역량(basic security capabilities)을 추가했다. AHG1은 로드맵을 그림으로써 네 가지 차원 모두에 대한 종합적 목록을 작성했으며 이 목록에 기초하여 AHG1은 기술적 역량을 구체적으로 제시하였다. 이를 위해 표준개발팀(SDO)에서 보안 회복력 개선 역량, 요구되는 역량을 충족하는 제품과 서비스를 공급하는 시장 상황, 역량의 표준화를 추진하는 데 있어서 이해관계 등을 고려하여 다음의 문헌들을 수집 후 체계적으로 분석하였다.

- ISO/TMB/AGS, 최종보고서
- ANSI/HSSP(Homeland Security Standards Panel), 워크숍들에서 작성된 최종 보고서
- CEN/BT/WG 161, 아홉 개의 전문가 그룹이 완성한 최종 비즈니스 계획과 추가적인 관련문서들
- Standards Australia, 핵심 인프라 안전 표준 설문조사
- APEC(아시아태평양경제협력체), 핵심 인프라와 지원시스템 표준화 프로젝트

먼저 <그림 3-3>은 보안 표적(target)의 세항목과 세세항목들을 도식화한 것이다. ISO 보안 분야 SAG-S이 제시한 목록들보다 더 세세한 내용들을 일목 요연하게 보여주고 있다.

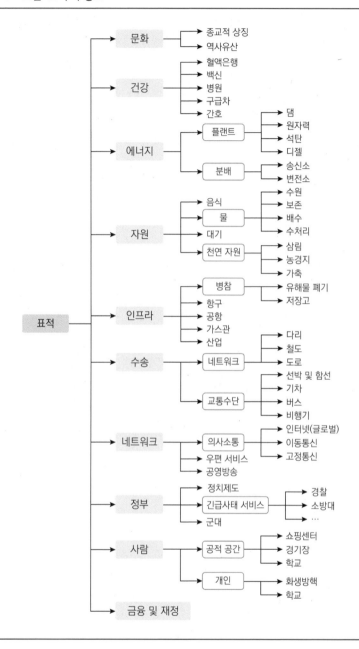

www.iso.org/sites/sags 및 ISO/TR 참고

다음 <그림 3-4>는 보안 위협(threats)의 항목들을 종합적으로 보여주고 있다. 화재 위협, 기술적 위협, 인공적 위협, 천연자원 위협, 경제적 위협, 천문학적 위협, 지질학적 위협, 생물학적 위협, 기상·기후학적 위협, 수송 위협 정보통신 위협 등 전형적인 위협 외에도 폭력, 지정학적 이슈, 극단주의, 인권 문제와 같은 사회통합(social integration) 위협도 포함되는 것이 특징으로 볼 수 있다. ISO 22312는 전술한 보안 위협 요소들보다 더욱 다채로운 항목들을 포함함으로써 앞으로 보안 인벤토리를 보다 풍부하게 채워 나갈 것으로 기대된다.

▎그림 3-4 보안 위협 구성도

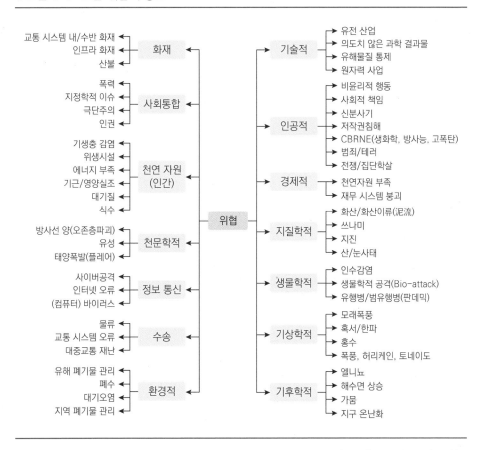

www.iso.org/sites/sags 및 ISO/TR 참고

<그림 3-5>는 위기 단계 별 대응책을 보여주고 있다. 위기나 위험 발생의 사전, 중간, 사후 별로 예상, 평가, 탐지, 식별, 예방, 완화, 억제, 대비(이상 사전), 대응, 관리(이상 중간), 복구, 연속성, 결과평가, 학습(이상 사후)이라는 대응 조치를 이행하는 시간 단계 별 대응체계를 잘 보여주고 있다. 국내의 재난 및 안전관리 기본법(약칭: 재난안전법)에서 제시하는 재난의 예방·대비·대응·복구와 안전문화활동, 그 밖에 재난 및 안전관리에 필요한 요소들에 매칭되는 체계라 할 수 있다.

▌그림 3-5 위기 단계 별 대응책 구성도

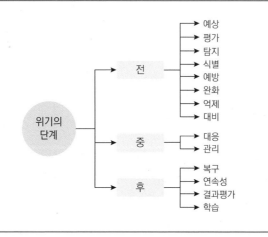

www.iso.org/sites/sags 및 ISO/TR 참고

마지막으로 <그림 3-6>과 <그림 3-7>은 이러한 위기단계 별 대응책을 실천하고 이행하기 위한 산업보안 및 위기관리의 기술적 역량을 매우 상세하게 보여주고 있다. 본서에서 핵심인 업무연속성기술, 감지기술, 감시, 의사소통/조정, 정보컴퓨터통신기술, 시각화, GIS, 물리보안, 화재감지, 식별/인식 기술 등 모든 보안 및 재난관리 기술 역량을 모두 아우르는 도식이라고 할 수 있다.

이러한 기술적 역량 중 핵심을 몇 가지로 압축하면 감지기술, 지휘통제/의사소통/조정, 감시, 일반 대중보호, 시뮬레이션, 물리적 보호, 위기 로지스틱스로 구분할 수 있다.

첫째, 감지기술(sensing & detecting)은 다가올 위협의 감지를 가능하게 해주는 모든 요소를 포함한다. 위협은 의도적 또는 비의도적인 행위 및 자연적인 원인에 기반할 수 있다. 이 영역은 감지의 기술적 능력과 관련이 있으며, 산사태, 지진, 쓰나미 같이 큰 규모이며 가시적인 사고의 감지 및 감식부터 상수도 혹은 급기(給氣) 내 오염물질 삽입과 같이 규모가 작고 주목 받지 못한 사고들까지 넓은 범위를 포괄한다. 이뿐만 아니라 감지 기술은 위협 탐지 능력과 탐색 및 구조 운영에 필요한 탐지 능력을 포함한다.

둘째, 지휘통제, 의사소통 및 조정은 보안 및 사회안전 사고를 관리하는 데 수반되는 조치를 취하는 경우에 필요한 모든 지원능력을 포함하며 그와 관련된 요소를 아우른다.

셋째, 감시(surveillance) 영역은 통상적으로 사용되는 카메라, 비디오 네트워크, 디지털 신호 처리(DSP), TV모니터 등과 같은 감시기기 이용에 초점을 두며 이러한 제품들을 보안과 사회안전의 맥락에서 다룬다. 또한 비디오 감시체계는 공공 및 공공자산 보호를 개선하는 데 기여하는 목적을 지니는 하나의 시스템으로 간주한다.

넷째, 일반 대중 보호는 일반 대중의 안전 개선에 중점을 둔 안전 관련 기술 역량 표준화를 말한다. 그러한 표준화는 일반적으로 이 과정에 수반되는 비용을 지불할 수 있는 이해관계자들에 의해 좌우된다. 사회안전은 흔히 일반 대중과 대중이 가진 자산을 뜻하는 사회에 중점을 둔다. 대중 안전 중에서도 직업상의 해저드(안전과 보안)가 핵심으로서 이 분야 표준화 프로젝트는 전문가들의 안전/보안을 위한 구체적 장비(경찰이나 소방의 안전 장구나 복장 등: PPE)와 관련이 있거나 이러한 장비 사용을 더 안전하게 하기 위한 요구사항을 포함한다. 이 영역은 구체적인 그룹 혹은 직업에 중점을 둔 것이 아니라 일반 대중에게 이롭고 일반 대중의 테러, 화재, 범죄 등의 안전과 보안문제를 개선하는 것에 목적을 둔 기술적 능력에 대한 표준을 포함한다.

다섯째, 시뮬레이션이다. 안전을 위한 시스템을 개발하는 것은 많은 이유로 비용과 대가가 크다고 할 수 있는데, 그 중 한 가지는 바로 다양한 시나리오, 안전성 요소, 환경조건 등과 같은 다양한 핵심 요인들을 고려할 필요성 때문이다. 더군다나, 안전 관련 장비는 복잡하고 민감한 상황에서 사용되기 때문에 장비고장은 생명과 재산(사용자 보호와 공급사의 책임)에 있어 책임이 클 것이라는 우려가 항상 존재한다. 따라서 운영 등 분석을 하고 안전 관련 장비와 시스템에 대한 요구사항을 만들기 위한 운영적 연구방법에 기초한 시뮬레이션을 사용하는 것이 통례이다. 또한 시뮬레이션은 센서 및 예방 시설과 장비 등 대책의 최적화 배치를 결정하는데 사용된다. 또한 이 영역은 다른 이해관계자가 요구하는 다양한 보안 관련 요소들에 필요한 시뮬레이션 역량의 범례와 실행기준에 관한 것이다.

여섯째, 물리적 보호는 핵심 인프라, VIP, 자원 등과 같이 물리적 보호에 필요한 능력을 포함한다.

┃ 그림 3-6 기술적 보안역량 범주화 1

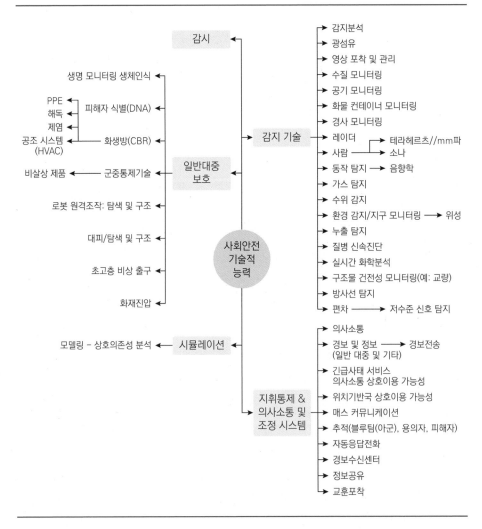

www.iso.org/sites/sags 및 ISO/TR 참고

일곱째, 위기 로지스틱스(crisis logistics)는 보안 및 사회안전 사고에 대응하고 관리할 때 가장 큰 어려움 중의 하나인 로지스틱스를 다룬다. 위기 시 로지스틱스의 복잡성은 당연히 사고의 규모에 비례하여 증가하며 물자 수송, 배치, 저장 및 에너지, 물과 같은 자원이 포함된다. 또한 큰 규모의 사고인 경우, 사고의 대응 및 관리에 관여하는 이해당사자들이 각각 다른 관할당국에서 오는 경우가 많아 그 복잡성은 더 커진다. 이 영역은 모범 실무, 적절하고 적당한 장비를 통해 로지스틱스를 효율적으로 관리하는 데 필요한 기술적 능력뿐만 아니라 이에 관련된 장비 및 시스템의 상호운용성도 다룬다.

┃그림 3-7 기술적 보안역량 범주화 2

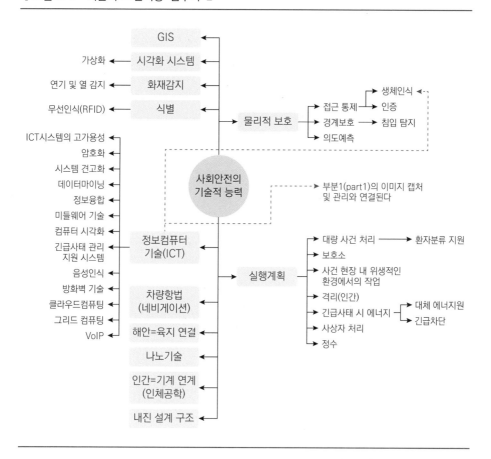

www.iso.org/sites/sags 및 ISO/TR 참고

다음은 ISO 이사회 및 전문가그룹에서 ISO/TC 292 외에 보안 표적, 위협, 대응책에 연관되는 프로젝트를 진행 중인 것으로 확인된 ISO 전문위원회 및 분과위원회의 목록이다. 아래 언급된 위원회의 적용범위는 www.iso.org 사이트를 통해 자세히 알 수 있다.

- JTC 1/SC 17, 카드 및 개인 식별
- JTC 1/SC 27, IT 보안기술
- JTC 1/SC 31, 자동 인식 및 데이터 획득 기법(AIDC)
- JTC 1/SC 37, 생체인식
- TC 8, 선박 및 해양 과학 기술
- TC 20, 항공기 및 우주선
- TC 21, 소방 및 소화 장비
- TC 22, 도로차량
- TC 23/SC 3, 농·임업용 트랙터와 기계의 안정성과 편안함
- TC 28, 석유제품 및 윤활유
- TC 31, 타이어, 림, 밸브
- TC 34, 식료품
- TC 58, 가스용기(가스 실린더)
- TC 59, 건축물 및 토목 공사 작업
- TC 67, 석유, 석유화학 및 천연가스 산업용 자재, 설비, 및 해양구조물
- TC 68/SC 2, 재무 서비스, 보안관리, 일반은행
- TC 68/SC 6, 재무 서비스, 리테일 재무 서비스
- TC 71, 콘크리트, 철근 콘크리트, PS콘크리트
- TC 76, 수혈, 수액 및 주사, 의료/약용 혈액처리용품
- TC 85, 원자력, 원자력 기술, 방사선 방호
- TC 86, 냉동 및 공조
- TC 92, 화재 안전
- TC 94, 개인안전-보호장비 및 보호구
- TC 98, 구조설계의 기초
- TC 104, 화물운송용 컨테이너

- TC 122, 포장
- TC 142, 대기 및 기타 가스용 세정장비
- TC 145, 그림 기호(그래픽 기호)
- TC 146, 대기질
- TC 147, 수질
- TC 154, 상업·산업·행정의 절차, 자료 요소 및 문서
- TC 159, 인체공학
- TC 160, 건축용 유리
- TC 162, 창호
- TC 178, 승강기, 에스컬레이터, 수평보행기
- TC 190, 토양의 질
- TC 192, 가스 터빈
- TC 197, 수소 기술
- TC 204, 지능형 교통 시스템
- TC 211, 지리정보/지리정보학
- TC 212, 임상 실험실 실험 및 체외진단 시험 시스템
- TC 215, 의료정보학
- TC 220, 초저온 용기
- TC 224, 식수공급 및 폐수처리 시스템 관련 서비스 활동: 서비스 및 수행 지표의 품질 기준
- TC 229, 나노기술

업무연속성관리

『산업보안 및 위기관리』
국제표준 개론

업무연속성관리(BCM) 관련 표준 개관

　재난, 위기, 테러라는 용어는 이제 더 이상 새롭거나 특이한 이벤트에 대한 이야기가 아니고 각종 뉴스미디어에 매시간 등장하고 있는 루틴한 용어요 일상화된 현상이다. 대표적으로 고도로 계획적이고 고의적인 범죄공격이었던 9. 11 테러(2001)를 시작으로, 자연재해인 인도양의 쯔나미(2004), 파키스탄(2005), 인도네시아(2006) 및 중국(2008)의 지진, 카리브해와 미국의 허리케인(2005, 2008), 동일본대지진(2011), 그리고 한국사회에 역대급 파장을 불러 온 초대형 해상 인적 재난인 세월호참사(2014) 등과 같은 사건들은 오랫동안 전 세계 언론의 주목을 받은 위기이자 재난이다.

　이러한 위기와 재난으로 인하여 조직이나 기업에서 진행하던 사업이 중단되게 되는데, 이 경우에 기업이나 각종 조직은 자산에 대한 직접적인 피해를 입게 되고, 핵심사업이 중단되어 경제적 손실은 물론 거래처와 고객을 잃게 되는 주요 원인이 되어 사업을 지속할 수 없는 상황이 된다. 또한, 진행하고 있던 주요 사업이 중단되어 기업이 손실을 입을 뿐만 아니라 고객과 고객 간의 사업도 중단될 수 있고, 예상치 못한 곳에서 기업의 생존이 걸린 비상 상황에 처하는 경우도 발생하게 된다. 따라서 기업의 거래처나 고객은 물론 이해관계자(주주)는 기업의 핵심사업을 중단시킬 수 있는 위험과 긴급사태에 대하여 어떠한 대책을 갖고 있는지에 대하여 설명해 줄 것을 요구하게 된다.[1]

　기업이 긴급사태와 위기에 직면하였을 때에 해당 사업을 지속적으로 수행하여 업무를 완수할 수 있는지의 여부는 단순한 매뉴얼 같은 책자를 구비하고 있는지 정도의 문제가 아니다. 대피와 데이터백업 및 저장을 위한 계획을 적절하게 수립한 기업들은 계획을 수립하지 않은 기업들보다 신속하고 효과적으로 사업을 재개할 수 있다는 것이 몇몇 사례로 입증이 되었다.

---

1) 윤홍식 (2016). 건설회사 사업연속성관리(BCM)의 필요성. 대한토목학회지, 64(3), 12-17.

9.11 테러 당시 뉴욕의 세계무역센터(WTC)에 상주했던 기업들 중에서 가장 임직원 수가 많았던 모건스탠리사(Morgan Stanley)는 사고 직후, 가장 큰 피해를 입었을 것으로 예상되었으나 트윈타워 근무자 중에 타 회사 대비 가장 적은 규모의 인명 피해가 확인되었고, 본사가 사라진 다음날인 9월 12일 오전 9시, 전 세계 지점들은 정상적으로 업무를 시작하였으며, 직원들도 평소와 다름없이 업무를 수행하였고, 모건스탠리의 정상적인 업무재개에 힘입어 뉴욕증권거래소는 6일 만에 다시 개장할 수 있었다. 어떻게 이런 일이 가능했을까? 1993년에 발생한 세계무역센터 폭탄테러를 경험했던 모건스탠리사는 발생 확률이 높은 리스크요인으로 '테러'를 꼽았고, 이에 대비한 업무연속 및 위기 대응계획을 준비하였다. 평소에 모든 직원들은 계획에 따라 대테러 모의훈련을 지속적으로 실시하였고, 이로 인해 비상대피는 물론 비상연락체계와 비상 시의 집결장소 등에 대한 구체적인 가이드라인을 인지하고 있었다.[2] 이를 위한 모건 스탠리의 5대 위기관리계획인 긴급 시 대책(Contingency Plan), 업무연속성 계획(Business Continuity Plan), 위기커뮤니케이션(Crisis Communication), 재무위험 분산관리(Hedging & Insurance), 조기경보시스템(Early Warning System)은 이러한 위기 사태 시에 제대로 작동이 되었던 것이다(그림 4-1).

▌그림 4-1 9. 11테러에 대비한 모건스탠리의 BCM 사례

MorganStanley

• 이상확인: 2001년 9월 11일 08시 40분
• 08:48분 WTC북쪽 타워 충돌·붕괴 09:59
  남측타워 직원 7번가 백업사이트 이동(08:50)
• 09:03분 WTC남쪽타워 충돌·붕괴 10:29
  백업사이트 가동 시작, 임원 대체사이트로 이동 지휘센터 가동(09:30)

[9.11 테러 익일 오전 9시 30분 최고경영자 긴급 기자회견 내용]

• 대다수의 직원이 생존.(3500여 임직원 중 15명만 실종)
• 모건스탠리는 정상 운영.(Hedge, 보험을 통한 상쇄로 1억 달러 미만의 손실발생)
• 전세계 모건스탠리 지점은 정상적으로 오전 9시에 영업을 개시.

출처: 매일경제(2011.07.17.) 기사[3] 등을 참고로 편집

---

2) 윤홍식 (2016). 건설회사 사업연속성관리(BCM)의 필요성. 대한토목학회지, 64(3), 12-17.

2001년 이슬람 테러조직에 의해 자행된 9.11테러로 인한 피해와 2004년 초 대형 지진해일로 20만명 이상이 사망하는 재난으로 인하여 막대한 사회경제적 피해가 발생하면서 ISO에서 TC 223 Societal Security가 설립되었고 2006년부터 재난관리 분야 국제표준의 마련을 위한 활동을 추진하면서 재난관리시스템 표준에 재난관리(Emergency Management)와 사업연속성(Business Continuity)을 ISO/TC 223의 핵심 분야로 채택하였다. 이 분야 국제표준화를 진행을 위해 참고 표준으로 미국(NFPA 1600), 영국(BS25999-1), 호주(HB221), 이스라엘(HS2-0142) 등이 제안한 내용을 바탕으로 재난관리 국제표준을 제정하였다. 우리나라는 국민안전처(2021년 1월 현재 행정안전부), 기술표준원, 한국표준협회, 한국정보통신기술협회(TTA)를 중심으로 표준화 활동이 추진되었다.

정부(구 국민안전처)는 선진화되고 체계적인 재난관리를 위해 재난관리 책임기관의 재난관리체계 등의 평가에 미국재난관리표준인 NFPA 1600을 지침으로 사용해 왔다. 각종 재난으로부터 안정적인 기업 운영을 위하여 NFPA 1600을 한국의 상황에 맞추어 적용하기 위해 '재해경감기업지원법'을 2008년 1월에 제정하였다. 또한, 국내에서는 ISO 22313 Business continuity management system -Guidance와 관련되어 "재해경감을 위한 기업의 자율활동 지원에 관한 법률(2011)"을 제정하였으며, 재난이 발생하는 경우 기업활동이 중단되지 아니하고 안정적으로 유지될 수 있도록 하기 위하여 기업의 재해경감활동을 지원함으로써 국가의 재난관리 능력을 증진함을 목적으로 한다. 동 법률 제5조에 의하여 기업 재해경감활동 조직·체계 등의 구성, 위험요소의 식별, 위험평가, 영향분석 등 재난 위험요소의 경감에 관한 사항, 재해경감을 위한 전략계획, 경감계획, 사업연속성확보계획, 대응계획 및 복구계획의 수립, 재해경감활동과 관련된 지시·통제·협의조정 등 비상시 의사소통 및 상황전파 체계, 교육·훈련을 통한 자체평가 및 개선 등 기업재난관리를 도모하고자 행정안전부장관에 의해 기업의 재해경감활동계획 수립을 위한 '재난관리표준'을 2011년에 제정·고시하여 운영하고 있다. 제4조에 의거하여 기업은 재난으로부터 안정적인 사업을 유지할 수 있도록 고시된 재난관리표준에 따라 기업시설·종업원 등에 대한 재해경감을 위하여 노력하여야 한다(그림 4-2).

---

3) '모건스탠리 BCM덕에 하루만에 업무재개' 에릭슨, 화재난 부품업체 말만 믿다 휴대폰 생산 중단, 東일본 쓰나미 이후 글로벌기업들 속속 BCM 도입

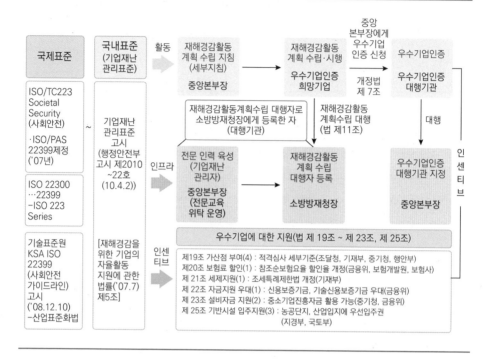

출처: 재난포커스4)

　　업무연속성계획(BCP: Business Continuity Planning)은 재난 시에 중요한 업무가 중단되지 않고, 또한 만일 중요업무가 중단된 경우에도 목표로 하는 복구시간내에 중요한 기능을 재개시키고, 영업중단에 따른 위험을 최소화하기 위하여 평상시에 사업연속성을 전략적으로 준비해 두는 계획이다. 또한, 더 넓은 개념인 업무연속성관리(BCM)는 사업연속성을 달성하기 위한 경영(관리프로세스)이며, BCP수립, 실시, 운영, 교육, 점검, 시정조치, 경영자에 의한 재검토 등을 포함한다.5)

　　이를 위해 업무영향분석(Business Impact Analysis)이 중요한데, 평가 분석은 조직/기업의 핵심업무가 중단되었을 시 어느 정도까지 버틸 수 있는지를 판단하는 것이 긴요하다. 위기나 재난 발생 직후에는 여러 사업 중에 자원의 한계 내

---

4) http://www.di−focus.com/news/quickViewArticleView.html?idxno=2310

5) '윤홍식 (2016). 건설회사 사업연속성관리(BCM)의 필요성. 대한토목학회지, 64(3), 12−17.' 의 글을 요약, 수정, 보완하였다.

에서 지속이 필요한 중요 사업만을 선택하고 결정하여 진행하되 복구목표시간 (Recovery Time Objective: RTO)[6]이 핵심 사업 별로 일정 수준 설정되어야 한다. 복구목표시간과 허용한계기간(Maximum Tolerable Period of Disruption: MTPD)[7]은 경영자나 관리자의 최종 판단에 의해 설정되는 것이 일반적이다.

ISO 22301 업무연속성관리시스템은 사업자가 재난 및 재해 등에 대해 미리 전사적 정책과 절차를 수립해 핵심적인 업무기능을 지속적으로 유지함으로써 고객에게 필요한 제품과 서비스를 중단 없이 공급하여 기업 손실을 방지할 수 있도록 제정한 국제 기준이다. 특히 ISO 22301은 그동안 국내 인증기관이 없었던 터라 기업들은 자사의 기밀유출 우려가 있음에도 불구하고 해외 인증기관을 통해 인증을 받아왔었다. KSR인증원이 KAB로부터 인증기관으로 지정받게 됨으로써 이런 우려가 없어졌으며, 특히 인증절차에 대한 경쟁력을 갖게 됐다는 평가다. 국내에서는 서천화력본부가 인증심사를 거쳐 2016년 7월 7일 ISO 22301 인증서를 발급받아 KSR인증원의 첫 인증사례가 되었다. 업무연속성관리시스템 도입은 ① 통합적인 위기대응체제를 확보하고 ② 대내·외적 기업 신뢰도 향상과 ③ 치명적 업무손실로부터 기업의 영업활동을 신속히 회복한다는 효과를 얻는다.[8]

이러한 업무연속성 분야에서는 TC 292 내에서 다음과 같이 8개의 표준이 제정 완료되었거나 제정 완료 단계에 있다(표 4−1).

---

6) 데이터를 반드시 복구해야 하는 최대 허용 시간 제한을 정의한다. 재해가 발생했을 때 시스템을 즉시 사용 가능하게 만들어야 하지만 일부 데이터 손실을 용인할 수 있는 경우 RTO는 0이다. 그러나 한 시간 동안 데이터 복구를 허용할 수 있는 경우 RTO는 한 시간이다. https://www.symantec.com 용어집에서 인용.

7) 조직의 특정업무 중단 시 해당 조직에서 허용할 수 있는 최대 중단기간을 의미하며, 업무중단 발생시 영향 추정을 위하여 조직의 주요 재무요소를 적용 후 단위업무별 MTPD를 산정할 수 있다.

8) 이재용 (2016). KSR인증원, ISO 22301 BCMS로 기업 리스크 관리 돕는다. Electric Power, 10(8), 32−33.

구분	표준명(영문)	표준명(한글)
제정 표준 (완료 단계 포함)	ISO 22301 Business continuity management systems(BCMS) – Requirements	업무연속성관리시스템 요구사항
	ISO 22313 BCMS – Guidance	업무연속성관리시스템 가이드
	ISO/TS 22317 BCMS – Guidelines for business impact analysis(BIA)	업무영향분석(BIA) 지침
	ISO/TS 22318 BCMS – Guidelines for supply chain continuity	공급사슬 연속성 지침
	ISO/TS 22330 BCMS – Guidelines for people aspects on business continuity	업무연속성의 인적 자원 지침
	ISO/TS 22331 BCMS – Guidelines for business continuity strategy	업무연속성전략 지침
	ISO/TS 22332 Guidelines for developing business continuity procedures	업무연속성절차 개발 지침
	ISO 22398 Societal security – Guidelines for exercises	연습 가이드라인

먼저 ISO 22301 업무연속성관리시스템 요구사항은 업무연속성을 확보하기 위해 사업에 대한 위협을 이해하고 우선순위를 결정하는 것으로서 파괴적인 사건·사고로부터 사업을 복구하고, 사건·사고 가능성을 줄이며, 사업을 보호할 수 있도록 경영시스템 요구사항을 명시하고 있다.

ISO 22301에서 규정하는 요건은 조직의 형태, 규모 및 특징에 관계없이 모든 조직들 또는 조직들의 일부에 일반적으로 적용되도록 하는 목적으로 만들어졌으며 이러한 요건들에 대한 적용의 범위는 조직의 운영환경과 복잡성에 따라 좌우된다. 이러한 요구사항은 법적, 규정적, 조직적 및 산업의 요구사항, 제품 및 서비스, 채택된 프로세스, 조직의 규모 및 구조, 조직의 이해관계자들의 요구사항에 의해서 모습을 갖추게 된다.

ISO 22313 업무연속성관리시스템 가이드(Guidance)는 ISO 22301 요구사항에 대하여 보다 자세하고 명료한 안내서로의 역할을 한다. ISO/TS 22317 업무연속성관리시스템 – 업무영향분석(BIA) 지침은 ISO 22301이 요구하는 업무영향분석(BIA)를 수행하기 위한 지침을 제공한다. 업무영향분석은 업무연속성과 복구 우선순위, 목표시간 그리고 대상을 결정하기 위한 프레임워크를 제공한다. 업무영향분석의 목적은 파괴적인 사건·사고가 조직이나 기업에 주는 영향을 분석하는 것이다.

ISO/TS 22318 업무연속성관리시스템－공급사슬 연속성 지침은 외부의 상품 및 서비스 공급망과 기업 내부 서비스에 대한 평가와 관리에 대한 기준을 제공한다. 특히 공급망의 차단에 따른 사업의 차질에 대비하여 소비자와 공급자의 양 측면에서 이를 보호하기 위한 적절한 대책을 제시한다.

한편 ISO/TS 22330 BCMS－Guidelines for people aspects on business continuity, ISO/TS 22331 BCMS－Guidelines for business continuity strategy, ISO/TS 22332 Guidelines for developing business continuity procedures 등은 업무연속성관리시스템의 운영을 위한 인적 자원 활용 지침, 연속성 전략, 연속성 절차 등을 상세하게 안내하기 위해 필요한 보완적 표준들이다.

KS A ISO 22301:2013에서는 Business Continuity를 '비즈니스연속성'으로 번역하여 사용하고 있으나(2021년 3월 현재 공공서비스 전문위원회에서는 이를 다시 업무연속성'으로 개정 중에 있음) 학계나 산업 분야에 따라서는 '사업연속성'으로, 공공기관에서는 '업무연속성'으로도 명명하고 있는 관계로 본서에서는 업무연속성을 주로 사용하되 편의상 이 용어들을 상황에 따라 혼용하였다. 또한 산업분야에서는 management를 '경영'이라고 부르고 공공기관 등에서는 '관리'라고 명명하는 등 용어 사용의 통일이 부족한 실정으로서 이 역시 본서에서는 관리라는 용어를 주로 사용하되 경우에 따라 혼용하였다.

업무연속성 관리 표준 중에서는 ISO 22301과 ISO 22313이 인증을 위한 표준으로서 가장 핵심이고 다른 표준들은 이를 보조하는 표준들이다. 따라서 본장에서는 다른 장들과 달리 각각의 표준들을 장황하게 나열해서 설명하지 않고, ISO 22301이라는 인증 요구사항(requirement) 표준에 대한 구체적인 해설서 또는 안내서의 역할을 하는 ISO 22313 업무연속성관리 가이드를 중심으로 기술하되 TC 292 WG2 내의 표준은 아니지만 TC 292에서 다루고 있는 일반적인 재난관리 유관 표준인 ISO 22398 Societal security－Guidelines for exercises(연습 가이드라인) 등을 인용하여 상세히 설명하였음을 밝힌다.

제2절   ⓘ ISO 22313 업무연속성관리 가이드

ISO 22301에 대해서는 이미 KS A ISO 22301:2013을 통해 이미 소개되고 해설서[9]도 시중에 판매되고 있어서, 그리고 지면관계상 본서에서는 그 자세한 내용은 생략한다. 그러나 ISO 22301의 가이드 문서에 해당되는 ISO 22313에 대해서는 상세한 소개가 이루어지지 못했으므로 본 절에서는 ISO 22313 BCMS – Guidance를 분석하여 그 핵심적인 내용을 위주로 요약 및 설명하고자 한다. 더불어 연습 파트에서는 ISO 22398 Societal security – Guidelines for exercises를 분석하여 주요 내용의 일부를 소개하였다. 또한 이해를 돕기 위해서 업무연속성관리를 위한 리스크평가와 연속성 방침에서는 2020년 초 발발한 전세계적인 팬데믹 위기인 COVID19 긴급사태를 토대로 예시하였다.

1. ISO 22313 개관

이 국제표준은 ISO 22301에서 규정한 요구사항에 대한 적절한 지침과 이 요구사항에 관련된 권고사항(should) 및 허가사항(may)을 제시한다. 이 표준은 ISO 22301 업무연속성 관리시스템에 대해 보다 상세한 안내를 제공한다. 업무연속성 관리시스템(이하 BCMS)은 업무연속성 관리 정책 및 목표 수립에 대한 조직의 니즈 이해, 중단성 사고를 관리할 수 있는 전반적인 역량을 관리 차원의 통제 및 수단의 실행, BCMS의 성과 및 효과성에 대한 모니터링 및 평가, 지속적 개선 등을 강조한다. 다른 관리시스템과 마찬가지로 BCMS은 정책, 지정된 책임자, 관리 프로세스, 문서화, 조직 관련 모든 BCMS 프로세스와 같은 주요 요소로 구성된다.

---

9) 나대수, 정영환, 주정열, 한채옥(2016), 업무연속성 관리시스템 해설집(BCMS) KS A ISO 22301:2013, (사)한국비시피협회.

업무연속성은 일반적으로 한 조직에 구체화되어 있지만, 업무연속성 실행은 더 넓은 범위의 커뮤니티 및 기타 제3자에게 광범위한 영향을 줄 수 있다. 하나의 조직은 의존하는 외부 조직을 갖는 경향이 있으며, 외부조직을 의존하는 다른 조직들이 존재할 수 있다. 따라서 효과적인 업무연속성은 사회의 회복력 향상에 많은 도움을 준다.

이 표준은 조직의 BCMS의 효과성에 대한 기획, 수립, 실행, 운영, 모니터링, 검토, 유지관리 및 지속적 개선에 PDCA(Plan-Do-Check-Act)사이클을 적용한다. <그림 4-3>는 BCMS가 어떻게 이해관계자의 요구사항을 업무연속성 관리(이하 BCM이라 함)의 투입으로 받아들이는지와 필요한 활동과 프로세스를 통해 업무연속성 결과물(즉, 관리된 업무연속성)을 산출하는 방법을 보여주고 있다.

┃그림 4-3 BCMS 프로세스에 적용된 PDCA 모형

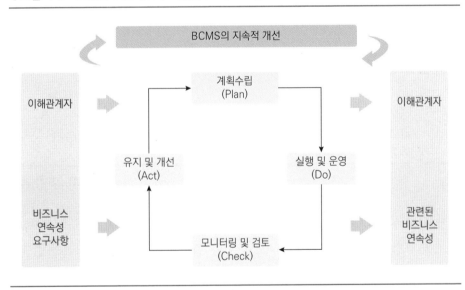

출처: ISO 22301:2013

이 표준에서의 구체적인 PDCA 구성요소는 아래 <표 4-2>와 같은데, 특히 Plan은 '조직의 상황, 리더십, 기획, 지원'을 포함하는 요소하고, Do는 운영 요소, Check는 성과평가, Act는 개선 요소에 해당한다.

PDCA 구성요소	PDCA 구성요소를 다루는 절
Plan (계획)	4. (조직의 상황) BCMS가 요구사항을 충족하도록 다음에 제시된 모든 관련된 외부 및 내부 요인을 고려하며 조직이 무엇을 해야 하는지를 제시한다.
	– 이해당사자의 니즈와 기대
	– 조직의 법률, 규칙, 의무사항
	– BCMS의 적용범위
	5. (리더십) 의지표명 증명, 정책 결정 및 역할 · 책임 · 권한 수립과 관련된 관리의 주요 역할을 정한다.
	6. (기획) BCMS의 전반적인 전략적 목표와 지침을 수립하는 데 필요한 실행내용을 설명한다. 이는 업무영향분석, 리스크 평가 및 업무연속성 전략에 대한 사항들이다.
	7. (지원) BCMS 지원에 필요한 주요 요소를 식별한다. 주로 자원, 역량, 인식, 의사소통 및 문서화된 정보가 포함된다.
Do (실행 및 운영)	8. (운영) 업무연속성을 달성하기 위해 요구되는 BCM의 실행 요소를 식별한다.
Check (모니터링 및 검토)	9. (성과 평가) 성과에 대한 측정과 평가를 통해 BCMS 개선의 근거를 제공한다.
Act (유지 및 개선)	10. (개선) 성과 평가를 통해 식별된 부적합을 해결하기 위해 필요한 시정조치를 취한다.

출처: ISO 22301:2013

업무연속성은 중단성(업무가 중단이 될 정도의 심각한 특성을 가진) 사고 후에 사전에 규정된 수용, 즉 수인(tolerance) 가능 범위에서 제품 또는 서비스 공급을 지속할 수 있는 조직의 역량이다. BCM은 업무연속성을 달성하는 프로세스이며 조직의 목표 달성을 저해하는 중단성 사고에 대처하기 위한 조직의 준비성에 대한 것이다. BCM을 관리시스템의 프레임워크 및 분야에 두는 것은 BCM에 대한 통제, 평가 및 지속적인 개선을 가능하게 하는 BCMS을 구축한다.

이 국제표준에서 '업무(business)'는 조직이 목표, 목적, 사명 달성을 위해 수행하는 운영 및 서비스의 모든 것을 아우르는 용어로 사용된다. 이 용어는 산업, 상업, 공공 및 비영리 부문에서 운영하는 대/중/소규모 조직에 모두 동일하게 적용이 가능하다.

규모와 그 원인에 상관없이 어떠한 사고라도 조직의 운영과 제품 및 서비스 공급 능력의 주요한 중단을 초래할 잠재력을 갖는다. 하지만, 중단성 사고의 발생 전에 이러한 사고가 발생하는 것을 기다리는 것 대신에 업무연속성을 실행하는 것은 조직이 허용 불가능한 수준의 부정적 영향(경제, 명성, 인명 피해 등)을 받기 전에 운영을 재개하는 것을 가능하게 한다.

BCM은 조직의 주요 제품 및 서비스 공급 활동의 명확화, 활동 재개 우선순위와 조직의 핵심 자원에 대한 식별, 조직의 의존성을 포함하여 활동에 대한 위협, 그리고 활동을 재개하지 못할 경우 미칠 영향 식별과 같은 항목을 포함한다.

업무연속성은 갑작스런 중단성 사고(예 폭발, 붕괴, 화재)와 점진적 사고(예 독감, 코로나19 팬데믹의 유행) 모두를 대처하는 데 있어 효과적일 수 있다. 조직의 활동은 굉장히 다양한 종류의 사고에 의해 중단될 수 있으며, 대다수 사고는 예측 또는 분석이 어렵다. 다음의 뉴스 기사는 코로나19 위기로 인한 노인복지사업의 전면 중단의 사례를 보여주고 있다.

 코로나19 여파 '일자리 사업 중단' 노인 생활고 우려

[프라임경제] 코로나19 사태 장기화로 저소득 노인층 생계 문제가 심각해지고 있다. 저소득 노인층 대상 일자리 사업들이 코로나 감염 우려로 대거 중단하고 있기 때문이다. '노인 일자리 사업'은 일할 여건이 되는 노인에게 일자리와 사회활동을 제공해 노인복지 향상을 돕는 노인복지 제도다. 하지만 정부는 지난달 27일부터 코로나19 지역사회 감염을 막기 위해 노인 일자리 지원 기관에 휴관을 권고했다. 비록 휴관 권고기간은 오는 22일까지에 불과하지만, 감염병에 취약한 노인 특성상 사업 재개는 코로나19 완전 종식 이후에나 가능할 것으로 전망된다. 한국노인인력개발원이 발표한 노인 일자리 사업 현황(8일 기준)에 따르면, 코로나19 사태 이전에는 64만명이 일자리 사업에 참여했다. 하지만 코로나19사태 이후에는 11만9000명으로 크게 감소했다. 코로나19 사태로 사회복지시설과 노인종합복지관, 유치원과 학교 등 휴관에 돌입했기 때문이다. 실제 대면을 필요로 하는 노인 일자리 사업은 대부분 중단된 상태며, 비대면 방식 △가정일터 △박스제작 △비대면 취약계층 돌봄 사업 등만이 부분적으로 운영되고 있다. 이런 연유로 코로나19 사태가 장기화될 경우 기초연금 외 특별 수익이 없는 저소득 노인들은 생활고를 겪을 것이라는 우려가 나온다.

[프라임경제 2020.03.17.의 기사를 일부 인용함]

업무 중단의 원인보다는 중단이 미치는 영향에 집중함으로써, 업무연속성은 조직이 생존을 위해 할 수 있는 활동들을 식별하며, 조직의 사명과 의무사항을 계속해서 이행하기 위해 필요한 것이 무엇인지 판단하게 한다.

업무연속성을 통해 조직은 중단성 사고가 발생하기 전에 자원(예 사람, 부지, 정보), 공급사슬, 이해당사자, 명성을 보호하기 위해 필요한 니즈가 무엇인지를 인식할 수 있다. 이런 인식이 있는 조직은 중단이 발생한 시기에 필요하고 가능한 대응에 대해 현실성 있는 접근을 하며, 결과 관리에 확신이 있으며 수용 불가한 부정적 영향을 피할 수 있다.

적절한 업무연속성을 지닌 조직은 높은 위험으로 판단될 수 있는 상황을 기회로 이용할 수 있다. <그림 4−4>는 업무연속성이 특정 상황의 손실적 영향을 완화하는 데 효과적일 수 있는지를 개념적으로 보여주기 위한 것이다.다만 폭발이나 방화와 같은 갑작스런 이벤트 발생 시에는 조업률이나 업무가 급격히 감소하지만 코로나19와 같은 바이러스 감영병의 경우에는 조업률이나 업무가 계단식으로 천천히 감소하는 특성의 차이를 이해해야 한다.

▮그림 4-4　갑작스런 중단에 효과적인 업무연속성

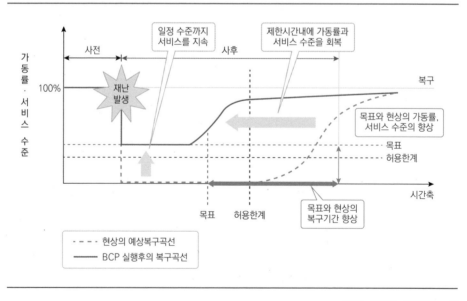

출처: 윤홍식, 2016, p. 6

2. ISO 22313 주요 내용

가. 조직의 상황(Context of the organization)

조직(또는 기업)은 조직의 BCM에 관련된 모든 이해관계자를 식별 및 인지해야 하며, 그들의 니즈 및 기대에 기반하여 요구사항을 결정해야 한다. 명시된 요구사항뿐만 아니라 잠재적인 요구사항에 대한 인지와 확인은 중요하며 이해관계가 있는 모든 공공 및 민간 부문의 사람과 대상(방송 등 미디어 매체, 인근 지역의 시민, 경쟁자 등을 포함)을 인지하여야 한다(그림 4−5 참조). BCM을 기획 및 실행할 시 이해관계자는 각자의 적절한 활동을 인지하는 것이 중요하다. 또한 중단성 사고 후에 모든 이해관계자들과 의사소통하는 것은 적절할 수 있지만,

▌그림 4-5 공공/민간 부문의 이해관계자(예시)

출처: ISO 22313:2018

BCM을 수립 및 관리할 때에는 가급적 핵심 관계자들이 중심이 되어 진행되어야 한다.

나. 리더십(Leadership)

조직 전반에 걸친 모든 수준의 관련 경영자 역할에 속하는 사람은 업무연속성 정책 및 목표 실행에 있어 의지표명 및 리더십을 보여야 한다. 리더십 및 의지표명은 동기부여(motivation), 약속(engagement), 권한부여(empowerment)에 의하여 표현될 수 있다.

최고 경영자는 법규정 등 요구사항 준수, 유지 및 검토 절차에 BCMS 프로세스 통합, 조직의 전략적 방향에 의한 정책 및 목표 수립, 적정 수준의 자금(funding) 등 자원의 가용성 확보 등의 실행을 통해 BCMS의 개발, 실행 및 지속적인 효과성의 개선에 대한 의지표명의 증거를 보여주어야 한다. 또한 경영자 의지표명은 실무그룹을 통한 운영 개입과 경영자 회의에 업무연속성을 상설 의제로 포함시킴으로써 가시적으로 보여줄 수 있다. 이와 관련하여 <표 4−3>은 국내 반도체 기업인 SK하이닉스의 BCP리더십 구조를 예시하고 있다.

▼ **표 4-3** 국내 한 기업의 BCP 리더십 구조

비상시 BCP 조직	역할 정의
비상대책위원회 (BCP Committee)	BCP 상황 시 전사적 위기대응, 재해복구 및 업무재개를 위한 정책과 계획을 심의/의결하고 위기관리 상황에 대한 보고를 받아 의사결정 수행
종합상황실 (BCP Commend Center)	피해 캠퍼스 위기전개 및 복구상황을 종합적으로 모니터링하고, 경영상 중대한 영향을 미치는 Fact를 종합적으로 파악 정리하여 의사결정 필요사안에 대해 비상대책위원회 보고 및 상정 각 총괄 조직과의 실시간 정보공유를 통해 비상대책위원회 결정사항이 신속히 전달될 수 있도록 협업
복구총괄 (Disaster Recovery Center)	비상대응, 피해조사, 원인분석, 복구계획 수립, 복구활동 이행, 재발방지대책 수립 등 피해 캠퍼스 현장에서의 재난(업무) 복구활동을 총괄적으로 지휘
복구지원총괄 (Disaster Recovery Support Center)	피해 캠퍼스 현장에서의 인적, 물적 자원의 조달/지원 등 재난(업무) 복구활동이 원활히 수행될 수 있도록 총괄적으로 지원

비상시 BCP 조직	역할 정의
사업정상화총괄 (Business Recovery Center)	위기 상황하에서의 최적의 자원 재분배를 반영하여 Contingency 경영계획(생산/판매)을 수립. 복구/지원활동 외 업무재개 후 평상시 수준에 도달을 위한 일련의 Contingency 경영활동 수행
대외대응총괄 (Crisis Communication Center)	BCP 상황시 대외 이해관계자들의 각종 요구사항 대응 및 전략적이고 선제적인 커뮤니케이션을 통해 이해관계자의 신뢰관계를 유지함으로써 업무재개 후 사업연속성을 확보

출처: https://www.skhynix.com/kor/sustain/bcpSystem.jsp

최고 경영자는 조직의 목표 및 사명을 다하기 위한 업무연속성 정책을 수립하여야 하며, 그 정책은 조직의 목적에 부합하고 업무연속성 목표를 설정하기 위한 프레임워크를 제공해야 한다. 나아가 업무연속성 정책이 법률 및 규칙 등 의무사항과 지속적 BCMS의 개선을 통해 적용 가능한 요구사항에 부응할 수 있어야 한다. 최고 경영자 교체 혹은 새로운 법의 시행 등 내외부 요인에 있어 중대한 환경 변화가 발생 시 정책의 승인, 문서화된 정책 정보가 확보되어야 한다.

또 최고 경영자는 BCMS의 책임 및 권한을 조직 내부에 적절히 배분해야 하고 관련 부서 간 상호 의사소통을 제고하며 BCMS에 대한 최종적이고 전반적인 책임을 져야 한다. 물론 최고경영자는 업무연속성의 검토 및 개선을 위해 BCMS 성과를 보고받고, 조직 전반에 걸쳐 업무연속성의 인식을 촉진시키며, 사고대응을 위한 효과적 절차를 수립 및 시행할 수 있는 한 명 이상의 경영대리인(⑩ 물류센터 화재사고 발생 시 사고대책본부의 경우 부본부장 등)을 임명하여야 한다.

다. 기획(Planning)

BCM 수립 및 관리 계획은 책임 배분, 확인 및 과업의 완수를 위한 적절하고 현실적인 목표 설정이 포함되어야 하며 그 목표는 조직 내부의 관련 기능 및 업무 프로세스에서 설정되어야 한다. 계획에 대한 프로세스는 모니터링 되고 문서화되어야 한다.

계획은 지속적으로 검토되어야 하며 BCMS 변화 시 정기적으로 업데이트되어야 한다. 다음은 특정 상황에서 ISO 22301에 규정된 요구사항을 충족시키는 업무연속성 목표의 예시이다.

- '2020년 10월말까지, ISO 22313과 일관성 있는 BCMS의 수립'
- '2020년 11월말까지, ISO 22301 인증 획득'
- '2020년 12월말까지, 고객을 위한 업무연속성을 마련'
- '2020년 10월말까지, 주요 제품 및 서비스 보호 BCM을 마련'

라. 지원(Support)

BCMS에 필요한 자원을 식별할 시 조직은 인원 및 인적 자원(BCMS 역할 및 책임을 충족시키는 데 필요한 시간, 교육훈련, 연습 등), 적절한 작업 위치 및 인프라 설비, 효과적인 프로그램 관리를 지원하는 어플리케이션을 포함한 정보통신기술(ICT), 이해관계자들 간 의사소통, 재정 및 자금 등을 제공하여야 한다. 해당 조직은 사고/사건을 관리하기 위해 필수적인 책임, 권한 및 역량을 지닌 사고 대응 담당 직원을 선정 및 배치하고 사고대응 담당자는 조직에 중대한 영향을 미치거나 미칠 가능성이 있는 중단성 사고에 대응하는 팀을 결성한다.

조직은 BCMS 작업을 수행하는 직원의 역량을 관리하기 위한 적절하고 효과적인 시스템을 구축하여야 한다. 관리자는 모든 BCMS 역할 및 책임에 필요한 역량을 충족시키는 데 필요한 인식, 지식, 이해, 기량 및 경험을 규정하여야 하고, 조직 내에서 관련 역할을 배정받은 모든 직원은 필요한 역량을 증명하고 역량을 발휘하기 위해 필요한 훈련, 교육, 개발 및 지원 등 역량개발프로그램을 제공받아야 한다.

BCMS의 수립 및 관리 시 이해관계자와 정보교환을 위한 효과적인 의사소통 및 논의 절차가 중요하다. 문서화된 정보(documented information)는 요구사항의 준수 및 관리시스템의 효과적인 운영에 대한 증거를 제공한다. '절차(procedure)'는 활동 혹은 프로세스를 실행하는 규정된 방식을 의미하는데 절차도 문서화되어 관리해야 한다. ISO 22313에서 요구되는 문서화된 정보는 법, 규칙, 기타 요구사항 및 컴플라이언스 준수 증거, BCMS 적용범위 및 예외사항과 업무연속성 정책 및 목표, 업무영향분석 및 리스크 평가 프로세스, 업무연속성 전략 , 사고 관리 및 복구 절차, 내부 심사 및 경영자 검토 등이다.

마. 운영(Operation)

적절한 BCMS를 위한 운영의 기획과 통제는 조직이 업무연속성 정책 및 목표 충족에 필요한 조치를 규정, 계획, 실행 및 통제하고, 적용 가능한 니즈 및 요구사항을 충족시키는 방향으로 수행되어야 한다. 업무연속성 관리(BCM) 운영을 위한 프로세스와 요소는 <그림 4−6>과 같다.

▌그림 4-6 업무연속성 관리(BCM) 운영의 요소

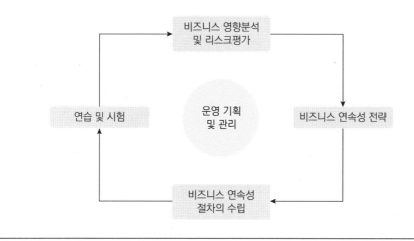

출처: ISO 22313:2018

효과적인 운영 기획 및 통제는 BCM의 핵심 사항으로서 이는 최고경영자가 지명한 책임감 있는 사람이 이끌면서 업무영향분석 및 리스크 평가를 기초로 시작된다. 업무연속성에 대한 우선순위 및 요구사항의 합의와 이해는 업무영향평가 및 리스크 평가로 달성된다. 업무영향평가는 제품 및 서비스를 지원하는 조직의 활동 재개를 우선순위화할 수 있다. 리스크 평가는 우선순위화된 활동과 의존성 및 중단성 사고의 잠정적 결과(피해정도)에 대한 이해를 촉진하고 이를 바탕으로 조직으로 하여금 적절한 업무연속성 정책을 선택하게 한다.

다음 단계로 업무연속성 절차 수립 및 실행인데, 업무연속성 절차의 실행은 사고대응의 구조화, 사고 탐지 및 대응 수단, 업무연속성 계획 및 업무를 평상시의 수준으로 복원시키는 절차를 포함한다.

마지막으로 연습 및 시험 실시는 조직에게 직원의 인식 및 역량의 개발을 촉진하고, 업무연속성 절차가 완전하고, 최신이며 적절하도록 유도하고, 업무연속성을 개선도록 돕는다.

바. 운영 – 업무영향분석 및 리스크 평가

① 일반사항

조직은 업무영향분석 및 리스크 평가에 대한 공식적이고 문서화된 프로세스를 수립, 실행 및 유지하여야 한다. 조직을 통해 업무영향분석 및 리스크 평가로 얻는 정보는 효과적인 업무연속성에 대한 기초를 제공한다.

조직은 고객에게 제품 및 서비스의 공급을 통해 조직의 목적을 달성한다. 그러므로 제품 및 서비스의 중단이 조직의 목표 및 운영에 미치게 될 예기치 않은 영향을 예측하고 목록화하는 것, 그리고 제품 및 서비스를 지원하는 활동의 자원 요구사항과 위협 상황을 점검하는 것도 중요하다. 업무영향분석 및 리스크 평가의 프로세스는 조직이 업무연속성 전략을 선택하는데 정보를 제공한다. 업무영향분석과 리스크 평가는 조직에 미치는 중단의 영향을 제한하는 조치, 중단 기간을 단축하는 조치, 중단의 가능성을 감소시키는 조치의 필요성 판단에 도움을 준다.

② 업무영향분석(business impact analysis)

조직은 연속성 및 복구 우선순위와 목표를 결정하기 위한 공식적인 평가 프로세스를 수립하여야 한다. 업무영향분석의 목적은 조직의 주요 제품 및 서비스와 이를 공급하는 활동에 대한 이해를 높이고, 공급 활동을 재개하기 위한 우선순위 및 기간을 적절히 설정하며, 연속성 및 복구에 필요할 것으로 여겨지는 주요 자원과 조직의 대내외적 의존도를 판단하기 위함이다.

업무영향분석은 조직의 주요 제품 및 서비스의 공급 지원 활동 식별, 통제되지 않고 사안이 모호한 사건으로 인한 활동 중단[10]의 잠재적 영향 평가, 조직

---

10) 활동의 중단은 제품 및 서비스의 공급의 간접적인 중단을 유발할 수 있다. 예를 들어, 공급자에 대한 지불능력의 손실은 조직의 명성을 훼손할 수 있으며 공급자가 물건 공급을 거부하여 제품의 제조 또는 서비스의 공급에 차질을 준다.

활동 중단의 영향 하에 지탱 가능한 기간 추정[11], 잠재적 영향 평가에 기반하며 관련 요인 등의 사항을 포함한다. 활동을 재개하기 위한 우선순위화된 기간(prioritized timeframe)은 복구목표시간(RTO)이며, 이러한 복구목표시간은 상호 관련 있는 활동 및 의존성을 고려한다. 업무영향분석의 결과는 제품/서비스 및 활동, 복구 우선순위, 중대한 의존성 및 지원 자원 등에 대하여 문서화해야 하며 각종 서베이 기법에 의해 업무영향분석을 위한 정보 수집이 요구된다.

③ 리스크 평가

조직은 우선순위화된 활동 및 이를 지원하는 프로세스, 시스템, 정보, 사람, 자산, 공급자 및 기타 자원이 중단되는 리스크를 체계적으로 식별, 분석 및 판정하는 공식적인 리스크 평가 프로세스를 수립하여야 한다. 리스크 평가의 프로세스는 예산, 정부 및 사회적 의무사항을 고려해야 하고 조직의 활동에 필요한 자원에 대한 위협과 취약점, 특히 우선순위가 높은 활동에 필요한 자원에 대한 위협 및 취약점 등을 분석해야 한다.

조직은 업무의 중단을 초래할 수 있는 리스크를 식별, 분석 및 평가하기 위한 적절한 방법을 선택하여야 하는데 ISO 31000은 그러한 리스크 관리 원칙 및 관련 지침을 제시한다. 이 국제표준의 맥락에서 포함되어야 하는 전형적인 요소는 리스크 식별, 리스크 평가, 리스크 처리방법 선택으로서 **리스크 식별**(identification)은 조직의 우선순위화된 활동과 이를 지원하는 프로세스, 시스템, 정보, 사람, 자산, 공급자 및 기타 자원이 중단되는 리스크를 찾아서 확인하는 것이다. <표 4-4>는 업무연속성 대상 리스크 예시(시나리오)를 나타낸 것이다.

---

11) 영향이 수용 불가능해지는 데 소요되는 시간은 활동의 특성에 따라 몇 초에서 몇 달까지 다양하다. 시간에 민감한 활동은 엄격한 정확성(예 분 혹은 시간)에 근거하여 규정되어야 한다. 정확성의 저하는 시간적으로 덜 민감한 활동에 한하여 수용 가능하다. 영향을 더 이상 수용할 수 없을 때까지 걸리는 시간은 '최대허용가능 중단기간(maximum tolerable period of disruption)', '최대허용기간(maximal tolerable period)', 혹은 '최대수용가능 중단기간(maximum acceptable outage)'이라고도 할 수 있다. 조직이 수용 가능한 제품 및 서비스의 최저 수준은 최소 업무 업무연속성 목표(MBCO)로 표현될 수 있다. (ISO 22313; 2012 참조)

▼ 표 4-4 BCP 대상 리스크 예시[12]

재해, 사고 등 리스크	자연재해	• 태풍 • 풍해 • 낙뢰 • 이상기상	• 수해, 홍수 • 지진, 쓰나미 • 호우
	사고	• 재해, 폭발 • 교통사고 • 설비사고 • 운송사고 • 유해물질, 위험물질 유출, 바이오해저드	• 정전 • 항공기사고, 열차사고 • 노해사고 • 도난
	IT	• 네트워크 시스템(통신포함)중단 • 컴퓨터 시스템사고 • 컴퓨터, 데이터의 소멸	• 컴퓨터 바이러스감염 • 사이버테러, 해킹 의한 데이터 개조
경영 리스크	경영	• 경영층의 집무 불능 • 파산	• 그룹사 불상사 • 신규사업, 설비투자의 실패
	지적 재산권	• 지적재산권에 관한 분쟁	• 모방품의 범람
	환경	• 환경규제강화 • 폐기물처리, 리사이클위반	• 환경오염, 유탁사고
	제품, 생산, 물류	• 제품개발의 실패 • 제조물책임(PL) • 생산거점의 조업정지 • 물류거점 정지	• 하자 • 리콜, 결함제품 • 자사생산기술의 진부화
	컴플 라이언스	• 성폭력 • 임원의스캔들 • 독점금지법위반 • 분식회계 • 검사 허위 보고 • 종업원으로부터 배상청구 • 불법접대	• 임원, 사원의부정, 불법행위 • 사내부정 • 사생활 침해 • 거액신고누락 • 고객으로부터 배상청구 • 주주대표승인

---

12) 출처: KPMG Consulting(2016) 비즈니스 연속성 관리 전략 (공급망 리스크 관점에서 연속성
   확보 전략), 이희정 역, HUINE.

	노무	• 집단이직 • 외국인불법노동 • 임직원 안전사고 • 노동쟁의, 파업	• 종업원의 과로사, 과로에 의한 자살 • 해외종업원의 고용조정 • 차별(국적, 종교, 연령, 성)
	재무	• 파생상품 실패 • 신용평가 하락 • 가격의 급격한 변동	• 여신관리 실패, 거래처(고객)의 도산
	마케팅	• 선전, 광고의 실패 • 고객대응 실패	• 경합, 고객의 글로벌화 대응 실패
	정보 관리	• 사내기밀정보의 누설 • 개인정보의 누출	• 고객, 거래처정보의 누출
	거래처 및 벤더	• 거래처(고객)의 재해, 사고 • 납입업자, 하청업자의 피해, 사고, 도산 • 거래금융자의 자해, 사고, 도산	
	광고	• 지역사회와의 관계악화	• 매스컴대응 실패
정치, 경제, 사회 리스크	정치	• 전쟁, 쿠데타, 내란, 폭동 • 국제사회의 압력(외압)	• 법률, 제도의 급격한 변화 • 무역제한 문제
	경제	• 경기변동, 경제위기 • 원료, 자재, 원유의 급등	• 환율, 금리, 주가, 지가변동 • 시장 니즈 변화
	사회	• 테러, 파괴활동, 습격, 점거 • 매스컴 비판, 중상 • 평판 • 기술혁신으로 인한 업계구조의 변화	• 인터넷 비판, 중상 • 폭력단, 총회 등의 협박 • 인구가소, 소자화, 노동력부족

리스크 평가(assessment)는 어느 중단성 관련 리스크가 처리 조치를 필요로 하는지 평가하는 것인데, 이것은 우선순위가 높은 활동에 필요한 자원을 중점적으로 고려해야 한다. 리스크 평가에서는 이벤트의 발생확률과 발생에 따른 피해영향의 크기를 분석하여 위험도를 판정하는 것이 중요한데, 이 중에서도 피해영향규모(우한 코로나19)를 <표 4-5>에서 예시적으로 잘 보여주고 있다.

분야＼결근비율	0%	10%	20%	30%	40%
의료기관	외부조회 증가	생활필수품 공급5%감소/ 배달지연	의료기관 부족/ 인공호흡기 부족	의료기관 부족/ 진료 대기환자 증가	의료기관 부족/ 병상95%만실
소매부문	상품 공급 영향 한정적	50%폐쇄	생활필수품 공급 15%감소/ 배송지연	생활필수품공급 저수준 (통상의¾정도)	생활필수품공급 50%감소/ 배송중단
학교	평상시 수준 (영향없음)	창구업무 축소	80%~90% 폐쇄	전교폐쇄 (2~3주 후 재개)	전교폐쇄 (1달 후 재개)
공공 서비스	평상시 수준 (영향없음)	평상시 수준 (영향없음)	30%의 창구업무 축소/ 쓰레기 회수는 통상의 50%	50%의 창구업무 축소/ 쓰레기 회수는 통상의 50%	70%의 창구업무 축소/ 쓰레기 회수 일시정지
전력	평상시 수준 (영향없음)	평상시 수준 (영향없음)	전력공급은 통상수준/ 관련 서비스 30%축소	전력공급은 통상수준/ 관련 서비스 50%축소	전력공급은 통상수준/ 관련 서비스 70%축소
가스	평상시 수준 (영향없음)	평상시 수준 (영향없음)	전력공급은 통상수준/ 관련 서비스 30%축소	전력공급은 통상수준/ 관련 서비스 50%축소	일부에서 정전 발생/ 관련 서비스 70%축소
수도	평상시 수준 (영향없음)	평상시 수준 (영향없음)	전력공급은 통상수준/ 관련 서비스 30%축소	전력공급은 통상수준/ 관련 서비스 50%축소	일부 정전 발생/ 관련 서비스 70%축소
전화/ 인터넷	평상시 수준 (영향없음)	평상시 수준 (영향없음)	인터넷, 전화회선25% 감소/ 관련 서비스 60%축소	인터넷, 전화회선25% 감소/ 관련 서비스 60%축소	인터넷, 전화회선50% 감소/ 관련 서비스 70%축소

13) 'KPMG Consulting(2016) 비즈니스 연속성 관리 전략 (공급망 리스크 관점에서 연속성 확보 전략), 이희정 역, HUINE.'을 참고로 필자가 코로나19 위기로 각색하였다.

분야 \ 결근비율	0%	10%	20%	30%	40%
우편/일반 수송(택배)	평상시 수준 (영향없음)	평상시 수준 (영향없음)	통상대비 2일 지연	통상대비 3-5일 지연	통상대비 7-10일 지연
공공 교통기관	영향주의	영향주의	전 교통기관 5%감축	전 교통기관 10%감축	전 교통기관 15%감축
연료 (석유, 가스 업계등)	평상시 수준 (영향없음)	평상시 수준 (영향없음)	공급 감소, 가격상승	가솔린공급 5%감소/ 자가발전연료 공급10%감소	가솔린공급 10%감소/자가 발전연료공급 20%감소
사회활동	평상시 수준 (영향없음)	이벤트 관련 30%감소	이벤트 관련 50%감소	이벤트 관련 90%감소	모든 이벤트 관련 중지

사. 운영 – 업무연속성 전략

업무연속성 전략은 업무영향분석 및 리스크 평가의 결과를 반영하고, 조직의 업무연속성 목표 달성을 위한 실행 조치이다. 이러한 전략은 중단성 사고의 전, 중(간), 후에 필요할 수 있으며, 제조·생산 라인의 두 곳으로의 분할, 백업 발전기의 설치, 중단 기간을 단축하고 영향의 강도를 수용 가능한 수준으로 줄이는 업무연속성 계획을 통한 중단성 사고의 전반적인 영향 경감 등이 그 예이다.

업무연속성 전략의 결정 및 선택은 업무영향분석 및 리스크 평가의 결과를 기반으로 ① 우선순위 활동의 보호, ② 우선순위 활동의 안정화, 지속, 재개 및 복구, ③ 영향의 완화, 대응 및 관리에 대한 것이다.

우선순위 활동의 안정화, 지속, 재개 및 복구를 위한 업무연속성 전략 선택은 ① 활동 재배치, ② 자원 재배치 또는 재할당(직원을 포함한 자원이 조직 내의 타 위치나 타 직무로, 또는 외부 제3자 이전), ③ 대안 프로세스 및 여유 용량, ④ 자원 및 기술의 대체 등에서 이루어질 수 있다. 활동이 복구목표시간의 설정은 업무가 완전재개 시지 일시적으로 최소한의 서비스를 제공할 수 있어야 한다.

사고 영향 및 영향 하의 기간을 경감하기 위한 전략은 보험, 자산복구(피해 후 자산 청소·수리 전문 회사와 계약), 평판 관리(reputation management) 등이다. 공급자의 업무연속성에 대한 평가도 누락되어서는 안된다. 우선순위 활동이 급격히 중단되는 공급 문제를 방지하기 위해 공급자와의 입찰 및 계약 요구사항

명세, 공급 계획안의 정기 심사, 합동 업무연속성 연습 등을 수행해야 한다.

업무연속성 전략에서 조직의 주요 정보 및 데이터는 업무영향분석에서 확인된 기간에 따라 그리고 관련 법규를 준수하면서 보호 및 복구가 가능하여야 한다.[14] 대응 및 복구를 가능하게 하는 데 필요한 모든 정보는 기밀성(confidentiality), 무결성(integrity), 가용성(availability), 최신성(currency) 면에서 적절해야 한다. 필요한 정보의 '최신성(currency)'은 복구목표시점(RPO)에 있다. 데이터가 복사되는 곳에서는 전자 백업, 마이크로 PC, 사진 복사 및 이중 사본 생성과 같은 다양한 백업 방법을 사용할 수 있다. 핵심적인 정보는 ① 연락처 정보, ② 공급자 등 이해관계자 세부사항, ③ 법적 서류(예 계약서, 보험증서), ④ 기타 서비스 문서(예 계약 및 서비스 수준 계약) 등이다. 또 시설, 장비 및 소모품의 경우 확보하기가 어려우며 비용이 많이 들거나 인증에 긴 시간이 소요될 수 있는 기계 등은 주의해야 한다.

일반적으로 정보통신 시스템 없이는 업무 수행이 어려우며 업무 재개 전에 우선 복원하여야 하며 ICT 서비스가 복원되는 동안 수동 작업을 할 수 있다. ICT 시스템을 지원하는 기술의 복잡성으로 인해, 적절한 시기에 ICT 시스템 복구되는 것은 도전적이다. 이에 따라 복구목표시간(RTOs) 내 재개시킬 ICT 시스템의 RTO 설정, 해당 ICT시설 사이트의 위치와 그 사이의 거리, 복수의 격리된 사이트에 시설 배치 등이 고려될 수 있다.

중단성 사고 이후에 필요한 대체 운송수단을 제공하기 위한 옵션을 준비하되 가능한 물류 중단 사고 시나리오를 설정하고, 교통 상황, 운송수단 및 기타 물류 네트워크를 고려하여 대안적 물류 경로를 확보하며, 운송 업체와의 협정을 고려해야 한다. 재정(finance) 면에서 조직은 사고 상황 및 사고 후에 숙식, 시설, 소모품 및 수송에 쓸 긴급사태 기금도 비축해야 한다.

업무 연속성을 구현하는데 있어서 기업은 직원의 안전관리(건강, 위생 등) 측면을 충분히 고려해야 한다. 직원 안전에 분명히 위험을 초래할 가능성이 있는 사업 연속성 활동은 노동, 안전, 위생 관련 법에 저촉이 된다. 따라서 이를 감안한 기본 방침과 목표를 다음과 같이 수립해야 할 것이다.

---

14) 전자데이터의 최신성 보장에 대한 추가 지침은 ISO/IEC 27031에 나와 있다. ISO/IEC 27002 는 데이터의 기밀성, 무결성 및 가용성 보장에 대한 지침을 제공한다

업무 연속성 기본 방침(예 COVID 19)[15]

기본방침
- 인명 존중을 최우선으로 함
- 이해관계자의 신뢰 확보

예상하는 상황
- 국내 우한바이러스의 확산

목표

당사가 의료 기업인 점을 감안하여 ○○의 제조·공급·유지보수는 긴급 시에도 업무 연속성이 불가피하다. 따라서 해당 제품의 공급·유지보수는 끊임없이 계속할 업무이다.

계속 할 업무 및 허용 정지 기간은 다음과 같다.
- ○○의 제조(허용 정지 기간: 72시간)
- ○○의 공급(허용 정지 기간: 24시간)
- ○○의 보수(허용 정지 기간: 24시간)
- 거래처와의 결제 업무(허용 정지 기간: 48시간)
- 직원에 대한 급여(계속 불가피)
- ICT 유지(허용 정지 기간: 24시간)
- 내외 홍보 활동(계속 불가피)
- 풍문 대책(허용 정지 기간: 24시간)
- 직원의 상담 접수(계속 불가피)

업무 연속성 체제의 단계적 대응

직원의 결근율에 따라 업무 연속성 체제를 변경한다.
- 결근율 0~15%: 각 부서별 대응(중요도 낮은 업무: 각 부서 판단하여 축소 가능)
- 결근율 15%~25%: 특정 부서 BCM 가동(핵심업무를 중심으로 인력 재배치 등)
- 결근율 25%이상: 전사적 BCM 가동(부서 간 인력 재배치 등)

---

15) "KPMG Consulting(2016) 비즈니스 연속성 관리 전략 (공급망 리스크 관점에서 연속성 확보 전략), 이희정 역, HUINE."의 내용을 코로나19 바이러스에 대입하여 각색하였음을 밝힌다.

아. 운영 – 업무연속성 절차 수립 및 실행

조직은 중단성 사고에 대한 전반적인 통제 및 관리를 하고 복구목표시간 내 활동을 재개하는 절차를 실행 및 문서화하되 업무연속성 절차는 적절한 내부 및 외부 의사소통 규약을 수립하고, 사고대응 구조를 갖추며, 사고 탐지 및 경보, 대응을 위해 적절한 의사소통을 하여야 한다.

각 문서화된 절차의 목적, 적용범위 및 목표는 그 절차를 실행할 사람들에 의해 정의되며 이해될 수 있는 수준이어야 한다. 절차는 이해관계자와 관련된 문제를 포함하여 사고 발생 당시 조직이 직면한 가능한 모든 이슈를 관리하기 위한 기반요소들을 포함하여야 하며 사고를 관리할 적절한 위치와 장소를 찾아야 한다. 각 위치는 사고관리팀이 지체없이 효과적인 사고관리 활동을 시작할 수 있도록 필수 자원에 적시 접근이 가능해야 한다.

위치는 호택 객실 또는 집처럼 단순할 수도 있고 PC, 회상 회의 및 여러 대의 전화기가 있는 전용 지휘센터만큼 복잡할 수 있다. 주요 의사결정이 신속하게 이뤄질 수 있도록 전화, 화상회의 또는 비디오회의를 개최할 수도 있다. 2020년 초 발생한 코로나19 감염병 상황에서는 사고 발생 시 이러한 비대면 회의나 의사소통 방식을 특히 적극적으로 활용해야 할 것이다.[16)]

조직은 사고 후 통상의 비즈니스 요구사항에 대응하기 위하여 채택된 임시 조치로부터 비즈니스 운영의 복원 및 복귀까지의 문서화된 절차를 유지해야 하며 관련 심사 및 기업 거버넌스 요구사항을 설명할 수 있어야 한다.

자. 운영 – 연습 및 시험(exercise & testing) 실시

연습은 전략, 정책, 계획 및 절차가 적절하게 수행되고 업무연속성 목표를 충족시키는 것을 보장하는 데 필수적이다. 연습은 팀워크, 역량, 자신감 및 지식을 개발하고 절차를 운용하는 직원들에 의해 수행되어야 한다. 조직은 업무연속성 절차 및 준비가 필요할 때 예상대로 작동한다는 것을 일정 기간 보장할 수 있는 수준의 연습 프로그램을 개발하여야 한다. 연습 프로그램은 a) 절차의 기술, 물

---

16) 행정안전부는 2020년 10월 15일 17개 시·도 재난안전실장과 '제1회 중앙 – 지방 안전혁신회의'를 비대면 영상회의로 개최했다. 이날 회의에서 각 시·도는 재난안전 분야에 첨단기술을 접목한 다양한 사례들을 발표했는데 이러한 비대면 영상회의가 재난 등 사고 시 좀 더 적극적으로 활용되는 것이 필요할 것이다.

류, 행정, 절차 및 운영 시스템을 연습, b) 해당 절차 내 모든 책임자들의 연습, c) 업무연속성 준비 및 인프라에 대한 연습 및 통신 복구 검증 연습 등이 있다.

연습은 특정 중단성 시나리오에 직면했을 때 업무를 효과적으로 대응, 복구 및 지속할 수 있는 조직의 능력을 조사하기 위해 설계된 활동이다.

▌그림 4-7 시나리오 기반의 업무연속성 연습 장면[17]

출처: http://www.getspp.com 및 https://www.skhynix.com

모든 연습과 시험의 실천은 명확하게 정의된 목표를 가지고 있어야 하며 이를 충족시키는 데 적합한 시나리오를 기반으로 하여야 한다. 논리적이고 체계적인 구조화를 위해 종종 사건, 사고 및 투입의 3가지 수준을 사용하여 시나리오를 구성한다.

연습은 다양한 형식일 수 있다(표 4-6). 연습 유형의 결정은 BCM의 맥락, 연습의 목표, 예산 및 참가자의 참석 가능 여부, 그리고 연습을 함으로써 야기되는 업무 운영 중단 사태의 영향에 대한 조직의 감내 역량에 달려 있다. 주요 연습 유형은 ISO 22398(사회안전-연습 및 시험실시 지침)에 의하면 다음과 같은 유형들이 있다.

---

17) 좌측 사진에서는 미국 국토안보부(US Dept of Homeland Security)에서 개발한 표준화된 사건사고관리 체계인 National Incident Management System (NIMS)에 의한 사고 대비 연습 훈련을 평가하는 평가관(exercise evaluator)이 지정되어 연습의 효과에 대해 평가를 하고 있다.

연습 유형	설명
예보 연습	참가자들에게 예보하고, 대응을 유도하고, 예보 매커니즘을 시험하여 조직을 시험하는 데 사용된다.
개시 연습	적절한 대응을 발동할 수 있는 능력을 시험 및 개발하는 수단. 일반적으로 조직이 실행을 개시하는 속도를 시험하고 적절히 배정된 업무를 수행하기 위한 예보 연습을 기반으로 한다.
직원 연습	내부 프로세스, 직원 및 정보 루틴 내에서 작업할 수 있는 능력을 향상시켜 일반적인 상황 인식을 만들고, 결정을 제안하도록 설계
의사결정 연습	조직 내 의사결정 프로세스를 연습하는 데 사용되는 연습. 명확하고 시의적절한 의사결정을 내릴 수 있고, 시간 제약을 고려하여 책임자뿐만 아니라 다른 이해당사자와의 관계를 조정하는 능력을 포함
관리 연습	역할, 조직 및 표준운영절차에 중점을 둔 예보, 개시, 직원 및 의사결정 연습의 조합
협력 연습	다른 조직 또는 조직 내 여러 부서에서 공동의 목표를 달성하기 위해 함께 작업하거나 행동하는 데 사용되는 연습. "수직적" 조정 협력 (국가, 지역, 지방 차원) 및 "수평적" 조정 협력 등. 공공 및 민간 이해당사자의 참여 협력도 고려 가능.
위기관리 연습	사람들이 위기관리 계획에 설명된 역할을 연습 및 숙달할 수 있는 기회를 제공하도록 위기 상황을 시뮬레이션하는 연습
국가 전략 연습	전략적 차원에서 이루어지는 포괄적인 연습 활동 (예 사내 위기 직원, 정치-행정 직원, 섹터 간 및 부서 간 관리 직원 또는 기업 위기관리) 국가 전략 연습의 일반적인 목표는 예외적인 위협/위험 상황(위기상황)에서 통합된 대응 능력 향상과 공공/민간 부문 조직에서 포괄적인 조정 등이다.
연습 캠페인	일반적인 조직 구조를 가진 일련의 반복적인 연습

출처: ISO 22398:2013 Societal security – Guidelines for exercises

연습방법은 크게 토의 기반 연습과 운영 기반 연습의 두 범주로 분류할 수 있다. '토의 기반 연습'은 참가자들이 현재의 계획, 정책, 협정 및 절차를 익숙하게 만들고 새로운 계획, 정책, 합의 및 절차를 개발하는 데 사용될 수 있다. '운영 기반 연습'은 계획, 정책, 합의 및 절차를 검증하고 역할 및 책임을 명확히 하기 위해 사용된다.

이벤트 시나리오의 고도화는 특정 위험에 대한 세부 분석 사항을 포함하여 폭발 파편, 마네킹, 연기 또는 모의 희생자와 같은 부수적인 사항을 제공하는 것까지 다양하다. 이러한 연습은 보다 현실적인 시나리오 또는 현장 환경을 제공하고 참가자의 학습 능력을 높인다. 연습의 일환으로 모든 참가자와 함께 이슈 및 교훈을 논의하는 검토과정이 이뤄져야 한다. 연습의 지향점 및 목표 달성을 고려한 연습 후 결과 브리핑 및 분석을 수행하여야 하며 연습 후 보고서는 연습에 대한 권고사항 및 차기 일정을 포함하여야 한다.

차. 성과 평가(Performance evaluation) 및 개선(Improvement)

BCMS 성과 및 효율성 제고를 위한 절차에는 후속 시정조치를 촉진하기 위한 성과 측정 기준 설정, 우선순위 활동에 대한 평가, 요구사항 준수 여부 확인을 포함한다. 절차는 업무연속성 정책 및 목표를 참조하여야 한다.

성과 모니터링 절차에는 a) 조직의 니즈에 적합한 성과 측정지표 설정, b) 업무연속성 정책 및 목표 달성도 모니터링, c) 모니터링 및 측정 시점의 확인, d) 우선순위 업무를 보호하는 프로세스, 절차 및 기능의 성과 평가, e) 고장, 사고, 비준수(소위 '앗차사고[near miss]' 및 오경보 포함) 및 기타 부실한 BCMS 성과의 증거에 대한 분석 등을 포함한다.

절차는 조직의 업무연속성에 대한 체계적인 측정, 모니터링 및 평가를 정기적으로 제공하여야 하며 관리시스템 및 그 결과를 측정하기 위한 일련의 성과지표가 개발되어야 한다. 또한 주기적으로 내부 심사를 수행하여 BCMS가 자체 요구사항 및 국제표준의 요구사항 준수 여부를 확인하여야 하며 내부 심사는 BCMS가 목표를 달성하고, 대비 계획을 준수하고, 적절한 실행 및 유지를 보장하고 개선 여지를 확인해야 한다. 더불어 감사(auditing)를 기획 및 수행하고 프로그램 목표 달성에 필요한 감사 프로그램(ISO 19011)을 수립하여야 한다.

내부 감사는 주기적으로 수행되어 BCMS 적합성과 효과성에 대한 정보를 최고 경영자에게 제공하여 BCMS 성과의 지속적 개선을 위한 적정 목표를 설정하는 기초를 제공하여야 한다. 최고 경영자는 연속성 절차 및 역량의 효과적인 운영을 포함하여 적합성, 적절성 및 효과성을 지속적으로 보장하기 위해 주기적으로 조직의 BCMS를 검토하여야 한다.

지속적 개선(continual improvement)은 PDCA 사이클 내 모든 수준에서 실천되어야 하고 업무연속성 정책 및 목표, 감사 결과, 이벤트 모니터링, 시정조치 및 경영자 검토 등에 의해 이루어진다. 시정조치의 실행이 효과적임을 입증하여야 하며 각 조치는 예상 완료 기한을 설정해야 한다.

제품 및 문서 보안

『산업보안 및 위기관리』
국제표준 개론

제품과 문서 보안 관련 표준 개관

전세계적으로 상품 위조로 인한 손실 규모가 세계 무역량의 7%(연간 약 6천억 불)에 달하고 위조 제품이 세계인의 안전과 건강을 크게 위협하고 있다.[1] 또한 암시장 전문조사 사이트 Havocscope.com에 의하면 전세계에서 최근 상품 별 위조 피해액은 교역 규모에 맞추어 위조의약품(200조원), 위조전자제품(187조원), 위조식품(49조), 위조자동차부품(45조), 위조장난감(34조), 위조 신발 및 의류(각각 12조), 위조스포츠제품(6.5조), 위조살충제(5.8조), 위조항공기부품(2조), 위조무기(1.8조), 위조학위(1조), 위조시계(1조원), 기타(위조 지갑, 라이터, 배터리 등) 순이다.

▌그림 5-1 중국 멜라민 분유 수거 및 국내 원전 위조부품 사태 개요

원전 위조 부품 사태 개요	
납품업체	
미국 1개, 한국 7개 등 총8개 업체	
위조부품	
237개 품목 7,682개 제품(필터·퓨즈 등)	
납품기간	2003~2012년
납품가액	8억 2,000만원
사용원전	
영광 5·6호기, 울진 3호기 영광 3·4호기	

출처: http://www.cstimes.com

---

1) Counterfeiting Intelligence Bureau, Countering Counterfeiting. A guide to protecting & enforcing intellectual property rights. 1997, Counterfeiting Intelligence Bureau (CIB), International Chamber of Commerce (ICC). Counterfeiting Intelligence Bureau. Overview of Counterfeiting. 2007 <cited 2007 April 11>; Available from: http://www.icc−ccs.org/cib/overview.php 참고

제품 위조와 사기는 공정한 시장경쟁 질서를 왜곡하고, 합법적인 생산자의 이익과 지식재산을 침해할 뿐만 아니라, 공정거래를 훼손하고 탈세를 하며, 사용자, 소비자, 그리고 공급망에 대표적인 위협 요소로 작용하고 있고 나아가 항공기나 자동차 부품, 의약품과 식품 등의 경우에는 소비자들에게 상당한 생명과 신체 손상 등 인명피해와 위해를 가할 수 있다.

이에 따라 2009년부터 ISO/PC 246(Anti-counterfeiting tools: 위조방지 툴)과 ISO/TC 247(Fraud countermeasures and control: 사기 대책 및 통제)에서 유형제품, 상품, 문서, 아이디(ID) 위조사기 방지를 위한 국제표준화를 진행해 왔고 현재는 이를 TC 292 WG4에서 이어가고 있다.[2] 물론 그동안 진정상품에 대한 확인 및 입증을 위해 사용될 수 있는 수많은 기기와 시스템이 존재하고 있으나 그러한 다양한 시스템들을 비교해줄 수 있거나 성능 기준을 수립해주거나 상호운용성(interoperability)을 가이드해주는 국제적 기준이 전무하였다. 이에 그러한 진품입증 툴의 신뢰성과 견고성에 대한 시장 투명성을 제고하기 위하여 ISO 국제표준화가 추진되어 온 것이다. 이 표준화를 통해 상품의 진위를 확인하기 위한 최선의 툴을 선택하는데 있어서 산업이 보다 합리적인 선택을 할 수 있도록 돕고,

▌그림 5-2 TC 247 관련 그림

---

2) TC 247 간사기관인 용인대학교 위조사기방지연구센터에서 2012년에 제정된 22383(12931)의 이행가이드 초안을 개발한 후 국내 전문위원회 위원들의 자문을 받아 이를 수정, 보완하여 완성한 바 있다. 개발된 이행가이드를 활용하여 2014년 7월 개최된 TC 247 서울 총회에서는 위조방지기술 기업인 CosAuth 및 링스텔레콤이 ISO 22383의 '진품인증솔루션의 성능평가 체크리스트'에 의한 3D PUF code의 위조방지기술을 발표하였다. 총회에는 관련 기관인 국세청, 한국조폐공사, 국가공인시험기관인 KCL 등이 참석하여 높은 관심과 참여를 보였다.

위조방지시스템(단순한 또는 복잡한 시스템 모두) 판매업자들 측면에서는 판매하는 위조방지솔루션을 개선하도록 유도하고 있다.

ISO/PC 246 의장 Jean – Michel Loubry는 "진품입증 장치의 성능기준을 구체화하는 것은 국가적으로나 국제적으로 소비자의 신뢰를 강화하고 유통망을 안전하게 유지하며, 관련 공공기관이 예방적 그리고 처벌적 대책을 강구하도록 돕는데 있어서 매우 중요한 것이다"라고 역설하였다. ISO/PC 246에서 초기에 논의된 다양한 쟁점은 데이터 처리, 위조방지시스템의 상호운용성 및 호환성, 통제 역량, 데이터 접근 권한 승인, 위조상품 탐지의 신뢰성과 효율성, 그리고 상품이력 추적을 포함한 보안체계에 대한 것들이었다. 이후에는 위조 이외의 다양한 유형의 범죄적 수법과 범죄집단을 통해 이루어지는 다양한 제품이나 문서의 위변조 및 사기 행위, 그리고 그러한 사기 행위로 유통되는 제품과 납세증지 같은 문서의 진위 확인 및 검사 체계에 대한 일반적인 원칙과 절차에 대한 내용도 추가되었다.

제품·문서의 정품성(진위), 무결성 인증과 신뢰(Working Group 4 – Authenticity, integrity and trust for products and documents), 즉 제품/문서 보안을 다루는 분야에서는 다음과 같이 2개의 표준이 제정(제정 완료단계 DIS/FDIS 표준 포함)되었고 4개의 표준이 제정 진행되고 있다.[3]

---

3) 2020년 하반기에 ISO/AWI 22385 '신뢰 및 상호운용성 프레임워크 수립 지침', ISO/NP 22386 브랜드 보호와 법집행(산업재산권 침해범죄 수사) 절차 가이드라인, ISO/NP 5078 '물리적 문서의 보안 지침', ISO/NP 5083 '아티팩트 메트릭스의 적용을 위한 확인 절차' 등의 프로젝트가 연속으로 제안 및 채택되었다. 그러나 아직 구체적인 표준안 내용이 나와 있지 않아서 본 장에서는 설명을 생략하였다. 다만, 이 표준들은 거래를 수행하고, 접근권한을 제공하며, 준수 여부를 입증하는 데 사용되는 인쇄(오프라인으로 출력된) 문서를 보호할 발행기관 지침과 보안문서 등급에 적용하는 보안기술 요구사항 프로세스를 갖춘 기업을 위한 것으로서 판단된다. 또한 가공물(artefact) 확인 및 진품검증을 위한 artefact metrics와 그 기술요소의 적합성, 신뢰성 및 효과성 검증 프로세스 등으로서 가공물을 식별하거나 검증하는 정보보안 기술 등이 위조사기 방지 표준으로 논의될 것으로 예상된다.

구분	표준명(영문)	표준명(한글)
제정 표준 (완료 단계 포함)	ISO 22380 Security and resilience – Product fraud countermeasures and control – General principles	제품사기방지의 일반 원칙
	ISO 22383(12931) Performance criteria for authentication solutions used to combat counterfeiting of material goods	유형제품의 위조방지에 사용되는 진품판정솔루션의 성능기준
	ISO 16678 Guidelines for interoperable object identification and related authentication systems to deter counterfeiting and illicit trade	상호운용 가능한 상품식별과 위조 · 불법거래 방지를 위한 입증 시스템 지침
	ISO 22381 Security and resilience – Guidelines for establishing interoperability among object identification systems to deter counterfeiting and illicit trade	위조 · 불법거래 방지를 위한 상품식별시스템 간 상호운용성 지침
	ISO 22382 Security and resilience – Requirements for the content, security and issuance of excise tax stamps	소비세 납세증지의 내용, 보안, 발행 및 검사 지침

WG4에서 제정하고 개발되고 있는 '제품 · 문서의 정품성(진위), 무결성 인증과 신뢰' 표준들은 주로 산업재산권5)과 영업비밀 등의 지식재산권의 침해 방지와 보호를 목표로 하고 있다. 이 중에서 제정 완료 단계인 ISO 22380 '제품사기방지의 일반 원칙'은 제품 위조(counterfeiting)나 위화(adulteration)6)를 포함한 다양한 제품사기(product fraud) 공격 유형과, 제품사기범죄자(개인, 집단, 조직 등)의 다양한 수준을 제시하고 그 위험에 대한 평가방법과 맞춤형 위험관리 대응책에

---

4) 2020년 10월 현재 ISO 22380, 22381, 22382 표준은 필자가 연구책임자로서 국가기술표준원의 위탁을 받아 KS 부합화 작업이 완료되었고 예고고시 단계에 있음을 밝힌다.

5) 산업재산권은 특허권, 상표권, 실용신안권, 디자인권으로 세분화된다(국가지식재산위원회, 2013).

6) 위화(僞化)란 진짜와는 다른 재료를 써서 제품을 만들어 진짜라고 하여 제공하는 것. 예를 들면 과즙이 포함되지 않은 음료를 과즙음료라 하거나 말고기를 쇠고기라고 속여 통조림으로 하거나, 송어를 연어라고 속여 통조림 하는 것 등이다. 이러한 것은 소비자에게 이익이 되지 않기 때문에 금지되어 있다. 식품 위생법에서 주요 원재료의 표시의무는 위화를 방지할 목적이 포함되어 있다. (식품과학기술대사전, 2008.04.10., 광일문화사)

대한 일반적인 원칙들을 가이드하고 있다.

또 제정된 ISO 22383(12931에서 번호가 개정된) 유형제품의 위조방지에 사용되는 진품판정솔루션의 성능기준은 유형상품의 라이프 사이클에 걸쳐 제품이 진품임을 확인하기 위해 사용되는 진품판정솔루션의 성능 기준과 평가방법을 자세히 기술하고 있다.

ISO 16678 '상호운용 가능한 상품식별과 위조·불법거래 방지를 위한 입증 시스템 지침'은 상품 식별과 위조 및 불법 거래 방지를 위한 관련 시스템의 상호운용을 위한 표준화를 통해 신뢰하는 조사자가 상품의 진품 입증을 하는데 있어서 정확한 식별 정보 접근과 전달을 용이하게 하기 위해서 제정되었다. 또한 사용편리성 향상을 통해 정확한 정보를 가지는 다수의 시스템 참여를 촉진하여 위조 탐지 증가와 위조사기에 의한 손실 감소를 도출하려는 목적도 가진다. 이에 연관되어 제정된 ISO 22381 '위조·불법거래 방지를 위한 상품식별시스템 간 상호운용성 지침'은 ISO 16678이 제시하고 있는 상호운용성에 대한 시스템적 틀과 방법론을 상세히 안내하고 있다. 더불어 ISO 22382 '소비세 납세증지의 내용, 보안, 발행 및 검사 지침'은 상품이 물품세나 소비세 등이 납부되어 합법적으로 시장에 나와 있다는 것을 증명하거나 표시해 주는 물리적 또는 非물리적 소인/납세증지(stamps)의 내용, 보안 그리고 발급에 대한 요구사항들을 제시한다.

위 표준들 중에서 ISO 22380, ISO 22381, ISO 22382 등 3개의 표준은 2020년 11월 현재 KS부합화를 위한 전문위원회 검토를 통과한 후 예고고시에 들어갔으며 2021년에 KS로 제정될 예정이다.

ⓘ **제2절**   # ISO 22380 제품사기 방지의 일반 원칙

1. ISO 22380 개관

이 국제표준은 제품사기(product fraud) 피해를 방지하기 위해 이해관계자들이 알아야 할 다양한 유형의 제품사기 범죄 수법과 범죄자의 형태들과 관련한 위험의 특성을 안내하고 그러한 사기적 공격으로부터 비용효과적으로 가시적인 피해비용을 줄이기 위해 취해야 할 대응책과 관련된 원칙을 자세히 기술하고 있다. 이 표준은 제품사기의 동기, 제품사기의 유형, 제품사기 범죄자의 유형, 그 대응과 대책, 그리고 대응 및 대책의 효과성 평가방법 등을 다루고 있다. 이 표준의 핵심 용어인 제품사기(product fraud)는 '경제적 또는 개인적 이익을 취하기 위하여 유형제품을 이용하는 부정적 또는 범죄적 기망행위(wrongful or criminal deception utilizing material goods for financial or personal gain)'로 정의하고 있다.[7]

2. ISO 22380 주요 내용

가. 제품사기의 동기, 행위 및 범죄자의 유형

제품사기는 일반적인 사기범죄 행위와 마찬가지로 다양한 동기에 의해서 분류(표 5-2)될 수 있다. 오락적(recreational) 제품사기는 재미, 취미, 자극, 쓰릴 또는 오락을 위한 사기 행위이고, 간헐적(occasional) 제품사기는 자주 하지 않거나 기회가 있을 때에만 행하는 소극적 형태의 사기이며, 직업적(occupational) 제품사기는 개인 또는 회사의 지식을 가지고 고용장소 즉, 직장에서 저지르는 사

---

7) 다만 이 표준에서는 디지털 혹은 사이버 사기는 직접적으로 다루지 않는다.

기행위이고, 전문적(professional) 제품사기는 생업 차원에서 순전히 일상 생활유지를 위한 사기행위며, 행동주의(activism)적 제품사기는 일정한 이데올로기를 가지고 정치적인 성명을 내거나 국가에 경제적인 피해를 입히기 위해 행동을 실행하는 국내 혹은 국제 테러리스트들에 의한 사기행위이다.

▼ 표 5-2 제품사기의 동기에 의한 유형 분류

제품사기의 동기	정의
오락직(recreational) 제품사기	재미, 자극, 또는 오락을 위한 제품사기 행위
간헐적(occasional) 제품사기	자주 일어나지 않거나 기회가 있을 때 일어나는 제품사기 행위
직업적(occupational) 제품사기	개인 또는 회사의 지식을 가지고 고용장소에서 일어나는 제품사기 행위
전문적(professional) 제품사기	순전히 생활유지를 위한 제품사기 행위
행동주의(activism) 제품사기	급진적인 성명을 내거나 국가에 경제적인 피해를 입히기 위해 행동을 실행하는 국내 혹은 국제 테러리스트들에 의한 제품사기 행위

출처: ISO 22380: 2018

제품사기를 그 범죄행동 유형 별로 정의(표 5-3)하는 것은 지적재산권 침해 또는 재산권 도난에 대한 전통적인 정의를 확장하고 있다. 각각의 경우, 제품의 일부 구성 요소나 제품에 대한 설명이 사기적인 경우가 있다. 예를 들어 도난된 제품(장물)은 판매자가 제품이 도난된 것이라는 점을 인정하지 않고 공급망에 다시 유통시킬 경우에는 사기행위이며, 판매자들이 도난 된 장물 제품이라고 인정하였을 때도 여전히 장물거래에 의한 범죄이다. 각 사례는 소비자 안전이나 보건 상의 위협이나 취약성, 또는 사기범들의 다양한 이익을 나타낸다. 예를 들어 도난 제품의 경우 제품을 잘못 취급하여 손상되거나 식품의 경우 오염될 수 있고 그러한 제품이나 식품은 소비자의 신체에 심각한 해를 줄 수도 있다. 위조범들은 그들을 잘 의심하는 고객들에게 처음에는 도난 된 진짜 제품을 제공함으로써 안심시킨 후 이후에는 위조된 제품을 섞어서 제공하는 방법으로 소비자들을 기만한다.

▼ 표 5-3 제품사기의 행위에 의한 유형 분류

제품사기 행위	정의	사례	잠재적 안전/보건 위협
위화, 僞化 (adulterant -substance)	완제품의 구성요소가 사기적인 경우	중국에서 멜라민에 의한 영아용 조제 분유 위화. 6명의 유아 사망자를 포함하여 피해자 30만 명 추산	기만적인 제품 성분
IPR(지식재산권) 침해행위	IPR 보호를 받는 기술을 도용하여	특허의 무단 사용에 관한 워크메이트 TM 사건	IPR소유자의 경제적 손실
조작 (Tampering)	합법적인 제품과 포장이 사기적인 방법으로 사용되는 것	아세트아미노펜의 오래된 칩을 새로운 칩으로 다시 표시함	기만적인 포장 정보
교체 (Substitution)	포장된 제품을 포장은 그대로 둔 채 그 내용물만 유사한 제품으로 교체하는 것	영국에서 소고기를 말고기로 교체한 사건	기만적인 내용물
초과생산 (Over-run)	합법적인 제품이 생산계약을 초과하여 만들어진 경우	생산량보다 축소 보고	규제되거나 통제된 공급망 외부로 유통된 사기적 제품
절도품 유통 (Theft)	합법적인 제품이 도난되거나 정당하게 조달된 것으로 행세하는 경우	합법적인 제품과 도난제품을 섞어서 유통	규제되거나 통제된 공급망 외부로 유통된 사기적 제품
전환유통 (Diversion)	합법적인 제품의 판매나 유통이 의도한 시장 밖에서 이루어지는 경우(병행거래, 회색 암시장 등)	아프리카 중부 국가로가야 할 할인된 레트로바이러스 약품들이 정상 가격으로 북유럽 국가에 다시 판매된 사건	구호가 필요한 사람들에 구호물품의 공급 부족이나 지연
모조 (Simulation)	합법적인 제품을 정확히 복제한 것은 아니지만 비슷하게 설계된 제품	동일 제품의 안전보증기준에 의해 생산되지 않은 인기상품의 싸구려 복제품	품질이 떨어지는 기만적 모조품
위조 (Counterfeiting)	제품과 포장의 모든 측면이 완전하고 정교하게 기만적으로 복제된 경우	독일에서의 위조 압력게이지 사건. 영국보험사는 증가하는 전기사고의 원인을 위조품으로 의심.	기만적 제품

출처: ISO 22380: 2018

제품사기범(fraudster)은 공간적 범위와 조직화의 수준에 따라 분류(표 5-4)될 수 있다. 먼저 공간적 범위에서는 지역적 제품사기범, 국가적 제품사기범, 국제적 제품사기범으로 구분할 수 있다. 지역적 제품사기범은 주로 한 국가 내 일정한 지역에서만 전술한 유형들의 제품사기 범죄를 행하는 사기범죄자들이다. 국가적 제품사기범은 한 지역을 벗어나 전국 단위로 사기적 제품들을 제조, 포장, 임대하여 소지, 전시, 반포, 유통 및 판매하는 유형이다. 국제적 제품사기범은 국가 간에 이러한 사기적 제품들을 제조, 포장, 임대하여 수출 또는 수입하거나 유통 및 판매하는 범죄자들이다.

또한 제품사기 범죄자는 조직화의 수준에 따라서 개인적 제품사기범과 조직적 제품사기범으로 구분된다.

▼ 표 5-4 제품사기 범죄자의 유형 분류

제품사기 범죄자	정의	특징
개인 사기범	개인 수준의 제품사기 범죄자	오락적인 사기가 많음
소집단 사기범	2~3명 내외의 작은 인원이 소규모로 제품사기를 저지르는 경우	오락적. 체계성이 약한 경우가 많음
일반상업형 (commercial enterprise)	지식재산권을 침해한 제품을 제조하거나 유통하는 일반적 기업	상거래에 기초함
범죄기업형 (criminal enterprise)	3명 이상의 사기범으로 조직되어 체계성을 갖추어 기업형으로 제품사기를 저지르는 경우	체계성은 있으나 협박, 폭력, 공무원 매수, 공갈 등의 행위는 없음
조직범죄집단	3명 이상으로 조직되어 폭력을 사용하여 체계적으로 제품사기를 저지르는 경우	체계성도 있고 협박, 폭행, 공무원 매수, 공갈 등의 폭력과 위력을 사용함
행동주의조직	테러조직의 자금지원을 위해 행하는 제품사기	직접적인 경제적 이익 취득이 목적이 아님
정부지원 범죄단체	정부의 암묵적 승인 및 후원 하에 산업스파이가 신기술 제품을 절도하거나 정교하게 제품을 복제나 위조하는 경우	정부의 암묵적 승인 및 후원 하에 이루어져서 해당국에서 불법행위에 대한 단속과 처벌이 거의 없음

출처: ISO 22380: 2018

나. 제품사기의 프로파일링과 위험평가

<표 5-5>에서는 앞에서 분류한 제품사기의 동기, 제품사기범죄의 유형, 사기범죄자의 유형 분류를 통합하여 최종적인 프로파일링을 가능하게 하는 툴로서의 매트릭스를 제시하고 있다. 관련된 자료 및 정보 수집과 이 매트릭스의 분석을 통해서 법집행기관, 제품보호와 손실방지 전문가나 이해관계인들은 과거에 발생하였거나 현재 발생하고 있는 제품사기 범죄의 동기와 사기범죄의 수법적 특성, 그리고 사기범죄자(들)의 전문성, 고의성, 계획성 등의 수준 및 특징과 폭력성, 체계성, 국제성 등의 수준을 일정 범위 내에서 확인할 수 있다. 물론 프로파일링 결과의 정확성은 가용 자료와 정보의 양과 질의 수준에 의해 영향을

▼ 표 5-5 제품사기 동기/범죄/범죄자 유형 별 대책 매트릭스

사기유형		동기	오락적	간헐적	직업적	전문적	행동주의
제품 사기		위화					
		IPR침해행위					
		조작					
		교체					
		초과생산					
		장물유통					
		전환유통					
		모조					
		위조					
		기타					
제품 사기 범죄자	폭력성 · 체계성 · 국제성 점 증	개인 사기범					
		소그룹형					
		반상업형					
		기업형					
		조직범죄집단형					
		행동주의조직					
		정부 관여형					

받을 것이다. 그럼에도 불구하고 프로파일링을 통해 이해관계인들은 손실방지와 위험경감을 위해 상대적으로 합리적인 의사결정과 대책을 선택하는데 도움을 받을 수 있게 된다.

　제품사기 범죄 프로파일링과 동시에 또는 직후에 이루어지는 단계가 위험평가(risk assessment)이다. 위험평가는 위험확인, 위험 분석 및 측정의 전반적인 과정이다. 위험평가는 위험의 원인(취약성), 발생가능성, 위험의 결과 및 영향에 대한 이해를 제공한다. 위험평가를 통해 밝혀진 위험을 처리하기 위한 절차, 실무 방법론, 그리고 물리적 장비/장치를 개발하고 각 해당 기업이나 조직에 맞는 맞춤형 위험처리기법(risk treatment techniques)을 도출할 수 있다. 나아가 제품사기에 대응하기 위한 다양한 내용과 수준의 대책들을 선택하는 의사결정에 합리적이고 체계적인 정보를 제공한다.

　위험평가를 위해서는 체계적인 위험 분석 및 측정(risk analysis/evaluation)이 요구되는데 아래 4가지 요소들이 주요 위험 분석 및 측정의 대상이다.

- Frequency of the loss(손실 빈도): 얼마나 자주 제품사기 손실이 발생하는가?
- Vulnerability of the product(제품 취약성): 제품사기 방어·대책 수준 대비 사기공격 대상(target)으로서의 매력과 가치, 즉 상징적 중요성
- Consequences of the loss(손실의 결과값): 손실이 얼마나 큰가?
- Geographical location of incidents(사건의 지리적 위치): 제품사기 발생 지역과 장소가 어디인가?

　이러한 요소들에 대한 분석 후에 위험도를 산출할 수 있는데 ISO/IEC31010 risk assessment techniques에 의한 보편적인 리스크 매트릭스에 의한 위험도 블록 정의는 <그림 5-3>과 같다. 평가된 위험도에 따라 보안 투자의 규모와 시급성에 대한 우선순위가 비용효과적이고 합리적으로 결정되어야 한다.

		영향 크기				
		1	2	3	4	5
		매우 작음	작음	보통	큼	매우 큼
발생가능성	5 매우 높음					
	4 높음					
	3 보통					
	2 낮음					
	1 매우 낮음					

제품사기의 프로파일링, 위험평가의 예시를 하나 구체적으로 제시하여 다음과 같이 설명될 수 있다.

프로파일링 및 위험평가의 예시

헤즈볼라 테러조직원이 테러자금 확보를 위해서 특정 국가에 위조통관 소인을 부착(문서위조)한 위조담배를 대량으로 밀수하는 형태의 제품사기는 행동주의 동기, 전환유통(밀수)/위조행위, 행동주의조직 유형으로 프로파일링이 가능하다. 위험분석 및 평가를 해보면 대량적, 전문적, 고의적, 계획적이며 체계적, 폭력적(잠재적으로), 국제적인 제품사기 범죄이며 이로 인한 해당 국가 내의 기업과 소비자의 손실과 피해 규모가 커서 그 위험도(risk level)는 '매우 높음'으로 판정할 수 있다.

다. 제품사기의 대응책

제품사기 피해와 손실을 방지하기 위해서 개인, 기업, 정부 등 다양한 이해관계자들이 각각 또는 공동으로 대응책을 수립하고 노력해야 한다. 개인은 보건과 안전 위협으로부터 스스로 예방 노력을 해야 하고, 브랜드는 보호되어야 하며, 브랜드 제품에 대한 소비자의 신뢰와 확신이 확보되어야 하고, 정부 공공기관은 시장과 경제를 보호하기 위해 노력해야 한다. 제품사기 공격이나 범죄자의 유형에 따라 다양한 접근방법과 전략을 적용할 수 있지만 접근방법은 크게 관리적 접근방범, 기술커뮤니케이션 접근방법, 법규제, 법집행 접근방법 등 4가지로 분류될 수 있다.

또한 제품사기 대응 전략은 아래 <표 5−6>과 같이 일반적으로 4가지로 구분될 수 있다.

▼ 표 5-6 제품사기 대응 전략

전략	정의	예시
탐지 (detection)	소비자나 이해관계자에 의한 사기성 제품의 탐지	온/오프 라인 위품확인 툴 사용
지연 (delay)	사기범들이 사기행위를 성공하는데 걸리는 시간을 지연시킴	역공학이나 시뮬레이션 공격에 저항력 있는 정교한 제품디자인
예방 (prevention)	소비자를 위한 선제적 조치	피해 방지를 위한 소비자 캠페인과 교육
억제 (deterrence)	수사와 기소 역량 강화와 사기범죄자 처벌의 신속성, 확실성, 엄격성 제고	사기범 검거를 위한 효과적인 국제 공조

ISO 22383 진품판정솔루션의 성능기준

1. ISO 22383 개관

ISO 22383:2020 Security and resilience－Authenticity, integrity and trust for products and documents－Performance criteria for authentication solutions used to combat counterfeiting of material goods 표준은 다방면의 산업과 서비스 분야에 적용될 수 있도록 목적과 경계를 정확히 설정하기 위하여 작성되었으며 여기에 포함된 진품판정(authentication)[8] 솔루션은 유형제품의 진위를 가리는 것을 더욱 쉽게 하는데 도움이 될 수 있도록 고안되었다. 즉, 유형상품의 라이프 사이클에 걸쳐 제품이 진품임을 확인하기 위해 사용되는 진품판정솔루션의 성능 기준과 평가방법을 자세히 기술하고 있다. 또한 유형상품의 진위여부를 가릴 수 있는 능력이 필요한 모든 유형 및 규모의 조직 및 단체들을 위해 만들어졌다. 또한 이러한 조직들이 위품이 가져오는 위험에 대처하기 위해 필요한 진품판정요소 범주의 결정과 이러한 범주를 제공하는 진품판정요소를 선택하는 데 있어서 가이드를 제공한다.

이 표준은 기업이나 조직의 진품판정 필요성, 위조방지의 전략과 관련한 문제를 이해하는데 도움을 주고 기업이나 조직에게 진품판정솔루션을 분석 및 분류하여 솔루션판매자들이 충족시켜야 하는 솔루션의 보안등급 요구사항의 실천적 기준을 제시하고 있다.

---

8) authentication은 certification, 즉 인증과는 다소 다르지만 독자들의 이해 편의를 위해 진품판정솔루션과 인증솔루션이라는 용어를 혼용하였다.

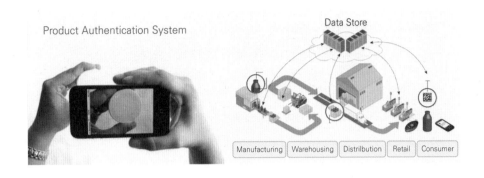

출처: http://www.shahdeepinternational.com/product_authentication_solution
/mobile_product_authentication.php

2. ISO 22383 주요 내용

가. ISO 22383의 구성 및 용어정의

ISO 22383 표준은 적용범위, 핵심용어정의, 일반적 원칙, 위험분석에 기초한 솔루션의 성능기준 사양, 진품판정솔루션의 효과성 평가 등으로 구성되어 있으며 진품판정 및 입증의 적극적인 기준을 제시하고 있다(그림 5−5).

ISO 22383에서 정의하고 있는 용어는 공격, 진정품, 진품판정, 자동화된 해석, 위조, 위조품, 오수락 비율, 오거부 비율, 법과학적 분석, 사람에 의한 해석, 진품판정검사원, 일체화된 진품판정요소, 무결성, 상호운용성, 고유한/내재적 진품판정요소, 유형제품, 사양제시자, 훼손 흔적, 종추적 등이 있다. 이 중에서 가장 핵심적인 몇 개의 용어를 정의하자면 첫째, 진품판정요소(authentication element)는 '진품판정솔루션의 한 부분으로써 사용되는 제품 또는 포장에 관련된 물체, 시각적 특징 또는 정보'를 의미한다. 둘째, 노출형 진품판정요소(overt authentication element)란 사람의 불완전한 감각을 교정해주는 안경과 보청기 등 일상생활에 사용하는 도구를 포함하여 '사람의 한 가지 또는 두 가지 이상의 감각을 이용하여 확인할 수 있는 진품판정요소'를 말한다.

┃그림 5-5   ISO 22383 구성 내용

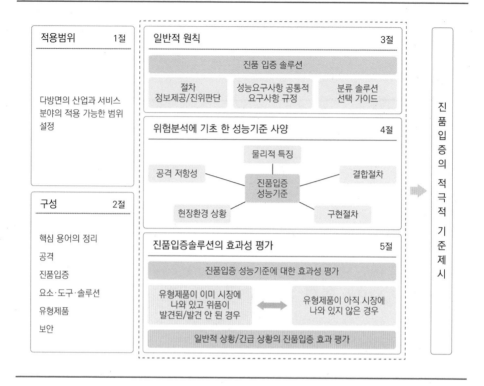

출처: ISO 22383: 2020

┃그림 5-6   노출형 진품판정요소: 시변각물질(OVD)[9], 훼손흔적 라벨 등

출처: 상품위조방지 기업 securikett 제공

9) 시변각장치(OVD, Optically Variable Device)란 각도에 따라 모양이 변하거나 색상이 변하는 장치를 말함

셋째, 은폐형 진품판정요소(covert authentication element)란 '도구를 사용하여 사람에게 인식될 수 있거나 다른 방법을 사용하여 해석해야 하는 진품판정요소' 로 정의된다.

▌그림 5-7   은폐형 진품판정요소: 태건트인식장치[10]로 확인 가능

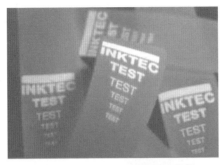

Source: www.inktecinc.com 및 www.novavisioninc.com

넷째, 온라인 진품판정도구(on-line authentication tool)는 '해당지역에서 진품 판정요소를 해석하기 위하여 실시간으로 인터넷 연결이 필요한 진품판정도구'를 말한다.

---

10) 탐지기나 적외선 광선으로 접근하면 녹색 등 특정 컬러로 표시하여 제품의 진위 여부를 확 인해 줌

출처: 상품위조방지 기업 securikett 제공

마지막으로 종추적(track and trace)은 '각 유형제품 또는 제품의 묶음이 공급망 내 어디에 있었는지 그리고 어디에 있는지 알아내기 위하여 확인하는 방법'을 의미한다.

▌그림 5-9   제품의 종추적

출처: 상품위조방지 기업 securikett 제공

나. 진품판정솔루션이 갖추어야 할 일반적 원칙

진품판정솔루션은 단순한 솔루션부터 IT를 포함한 복잡한 솔루션까지 다양한 형태로 존재한다. 위조 등으로부터 상품 보호를 위한 최적의 진품판정솔루션의 효용성은 실제 사용하고 실행할 때의 여러 환경에 달려있기 때문에 단순한 솔루션이라고 해서 부실한 솔루션을 의미하지는 않는다.

ISO 22383에 의한 진품판정솔루션을 적용했을 때 그것이 제품의 본질적인 기능성에 영향을 주어선 안 되며 제품 고유의 기능성이 유지되는 범위 내에서 적용되어야 한다. 또한 ISO 22383표준은 관련 국가, 지역, 국제(특히 프라이버시와 안전에 관한) 법률 및 규제를 준수해야 한다.

적절한 진품판정솔루션의 선택을 위한 기술적, 계획적, 그리고 경제적 기준은 진품판정요소들의 특징, 목표로 설정한 판정 및 검증 수준과 방법, 요구되는 정보시스템, 보안 요구조건, 위조에 대한 저항 능력, 보호대상 유형제품의 (경제적) 가치, 제품의 수명주기 전반에 걸친 위조 공격 위험, 제품 포장 등이다.

ISO 12931에 의한 진품판정솔루션에 사용하는 진품판정요소들의 확인절차에서는 판독, 포착, 그리고 사람의 감각이나 다양한 유형의 도구를 이용하여 표본을 추출하는 능력을 필요로 한다. 바코드리더기 등의 진품판정도구(tool)를 활용하여 현장에서 즉각 응답을 받거나 실시간 보안정보시스템을 이용하여 위품 여부를 입증 및 확인할 수 있고 데이터, 표본 또는 제품 구조/특성에 대해 전문가가 오프라인 진단하여 입증할 수도 있다.

진품판정솔루션은 생성절차(creation process)와 검증절차(verification process)로 구성되어 있다. 생성절차는 진품판정요소들을 정의하고, 작동시키며 제조하고, 이 진품판정요소들을 제품 또는 포장에 일체화(결합)시키는 과정이다. 검증절차는 교육훈련을 받은 사람들이 오감, 도구 또는 조회기능을 사용하여 유통망에 퍼져있는 진품판정요소들을 검사하는 과정이다.

다. 진품판정솔루션의 분류

진품판정솔루션의 분류는 사용자들과 진품판정솔루션 공급자들에게 사용자들의 특성에 맞게 솔루션을 비교하고 선택할 수 있는 가이드라인을 제공한다. 그러나 솔루션의 성능효과에 따라 등급을 매기려는 것은 아니다. 진품판정을 위한 검사(inspection)의 환경은 진품판정솔루션의 선택에 영향을 미친다.

솔루션의 구체적 유형은 ① 진품판정 검사원에게 제공할 솔루션의 지식과 정보가 일반인에게 공개되는 노출형인가? 특정인에게 한정하여 공개되는 은폐형인가?, ② 진품 검사방법은 사람의 감각에 의한 것인가? 일정한 도구를 사용한 것인가?, ③ 진품판정도구가 독립형인가? 온라인 연결형인가?, ④ 진품판정도구가 기성형인가? 맞춤형인가?, ⑤ 법과학적 분석을 포함하는 특정인의 은폐형 솔루션인가? 등에 의해 <표 5-7>과 같이 분류된다.

▼ 표 5-7 진품판정솔루션의 분류

솔루션 유형 지식제공대상	사람의 감각	진품판정도구		법과학적 분석
		상업재고도구 (독립형/온라인형)	특수목적 도구 (독립형/온라인형)	
일반인	노출형	은폐형	–	–
특정인	노출형	은폐형	은폐형	은폐형

출처: ISO 22383: 2018

특히 이 중에서도 법과학적 분석은 은폐형 기술 분석으로서 제품의 진품판정 요소나 본질적 속성을 확인하기 위하여 특수한 지식과 과학적 방법을 사용하는 것이다. 법과학적 분석은 진품판정을 위하여 현장에서 이루어질 수도 있지만, 보통 전문화된 도구를 사용하는 실험실이 요구된다. 분석 절차에서 비교 분석을 위해 원본 표본과 대조할 수 있으며 관세청, 특허청, 검찰/경찰 등 사법기관의 범죄 수사나 감정 등을 위한 법과학적 증거는 독립적인 제3자에 의해 확보되어야 한다.

위조제품으로 확인된 경우 일반적으로 지식재산 침해 범죄에 대하여 관련 법규에 의해 처벌하기 위한 형사절차가 진행된다. 이때 소비자나 소매점 또는 해당 제품의 제조사에서 경찰 등 사법기관에 신고를 하면 국립과학수사연구원[11]

---

11) 법과학적 분석의 사례: SBS뉴스 <2014.09.04 06:02> 서울지방경찰청 광역수사대는 가짜 고량주를 만들어 팔아온 혐의로 46살 이 모 씨 등 3명을 불구속 입건했습니다. 이씨 등은 2014년 4월부터 석 달 동안 중국산 저가 술과 물을 섞은 가짜 고량주 제품 4천8백 병을 경기도 안산과 서울 구로구 일대 중국 음식점에 판매한 혐의를 받고 있습니다. 조사 결과 이들은 유흥가에서 수거한 진품 고량주의 빈병에 직접 만든 가짜 술을 담은 뒤 중국에서 들여온 위조 병마개로 포장한 것으로 드러났습니다. 국립과학수사연구원 감정 결과 이들이 만든 가짜 술은 메탄올 등 성분의 함량과 알코올 도수가 진품과 다른 것으로 나타났습니다.

등 제3의 독립적인 실험실에서 제품의 진위여부에 대해 법과학적 분석을 통해 확인하며 해당 위조제품은 형사증거(criminal evidence)로 법원의 재판을 위해 제출된다. 해당 제품을 위조하거나 유통시킨 지식재산 범죄자는 검거될 경우 증거에 의한 재판 절차를 통해 형사처벌과 함께 민사적 책임도 부담해야 한다.

라. 위험분석에 기초한 진품판정솔루션의 성능기준

위험은 결과와 사건이 일어날 가능성의 상관관계이다. 위험평가는 위험의 발견, 분석, 그리고 측정을 포함하는 전체적인 절차이다(ISO 31000). 제품 위조와 관련한 위험분석 시스템이 사용하는 성능기준과 사양 요소는 구체적으로 규정되어야 하는데 이 표준에서는 그러한 위험분석(risk analysis) 요소를 규정하고 있다.

더 구체적으로 아래 <그림 5-10>은 진품 판정될 제품과 진품입증솔루션의

▎그림 5-10 진품입증솔루션의 기능적 블록다이어그램

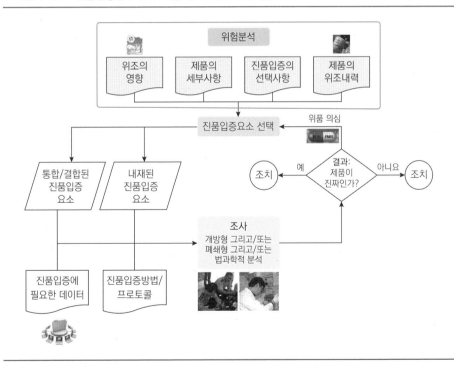

출처: ISO 22383: 2020을 토대로 필자가 도식화 함

일반적인 요소들 사이의 상호관계를 나타낸다. 그러한 상호작용을 통해 진위(true or false) 판단을 내리고 유형제품의 진위를 파악하는데 필요한 정보를 제공한다.

한편 진품판정솔루션의 선택을 위한 성능 기준이 수립되어야 그 솔루션의 기준을 바탕으로 사양제시자(specifier: 자사 제품 보호를 위해 솔루션을 구입하면서 위조방지 성능 사양을 제시하는 기업 등)는 다양한 범주의 솔루션 등급이나 조합이 사용자의 니즈와 요구에 맞춰줄 것인지를 결정할 수 있다. 성능기준의 5대 범주는 물리적 특성, 공격저항성, 현장환경, 일체화절차, 구현절차이다(그림 5-11).

▌그림 5-11 진품판정 성능기준의 5대 범주

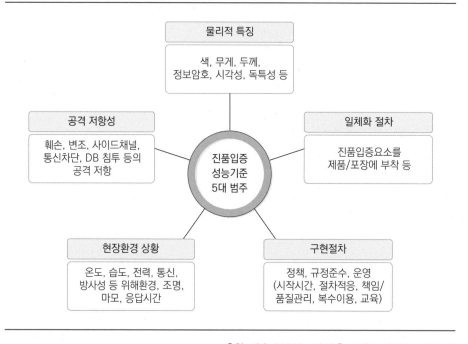

출처: ISO 22383: 2020을 토대로 필자가 도식화 함

진품판정요소의 물리적 특징과 관련하여 진품판정요소의 가독성(사람 또는 기구로 읽을 수 있는)은 중요한 부분이다. 진품판정에서는 유형제품의 특징, 사용자/진품판정검사원, 진품판정환경과 진품판정내구성 등의 요소들이 고려되어야 하는데 이 모든 요소들은 진품판정요소의 다양한 물리적 특징에 영향을 받을 수 있다.

진품판정요소인 공격저항성은 진품판정요소가 다양한 위조 관련 공격들에 어느 정도 견딜 수 있느냐를 의미한다. 변경에 대한 저항은 제품이나 포장으로부터 진품판정요소가 없어지거나, 변하거나 대체되는 것에 저항하는 능력이다. 진품판정요소와 그 진품판정요소가 보호하는 제품 간의 유형 또는 무형의 상호의존성이 형성되어야 한다.

▌그림 5-12　훼손 흔적: 무효화, 절단 및 천공화

Adhesive VOID　　　　Dry-peel VOID　　　　Cuts and perforati

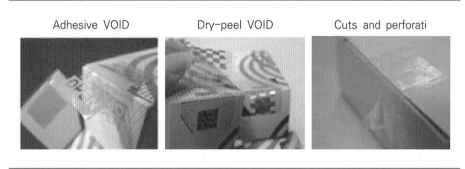

또한 사이드 채널 저항력이란 진품판정요소의 물리적 반응 분석을 통하여 비밀정보를 추출하거나 진품판정요소의 특성을 알 수 없도록 하는 공격 저항 능력을 의미하며 사이드채널 공격(side channel attack)에 대한 분석을 통해 입증요소는 그 공격을 방어할 수 있어야 한다.

'일체화 절차' 요소는 위조방지 홀로그램이나 태그 등을 제품이나 포장에 부착하는 등 진품판정요소와 보호받는 유형제품 간의 결합 절차와 연관된다. 결합 절차 시 인식된 보안 절차나 통제가 실행되어야 하고 보안정책 및 절차 준수를 위해 공급망의 구성요소 전체에 대한 보안평가가 실행되어야 한다.

그렇다면 이러한 진품판정솔루션의 효과는 어떻게 평가하는가? 진품판정솔루션의 성과는 규정준수 사양의 수립을 위한 적절한 위험분석과 기준분석에 달려있다. 효과 평가는 수립된 기준에 솔루션이 부합하는지, 그리고 솔루션이 측정 가능한 결과를 제공하는지를 판단하는 수단이다. 전반적인 효과평가는 각 기준 범주의 세부사항을 바탕으로 확립되어야 한다. 진품판정솔루션은 위조제품을 찾아내는데 중요한 수단으로서 위조에 대한 수사와 법집행을 지원하고 확실한 증거를 제시한다.

유형제품이 이미 시장에 나와 있고 위조제품이 발견된 경우인지, 유형제품이 이미 시장에 나와 있고 위조제품이 발견되지 않은 경우인지, 유형제품이 아직 시장에 나와 있지 않은 경우인지 여부에 따라서 진품판정솔루션의 효과 평가는 달라질 수 있다. 구체적인 효과평가의 항목과 지표를 예시해보면 다음 <표 5-8>과 같다.

▼ 표 5-8 진품판정솔루션의 효과평가를 위한 항목과 지표

평가 항목	평가 지표
물리적 특성의 평가	① 진품판정솔루션이 명기된 물리적 특징을 충족시키는가? (치수, 인장 강도, 치수안정성, 유연성 등) ② 이 특성들을 사양으로 측정 및 정의 가능한가? ③ 이 사항들이 품질보증 수준에 맞도록 지속적으로 관리될 수 있는가?
공격 저항성의 평가	① 진품판정솔루션이 명기된 공격 저항 기준을 따르는가? (복사, 해킹, 조작, 등) ② 이 특성들을 사양으로 측정 및 정의 가능한가? ③ 이 사항들이 품질보증 수준에 맞도록 지속적으로 관리될 수 있는가?
결합절차의 평가	① 모든 물리적 특성을 고려할 때 결합절차가 솔루션의 성공적 통합을 가능하게 하는가? ② 이 특징들이 사양을 통하여 측정되고 규정될 수 있는가? ③ 이 사항들이 품질보증 수준에 맞도록 지속적으로 관리될 수 있는가?
현장과 환경 상황의 평가	① 솔루션이 현장/환경의 성능 기준을 만족시키는가? (환경적 상황, 유해한 상황 등) ② 이 특징들이 사양을 통하여 측정되고 규정될 수 있는가? ③ 이 사항들이 품질보증 수준에 맞도록 지속적으로 유지관리될 수 있는가?
구현절차의 평가	① 모든 특성에 기초할 때, 솔루션의 성공적인 실행을 가능하게 하는 구현절차인가? ② 이 특징들이 사양을 통하여 측정되고 규정될 수 있는가? ③ 이 특징들이 사양제시자가 요구하는 진품판정수준을 유지하도록 꾸준히 관리될 수 있는가?

ⓘ 제4절
ISO 16678 및 22381
(진품식별시스템 및 상호운용성)

1. ISO 16678 및 ISO 22381 개관

'① 상품 위조 탐지는 복잡하고 어려운 일이다. ② 위품여부를 검사하는 상품의 정확한 식별 정보는 위조탐지 프로세스에 도움이 된다. ③ 이러한 정확한 식별 정보는 찾기 어렵다'라는 3가지 전제 하에 ISO 16678(Guidelines for interoperable object identification and related authentication systems to deter counterfeiting and illicit trade)과 ISO 22381(Guidelines for establishing interoperability among object identification systems to deter counterfeiting and illicit trade)는 표준화되었다. 두 표준의 주된 목적은 신뢰하는 조사자가 상품식별 및 진품판정을 하는데 있어서 정확한 식별 정보에 대한 접근과 전송을 간소화 하는데 있다. 또한 이러한 목적을 달성하기 위해 상품 식별 정보의 발견과 사용을 쉽게 하는데 필요한 가이드를 제공한다. 식별 데이터와 정보는 검증과 인증 시스템을 포함한 많은 장소에서 확인될 수 있다.

위품 여부에 대한 조사자가 이러한 식별 정보에 접근하도록 허가하면 위조 탐지에 도움이 되며 조사자가 식별 정보를 찾는데 도움을 주면 위조 탐지에도 도움이 된다. 즉, ISO 16678은 위조/불법 제품 거래 방지를 위한 상호운용성 있는 제품식별 및 진품판정 시스템 지침으로서 상품 식별과 관련 인증 시스템의 상호운용성 증진은 조사자의 시스템 사용을 용이하게 한다. 사용편리성 향상은 정확한 정보를 가지는 다수의 시스템 사용을 증대시켜서 위조 탐지 증가와 위조에 의한 손실과 피해를 경감시켜준다.

한편 ISO 22381은 16678이 설명한 '상품 혹은 상품 클래스에 관련된 하나의 특정 속성 집합을 표현하는 코드'인 UID(unique identifier: 고유식별자)에 기초한

(독립적으로 운용되고 있는) 다양한 시스템 간의 상호운용성을 확보하기 위한 가이드라인을 제시하고 있다.

2. ISO 16678 주요 내용

대개 상품식별 시스템은 상품 정보의 접근과 참조를 위해 고유식별자(UID)를 사용한다. UID는 개개의 상품 혹은 클래스 별로 할당될 수 있으며, 위조와 사기의 탐지에 도움이 된다. 이러한 상품 UID에 기초하여 더 많은 인증 솔루션들이 사용될수록, 위조와 불법적인 유용 같은 행위를 탐지하고 방지하는데 더 효율적이다. 이 표준은 신뢰성 있고, 안전한 상품 식별을 가능하게 함으로써 불법상품의 시장진입을 방지하는데 도움을 줄 수 있다. 이 가이드라인 표준의 목적은 본질적으로 다른 상품식별 솔루션들이 상호운용되어 신뢰성이 증진될 수 있는 프레임워크를 제시함으로써 널리 통용되도록 하는데 있다. 상품식별 시스템 자체도 위조, 복사가 될 수 있음을 고려하여 이 표준은 공식적으로 상품의 원격 식별 기술이 신뢰될 수 있는 방법을 제시한다. 또한 이질적이며 개별적인 시스템들 간의 간섭을 막고, 다수의 어플리케이션들에게 명확한 UID 참조서비스를 제공하고자 한다.

이러한 시스템 설계의 배경은 신뢰성과 상호운용성 결여가 사용자간의 '충돌'을 유발한다는 데 있으며, 충돌을 감소시킴으로써 사기행위의 탐지와 방지를 증진시킨다는 것이다. 이 표준은 이러한 시스템들 간의 신뢰성 있는 상호운용을 위한 기초적 수준의 기능 유닛과 프레임워크를 제공한다.[12] 시스템간의 상호운용성은 특정 집단의 사용 증가, 진위 여부 조사 대상 상품의 수 증가, 인가된 소스에의 접근 증가 등에 대한 정보의 집적을 통해 유통 중인 위조 및 사기 제품의 탐지에 도움을 준다. 상호운용성이 확립되고 시스템들이 널리 보급되면, 위품 조사자는 상품에 대한 판정에 필요한 질의를 생성하는데 상품 별 UID를 사용할 수 있다. 조사자는 질의에 대해 응답되는 정보가 정확함을 신뢰할 수 있게 되는 것이다. 다음은 한 글로벌 기업이 고유식별자 사용 적합성 검토를 통해 위조 및 사기 방지하는 프로그램을 적용한 사례이다.

---

12) 특정한 기술적인 솔루션을 명기하지 않는 대신, 솔루션들이 공통적으로 갖는 일반적인 모델에서 사용되는 프로세스, 기능, 기능적 유닛들을 기술한다.

HP는 위조상품 판매자를 식별하기 위해 한국과 동남아시아 지역의 수백만 개의 온라인 제품 목록 페이지를 검색, 저작권 기반의 이미지, 상표 및 기타 고유식별자(UID)의 사용이 적합한지 검토한다. 이를 통해 공인 리셀러가 아닌 판매자를 식별해낸다. 해당 판매자가 위조 잉크와 토너를 판매하고 있는 것을 확인하면 이를 온라인 쇼핑몰에 전달해 제품 노출을 삭제하도록 한다. 공인 온라인 파트너 역시 HP와의 긴밀한 협력을 통해 브랜드 보호를 강화하고 위조상품의 출처를 파악해, 소비자들이 위조 잉크 및 토너를 구매하지 않도록 한다.

지난 2019년 11월부터 2020년 5월까지한국과 동남아시아 전역에서 12,800건 이상의 제품이 삭제되었으며, 이 중 한국에서 삭제된 품목은 10,833건이다. 이같은 과정을 바탕으로 소비자와 파트너가 원격으로 수업과 업무를 진행하는 상황에서 의도치 않게 위조 잉크 및 토너 등을 구입하는 위험을 줄일 수 있게 됐다.

HP는 공급망 내 위조상품을 근절하기 위해 정기 점검과 불시 점검을 함께 진행한다. 지난 20년간 HP는 동남아시아 및 한국 전역에서 현지 사법 기관과 협력해 온, 오프라인에서의 위조품 판매자를 검거해왔다. 특히 지난 8개월 간 72명의 위조품 판매자가 검거되었으며, 현지에서 압류된 물품에는 카트리지 완성품은 물론, 미완성 카트리지, 포장용 라벨 등이 포함되어 있었다.

[미디어리퍼블릭(www.mrepublic.co.kr) 2020.09.23 기사를 일부 인용함]

　　이러한 시스템 설계의 이론적 배경은 신뢰성과 상호운용성 결여가 사용자간의 '충돌'을 유발한다는데 있다. 이러한 충돌을 감소시킴으로써 사기행위의 탐지와 방지에 대한 인식을 증진시킨다는 것이다. 이 표준은 이러한 시스템들 간의 신뢰성 있는 상호운용을 위한 기초적인 기능적 유닛들과 프레임워크를 제공한다.[13] 상품 식별 시스템은 공급망 종추적이나 품질 추적, 마케팅 행위 등과 연동되어 쓰일 수도 있지만, 이에 대한 것은 이 가이드라인의 범위에는 속하지 않는다.

　　시스템간의 상호운용성은 특정 사용자 그룹의 사용 증가, 위품 여부를 조사하는 상품의 수 증가, 인가된 소스에의 접근 증가, 비용감소(관련된 훈련, 장비, 개

---

13) 특정한 기술적인 솔루션을 명기하지 않는 대신, 솔루션들이 공통적으로 갖는 일반적인 모델에서 사용되는 프로세스, 기능, 기능적 유닛들을 기술한다.

발, 배치, 검사시간) 등과 같은 이유로 위조 및 사기 제품의 탐지에 도움을 준다.

상호운용성이 확립되고 시스템들이 널리 배치되면, 위품 조사자는 상품에 대한 판정에 필요한 질의를 생성하는데 UID를 사용할 수 있다. 조사자는 질의에 대해 응답되는 정보가 정확하고 신뢰할 수 있다는 증거를 가지게 된다.

또한 모든 참여자들은 다음과 같이 자신의 역할에 따른 의무를 수행하도록 권고된다.

- 서비스 제공자에 대한 회계감사와 감사를 고려함으로써 그들이 충실히 의무를 수행하고 위협적인 행위자가 아님을 보증한다.
- 생산자에 대한 회계감사와 감사를 고려함으로써 그들이 문서화된 업무수행과 시스템에 정확한 정보를 제공하는지 보증한다.
- 이해관계자들은 질의를 처리하기 위한 적절한 신용장을 획득함으로써 권한 소지자가 사회적으로 책임감 있는 태도로 정보를 공개할 수 있도록 한다.

상품식별시스템(Object identification systems: OIS)은 통상적으로 <그림 5-13>에 기술된 기능적 유닛들로 구성된다.

▌그림 5-13 상품식별 시스템 아키텍처

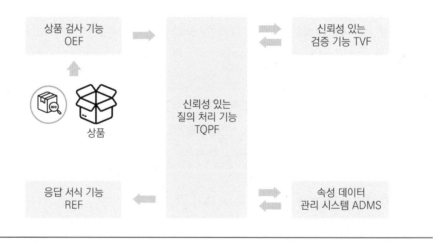

출처: ISO 16678: 2014

이 모델은 기능들이 어떻게 구현되는지에 대한 구체적인 전제 요건을 갖고 있지는 않으며 기능들이 하나의 서비스로 조합될 수 있다.

먼저, 상품 검사 기능(Object Examination Function: OEF)은 관심있는 상품을 검사하는 조사자는 상품이 UID를 가지고 있는지 확인한다. 만약 UID가 발견되면, UID에 대해 알고 있을 만한 TQPF를 결정하기 위해서 추가적인 검사가 요구될 수 있다. TQPF는 UID만으로 구성된 질의를 생성하거나, UID와 조사자의 신용장(certificate), 혹은 상품을 유일하게 식별하는 전자 이미지 같은 물리적 속성들의 조합으로 질의를 생성한다. 상품 검사 기능은 조사자가 하나 혹은 다수의 TQPF에 질의를 보냄으로써 종결된다. 프로세스가 반복될 때에는, OEF가 이전 질의에 대한 응답을 평가하기도 한다.

둘째, 신뢰성 있는 질의처리 기능(Trusted Query Processing Function: TQPF)은 정의된 규칙에 따라 서로 다른 기능들 간에 정보를 전달한다. TQPF는 요청하는 쪽의 신용장을 규칙에 따라 조사할 수 있다. TQPF는 다수 서비스에 분산되어 사용될 수 있다. 예를 들어, TQPF는 한 OEF가 생성한 질의를 적당한 TVF에 전달하거나, 혹은 TVF로부터 온 검증 혹은 인증 응답을 조사자의 신용장과 조합하여 ADMS로의 질의를 생성할 수 있다.

셋째, 신뢰성 있는 검증 기능(Trusted Verification Function: TVF)은 UID가 도메인 내에 존재하는지 검증한다. TVF는 TQPF의 신용장을 확인해야 한다. TVF는 정의된 규칙에 기반하여 접근 권한을 강화하고 질의의 출처나 한 개 이상의 TQPF에 응답할 수 있다. 통상적으로 응답은 UID에 대한 검증 정보를 포함한다. TVF는 관계자들에게 위품 가능성에 대한 경고를 보낼 수 있다. TVF는 비인가된 접근에 민감한 데이터를 보호해야 한다. 또한 TVF는 수신된 정보(데이터)에 대해 입증 과정 혹은 알고리즘을 실행할 수 있다.

넷째, 속성데이터 관리시스템(Attribute Data Management System: ADMS)은 상품 마스터 데이터의 믿을 수 있는 소스이다. 각 상품 속성마다 하나의 마스터 데이터 레코드가 있다. 만약 다수의 속성 데이터 레코드 인스턴스가 존재한다면, 하나만이 "master"가 되고 나머진 "subordinate"이 된다. 타 상품 속성은 하나의 데이터베이스에 존재하기도 하고 다수의 데이터베이스가 연합된 상황으로 존재하기도 한다. ADMS는 (TQPF를 통해) TVF로부터 응답을 받는다. ADMS는 TQPF와 조사자의 신용장을 검증하며 그 접근권한은 신용장과 규칙에 기반한다.

ADMS는 요청에 대해 선택된 데이터를 규칙에 따라 응답을 하는데 그 응답은 조사자의 질의에 대한 솔루션을 제공하거나 처리할 수 있는 정보를 담는다. 응답에 추가 명령이 있다면, 조사자는 새로운 질의를 생성하여 추가조치를 취할지를 결정한다. ADMS의 속성들은 상품 인증 혹은 추가 검사에 대한 세부정보를 가질 수 있다. ADMS도 비인가 접근에 민감한 데이터를 보호해야 한다.

다섯째, 응답서식기능(Response Formatting Function: RFF)은 ADMS 응답을 정의된 형태로 변환하는 기능으로서 경우에 따라서 조사 프로세스는 ADMS의 결과 혹은 시스템 구조에 따라 반복되기도 한다.

<그림 5-14>은 상품 식별 시스템의 동작을 위해 미리 정의되어야 하는 책임, 기능, 규칙, 데이터, 데이터 관계 등을 보여준다.

┃그림 5-14 상품 식별 시스템 셋업

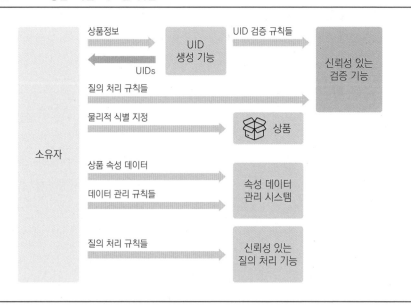

출처: ISO 16678: 2014

이 가이드라인에서 제시하는 시스템의 주요 원칙은 가용성, 시의성, 단일 소스, 데이터관리, 데이터보호, 프라이버시, 법규 준수, 감사, 상호운용성 등이다.

첫째, 가용성과 시의적 응답(Availability and timely response)은 조사자의 기대치에 부합되어야 하고 응답시간은 신용장 검증시간도 포함해야 한다. 가용성과 응답시간은 가급적 서비스 레벨 협의 시 합의되어야 한다.

둘째, 단일 인가 소스(One authoritative source)는 식별되는 상품에 대해서 단하나의 인가된 소스가 대응을 해야 한다. 여러 소스가 존재할 경우, 조사자를 혼란스럽게 하거나 혹은 악의적인 서비스 제공자가 소스를 복사, 조작하여 인가된 소스로 조사자에게 알려줄 수 있다. 관리자 권한을 가진 서비스 제공자는 누가 인가한소스이며 가지고 있는 데이터는 믿을 수 있는지를 항상 명확하게 해야 한다.

셋째, 데이터관리(Data management)는 마스터 데이터[14]와 전송(transaction)데이터[15]가 최신 상태로 유지되어야 한다는 원칙으로서 데이터는 상품의 기대되는 생애주기에 따라서 관리되어야 한다. 규제 요구사항들이 미래에 어떻게 변화할지, 정비와 보증기간, 인증을 위한 조사에 따른 장기간 상품 식별 수요를 고려해야 한다.

넷째, 필요지식(Need to Know[16]) 원칙은 효율적인 시스템을 만들기 위해, 특성들의 존재, 특성의 본성, 보호할 시스템의 구조와 프로세스에 대한 지식이 보호되어야 하며 필요지식 원칙에 의해서만 공유되어야 한다는 것이다.

다섯째, 데이터 보호(Data protection)는 시스템이 경영상 중요한 데이터를 포함하며, 데이터를 보호하는데 최선을 다해야 한다는 원칙이다. 기술적 혹은 운영상의 보안을 설계하고 조직하는데 있어서, 적절한 수단을 통하여 시스템에서정보에 대한 기밀성, 무결성, 가용성을 제공해야 한다.

여섯째, 프라이버시(Privacy)는 개인 식별 가능한 정보가 해당국의 법규에따라 보호되어야 하며, 만일 그런 법규가 없으면 산업적 관습을 따른다는원칙이다.

일곱째, 법규 준수(Regulatory compliance)는 서로 다른 산업과 국가들이 본

---

14) 마스터 데이터는 영구적이고 상품의 라이프사이클 동안 변하지 않는 정적인 상품 데이터로 정의된다.

15) 전송 데이터는 동적이고 공급망의 이벤트에 따른 데이터로, 공개와 기밀 데이터로 나눌 수 있다. 전송 데이터는 정보시스템 내에서 상품이 이동하고 공급망에서 변환할 때 생성된다. 전송은 포착되어 기록될 수 있으며 계약 상의 합의에 의해 관리되어야 한다.

16) 이 원칙은 정부 및 기타 기관(특히 군대 또는 대간첩 조직)이 사용할 때 매우 민감하다고 판단되는 데이터의 제한을 의미한다. 모든 공식 승인이 있는 경우에도 정보에 대한 액세스가 그 사람의 공식 임무 수행에 필요한 부분에 국한하여 제공하는 원칙을 말한다. 즉, 가장 작은 수의 사람들에게만 접근을 허용함으로써 민감한 자료의 유출을 방지하는 것을 목표로 한다.(출처: Cambridge Dictionary https://dictionary.cambridge.org)

지침서에서 모두 고려할 수 없는 법규에 의해 규제되며 상호운용적인 시스템들은 특정 법규의 요구사항들을 존중하여야 한다는 원칙이다.

여덟째, 감사(Vetting)는 권한소유자가 TVF와 ADMS의 구현에 대해 신뢰할 수 있어야 하고, 제공자 선택 과정에서 제공자의 신용장과 회계감사 결과를 고려해야 하며, 소유자는 신용장이 가용하고 최신 상태임을 확인해야 한다는 원칙이다.

마지막으로 상호운용성(interoperability)은 구조화된 정보(구문적 상호운용성)를 교환하고, 자동으로 해석(의미론적 상호운용성)하고, 유용한 결과를 생성하기 위해서 정확하고 의미가 있게 교환된 정보를 사용하는 복수의 시스템 혹은 서비스들의 능력을 말한다. 상호운용성의 주요 원칙은 '① 대상 사용자 그룹 정의(사용자가 필요로 하는 최소의 정보 정의, 접근 권한 처리에 대한 합의), ② 데이터 핸들링, ③ 데이터 소유권 합의, ④ 데이터 인터페이스 정의, ⑤ 응답 보증을 위한 서비스 레벨의 합의 정의' 등이다.

이 시스템이 다루는 일반적인 사기나 위조의 공격 유형은 UID 코드 복제(복제, 재발급, 추측, 혹은 재사용), 대체(UID가 위조품에 진품을 대신해서 부착될 때 발생), 특성 기만(Feature deception: 식별 특성집합이 부정확할 때 발생한다. 예를 들어 있어야할 UID 실종, UID 부정확, 과도한 UID 존재), 악의적 서비스(Malicious services: 스니핑[sniffing][17], 스푸핑[spoofing][18], 리다이렉팅[redirecting][19], Man in the middle attack[중간자공격[20]]), 내부자 공격 등으로 구분된다.

3. ISO 22381 주요 내용

ISO 22381은 16678이 설명한 상품 별 속성코드인 UID에 기초한 다양한 진품판정 시스템 간의 상호운용성에 대한 가이드라인이다. 상품식별시스템(OIS)에 민간 및 공공 분야에서 점차 다양한 요구사항이 부가되고 있는 현실에서 상호운

---

17) 네트워크의 중간에서 남의 패킷 정보를 도청하는 해킹 유형의 하나
18) 해커가 악용하고자 하는 호스트의 IP 주소나 e-메일 주소를 바꾸어서 이를 통해 해킹을 하는 것
19) 3계층에서 스니핑 시스템을 네트워크에 존재하는 또 다른 라우터라고 알림으로써 패킷의 흐름을 바꾸는 공격
20) 악의적 사용자가 네트워크에 침입하여 데이터 스트림을 수정하거나 거짓 생성하는 컴퓨터 보안 침입

용성의 필요성이 커져가고 있다. 디지털 시대에 기업 간 또는 조직 간 업무 처리의 자동화가 점차 보안 문제로 인해 도전적인 상황이 되어 가면서 상호운용성을 확보하는 것은 협력 조직 간에 상호 느슨해진 IT시스템 간의 연결성을 향상하는 데 도움이 된다. ISO 22381은 이러한 상호운용성(이 표준에서는 이하 I-OP) 아키텍쳐의 구축으로 위품과 불법 상품 거래를 억제하고 제품 사기 공격에 따른 기업의 회복력을 증대시킬 수 있다.

산업계 등에서는 위조 등 제품사기 공격으로 인한 손실 감축을 위해 불가피하게 상품식별/진품판정 시스템(이하 OIAS)을 사용해야만 하고 다량의 상품을 동시다발적으로 식별할 수 있는 시스템이 요구된다.

이 표준에서는 시스템의 I-OP를 기획, 실행 및 통제하는 프로세스를 핵심적으로 설명하기 위해 이해관계자(서비스공급자, 규제부처, 산업협회, 브랜드소유자, 공급망 참여자, 사용자 등)와 니즈에 대한 확인, 이해관계자의 역할 및 책임에 대한 정의, I-OP 아케텍쳐의 기획(사용자 접근 스펙 구체화, 신뢰 수준에 대한 정의 포함), 운영 계획 및 실행(데이터 교환방식, 데이터 입출력의 범위 설정, 운영상의 책임 규정, 시스템 오류에 대한 대비, 공통관심 문제에 대한 경보 대응, 파일럿 시험 등), 리뷰 및 개선(운영, 보안, 기술의 재검토) 등에 대해 안내하고 있다.

여기에서 I-OP 아키텍쳐는 <그림 5-15>과 같이 '신뢰된 입출지점'이라는 TEP(Trusted Entry Points)를 구축하여 용이성과 보안성을 강화시킴으로써 상호운용을 위한 특정 사용자 그룹의 사용과 접근을 더욱 간소화할 수 있다. 다만 I-OP 아키텍쳐 내에서 교환되고 사용되는 정보와 데이터는 사전에 정의된 경우와 정의되지 않거나 비정형화된 경우 모두에 가능해야 하되, 정형화된 포맷의 정보와 데이터의 교환은 주로 초국경적인 그리고 복수의 공급망 참여자 간 대량의 UID검증과 추적성(traceability)[21] 요구사항을 준수해야 할 경우에 활용된다.

---

21) 추적(追跡)을 뜻하는 트레이스(trace)와 가능성을 의미하는 어빌리티(ability)가 조합된 용어로 제조이력과 유통과정을 실시간으로 파악할 수 있는 시스템을 말한다. 2000년대 초반부터 일본에서 농·수·축산물 분야에서 도입된 이후 유통 물류 제조 서비스 등 모든 산업 분야에까지 확산되고 있다. RFID를 활용하여 생산자 정보는 물론이고 각각의 유통 단계마다 이력 추적이 가능해 어느 시점 어떤 단계에서 무슨 문제가 발생했는지를 실시간으로 파악할 수 있다. (한경 경제용어사전, 한국경제신문/한경닷컴)

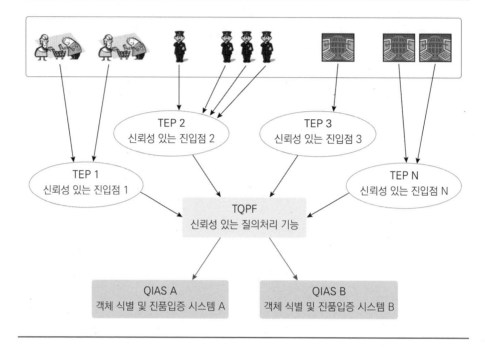

출처: ISO 22381: 2018

제5절

ISO 22382 소비세 납세증지의 보안 요구사항

1. ISO 22382 개관

　ISO 22382(19998에서 번호 개정됨) 소비세 납세증지의 내용, 보안, 발행, 검사 지침(Security and resilience-Authenticity, integrity and trust for products and documents-Guidelines for the content, security, issuance and examination of excise tax stamps)은 물품세 납세증지의 내용, 보안, 발행, 검사 방식에 대한 Best Practice를 통해서 납세증지 자체 및 그 발행의 보안 품질을 제고함으로써 정부가 세수를 높이는 것을 돕기 위한 표준이다.

　세수 확대 및 국민 보건 개선을 위해 담배나 주류에 간접세나 물품세를 부과하는 것이 많은 국가들에서 유행하는 방식이며 소프트드링크, 게임소프트웨어 등 FMCG(일용소비재)에도 납세 부과를 확대해 감으로써 그 필증의 중요성이 커져가고 있는 경향이 있다.

　그러나 소비자들은 비용 상승으로 인해 더 저렴하면서도 탈세된 상품을 찾는 불법행위가 증가하고 있는 추세로 이로 인해 소비자 건강[22]이 더 위협받고 있다. 이에 정부는 이러한 탈세와 납세를 회피하는 범죄행위를 막고 세수의 안정된 확보를 위한 보안시스템으로서 종종 보안이 강화된 납세증지를 활용하고자 하며, 이 표준은 그러한 필증의 보안관리시스템을 구축하는 요구사항을 제시하고자 한다.

---

22) 예를 들면 2012년에 영국에서는 납세증지가 위조된 보드카를 마시고 시력을 상실한 사례가 보고 되었다. 출처: BBC News 'Fake vodka could have blinded me'(By Sarah Sturdey) 30 January 2012.

▌그림 5-16   보드카(좌) 및 담배(우) 상품의 가짜 납세증지

출처: https://1pumplane.wordpress.com 및 http://conceptnewscentral.com

ISO 22382 표준의 프로젝트 리더는 영국의 Ian Lancaster로서 홀로그래피 및 문서 보안, 개인 식별 및 브랜드 보호를 위한 인증에 대한 비즈니스 인텔리전스의 세계적인 선도 업체인 Reconnaissance International(www.reconnaissance.net) 대표이다. 2001년에 세계보건기구(WHO)와 최초의 의약품 위조 방지 컨퍼런스를

▌그림 5-17   납세증지 위변조 방지를 위한 ISO 22382 표준

출처: https://www.reconnaissance.net/tax-stamp-news/issues/december-2015/

개최하였고 2011년 한국 특허청 및 관세청에서 공동주최한 '위조상품 비교전시회' 및 컨퍼런스에도 참석한 바 있다.

2. ISO 22382 주요 내용

ISO 22329의 핵심 용어를 몇 가지 살펴보면 납세증지(tax stamp)란 '해당 소비세가 지불되었음을 나타내기 위해 특정 유형의 소비재에 표시되는 가시적 증지, 라벨 또는 증표'를 말한다. 이것은 제품, 과세 대상 제품의 포장재 및 용기에 적용되는 라벨, 봉인, 표시 또는 증표의 형태일 수 있으며 납세증지는 적용 세금의 징수 및 보호에 대한 정부 시스템 내의 도구로서 접착기질 기반의 납세증지는 "납세 봉인" 및 "납세증표 종이띠"로 언급되기도 한다. 접착기질(substrate)은 '납세증지가 납세증지 신청인의 소재지와 떨어진 곳에서 생산될 때 납세증지의 제작 재료'를 의미한다.

이 표준은 제품과 함께 식별된 필수 소비세 또는 기타 관련 세금이 납부되었음을 나타내거나 해당 제품이 의도된 시장에 합법적으로 존재함을 나타내기 위해 사용되는 물리적 납세증지 및 증표의 내용, 보안, 발행 및 검사에 대한 지침을 제공한다. ISO 22382는 다음 사항들에 대한 지침을 제공한다.

- 납세증지의 기능 정의
- 이해관계자 식별 및 자문
- 조달 프로세스 및 공급업자 선택 기획
- 납세증지의 설계 및 구성
- 납세증지의 보호 기능을 제공하는 개방형 및 폐쇄형 보안 특징
- 납세증지에 대한 마감 및 신청 프로세스
- 납세증지 공급사슬의 보안
- 납세증지에 대한 일련번호관리 및 고유식별자 (UID) 코드
- 납세증지의 검사
- 납세증지 성능에 대한 감시 및 평가

이 표준은 본질적으로 물리적이고 (필요한 경우 드러내주는 도구를 사용하여) 인간의 시각이나 촉각에 의해 분명하게 알 수 있으며 소비재 또는 포장에 적용되

고 물리적인 진품입증을 허용하는 납세증지에만 적용된다. 즉, 이 표준에서 "진품입증"이라는 용어를 사용할 때는 납세증지가 부착된 제품이 아니라 납세증지의 진품입증만을 언급하는 것이며 발행 기관이 납세증지의 디자인 또는 시방서에 영향을 미치는 경우를 제외하고는 발행 기관이 해당 소비세 징수를 통제하고 감시하기 위해 준비하는 시스템이나 절차에는 적용되지 않는다.

세무당국은 납세증지 자체 또는 생산, 발행, 활성화, 신청 및 심사 절차상의 약점을 파악하기 위해 보안, 입법 및 집행을 포함한 납세증지 프로그램을 정기적으로 검토하여야 할 것이다. 세무당국은 이 검토 또는 집행 활동이 사용중인 납세증지의 사기성 생산 또는 사용을 밝혀내는 경우 신속하게 생산에 투입할 수 있는 예비 납세증지 디자인을 보유하여야 할 것이다.

세무당국은 기능을 식별하고 납세증지에 대한 시방서를 작성하는 데 관련된 모든 납세증지 이해관계자를 식별하고 자문하여야 할 것이다. 관련 납세증지 관계자는 관할 지역마다 다를 수 있으며 다음을 포함할 수 있다.

- 과세 대상 완제품을 생산하고 포장하는 과세 대상 재화의 제조업자. 현지 상황 및 세금 시스템에 따라 제조업자는 완제품에 납세증지를 신청하고 수령할 수 있다.
- 과세 대상 재화의 상표를 소유한 상표 보유자. 종종 제조업자와 동일한 실체이지만 항상 그런 것은 아니다.
- 과세 대상 재화의 일부 또는 전부를 수입하고 관련 세금 및 수수료를 납부해야 하는 과세 대상 재화의 수입업자. 수입업자는 완제품에 납세증지를 신청하고 수령할 수 있다.
- 창고 또는 항구에서 과세 대상 재화를 현지 시장으로 가져오고 그러한 제품에 세금을 국내 세무당국에 납부하고 납세증지를 신청할 책임이 있는 과세 대상 재화의 유통업자 또는 도매업자.

언제, 어디서, 어떤 실체에 의해 납세증지가 제품에 적용되었는지를 확인할 수 있는 납세증지 종추적 시스템을 세무당국이 개발할 것을 권고한다. 세무당국은 공급사슬에서 의심스러운 행동이나 범죄 활동을 식별하기 위해 제품의 원산지와 검사를 받는 지점에 도달하게 된 경로에 대한 정보를 사용하여야 할 것이다. 세무당국은 이러한 기능을 수행하려면 효과적인 공급사슬 감시 및 납세증지 추적을 구현하고 시행하기 위한 필연적 요구사항을 고려하여야 할 것이다. 이러한 요구사항에는 다음이 포함될 수 있다.

- 납세증지에 적용되는 UID 또는 각 항목을 식별 및 추적하는 방법
- 제품의 위치 및 제품상의 납세 증지에 관한 정보를 기록하기 위한, 공급사슬 상 지점의 감시소 또는 감시관
- 감시 과정에서 캡처된 데이터의 안전한 저장 및 처리
- 데이터의 분석과 법 집행 기관, 제조업자 또는 유통업자와 기타 관련 이해관계자와의 데이터 공유

<그림 5-18>은 종추적이 공급사슬에서 납세증지를 감시하는 데 어떻게 유용할 수 있는지에 대한 예를 제공한다.

▌그림 5-18 납세증지에 대한 종추적 및 조정 프로세스의 예

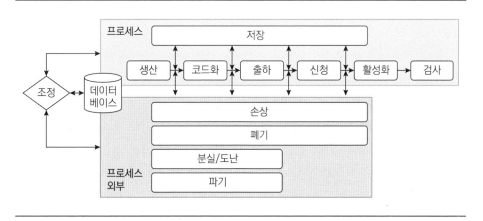

출처: ISO 22382: 2018

세무 당국은 적절한 경우(ISO 22381에 명시된) 다른 재정 영역 및 기타 이해관계자와의 상호작용 기회를 고려하여야 할 것이다.

납세증지를 구매하는 세무당국 또는 구매 대행기관은 조달 프로세스가 공개적이고 투명하며 ISO 20400의 지속 가능성 목표를 충족시키는 지 확인하여야

할 것이다. 납세증지 제공이나 전체 납세증지 프로그램에 둘 이상의 조직이 참여하거나 공급업자가 컨소시엄으로 운영되는 경우 양측은 누가 참여했는지 분명히 해야 할 것이다. 세무당국은 조달 프로세스의 첫 단계로써 정보요청(RFI)을 사용하여야 할 것이다.

세무당국 또는 그 구매 대행기관은 납세증지 요구사항을 명확하게 지정하고 공개적인 입찰 프로세스를 실행하여야 할 것이다. 시방서는 필요성 평가와 리스크 및 위협 평가의 결과를 반영한다. 필요성 평가는 포괄적인 납세증지 시스템을 구현하고 보호하기 위해 기존의 필요한 법률, 규정 및 판결을 포함시켜야 한다. 또한 이해관계자의 상호운용성, 검사 및 금지 절차, 범죄 수사 및 기소를 다루어야 한다. 또한 리스크 및 위협 평가에는 과거, 현재 및 잠재적인 장래의 탈세, 조직 범죄 및 공공 부패 위협에 대한 포괄적인 분석이 포함되며 여기에는 납세증지 또는 납세증지 시스템에 대한 리스크가 포함된다.

세무당국은 요구사항 평가의 산출물뿐만 아니라 위조, 변경, 도난 또는 제거로부터 납세증지를 보호하기 위해 리스크 평가에서 확인된 보안 수준을 고려하여 납세증지의 물리적 구성을 결정하고 가장 적절한 구성요소를 선택하여야 할 것이다. 세무당국은 접착기질, 잉크, 접착제, 복제를 더 어렵게 만들기 위한 진품입증 또는 보안 특징, (적층)코팅, UID 납세증지 구성요소 등을 고려할 수 있다.

세무당국은 적절한 수준의 보안을 보장하기 위해 납세증지 디자인을 결정할 때에는 진품입증 특징의 조합을 사용하는 것을 고려하여야 할 것이다. 그 조합은 복사 또는 복제하기 어려운 그래픽 기능을 통합하는 보안 설계, 광택제 및 접착제 선택에 대한 화학, 접착기질 및 접착제의 재료 과학, UID를 위한 인코딩 등이 될 수 있다.

세무당국은 내구성, 사기에 대한 내성, 미적 품질 및 기존 장비 나 시스템과의 호환성을 고려하여 공급업자와 상의하여 구성요소를 선택해야 한다. 또한 선택된 정품입증 특징을 검사하는 데 필요한 비용, 이식성, 교육, 수단 등의 요소를 포함하여 누가, 어떻게 납세증지 진품입증에 대해 검사하는지를 고려해야 하고 납세증지에 대한 진품입증 특징을 선택할 때 리스크 분석에서 확인된 위협으로부터 가장 효과적으로 보호하는 것을 포함해야 한다. 특성들의 비용 대비 성능도 분석해야 한다.

세무당국은 과세 대상 제품의 제조업자나 수입업자와 협의한 후, 포장에 따라 각기 다른 유형의 납세증지가 필요할 수 있으므로 각 납세증지에 포함될 수 있는 설계 및 진품입증 특징에 영향을 미칠 수 있다는 점을 인식하여 납세증지의 크기와 위치를 명시하여야 할 것이다. 이에 세무당국은 브랜드 마크와 담배 및 알코올 제품에 필요한 경고와 같이 포장에 표시될 수 있는 법적으로 요구되는 모든 건강 경고가 허용되는 과세 제품 포장에 이용가능한 공간, 납세증지가 봉인 인장 역할을 할 것인지 여부, UID/데이터 캐리어를 효율적으로 읽을 수 있도록 하는 납세증지의 크기, 기계가 판독할 수 있는 UID가 효율적으로 스캔될 수 있는 납세증지의 적절한 위치 등을 고려해야 한다.

본문에 대한 이해를 돕기 위하여 부록(Annex)에는 제안요구서 RFP, 납세증지의 재료, 소인 마킹의 재료 비교, 진품 판정/입증의 요소, 진품입증 툴, 필증의 생산 및 시리얼번호 부여 흐름도 등이 제시되어 있다. <그림 5−19>는 위조상품 거래 및 탈세 방지를 위한 납세증지의 보안 요구사항이 고려해야 할 요소들로서 물리적 보안 속성, 그래픽디자인 속성, 사용, 보안특성, 검사, 시리얼번호부여 및 UID, 종추적, 공급망 보안 등의 기본적인 구조를 보여주고 있다.

▌그림 5-19   납세증지의 보안 요구사항 고려요소

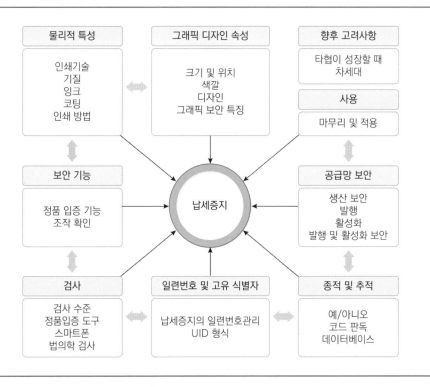

출처: ISO 22382: 2018

CHAPTER

06

보호적 보안

『산업보안 및 위기관리』
국제표준 개론

제1절 　보호적 보안 관련 표준 개관

현재 Preventive Security(예방적 보안[1])으로도 불리는 ISO TC 292 WG6 보호적 보안에서는 물리적 보안 등 여러 건의 표준이 제정되었거나 제정이 진행 중이다. 물론 WG6 보호적 보안은 최근에 발표된 개발로드맵(Road map from ISO/TC 292/WG 6 Protective security)을 볼 때 TC 292 안에서 매우 큰 비중을 차지하고 있다. 그 로드맵의 틀을 보면 <표 6-1>과 같다.

▼ 표 6-1　WG6 '보호적 보안' 표준개발 로드맵[3]

항목	세항목	관련 표준	향후 개발 분야
보안 프로그램 및 시스템의 관리 및 경영	• 보안경영 • 민간보안 • 보안감사 및 리뷰 • 적합성평가 • 보안리스크관리 • 보안리포팅	ISO 18788 ISO 28000 ISO 28001 ISO 28002 ISO 28003 ISO 28004 ISO 14298[3] ISO 34001	보안경영시스템(SMS)
			보안리스크관리(TC 262 연계)
			민관 보안 파트너십
			민간보안서비스 가이드라인
			ISO 18788 적합성평가
			취약성평가 및 위협평가
			보안 정보관리
			다중운집시설(교통, 주거, 상업)의 보안
			대형행사 등 혼잡경비보안
			대중교통시설 보안

---

1) 공공이든 민간이든 보안 분야에서는 전 세계적으로 대응보다는 예방력 강화를 강조하는 추세이다. 체계적인 예방을 통한 손실방지가 대응과 복구에 의한 접근방법에 비하여 훨씬 비용효과성이 높기 때문인 것으로 판단된다.
2) 문서 보안 관련 보안프린팅(인쇄)
3) 출처: TC 292 N 265 TC 292 Draft Road map from ISO/TC 292/WG 6 Protective security

항목	세항목	관련 표준	향후 개발 분야
			총기사고 등에 대한 공격대응 (attack response) 관리
			중요시설붕괴 보안대응
			관련 표준의 적합성 툴
사건 · 사고 (Incident) 관리	• 보안조사 • 대응 및 복구 • 사건 · 사고 분류 • 완화		사건 · 사고 보안조사
			사건 · 사고 대응 및 복원(Remediation)
			사건 · 사고의 분류(ISO/IEC JTC1/SC 27 정보통신보안 연계)
			사고 영향 완화(mitigation)
			케이스관리
			복구(recovery)
물리적 보안	• 보안 계획 및 설계 • 접근통제시스템 • 물리적 자산 보호	ISO 22341 ISO 23234	보안 및 방범 계획/설계 실행 가이드라인
			물리적 자산보호의 가이드라인
인적 보안	• 조사 • 입사 신원조사, 스크리닝, 인사평가 • 보안 인식 및 교육 • 신분확인 및 접근 • 보안문화		보안조사
			신원조사, 스크리닝, 인사평가, 보안지도
			보안 인식 제고 교육
			신분확인 및 접근
			보안문화
			인적 고위험요소 관리 가이드라인
			소셜미디어와 verbal 커뮤니케이션 보안 가이드라인
			보안 테스트 가이드라인
정보보안	• 정보평가 • 유형정보의 관리체계 • 전자 및 오디오 대응과 조사	ISO 27000	민감문서의 보안관리
			문서 전송 보안통제
			전자 및 오디오 보안 대응과 조사
감시 (surveillance)	• 정적 감시 • 이동 감시 • 데이터 감시 • 영상 감시	ISO 22311	정적 감시, 이동 감시, 데이터 감시, 영상 감시의 관리 및 시스템 가이드라인

본서에서는 TC 292 이외의 TC에서 생산한 보호적 보안 관련 국제표준들까지 포괄적으로 검색 및 분석하여 <표 6-2>와 같은 리스트를 확보하였다. 보호적 보안의 틀을 제시하는 표준인 ISO 22340은 보호적 보안의 아키텍쳐, 프레임워크의 가이드라인을 제시하고 있다.

ISO 22340 '보호적 보안의 아케텍쳐, 프레임워크 가이드라인' 표준은 조직 수준에서 위험 기반의 우선순위 지정, 조직 보안 정책, 절차 및 관행의 개발 및 수정을 가능하게 하는 중요한 프레임워크 내에서 매우 다양한 범위의 보호적 보안 대책과 조치를 전략적으로 연계하는 방법을 제공한다. ISO 18788 민간보안서비스 경영시스템의 사용 지침 요구사항은 민간보안산업을 위하여 보안운영관리 체계를 수립, 실행, 운용, 모니터링, 리뷰, 유지, 개선하기 위한 프레임워크를 제공한다. 즉, 이 표준은 보안운영관리시스템(security operations management system)의 원칙과 요구사항을 제시하며, 특히 테러나 재난 등으로 인하여 거버넌스 체계가 약화된 지역 환경에서 운영되는 다양한 형태의 보안기업의 서비스에 적용된다.

ISO 22341 '범죄예방환경설계 가이드라인' 표준은 주거 및 농촌 지역, 상업 지역, 산업 시설, 교육 기관, 지역 공원, 공공 공간 등 신규 또는 기존의 건축 환경에서 범죄 위험을 줄이기 위한 원칙, 요소, 전략 및 과정을 다루며 조직이 범죄 위험과 관련된 환경에서 발생하는 손해, 유형 또는 무형의 손실과 비용을 예방하고 비용 효율적인 방식으로 물리적 보안 수준을 높이기 위한 전략적 대응책과 조치를 수립한다. 이 표준과 연관성이 있는 ISO 23234 '건축환경에서의 보안계획'은 건설 환경(건물, 공장 및 부동산)이 기능, 재무 및 미적 측면을 보장하면서 테러 등 의도적인 공격행위로부터 자산을 보호해야 하는 기업들이 정의된 보안목표를 달성하기 위해 보안 대책을 효과적으로 수립할 수 있는 방법에 대한 가이드라인을 제공하는 것이다.

ISO 22311 '영상감시 송출의 상호운용성' 표준은 위험 관리를 위해 조직 간 상호 영상 정보교환의 원활한 실천을 위한 것이다. 즉, 이것은 정보수집, 위험관리, 법과학 수사를 수행하는 수사기관 등 end-user들이 디지털 영상에 접근하여 필요한 업무를 수행하는 것을 돕기 위하여 교환성 있는 데이터 저장장치 미디어에 의한, 또는 네트워크를 통한 영상감시 콘텐츠 집적시스템으로부터 추출된 공통적 출력파일 포맷에 대한 시방을 제시하고 있다. 異기종 CCTV 간의 신속한 영상자료의 공유 사용을 위한 최소한의 기술적 요구사항(비디오, 오디오, 메타데이터, 출력파일 보호, 데이터 접근 보안, 개인프라이버시 보호 등)을 제공하는 것이다.

▼ 표 6-2 보호적 보안 관련 표준

구분	표준명(영문)	표준명(한글)
제정 표준 (완료 단계 포함)	ISO 22340 Security and resilience – Protective security – Architecture, framework and guidelines	보호적 보안의 아키텍쳐, 프레임워크 가이드라인
	ISO 18788 Management system for private security operations – Requirements with guidance for use	민간보안서비스 경영시스템의 사용 지침 요구사항
	① ISO 22341 Security and resilience – Protective security – Guidelines for Crime Prevention Through Environmental Design ② ISO 23234 Buildings and civil engineering works – Security – Planning of security measures in the built environment	① 범죄예방환경설계 가이드라인 ② 건축개발사업 보안계획 지침
	ISO 22311 Societal security – Video – surveillance – Export interoperability	영상감시 송출의 상호운용성
	① ISO 28000 Specification for security management systems for the supply chain ② ISO 28001 Security management systems for the supply chain – Best practices for implementing supply chain security, assessments and plans – Requirements and guidance ③ ISO 28002 Security management systems for the supply chain – Development of resilience in the supply chain – Requirements with guidance for use ④ ISO 28003 Security management systems for the supply chain – Requirements for bodies providing audit and certification of supply chain security management systems ⑤ ISO 28004 Security management systems for the supply chain – Guidelines for the implementation of ISO 28000 (Part 1–4)	① 공급사슬 보안경영 시스템 시방 – ISO 28000 실행지침 ② 공급사슬보안경영시스템 – 공급사슬 보안의 실행, 평가, 계획의 모범경영 ③ 공급사슬보안경영시스템 – 공급사슬 회복력 개발 사용지침 요구사항 ④ 고급사슬보안경영시스템 – 심사 및 인증기관 요구사항 ⑤ 공급사슬 보안경영시스템 – ISO 28000 실행지침

구분	표준명(영문)	표준명(한글)
	ISO/IEC 27000 Information technology – Security techniques – Information security management systems – Overview and vocabulary 외 시리즈	정보보안 경영시스템 시리즈
	ISO 37001 Anti-bribery management systems	반부패(뇌물방지)경영시스템
	① ISO 18385:2016 Minimizing the risk of human DNA contamination in products used to collect, store and analyze biological material for forensic purposes – Requirements	① 법과학적 목적을 위해 생물학적 물질을 수집, 저장 및 분석하는 데 사용되는 제품의 인간 DNA 오염 위험 최소화 – 요구사항
	② ISO 21043-1 Forensic sciences-Part 1: Terms and definitions	② 법과학 용어정의
	③ ISO 21043-2 Forensic sciences-Part 2: Recognition, recording, collecting, transport and storage of material	③ 법과학 증거물의 인지, 기록, 수집, 운반 및 보관

TC 292가 다루고 있는 ISO 28000 공급사슬 보안경영시스템(Supply chain security management) 시리즈 표준들은 국제적으로 테러 위협이 증가하여 물류보안의 중요성이 날로 커져가고 항공기, 국제 선박 및 시설에 관한 보안검색이 강화되면서 세계 각국이 다양한 물류보안제도를 시행하고 있는 가운데 탄생된 ISO 공급사슬보안경영시스템 표준들은 다음과 같이 총 5개의 표준이 제정되어 있다. ISO 28000시리즈는 공급사슬을 관리하는 조직과 공급사슬에 포함된 제조, 서비스, 보관 및 운송 관련 조직에서 적용할 수 있도록 개발된 경영시스템으로서 공급사슬의 보안에 대한 리스크와 위협에 대한 관리를 하도록 요구한다. 화물의 흐름에 대한 효과적인 모니터링을 포함하며 밀수를 방지하고 해적의 위협이나 테러리스트의 공격에 대응하도록 할 뿐만 아니라 안전한 국제적인 공급사슬시스템을 만들도록 설계되었다. 조직이 공급사슬의 보안을 보장하는데 필요한 핵심적인 측면을 포함하여 보안경영시스템을 수립, 이행, 유지 및 개선하도록 하는 요구사항을 담고 있는 것이다. 이러한 핵심적인 측면은 재무회계, 제조, 정보보안, 그리고 상품의 포장, 보관 및 수송시설을 포함한다.

한편 ISO 27000시리즈란 'ISO/IEC 27000 패밀리'로 명명된 정보보안관리시스템(Information Security Management System)표준들을 의미하며 조직의 중요 정보를 안전하게 관리하기 위해 사람, 프로세스, IT 시스템에 위험관리 프로세스를 적용하는 체계적 접근 방법에 관한 표준들이다.

ISO 37001 반부패경영시스템 표준은 조직이 직면한 뇌물 리스크에 따른 합리적이고 비례적인 조직의 방침, 절차 및 관리에 의한 실행을 규정한다. 이 표준은 조직이 뇌물을 예방, 탐지 및 대응할 수 있는 합리적인 조치를 실행하는 데 도움이 될 수 있다.

범죄의 물리적 증거에 대한 수집, 운반, 보관 문제들을 다루는 법과학 분야 표준화도 조직과 기업의 손실방지, 위험관리 등 보안 이슈들과 연계될 수 있다. 이 중에서 ISO 18385는 제조업체가 품질 시스템을 갖추어야 하고, 직원 오염 감지 시스템에 대한 정책을 수립하고, 잠재적인 인체 오염에 대한 위험 평가를 수행하도록 요구한다. 환경 모니터링 절차, 처리가 제품 성능에 부정적인 영향을 미치지 않는 제품의 사후 처리 및 사후 처리 된 제품 생산이 가능하도록 유도하는 기능을 한다. ISO 21043 – 1:2018 '법과학 용어정의'는 법과학과 관련된 용어의 사용과 의미를 표준화하는 어휘를 제공하며 지금까지 개발된, 법과학 과정에서 사용되는 표준 용어에서 따온 것들이다. ISO 21043 – 2:2018 '법과학 증거물의 인식, 기록, 수집, 운반 및 보관'은 잠재적 법과학적 가치를 지닌 증거물의 인식, 기록, 수집, 운송 및 보관에 초점을 맞춘 법과학 프로세스에 대한 요건을 명시하며 현장 평가 및 검사에 대한 요건과 법과학 시설 내 활동, 그리고 품질 요구사항이 포함되어 있다.

제2절 ISO 22340 보호적 보안의 아키텍처, 프레임워크 가이드라인

1. ISO 22340 개관

이 프로젝트는 보호적 보안리스크을 완화하고 관리하기 위한 원칙 기반 접근 방식을 구현하는 데 필요한 조직과 기업의 구조, 관리 프레임워크 및 지침을 상세히 기술하는 국제표준이다. 이 국제 표준은 전략적으로 조정되고 비용효율적인 방식으로 보호적 보안 조치(보안거버넌스, 정보 보안, 인적 보안 및 물리적 보안)의 구조적 틀을 구현하고 정의하는 데 도움을 준다.

ISO 22340 개발을 담당하는 프로젝트 책임자 Matthew Curtis(호주)는 이 프로젝트의 정당성에 대해 "일관성이 있고 효과적인 방식으로 사람, 정보 및 자산을 보호하는 데 있어 표준화된 원칙, 성과 및 통제의 명확한 조합이 전 보안 분야에서 도움이 될 것이다. 이러한 표준은 일관성, 채택자 간의 논의 증가(그리고 지속적 개선), 솔루션 개발, 보안 전문가와 지역사회에 대한 이해와 용이성을 통한 대처 능력 등 많은 이점을 가져올 것이다. 현재, 예를 들어, 전송 보안, 보안 운영, 전자 보안, 정보 보안, 물리적 보안 등 다양한 영역에서 보안의 틀과 관행에 대한 지침을 제공하는 많은 표준이 있다. 그러나 보호적 보안에 관한 표준과 실무 관행이 전략적으로 조정될 수 있는, 또는 실제로 보호적 보안(표준 또는 기업 보안 조치)의 실제 방식이 어떻게 개편되어야 하는지에 있어서 아직 주요한 원칙이 없어서 이것을 표준화하는 것이다"라고 설명하고 있다.

2. ISO 22340 주요 내용

이 문서는 보호적 보안 리스크의 완화 및 관리를 위해 완전히 통합된 원칙 기반 접근 방식을 구현하는 데 필요한 아키텍처[4], 관리 프레임워크 및 지침을 설명한다. 이 문서는 전략적으로 조정되고 비용효율적인 방식으로 다양한 보호적 보안 조치(보안 거버넌스, 정보보안, 인적 보안 및 물리적 보안)의 구조를 구현하고 정의한다. 다만 이 문서는 상위 수준의 보호적 보안 아키텍처 설계를 정의하고 있고 구현 방법을 요약하고는 있으나 상세하지는 않다. 이 표준에서는 관련 ① Tier[5] 1: 보호적 보안의 원칙, ② Tier 2: 보호적 보안의 영역(원칙과 관리, 계획 및 검토 메커니즘 실천을 지원함), 그리고 ③ Tier 3: 성과 도출을 위한 이행 가이드라인, ④ Tier 4: 보안 설계, 보안 관행 및 보안 운영 세부사항과 같이 Tier 3 제어를 제공하는 기술적 표준과 조직 별 절차 등 총 4개 Tier의 보호적 보안 아키텍처로 구성되어 있다. 여기서는 세부적인 기술표준인 Tier 4에 대한 설명은 생략하기로 한다.

가. Tier 1: 보호적 보안의 원칙(Protective security domains)

Tier 1을 통해서 조직의 보호적 보안 전략, 절차, 운영의 완전성을 확보하기 위한 원칙을 수립한다. 이 아키텍쳐는 조직의 경영자, 직원 및 기타 관련 당사자들이 기업 등 조직의 경영을 인식하고 보안 리스크 및 이를 완화하는 데 필요한 전체적 조치에 적극 참여하는 것을 가능하도록 설계되어 있다. 즉, 모든 보안 관련 대책들이 조직의 전략과 목적에 일치하도록 하는 프레임워크인 것이다. 효과적인 기업 보호 보안 아키텍처를 추진하는 원칙은 다음과 같다.

a) 보안은 모든 사람의 책임이다: 긍정적인 보안 문화를 개발하고 육성하는 것은 보안 성과에 매우 중요하다.

---

4) 아키텍쳐란 조직에 대한 공통적인 이해를 제공하고 조정에 사용되는 청사진으로서, 이는 전략적 목표 및 운영 요구사항을 확립하는데 사용된다.

5) Tier란 계층이란 뜻으로 번역될 수 있지만 여기서는 수직적 단계보다는 체계적 단계로 해석할 수 있다.

b) 보안은 업무와 비즈니스를 가능케 한다: 보안은 효과적이고 효율적인 상품과 서비스 공급을 돕는다.

c) 리스크 기반 접근방법: 보안조치가 인력, 정보 및 자산이 평가된 위험에 따라 비례적으로 적용되는 것이다.

d) 최고경영진의 책임성: 최고관리자는 기업과 기업의 보안 위협, 그리고 공유된 위험에 따른 영향에 대한 책임을 진다.

e) 지속적 개선 라이프사이클: 보안사고에 대한 대응에서 조치, 평가 및 학습의 순환이 지속되어야 한다.

나. Tier 2: 보호적 보안의 영역(Protective security domains)

보호적 보안은 Tier 1 원칙을 지지하고 보호적 보안의 우선순위 부여, 계획 및 이행의 기초를 제공하는 성과는 네 가지 범주 내에서 존재한다.

- 보안 거버넌스
- 정보보안(거래보안 포함)
- 인적 보안
- 물리적 보안

보호적 보안 아키텍처가 제공해야 하는 보안 거버넌스의 주요 성과는 조직/기업의 보안위험 관리, 책임의 명확한 구분, 견고한 계획, 조사와 대응, 보장과 검토과정, 적절한 보고를 하는 숙달된 방식으로 긍정적인 보안문화 조성을 지원하는 것이다. 최적의 보호적 보안을 제공하는 조직 및 기업은 보안 위험을 적절히 관리하고 긍정적인 보안 문화를 촉진, 지원 및 모니터링하며, 책임의 명확한 구분, 건실한 위험 기반 계획, 효과적인 조사 및 대응 능력, 강력한 보장 및 검토 프로세스 및 균형감 있는 보고 기능을 보장한다.

이것을 가능하게 하는 거버넌스 구조는 정점에 있는 조직의 안전을 책임지는 책임 있는 경영진이다. 이사급 또는 이와 동등한 수준의 고위관리자로서 최고관리자, 이사회 및 감사 및 위험관리위원회(또는 이와 동등한 것)에 조직의 보안에 대해 브리핑한다. 최고보안관리자(Chief Security Officer: 이하 CSO)로서, 책임 있는 관리자는 궁극적으로 기업의 보안 위험 태세와 효과적인 조직의 보안 아키텍처를 제공할 책임이 있다. CSO는 책임 있는 경영진에게 보고를 하며, 조직 보안위험 관리의 일상적인 업무와 효과적인 정보, 인력 및 물리적 보안 성과를 도출할 책임이 있다. CSO는 이 기능을 수행하기에 적절한 운영 자원을 구비하고 있다.

여기에는 계획, 구현, 모니터링 및 검토의 요소뿐만 아니라 윤리적 고려사항, 구조, 회계 책임, 주요 기업 책임 및 보고 체계가 포함된다. 책임 있는 경영진과 CSO는 조직 보안의 리더와 관리자다. 조직 내에서 보안 성과의 효과적인 달성을 위해서는 안전한 근무환경을 유지하는 책임을 공유하는 모든 구성원이 함께 참여해야 한다.

책임 있는 경영진은 조직의 최종 거버넌스 기구 또는 개인에 대한 책임을 질 준비가 되어 있어야 하며 이러한 책임을 이행하기 위해 책임경영진은 다음을 수행해야 한다.

a) 기업의 보안 리스크 허용한도(risk tolerance)를 결정하거나 합의
b) 기업의 위험이 기업의 위험 영역(예 재무, 보안, 안전, 운영 등)에 걸쳐 적절하게 균형을 이루도록 업무를 건설적으로 추진.
c) 기업의 보안 리스크 관리 및 보고
d) 그들의 리스크 관리 결정이 다른 조직에 미치는 영향을 이해하고, 보고하며, 관리하고, 해당되는 경우 이 정보를 공유.

더불어 효과적인 보안 리스크 관리를 수행하기 위해 책임경영진은 다음과 같은 임무를 수행해야 한다.

a) 기업의 일상적 보안을 책임질 적절한 선임(senior), 인가 및 숙련된 관리자를 CSO로 임명한다. CSO는 '① 조직의 보호적 보안 계획, ② 조직 정보, 인력 및 물리적 보안 관행, ③ 기업 내 보호적 보안의 각 요소에 대해 책임을 지는 보안 어드바이저 및 기타 직원을 임명, ④ 보안 사건에 대한 조사, 대응 및 보고'를 수행한다.
b) 직원과 계약자가 긍정적인 보안 문화를 조성하기 위한 공동의 책임을 인식하고 이를 지원하기 위한 충분한 정보와 교육을 제공한다.

c) 보안의 촉진 및 이행의 변화관리[6] 요구사항이 CSO 및 관련 보호적 보안 담당자에 의해 적절히 정의되고 실현되는지를 확인한다.

ISO 31000:2009 위험관리 – 지침에 따라, 책임자는 보호적 보안 구성요소(개인, 정보 및 물리적 보안, 그리고 이러한 요소가 제공되는 거버넌스 구축)의 전 범위에 걸쳐 관련 위험 평가를 수행하고, 평가된 위험 수준에 맞추어 위험통제를 위한 보호적 보안 계획을 수립해야 한다.

리스크 관리는 증거에 기반을 두고 있다. 기업은 방어적 보안 위협과 위험의 성격을 최신의 상태로 평가하기 위해 선제적 접근법을 택해야 한다. 즉, 유사한 위험에 노출된 다른 단체, 관련 정부기관 및 해당 지역사회와 함께 광범위한 위험 관련 정보의 흐름을 유지해야 한다. 예를 들어, 기업에 해를 입힐 의도가 있는 악의적인 행위자들이 기업이 관여되거나 위치한 지역사회로부터 오는 경우가 많다는 통계는 위험 정보로서 다루어야 한다.

정보보안(Information Security)과 관련해서 보호적 보안 아키텍처가 제공해야 하는 주요 정보보안 성과는 기업이 모든 공식 정보의 기밀성, 무결성 및 가용성을 유지하는 것이다. 조직적 정보를 보호하고 그 다음에 조직적 성과를 지원하는 데 필요한 조치에는(정보의 민감도에 대한) 평가, 보호, 접근성 및 관리가 포함되지만 반드시 제한되지는 않는다. 여기에는 유형 정보(감도, 분류, 취급 및 보관, 폐기 및 파기 등에 대한 평가), 미사용 데이터와 운송 중 데이터(암호화 준비, 케이블 관련 기술 표준 등) 및 유형 정보 자산의 물리적 전송이 포함된다. 기업 수준에서 기업은 정보의 기밀성, 무결성 및 가용성의 균형에 관련된 의사결정을 해야 한다. 빠른 기술변화에 능동적으로 대응하기 위해 기업 전반의 거버넌스 아키텍쳐는 이 복잡한 정보보안 영역에 맞추어 재구조화되어야 한다. 인터넷 상에서, 금융, 사회, 정치적 영역 전반에 걸쳐, IoT(사물 인터넷), 인공지능, 로봇들은 전례

---

6) 변화관리(變化管理, Change Management)란 변화의 기획단계인 설계에서부터 변화의 목표가 달성되는 시점까지 생성되는 여러 가지 변화요인을 사전에 파악하여 일하는 방법, 조직구조, 제도 및 각종 시스템을 현업에 원활하게 구현시키고, 구성원들이 환경변화에 적극적으로 공감하고 동참할 수 있도록 지원하는 체계적인 활동을 말한다. 즉 현재의 상태(current situation)에서 목표로 하는 바람직한 상태(desired situation)로 전환하기 위한 과정에서 생기는 저항 및 여러 가지 격차(gap)를 해소하고 구성원들이 힘들이지 않고 변화에 동참하게 하는 활동이라고 할 수 있다.(HRD 용어사전, 2010. 9. 6., (주)중앙경제)

없는 위험을 야기한다. 증가하는 보안 관련 함의와 함께 다른 기술적 변화에는 나노기술, 유전자 변형, 로봇 공학 및 암호화가 포함되며, 보호적 보안 의사결정에 있어 각각에 대해 적절히 고려를 할 수 있는 능력과 역량 확보를 위해 통합적 아키텍처가 중요해지고 있다. 이는 다음과 같은 범주의 조치를 포함하는 다양한 위험관리 통제 체계를 통해 가능하게 된다.

- 정보분류
- 정보 접근 제어
- 사이버 위협으로부터 정보 보호
- 견고한 정보 및 통신 기술 시스템

인공지능, 로봇 공학, 양자 컴퓨팅, 나노기술은 사회와 보호적 보안의 모든 측면에서 근본적인 변화를 일으키고 있다. 이러한 발전은 특히 중요 사회기반시설에서 사이버 보안 위협의 진화에 초점을 맞추도록 하고 있다. 사물인터넷이라는 영역 내에서 적대적 공격 시나리오(사회가 점점 더 의존하고 있는 전체 시스템에 대한 공격-예 무인자율자동차)에 직면한 기업과 사회의 리질리언스는 보안 거버넌스에서 점점 더 중요해지고 있다.

인적 보안(Personnel Security)은 각 기업이 기밀이거나 민감한 자원에 조직의 구성원이 접근하는데 있어서 적절한 기준의 무결성 및 정직성을 충족하도록 보장한다. 가치 있는 정보나 그 밖의 자산을 소유하거나 관리하는 기업은 조직 구성원의 적합성에 대한 확신을 유지할 필요가 있다. 또 기업의 직원이 중요한 정보의 접근에 적합하고, 청렴성을 가지고 있으며, 채용 시 정직하며, 퇴사 후에도 기업 보안이 유지됨을 기업에게 보증하는 데 필요한 조치의 주요 속성을 정의한다.

기업은 분류되거나 민감한 자원(인력, 정보 및 자산)에 접근할 수 있는 인력의 적격성과 적합성을 보장해야 한다. 기업은 그 직원의 지속적인 적합성을 관리하고, 적절한 경우 다른 기업과 보안 우려 관련 정보를 공유해야 한다. 기업은 퇴사하는 직원이 분류되거나 민감한 정보자원에 접근할 수 있는지, 그리고 지속적인 비밀유지 등 보안상 의무를 알고 있는지 확인해야 한다.

기업은 인사보안관리팀(personnel security management teams)에 인적자원

영역 관련 정보를 제공해야 한다. 관련될 수 있는 정보에는 다음이 포함될 수 있다.

a) 기업 행동 강령 위반
b) 작업 위치의 변경
c) 물리적 작업 위치의 변경
d) 임금 변동
e) 장기 휴가 계획
f) 결혼/이혼/새 주소에 대한 통지

물리적 보안(Physical Security)은 인력, 정보 및 자산에 안전한 물리적 환경을 제공한다. 기업은 정보 및 ICT 장비를 포함한 자원에 대한 위험을 최소화하거나 제거하는 물리적 보안 수단을 구비해야 한다. 기업은 설비를 계획, 선택, 설계 및 수정하는 과정에서 보호적 보안을 조기에 충분히 통합하도록 해야 한다. 일부 정부에서는 가치 있고, 중요하며 또는 민감한 자산의 보관에 대한 물리적 보안 규격의 상세한 지침을 제공한다.

다. Tier 3: 보호적 보안의 성과 도출을 위한 이행 가이드라인

광범위한 일차적 대응과 통제가 Tier 2의 성과를 도출할 수 있다. 이러한 대응과 통제는 보안리스크가 합의된 매개변수에 따라 평가되고 관리되고, 상호의존성에 대한 적절한 이해가 있으며, 기업이 인력과 관련하여 보안조치의 범위를 조정, 계획 및 이행할 수 있는 프레임워크를 갖도록 안내한다.

Tier 2 거버넌스 성과를 도출할 수 있는 처리 및 제어 방법은 다음과 같다.

• 기업 보안 문화
• 기업 보안관리 구조 및 책임
• 전사적 보안계획의 일환으로서 기업거버넌스 보안 정책
• 효과적인 보안 위험의 평가, 계획 및 관리
• '심층방어' 및 '억제, 감지, 지연/거부, 응답/복구(DDDR)' 접근방식 적용
• 보안관리 및 기술 역량

- 인식 및 교육
- 보안 조사
- 업무 연속성
- 제3자 서비스제공자 및 도급업체에 대한 거버넌스 방안
- 관련 규정 준수
- 보고, 검토, 감사

효과적인 거버넌스는 효과적인 보호 정책 및 구현을 위한 핵심으로서 보안 기대치 달성을 위한 기업 내외적 절차, 기업이 안전한 사업수행을 통해 전반적인 성과에 기여하는 동시에 직원, 정보 및 자산의 기밀성, 무결성 및 가용성을 보장하기 위해 보호적 보안 합의을 유도하는 방안 등을 반영한다.

Tier 2의 정보보안 성과를 제공할 수 있는 대응 및 통제는 다음과 같다.

- 전사적 보안계획의 일환으로 전체 정보관리 수명주기를 포착하여 정보보안 정책을 실시
- 정보의 중요도 평가 및 분류
- 기밀정보에 대한 접근
- 기업 간 정보공유 프로세스
- 제3자의 접근
- 효과적인 사이버 보안 통제 및 ICT 시스템 구현
- 개인정보 보호 등 관련 규제 준수

효과적인 정보보안관리의 범위는 위험 기반 정보보안 성과를 제공하는 데 사용되는 정보보안의 통제 기준을 제시해 준다. 이러한 통제는 기업의 다른 거버넌스 활동, 전략 및 사업 계획과 함께 적용되어야 한다.

Tier 2 인적 보안 성과를 제공할 수 있는 대응 및 통제는 다음과 같다.

- 전사적 보안 계획의 일환으로 기업 인사보안 정책 수립 및 시행
- 기밀 정보 및 자산에의 접근에 대한 자격 및 적합성 기준 정의 및 구현
- 보안 심사 및 정리

- 기밀정보 및 자산에 대한 직원의 적합성 모니터링
- 기밀정보에 접근해야 하는 기업 내 위치 파악
- 직원 퇴사와 관련하여 필요한 보안 조치 이행
- 프라이버시, 친환경, 인권 등 관련 규제조치의 준수

인적 보안은 보호적 보안관리의 한 중요한 부분이다. 인적 보안 조치는 인력과 정보, 자산에 접근하기 위한 직원의 적합성을 결정한다. 적합한 사람은 정직함과 신뢰성을 보여주며 부적절한 영향에 취약하지 않다.

마지막으로 Tier 2 물리적 보안 성과를 제공할 수 있는 대응 및 통제방법은 전사적 보안 계획의 일환으로 수행되는 기업 물리적 보안 정책, 보호적 보안 고려사항이 물리적 설계, 시공 및 적합성에 반영되도록 보장하는 정책 및 프로세스, 작업보건안전 및 재난관리 법규 등 관련 규정 준수, ICT 시스템을 포함한 기밀정보 및 자산의 충분한 물리적 보호 유지 등이다.

효과적인 물리적 보안의 범위는 기업이 소유한 모든 시설, 사람, 정보, 기능 및 물리적 자산 또는 제3자가 위탁한 자산을 포함한다. 물리적 보안은 사람, 정보 및 물리적 자산에 대한 위협이나 공격을 방지하거나 완화하기 위해 고안된 물리적 및 절차적 조치의 조합을 사용하는 위험 기반 접근법이다. 물리적 통제는 사람의 손상 또는 기밀성 또는 무결성 손실 또는 조직 자산의 사용 불능에 따른 업무 영향 수준에 따라 결정된다.

물리적 보안의 핵심적 대응과 통제의 이행에 있어 기업의 물리적 보안 정책과 절차는 물리적 보안 정책 및 절차 개발 및 발표, 기업의 물리적 보안 위험 관리 및 계획 수립, 필요한 보증 수준 결정, 접근통제 등 물리적 보안, 물리적 보안 통제장치를 비상 시스템 및 절차에 통합하는 것을 포함하여 인력의 보호, 분류 및 업무영향 수준에 따른 통합 정보자산의 물리적 보안, ICT 시설, 시스템 및 장비의 물리적 보안 등이다.

제3절 ISO 18788 민간보안서비스 경영시스템의 사용 지침 요구사항

1. ISO 18788 개관

민간보안용역회사의 보안 서비스는 세계 각국에서 구호, 복구 및 재건, 상업적 사업 운영, 개발, 외교, 군사 활동에 종사하는 국가 및 비정부 고객을 보호하는 데 중요한 역할을 해 왔다. ISO는 이러한 민간보안회사를 위한 품질경영시스템을 채택하여 ISO 18788:2015로 명명하였는데, 이 표준은 갑자기 나타난 것이 아니라 다소 어두운 역사를 배경으로 한다. 지난 15년 동안 이라크와 아프가니스탄에서 민간보안회사들의 현지인에 대한 폭행, 성폭력 행위 등 인권 침해로 심각한 사건들이 많이 있었다. 특히 미 국방부(DoD)와 국무부는 민간보안용역 계약자의 행동과 관련된 리스크를 줄여야 한다는 점을 인지하였는데, 민간보안용역 계약자는 중동에서 미국의 이미지에 직접적인 영향을 미치고 있기 때문이다.

미 국방부는 이러한 민간보안회사들을 위한 표준을 개발하기 위해 미국산업보안협회인 ASIS에 표준 개발을 의뢰하였다. 그러나 민간보안 전문지식은 있지만 표준을 만든 경험은 없는 ASIS는 미국국가표준원인 ANSI에 도움을 요청하였고, ANSI는 1918년부터 합의된 기준을 수립하는 작업을 수행하여 왔으며, 관련 문제를 해결하기 시작했다. ANSI와 ASIS는 함께 분쟁지역과 무력충돌 지역에서 운영하는 보안회사를 위한 운영 표준을 개발하기 위한 기초 작업을 전개하여 2012년 ANSI-ASIS는 민간보안회사의 품질관리를 위한 민간보안회사 표준인 "ANSI/ASIS PSC.1"을 공동으로 발행하였다.

출처: ASIS의 표준전문가 Aivelis Opicka 제공

ISO 18788의 목적은 더 나은 ANSI/ASIS PSC.1 표준을 만드는 것이었으며 ISO는 PSC.1 표준을 ISO 형식으로 바꾸었다. 동시에 이 표준은 국제인권법 및 국제인도주의법(IHL: international humanitarian law)의 원칙을 토대로 작성되었으며 이 표준을 준수한다는 것은 다음과 같은 관련 원칙, 법적 의무, 자발적 책무 및 모범 사례를 잘 따른다는 것을 보증해주는 메커니즘을 제공한다.

- Montreux Document on Pertinent International Legal Obligations and Good Practices for States related to Operations of Private Military and Security Companies during Armed Conflict (09/2008)
- International Code of Conduct for Private Security Service Providers (ICoC) (11/2010)
- Guiding Principles on Business and Human Rights; Implementing the United Nations "Protect, Respect and Remedy" Framework (2011)

특히 민간보안서비스의 국제행동강령(ICoC)은 몽트뢰 문서의 법적 의무와 모범 사례를 반영하면서 인권법 및 보안 업체에 적용되는 인권법을 상세히 기술하는 조항을 포함하고 있다.

기업들이 ISO 18788 표준에 의한 인증을 받는 동기는 매우 분명하다. 민간보안회사가 분쟁지역에서 계약된 서비스를 제공하기 위해서는 국방부에서 제시하는 요구사항인 특정 규범과 기준에 따라야 하고 민간 보안용역회사는무력 사용과 인권에 관한 법적, 운영적 한계를 잘 이해하고 준수해야 한다. 국방부 계약자로서 그들의 조치는 특히 외교정책관리 분야에서 영향을 미친다. 일단 민간보안용역회사에 부여된 이 보안관리표준에 그 회사가 규칙과 규정을 준수하지 않을 경우, 그들은 심각한 규제를 받거나 심지어 계약이 철회될 수 있다. 따라서 이 표준은 그 보안용역회사들이 회사 운영 상황을 더 잘 알 수 있도록 도와주고, 그렇게 함으로써 서비스 품질을 향상시킬 수 있도록 돕는다.[7]

"상호운용성(interoperability)" 원리에 의하여 이 새로운 보안 표준 ISO 18788에 의해 인증된 회사는 이론상 그 표준을 가진 또 다른 보안용역회사로 쉽게 대체될 수 있다. 업무연속성모델을 살펴보면, 고객이 서비스(이 경우 민간보안서비스)를 중단 없이 지속적으로 공급받을 수 있도록 비상 계획을 세우는 것이 항상 필요하다. 실제로, ISO 22301 업무연속성관리(BCM)에 대한 국제표준이 이를 뒷받침해 줄 수 있다. UN의 입장이든 미 국방부 입장이든 소비자의 입장에서는 민간보안용역 서비스를 구입하여 분쟁지역에 원만하게 제공하기 위해서는 신뢰성, 일관성 및 중단 없는 서비스의 공급을 원할 것이고 이를 위해 ISO 18788 인증을 획득하여 검증된 회사를 선호하게 되는 것이다. 반면 공급자인 보안용역회사로서는 수익성이 좋은 UN/정부 계약을 따내기 위해 입찰하는 다른 회사들과 차별화를 원하게 된다. 이러한 민간보안 계약 프로젝트는 수천만 달러(수백억 원)에 달하여 경쟁이 치열하기 때문에 ISO 18788 인증 획득은 입찰 수주에서 경쟁력을 갖추기 위한 중요한 요소가 되는 것이다. 아프가니스탄에서 활동하고 있는 민간보안용역회사들의 인력규모를 다음 뉴스 기사를 통해 추정해볼 수 있다.

---

7) https://www.ifpo.org/

What are private security companies doing in Afghanistan?

2012년, 미국 국방부에 고용된 100,000명 이상의 계약자가 있었다. 여기에는 2만 명 이상의 민간보안회사의 계약자가 포함되어 있었다. 민간 보안업체 수는 2016년 말 1,000개 이하로 내려갔으나 이후 소폭 증가했다.

미국 국방부에 따르면 2018년 10월 아프가니스탄에는 2,500명의 민간 보안 계약자가 있었다. 대부분은 제3국 국민이다. 그것은 미국인도 아프간인도 아니다.

그러나 무장 계약자들은 항상 아프가니스탄의 소규모 계약자들일 뿐이라고 리버풀 대학의 국제정치학 부교수인 울리히 페테르손은 말한다. 계약자 대부분은 무장 해제되어 있으며 유지보수 또는 물류 서비스를 제공한다. 모든 계약업체는 자체적인 보안 계획을 수립해야 했고, 이는 결국 군대가 한창일 때 보안 회사의 전체 수를 증가시켰다.

현재 아프가니스탄에 있는 총 25,000개의 미국 방위 계약자 중 약 10,000명이 미국 시민이다. 계약직의 16%를 차지하는 보안 서비스 외에도 물류, 통역, 기지 지원, 건설, 교통 등의 역할이 있다.

[BBC News (https://www.bbc.com/news/world-46400647) 2018.12.02. 기사를 일부 인용함]

그러나 모든 기업이 동일하지는 않으며, 복잡한 환경에서 운영되는 보안 기업은 무력 사용 문제를 신중하게 다루어야 하며, 인권에 대한 영향 때문에 ISO 18788 표준을 따라야 한다. ISO 18788은 ISO 9001과 유사한 틀이지만 무력 사용 문제와 인권 침해 요소로 인해 크게 차별화되어 있다. 1948년에 설립된 세계 인권선언 등의 영향으로 무력 사용과 인권 보호와 관련하여 사람을 체포하고 억류하는 과정("무력 사용")에서 보안담당관은 여전히 그 사람의 인권을 고려해야 한다.

기업의 인권 책임에 대한 국제적인 공감대가 커지고 있는 가운데 민간 보안용역회사인 GardaWorld International Protective Services가 세계에서 ISO 18788: 2015 인증을 최초로 획득하였다.[8] 이렇게 국제 인권 관련 표준을 준수하면서 사람들의 안전과 보안을 향상시키는 포괄적이고 책임있는 경영 방식이 중요한 트렌드로 자리잡아 가고 있음을 알 수 있다.

---

8) http://www.iraq-businessnews.com/2016/03/02/gardaworld-first-in-the-world-to-certify-to-new-iso/

현재 ISO 경영시스템(MSS) 표준에서는 HLS(High Level Structure)를 표준으로 삼고 있어서 다음과 같이 동일한 조항 번호 및 제목을 갖는다.

1. 범위 Scope
2. 참고규격 Normative references
3. 용어 및 정의 Terms and definitions
4. 조직 구조 Context of the organization
5. 리더쉽 Leadership
6. 기획 Planning
7. 지원 Support
8. 운영 Operation
9. 성과평가 Performance evaluation
10. 개선 Improvement

ISO 18788도 보안서비스 운영의 관리를 구축, 구현, 운영, 모니터링, 검토, 유지 관리 및 개선하기 위한 프레임워크를 제공한다. 즉, 보안 운영 및 관련 활동과 기능을 수행하거나 계약하는 조직에 다음을 입증하는 비즈니스 및 위험 관리 틀을 제시한다.

a) 고객의 요구사항을 충족하기 위한 전문 보안 운영 이해관계자
b) 법에 대한 책임과 인권에 대한 존중
c) 자신이 설정한 자발적 약속과 준수의 일관성

타 경영시스템 표준과 차별되는 내용으로서 역량(competence)을 확인하기 위해서 조직은 보안 운영과 관련된 역량 및 교육 요구사항, 특히 법률 및 계약상의 의무와 인권 존중에 따라 각 개인의 직무 수행 능력을 파악해야 한다. 조직은 자신을 대신하여 업무를 수행하는 사람이 다음 각 영역에서 적절한 수준의 역량을 발휘할 수 있도록 절차를 수립하고 구현 및 유지해야 한다.

a) 보안 기능 수행
b) 리스크 평가

c) 리스크 평가에서 확인된 위험 관리 및 작업과 관련된 잠재적 인권 영향

d) 범죄, 인권 및 국제인도법을 포함하여 적용 가능한 지역 및 국제법

    1) 고문 또는 기타 잔인한, 비인간적, 굴욕적 처우 금지

    2) 성 착취 및 학대 또는 성에 기반한 폭력의 금지 및 인식

    3) 인신매매와 노예제의 인식과 예방

    4) 뇌물, 부패 및 이와 유사한 범죄에 대한 조치

e) 관습 및 종교와 같이 그들이 운영되는 환경의 문화

f) 사건에 대응하고 보고하기 위한 절차를 포함하여 파괴적이거나 바람직하지 않은 사건의 가능성 및 영향을 줄이기 위한 절차

g) 사건사고 보고 및 문서화 절차

h) 응급 처치, 건강 및 안전 절차

i) 특정 보안 관련 업무에 적합한 기관이 지정한 특정 무기(들)를 승인하고 사용할 수 있는 자격 등

j) 보안 운영과 관련된 무력 사용에 대한 제한

k) 통신 프로토콜, 수단 및 절차

l) 내부 및 외부 이해관계자에 대한 절차 준수

2. ISO 18788 주요 내용

운영 면에서는 조직은 모든 인권을 존중하고 불이행을 보고 하기 위한 절차를 수립하고 이행하며 유지해야 한다. 조직은 인권 존중 원칙에 부합하는 업무 수행을 위해 업무를 수행하는 모든 인원을 개발하고 전달해야 한다. 조직의 보안 운영에 적용되는 계약상, 법적 및 규제 요건을 준수해야 한다. 나아가 종업원, 하청 계약자 및 외주 파트너를 대신하여 업무를 수행하는 모든 사람들을 위한 행동 규범을 위해 윤리강령(Code of Ethics)을 수립하고 구현 및 유지해야 한다. 윤리강령은 문서화되어 보안 활동에서의 전문적 행동의 중요성을 입증하고 인간의 인권과 존엄성에 대한 존중을 분명히 전달해야 한다. 또한 윤리강령은 인권 침해를 예방하고 보고하기 위해 자신을 대신하여 일하는 모든 사람들이 그들의 책임을 이해하도록 보장해야 한다. 조직은 고객을 대신하여 업무를 수행하는 모든 사람에게 윤리강령을 전달하고 문서화해야 한다.

또한 조직은 a) 보안 기능 수행, b) 인명 및 내·외부 이해관계자의 생명을 보호하고 안전 확고, c) 생명의 존엄성 존중, d) 파괴적인 사건의 확대를 방지하기 위한 대응 및 완화 등을 고려하여 바람직하지 않고 파괴적인 이벤트를 예방, 완화 및 대응하는 방법을 문서화한 절차를 수립하고 구현 및 유지해야 한다.

더욱 특징적인 ISO 18788의 운영상의 내용은 무력(강제력)사용(use of force)에 관한 것이다. 조직은 자신을 위해 일하는 인력에 대한 무력사용 기준을 설정하고 문서화해야 하며 가능한 한, 그러한 절차는 이 국제표준의 요구사항에 부합하는 보안 운영을 위해 권한 있는 사법당국[9]이 발행한 무력사용규칙(RUF)에 의해 규율되어야 한다. 승인된 RUF가 없는 경우, 조직은 물리력사용에 대한 공개된 국제지침(United Nations Basic Principles on the Use of Force and Firearms by Law Enforcement Officials 1990)에 근거해야 한다. 무력사용 절차는 적절하고 관련 법률과 일치해야 하며 채택 전에 적절한 법적 검토를 거쳐야 한다. 참고로 United Nations Basic Principles on the Use of Force and Firearms by Law Enforcement Officials 1990의 일반 조항은 다음과 같다.

(1) 정부와 법집행기관은 법집행공무원의 사람에 대한 무력 및 총기사용에 관한 규칙과 규정을 채택하고 시행하여야 한다. 정부 및 사법기관은 이러한 규칙과 규정을 개발함에 있어 무력 및 총기 사용과 관련된 윤리적 문제를 지속적으로 검토해야 한다.

(2) 정부와 사법기관은 가능한 한 광범위한 수단을 개발하고, 병력과 화기의 차별화된 사용을 가능하게 하는 다양한 종류의 무기와 탄약을 법집행기관에 장착해야 한다. 여기에는 적절한 상황에서 사용하기 위한 비상상 무기의 개발이 포함되어야 하며, 사람에게 사망이나 부상을 일으킬 수 있는 수단의 적용을 매우 제한해야 한다. 같은 취지로 법 집행관들이 어떤 종류의 무기든 사용할 필요성을 줄이기 위해 방패, 헬멧, 방탄 조끼, 방탄 교통수단 등 자기 방어 장비를 갖추는 것도 가능해야 한다.

(3) 비상상 무능력 무기의 개발 및 전개를 신중하게 평가하여, 비상상 무기의 사용을 신중하게 통제해야 한다.

---

9) 권한 있는 사법당국이란 조직이 등록되어 있거나 주요 관리를 점하고 있는 국가 정부, 조직이 운영하는 지역에 대한 통제권을 행사하는 정부, 조직에 대한 정부계약 또는 군 사령관이 해당 지역의 군사 점령에 해당하는 권한을 행사하는 경우를 포함하며 이에 국한되지 않는다.

⑷ 사법당국은 직무수행에 있어 가능한 한 무력과 화기의 사용에 의존하기 전에 비폭력적 수단을 적용하여야 한다. 그들은 다른 수단이 효과가 없거나 의도된 결과를 달성할 가능성이 없는 경우에만 무력과 화기를 사용할 수 있다.

[UN Human Rights Office of the High Commission (www.ohchr.org) 인용]

조직은 조직의 보호 하에 있는 사람들의 방어를 포함하여 보안운영 담당자가 이행할 무력사용 절차를 수립하되 다음을 포함해야 한다.

a) 보안인력에 의한 무기의 사용 및 운송에 대한 허가
b) 무력사용연속체(the use of force continuum)10)의 사용
c) 비살상무기와 살상무기의 사용
d) 법집행을 돕기 위한 무력 사용 및 훈련

조직은 운영 범위와 각 위치에서 수행된 작업 조건에 특정한 절차를 수립하고 문서화해야 한다. 조직의 무력사용 절차는 적용 가능한 법률 및 계약상의 요구사항과 일치해야 하며 민간보안 운영이 제공되는 제3자들과도 합의되어야 한다.

무기사용 승인 면에서는 조직은 보안 요원의 수행을 위해 무장한 인력을 승인하는 절차를 수립하고 문서화해야 한다. 승인은 수행해야 할 업무에 적합하다고 판단한 사람과 수행된 직무에 적합한 배경 조사를 통과한 사람에게만 부여되어야 한다. 또한 무기의 유형 및 모델에만 국한되며 무기 및 예상 직무에 적합한 무력 사용에 대하여 적절히 확립된 기준에 따라 그 개인이 해당 유형과 모델의 무기에 대한 자격이 보유된 경우에만 승인되어야 한다. 또한 모든 무력 사용

---

10) 무력사용연속체(The use of force continuum)란 주어진 상황의 변화에 따라 저항하는 대상 (사람)에 대해 얼마나 많은 힘(무력)과 일련의 조치가 사용될 수 있는지에 관해 법집행관과 일반인에게 지침을 제공하는 기준 또는 정책이다. 일반적으로 『법집행관의 현장 임장(무력 사용 없음) ⇨ 구두 경고 ⇨ 맨손과 발을 이용한 진압 ⇨ 곤봉, 페퍼스프레이, 테이저 등 비살상 무기에 의한 진압 ⇨ 살상용 총기에 의한 무력진압』의 순으로 이어지는 일련의 연속적인 과정이다.
https://www.nij.gov/topics/law-enforcement/officer-safety/use-of-force/Pages/continuum.aspx

허가는 개인에게 무기가 발급되기 전에 서면으로 작성되어야 하며 적절한 인가 공무원이 서명해야 한다.

무력사용연속체 측면에서 조직은 보안운영에 합리적으로 필요한 수준의 적절한 양의 무력을 적용하여 일련의 무력사용을 설명하는 절차를 수립하고 문서화해야 한다. 연속체의 요소는 다음을 포함한다.

a) 강제력의 사용은 당시 적용 가능한 상황에 근거하여 강도, 지속 시간 및 규모 면에서 합리적이어야 한다.
b) 사람에게 경고하고 상황이 허용할 때 위협 행동을 철회하거나 중단할 기회를 제공해야 한다.
c) 상황이 허용하는 경우, 가해지는 무력의 저감
d) 강제력 사용 및 그 권한에 대한 제한을 개시, 증대 및 저감하는 것에 대한 감독 통제

비상상 무력(non-lethal force)은 사망이나 심각한 신체적 상해를 유발할 가능성이 적은 정도의 무력을 의미한다. 조직은 다음과 같은 상황을 포함하되 이에 국한되지 않고 적용 가능한 관련 자기방어 규칙에 따라 비상상 무력을 사용하는 절차를 문서화해야 한다.

a) 무력 사용 외에 대안이 없을 때, 타인 또는 자신을 폭행한 사람 또는 폭력의 계속되는 부상을 예방하기 위해
b) 합법적 체포에 저항하는 사람에 대하여 무력 사용 외에 대안이 없을 때
c) 조직의 보호 하에 있는 재산의 손실 또는 파괴를 방지

살상 무력(lethal force)은 반드시 필요한 경우에서만 정당화되며 대안이 전혀 없는 때만 사용될 수 있다. 조직의 무력사용절차는 각 보안운영에 대해 적용 가능한 관련 자기방어규칙을 확인하고 정당방위의 본질적 권리, 타인 방어 등과 관련하여 살상 무력을 사용할 수 있다.

살상 무력은 주변에 있는 개인이나 다른 사람들에게 임박한 살해나 심각한 신체적 상해 위협을 나타내는 사람, 본질적으로 위험한 재산의 실제 도난 또는

파괴 행위를 방지하기 위해 필요한 경우, 사법당국이 판단할 때 중대 기반시설의 파괴나 즉각적인 사망의 위협이나 심각한 신체 상해를 막기 위해와 같은 합리적인 믿음이 있을 때 정당화 될 수 있다.

정부가 법집행 업무를 지원하도록 허가한 경우, 조직은 법집행 당국 또는 해당 정부의 군사 당국에 이 기능에 대한 무력사용규칙을 요청해야 한다. 무력사용규칙이 없을 경우에는 조직의 무력사용 절차는 'UN 법집행 당국의 무력 및 총기사용 기본원칙'(United Nations, Basic Principles on the Use of Force and Firearms by Law Enforcement Officials)에 따라 총기의 고의적이고 치명적인 사용은 생명을 보호하기 위해 극히 불가피한 때에만 이루어져야 한다.

조직의 무력사용 절차는 기초 및 반복 훈련 요구사항을 확인시켜 주어야 한다. 총기를 소지할 수 있는 보안운영 담당자는 총기 전문화, 실사격 자격 및 무력사용을 포함한 교육을 이수해야 한다. 이러한 교육은 법규나 계약 요건에 따라, 또는 조직의 리스크평가에 따라 최소 12개월 단위로 이수되어야 한다. 훈련기록 및 피교육생의 역량 입증은 개인이 조직에 고용되어 있는 한 계속 유지되어야 한다. 조직의 무력사용 교육에는 다음과 같은 요소가 포함되어야 한다.

a) 특정 보안 운영에 적용되는 자기방어의 법규
b) 조직의 무기 허가, 보관 및 운반 정책
c) 보안운영에 적합한 무력의 사용과 군의 교전 규칙 간의 차이점
d) 사망 또는 중상을 초래하는 무력 및 총기 사용으로 인한 법적 책임
e) 무력사용연속체의 적용

조직은 무력사용의 절차 또는 해당 규칙의 구체적인 사용을 이해, 기억 및 적용하는 데 도움이 되도록 직원이 휴대할 수 있는 훈련보조 도구를 개발해야 한다.

조직의 운영 절차 상 보안운영에 의해 보호되는 개인 또는 재산에 대한 공격을 저지른 것으로 추정되는 자를 체포해야 한다. 절차는 개인이 자신의 의지에 반하여 제압될 수 있는 법적 상황, 그러한 무력 사용에 대한 제한을 다루어야 하며, 구금 중인 사람이나 개인의 보호권을 언제, 누구에게 양도할 것인지에 대한 절차를 포함한다. 또한 조직의 운영 절차는 제3자가 무기나 탄약 등 전시금

제품11)(戰時禁制品, contraband)을 강제로 수색할 수 있는 상황을 기술해야 하고, 접근통제 지점에서 사람을 수색할 때는 기본적인 인권, 문화적 고려사항 및 개인적 존엄성에 따라 그러한 사람을 다루어야 하는 요건을 설명해야 한다.

운영 단계에서 ISO 18788은 특히 법집행을 지원하는 운영업무가 중요한데, 조직은 법 집행기관 또는 관련 국가의 군 당국 통제에 의해 구체적으로 허가된 경우에만 이러한 법집행 업무를 수행해야 한다. 관련 법 조직은 다음을 포함하는 법 집행을 지원하는 보안 운영을 지원하기 위한 추가 절차 및 규칙을 확립해야 한다.

a) 관련 법집행 기관 또는 군 당국이 지정한 유니폼 및 차량의 표시행위
b) 부상당하거나 피해를 입은 사람에 대한 지원
c) 법집행 기관에 대한 무력과 총기 사용으로 인한 사망 사고 보고
d) 조직의 법집행 활동에 의해 부상당하거나 피해를 받은 사람의 성명을 지원하는 법집행 기관에 고지

단, 사법당국에 의해 체포, 구금 또는 구금된 사람을 감시, 운송 또는 심문하는 것은 이 국제표준의 범위 밖에 있다.

무기, 위험물질, 폭발물, 군수품을 사용하는 조직은 조달, 경영, 책임, 종추적을 위해 다음과 같은 사항에 대해 문서화된 절차와 기록을 수립해야 한다.

a) 해당 국가 및 국제 법 준수(🄰 UN제재)
b) 수출입 통제, 등록, 인증, 허가 및 운송 요건 준수
c) 취득
d) 안전한 보관
e) 식별, 발행, 사용, 유지보수, 반품 및 손실에 대한 관리
f) 무기를 언제 누구에게 발급할 것인지에 대한 기록
g) 모든 탄약 및 무기의 식별 및 설명
f) 검증을 통한 적절한 처리

---

11) 전시에 적국에 공급되는 물품에 대해 그 수송을 금지할 수 있는 물품. 적국에 수송되어 적국의 전투력을 증가시킬 가능성이 있는 것으로, 병기나 탄약 따위의 군수품이 이에 속한다.

또한 고객, 기타 민간인 및 법률 요구사항에 부합하기 위하여 조직은 유니폼 착용 및 표시를 사용하여 직원과 운송수단의 조직 소속 여부를 먼 거리에서도 쉽게 파악 및 식별할 수 있어야 하며 군이나 경찰과도 구분이 되어야 한다.

인권 침해방지를 강조하는 이 표준에서 인권 리스크 분석은 인권 관련 리스크와 그 영향을 식별, 평가 및 문서화하여 리스크를 관리하고 인권 침해로 인한 영향 및 위반 수준을 완화하거나 예방하는 프로세스로서 "인권영향평가(human rights impact assessment)"라고도 한다. 인권 리스크 분석은 리스크의 부정적 결과와 긍정적 결과 모두를 평가하며 부정적인 영향은 위험 이벤트의 결과의 중대성 측면에서 등급을 매기고 우선순위를 부여한다. 위험의 긍정적인 결과를 평가하는 것은 이해관계자의 위험 환경의 개선 기회를 제공할 수 있다. 인권 리스크 분석은 전반적인 리스크 평가 프로세스의 요소이다.

제4절 ㅣ ISO 22341 범죄예방환경설계 가이드라인

1. ISO 22341 개관

전 세계에서 도시화(urbanization)에 따른 각종 도시 범죄(urban crime: 예를 들면 테러, 살인, 강도, 강간, 폭력, 절도)가 도시인들의 생명, 신체, 재산을 훼손하고 불안감을 증폭시킴으로서 기본적인 삶의 질(quality of life)을 악화시키고 있다.[12] 국내에서 도시민의 삶의 질에 직결되는 형법범죄는 2015년 1,047,761건으로 인구 10만명당 2,033.3건이 발생하였다. 한국형사정책연구원 보고서에 의하면 2008년 강력범죄(특히 살인, 강간, 유괴납치)와 재산범죄의 총사회적비용(소위 범죄비용 crime cost)은 158조 7,293억원으로 2008년 국내 GDP 977조 7,865억원의 약 16.2%에 해당하며 국민 1인당 약 326.5만원을 범죄의 사회적 비용으로 부담하는 것으로 추정하고 있다.[13] 미국에서는 1999년에 1조 1,020억 달러로 GDP의 11.9%의 범죄비용이 발생하였고, 유엔마약·범죄사무국(UNODC)은 국제 조직범죄로 인한 비용이 8천700억달러(963조원)로 추산하는 등 전 세계적으로 범죄로 인한 사회경제적 손실과 비용이 매우 크다. 이렇게 도시범죄의 공격으로 인한 각종 피해는 그 지역의 경제성장을 방해하고 법제도의 근간을 훼손시키며 도시의 지속가능한 발전과 빈곤 퇴치 노력을 저해하고 있다.

이러한 문제에 효과적으로 대응하기 위해서 유엔국제범죄연구소(UNICRI), EU의 유럽도시보안포럼(European Forum for Urban Security), 국제셉테드협회(ICA) 등은 범죄예방의 원칙에 관한 가이드와 핸드북 개발 및 배포, 형사사법 대응기술 제시, 민관 파트너십 제고 등을 통해 도시보안을 개선하기 위한 노력을 경주

---

12) 유엔국제범죄연구소 UNICRI http://www.unicri.it/topics/urban_security
13) 한국형사정책연구원(2011). 범죄 및 형사정책에 대한 법경제학적 접근(Ⅱ): 범죄의 사회적 비용 추계(총괄보고서). 연구보고서.

해 왔으며, 특히 유엔마약·범죄사무국(UNODC)은 정책적인 수준의 UN범죄예방표준(Standard and Norms)을, 유럽표준기구 CEN에서는 도시계획·건축설계에 의한 범죄예방 표준인 EN14383 시리즈를 제정 및 개발한 바 있다.

❙ 그림 6-2   UN 범죄예방표준과 범죄예방가이드라인 핸드북

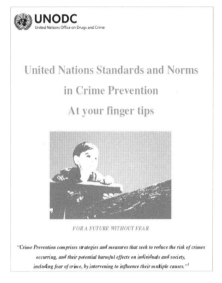

출처: UNICRI http://www.unicri.it/topics/urban_security

이 유럽표준에 기반하여 국내에서 개발, 제정된 KS A 8800: 2008 표준(국가표준인증종합정보센터 www.standard.go.kr에서 열람)은 2013년 1월 9일자로 국토해양부 '건축물 범죄예방설계 가이드라인'의 탄생에 기여하였다. 이 가이드라인을 통해 최근 범죄가 많이 발생하거나 발생이 우려되는 단독주택, 공동주택(500세대 이상), 문화 및 집회시설, 교육연구시설, 노유자시설, 수련시설, 관광휴게시설, 편의점, 고시원·오피스텔에 대한 방범환경설계 지침을 발표하였다.

설치 전후 비교

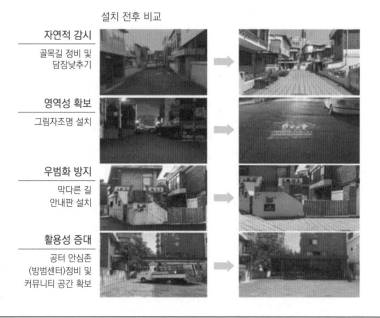

출처: 경기도, 범죄예방 도시환경디자인 보도자료(2020. 3. 8일자)

급기야는 2014년 4월 건축법 개정과 국토교통부 범죄예방 건축기준 고시로 그 지침이 법적 의무가 되기에 이르렀다. 그리고 2013.12.30.에 국토해양부에서 공원조성을 계획할 때 반드시 범죄예방계획수립을 의무화하고, 도시공원의 범죄예방 안전기준 마련을 주요 내용으로 하는 「도시공원 및 녹지 등에 관한 법률 시행규칙」이 개정되어 2014년 1월부터 시행되고 있다.

국제표준기구 ISO도 TC 292 Security & Resilience에서 사회안전 및 보안 분야의 표준화를 가속화하고 있으며, 특히 2016년 9월 ISO/TC 292 에딘버러 총회에서 CPTED분야의 경험이 단기간에 상당히 축적된 한국이 제안한 '보안 및 범죄예방환경 설계 및 관리' 프로젝트가 공식 채택이 되어 표준화가 원만히 추진되어 왔다. 이 표준의 프로젝트 리더는 한국(용인대학교 박현호 교수)에서 수임하여 제정을 주도하였다.

▌그림 6-5 범죄예방환경설계 표준 ISO 22341 프로젝트

출처: http://www.isoTC 292online.org/projects/iso-22341/

CPTED는 환경심리학과 환경범죄학, 범죄과학 분야에서 받은 검증을 통해 증가하는 중대 범죄와 범죄공포심을 저감시켜 점점 더 탄탄한 이론적 토대를 갖추고 있다. CPTED가 만능은 아니다. CPTED는 지나친 단순화(획일화), 다른 가치와의 충돌, 환경결정론(environmental determinism)과 같은 비판으로부터 자유롭지 않다. 그럼에도 불구하고 CPTED는 계속해서 인기를 얻고 있고 확산되고 있다. 또한 잘 계획되고 현명하게 구현된다면 CPTED는 지역사회의 안전과 산

업보안에 있어 비용대비 효과성이 우수한 전략이다.

ISO 22341 표준은 범죄위험요인, 취약성의 원인 및 위험수준의 환경적 배경을 이해하는 것으로 시작된다. 문제가 무엇이고 어디에서 문제가 발생하는지에 대해 질문하는 것은 범죄/테러 예방 CPTED의 핵심요소이다. 환경적 범죄위험에 대한 이해와 CPTED의 요소들은 더 나은 대책을 선택할 수 있게 한다. CPTED의 기본 전략에는 적절한 배치와 토지 사용, 감시 및 가시성, 접근 통제, 영역성 강화, 활동성 증대, 유지 및 관리, 표지 및 인증된 방범장치와 제품의 사용이 있다. 이 전략들은 계획과 설계 단계부터 관리에 이르기까지 도시 개발의 각 단계에서 다양하게 적용된다. 그 다음으로 책임 기관의 환경, 성과 목표 설정 및 작업 그룹 구성, 범죄 위험 평가 및 조치 프로그램 확립, 조치 이행, CPTED 조치의 평가, 이후에 시정 조치 및 상황 설정의 초기 단계에 대한 피드백과 같은 도시 범죄 예방 및 방범 설계와 관리의 절차를 따른다.

2. ISO 22341 주요 내용

가. 범위 및 용어정의

ISO 22341 표준은 새로운 또는 기존의 건축 환경에서 범죄와 범죄에 대한 두려움을 줄이기 위한 기본 요소, 전략 및 프로세스를 설정하기 위한 지침을 조직에 제공한다. 또한 환경설계를 활용하여 범죄 및 보안 리스크를 효과적이고 효율적으로 처리하기 위한 대책 및 조치의 수립을 권장한다. 본 표준은 민간 부문이든 공공 부문이든 유형, 규모 또는 성격에 관계없이 모든 조직에 적용된다. 지침은 조직의 요구, 목표, 자원 및 제약에 맞게 조정할 수 있다.

이 표준에서 범죄예방환경설계(CPTED)란 '범죄를 감소시키고, 공공의 건강을 증진시키기 위해 건축 환경(및 제품)의 개발, 관리, 사용을 가이드하기 위해 범죄 위험을 분석하고 평가하는 과정'을 의미한다. 가디언십(guardianship)이란 범죄 발생을 막거나 막기 위한 조치를 취하려는 의지로서 가디언십은 종종 감시 및 보호하려는 의지, 잠재적 범죄자를 탐지하는 능력, 그리고 필요할 때 개입하는 의지로 특징지어진다.

나. CPTED의 핵심요소 및 기본원칙

CPTED의 핵심요소로서 조직은 CPTED 프로젝트의 초기 단계에서 다음 네 가지 질문에 대한 답변을 고려해야 한다.

① 어디서

조직은 지역의 정확한 위치(좌표, 및/또는 경계 정의, 및/또는 우편 번호 등)와 지역의 유형을 식별해야 한다. 이 지역은 기존에 있던 도시 건물구조 또는 계획된 (새로운) 지역이 모두 포함되어 있다.

② 무엇을

조직은 이 기존 지역에서 발생할 수 있는 범죄 문제나 새로운 지역에서 발생할 수 있는 미래의 범죄 문제, 그리고 이 지역이 범죄와 범죄에 대한 두려움을 유발하는 반사회적인 행동을 확인해야 한다. 범죄 문제의 확인은 범죄의 종류뿐만 아니라 범죄자의 유형도 포함한다.

③ 누가

조직은 범죄 문제를 정의하는 데 관련된 이해관계자를 보다 정확하게 파악하여 이를 보다 심층적으로 평가하고 검토하여 범죄 문제를 예방하거나 줄일 수 있는 조치를 취해야 한다.

④ 어떻게

조직은 범죄와 보안 문제에 대한 실현 가능한 맞춤형 대응책을 비용 대비 효과가 높은 방법으로 찾아 실시해야 한다.

또한 CPTED의 실행 프로세스에서는 다음 6가지의 원칙이 준수되어야 한다.

① 균형적 CPTED 개념 접근법(balanced approach)

CPTED의 개념에는 두 가지 분야가 있다. 즉, 물리적 CPTED 개념과 사회적 (물리적이 아닌) CPTED 개념이다. 물리적 CPTED는 종종 사회적 CPTED를 촉진할 수 있다. 사회의 범죄 예방 노력은 때때로 공동체의 물리적 개선으로 이어진다. 물리적 CPTED와 사회적 CPTED 모두 독립적이기보다는 상호 작용이 가능해야 한다.

② 비용 효과성(cost-effectiveness)

CPTED는 요새식 건축을 최소화하여 컨셉을 디자인에 통합함으로써 부정적인 시각적 영향을 감소시키면서도 보안 및 범죄예방 기능을 제공하는 설계가 가능하다. CPTED 접근법은 사후에 추가하기보다는 계획, 설계 또는 시공 단계에서 개념을 채택하는 것이 비용대비 효과가 좋다. 위험도가 높은 지역에서 관련 개발 또는 리모델링을 수행할 때에는 공공 또는 민간 보안 기관이 계획 어플리케이션을 적절하게 통제하고 검토해야 한다. CPTED 개념은 관련 문서를 검토하여 계획 및 개발 프로세스에 포함되어야 한다.

③ 지속가능성 및 탄력성(sustainability and resilience)

지속가능한 개발은 UN의 지속가능한 개발 목표(sustainable development goals)를 근거로 미래 세대가 자신의 필요를 충족시킬 수 있는 능력을 희생시키지 않고 현재의 니즈를 충족시키는 개발로 정의되어 왔다. 지속 가능한 개발의 원칙은 개발 활동의 사회적, 경제적, 환경적 영향을 균형 있게 고려해야 한다는 것이다. 환경 설계자들은 환경 및 사회적으로 지속 가능한 환경 디자인을 통해 지속 가능성의 원칙을 환경 디자인 또는 재설계에 반영하고자 한다. 참고로 ISO 37120 '지속 가능한 지역사회 개발－도시 서비스 및 삶의 질 지표'는 측정 대상 및 지역사회의 지속 가능한 개발과 회복성에 대한 통합적이고 전체적인 접근 방식을 제시한다. 재산범죄의 수와 폭력 범죄의 수는 지속 가능한 발전을 위한 주요 지표 또는 지원 지표이다.

④ 녹색환경(Green environment) 접근방법

친환경 도시설계는 인공 환경을 건축 시스템과 통합하는 기술적 구조를 구현하는 방법을 구사한다. 가로 경관을 안전하고 환영하는 분위기로 만드는 것의 큰 부분은 그것을 보행자 지향적으로 만드는 것이고, 녹화와 지속가능성의 통합은 거리를 보행자 중심으로 특성화 하는데 필수적이다. 생태학적이고 미적인 이점 외에도, 건축된 지역에 더 많은 녹색 공간을 위한 투자는 근처에 사는 사람들을 위해 더 안전한 환경을 만든다. 공동체가 참여하는 공터의 녹화는 심각하

고 폭력적인 범죄를 줄이는데 큰 영향을 미칠 수 있다.

⑤ 적응성(adaptive application)

CPTED은 증가하는 개발, 인구 밀도와 인구 다양성, 새로운 기술(녹색 기술, 스마트 시티 기술 등)과 제품, 새로운 삶의 방식, 떠오르는 범죄 문제에 지속적으로 적응해야 한다. 또한 CPTED는 그러한 변화를 지속적으로 반영하고 프로그램의 성공과 실패를 평가하고 이해하기 위해 노력해야 한다.

⑥ 증거 기반 접근법(Evidence-based approach)

조직은 CPTED 프로그램의 필수적인 프로세스를 평가함으로써 증거 기반의 접근법을 취해야 한다. CPTED 평가의 질은 중요하며 고려되어야 한다. CPTED 평가는 지속적인 개선 시스템으로서 CPTED을 위한 촉진제이다. CPTED프로그램의 성과를 평가하거나 필요한 개선조치를 수행하는데 필요한 예산은 비례적으로 미리 준비되어야 한다. CPTED 프로그램의 평가 연구에서는 범죄의 전이, 이동이나 그 효과의 주변 환경으로의 확산을 고려해야 한다. 증거는 특정한 토지사용과 환경적 환경이 그들의 일상적인 활동과 관련된 범죄 수준을 증가시키고 인근 지역의 범죄 수준에 영향을 미칠 수 있다는 것을 보여 준다. 인접 지역에 대한 부정적 영향을 최소화하기 위해, 혼합적 토지 이용은 사업의 성격, 활동기간, 관계 기관/단체의 성격 등으로 평가되어야 한다.

다. CPTED의 전략

CPTED 전략은 <표 6-3>과 같이 ① 계획(planning), ② 설계(design), ③ 현장관리 및 사회적 관리(site and social management)의 3단계를 고려해야 한다. 먼저 환경의 계획 및 설계 단계는 새로 개발되는 지역 및 인근 지역과 높은 관련성이 있으며 관리 단계는 기존 지역에서 더 적절하다. 계획 및 설계의 적용은 기존 지역과도 어느 정도 연관이 있지만, 전략들의 실천 가능성은 새로 개발되는 지역이 더 용이하다. 완공 이후에는 그만큼 다양한 전략을 적용하는데 비용이 많이 발생하기 때문이다.

첫째, 계획단계 전략에서는 CPTED 전략을 계획하기 위한 삶의 질, 사회적 통제, 참여와 주인의식 조성이 가능하도록 도시 및 타운의 규모, 기능 및 용도의 균형적 혼합을 목표로 삼아야 한다. 기존의 안정적 도시구조가 지나치게 훼손되는 것을 막기 위한 계획 단계 전략을 실행해야 한다. 사회적 네트워크를 형성하고 가능한 한 기존의 도시구조와 잘 연계되도록 계획되어야 한다. 또한 섬세한 환경계획을 통해 대도시의 대형 복합건축물이 고립된 구조로 기능하는 것을 막아야 하는데 예를 들면, 고립된 대형 주차장이나 사람들의 활동이 전혀 없는 구역을 최소화함으로써 이러한 단지들이 주변 환경으로부터 물리적으로 격리되는 것을 피해야 한다.

둘째, 설계 단계에서 조직은 디자인 단계인 CPTED 전략을 위한 사회적 통제, 감시성과 가시성, 타겟하드닝(target hardening), 소유감 및 자부심을 조성하는 것을 목표로 해야 하고 계획 전략을 보완하여 설계 전략을 수립해야 한다. 보안 시설(기기, 장치 등)은 최소한의 성능이 담보될 수 있도록 그 성능기준이 시험 및 인증된 것을 사용해야 한다.

셋째, 현장관리 및 사회적 관리 단계에서는 전문적인 감시 및 유지 관리를 통해 대상 구역을 관리해야 한다. 조직은 관리 전략을 구현하여 자연 감시와 주민과 방문객의 주인의식을 진작하고 장려하되 주민 스스로의 자위방위의 임무를 방기하도록 하는 방향으로 가서는 안 된다.

▼ 표 6-3 CPTED 전략 및 단계별 사례

단계	전략	예시
계획 단계	사각 지대/ 함정지역 방지	고립/격리 공간 최소화
	사회 인구학적 특성	지역사회 구조 고려
	공공 장소 활성화	적절한 밀도 및 활동, 적절한 토지 이용, 휴먼스케일
	잘 연결된 통합 계획	연결된 거리, 적절한 용도의 혼합, 좋은 도로 패턴
	녹색 공간(도시 녹화)	통제된 공원 개발과 녹화
	적절한 배치	가로등과 CCTV카메라의 적절한 배치
	테러방지 계획	특정 표적 지역의 테러공격 방어 계획

단계	전략	예시
설계 단계	가시성	가시적 조경 및 식재, 조명/연색성/균제도, 광폭 창
	접근통제	성능이 시험·인증된 보안·방범 창호/잠금장치/방범 방충망/창살, 차량테러 방지 하드웨어(🔖 IWA14-1:2013, IWA14-2:2013, ISO 22343)
	영역성	공간의 명확한 경계, 주인의식/책임감, 버퍼영역
	매력적인 디자인	긍정적인 영역 이미지, 활력이 넘치는 토지의 사용, 바람직한 활동, 야간 조명, 시인성 높은 표지판
	견고한 재질	견고한 가로시설물, 편리한 유지 관리
관리 단계	유지	거리와 골목길 청결유지, 쓰레기통을 관리, 공공 공간의 녹화
	감시	취약 지역에 대한 CCTV감시, 경찰 및 경비원의 집중 순찰
	공공규칙 적용	음주 금지 구역 표지판, 실효적인 법집행
	파손 시설의 신속한 수리	24시간 이내 수리 정책
	취약집단 지원	노숙자, 알코올 중독자, 청소년들을 위한 쉼터 제공
	범죄예방 홍보 활동	대중과의 능동적 소통, 대중을 위한 예방 메시지 및 행동 규칙

출처: ISO 22341

라. CPTED 실천 프로세스

CPTED 프로젝트를 실행하기 위한 프로세스는 ISO 31000: 2018 Risk Management 표준을 따라 <그림 6-6>과 같이 ① 범위, 맥락, 기준 설정하기, ② 범죄리스크평가(확인, 분석, 판정), ③ 리스크처리라는 절차를 따르되 각 과정에서 이해관계자들 간의 의사소통과 협의, 단계 별 업무나 사업의 모니터링과 검토, 그리고 진행 과정에 대한 내용의 기록과 보고라는 요소를 핵심으로 하고 있다.

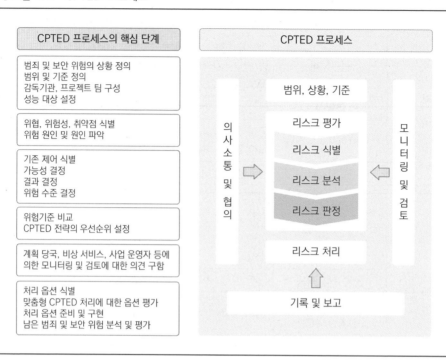

출처: ISO 22341

먼저 커뮤니케이션 및 협의 요소와 관련해서 CPTED 프로젝트를 위한 범죄위험관리 프로세스의 모든 단계에서 외부 및 내부 이해관계자와의 의사소통 및 협의가 이루어져야 한다. 의사소통 및 협의 계획은 조기에 수립되어야 하며 범죄리스크 자체, 원인, 결과, 그리고 리스크를 처리하기 위한 조치들과 관련된 문제들을 다루어야 한다. 범죄리스크에 대한 인식을 바탕으로 리스크에 대한 판단을 내리기 때문에 이해관계자들과의 소통과 협의는 중요하며 이러한 인식은 이해관계자의 가치, 요구, 가정, 개념 및 관심사의 차이로 인해 달라질 수 있다.

구체적인 프로세스의 첫단계로서 조직은 프로세스의 범위를 정의하고, 특정 CPTED 프로젝트의 관리를 사용자 정의하기 위해 외부 및 내부 맥락(context)을 이해해야 한다. 즉, 조직은 범죄예방 활동의 범위를 조직목표와 성과목표 달성을 위한 범죄리스크관리 프로세스로 정의해야 한다. 무엇보다 책임기관(Oversight Body)은 지역사회 범죄예방의 목적, 정책, 절차, 약속, 그리고 성과 목표를 공표해야 한다. 또한 책임기관은 그러한 목적과 성과 목표에 대한 내외부적 환경과 리스크관리

환경을 설정해야 한다. 책임기관은 CPTED 프로젝트의 계획, 구현 및 평가를 위한 프로젝트팀을 구성하여 목표와 관련하여 범죄리스크의 양과 유형을 구체화해야 한다. 또한 범죄리스크의 유의성을 평가하고 의사결정 과정을 지원하기 위한 기준을 정의해야 한다.

두 번째 단계는 리스크평가(risk assessment)이다. 조직은 조직 내외부적 상황과 환경 속에서 CPTED을 위한 위험평가를 수행해야 한다. 리스크평가에는 다음이 포함되어야 한다.

a) 다루거나 방지해야 할 범죄 문제의 성격, 유형 및 심각성(기존 환경)
b) 직·간접적으로 범죄문제를 유발할 수 있는 물리적, 사회적 환경 요인, 구축된 형태 및 설계적 특징

리스크 평가는 한 지역에서 범죄 등 관련된 위험을 식별하고 분석하고 판정하기 위한 전반적인 체계적 과정이다. 조직은 리스크 확인(또는 식별: risk identification)을 위해 프로젝트 구역과 현장의 범죄 등 위험을 찾아 확인하고 기록해야 한다. 리스크 식별에는 위협, 중요도 및 취약성 평가가 포함되어야 하며 리스크의 원인, 범죄 사건, 상황과 환경을 고려해야 한다.

리스크분석(risk analysis)은 범죄 발생 가능성과 범죄 사건의 영향 값으로 구성된 리스크 수준을 결정해야 한다. 범죄의 결과(consequence)는 가시적 손실(예 의료비 지출, 재산 손실, 민간경비 지출에 의한 재정적 손실)과 非가시적 손실(예 두려움, 고통, 상실)이다.

또한 조직은 사회경제적 요인, 인구통계학적 요인, 지역의 물리적 요인과 같은 관련 리스크 요소를 분석해야 한다. 사회경제적 및 인구통계학적 요인은 해당 지역 자치단체에서 구할 수 있다. 현장조사(시각적 조사)는 특정 지역의 물리적 보안 환경에 대한 자세한 정보를 제공한다. ISO 37120:2014 Sustainable development of communities(지속가능한 지역사회의 개발) − 도시 서비스 및 삶의 질 지표는 지역 사회에 전반적인 범죄 예방의 주요 지표와 부가 지표를 제공한다.

<표 6−4> 범죄리스크 평가 체크리스트 예시는 실제 ISO 22341 표준의 WG 논의과정에서 너무 상세한 내용이라서 추가적인 표준으로의 개발에 활용되는 것이 좋겠다는 합의로 인해 제외되었으나 독자들의 편의와 정보 제공을 위해 제시하고자 한다.

▼ 표 6-4 범죄 리스크 평가를 위한 체크 리스트(예시)

카테고리	하위 범주	리스크평가 항목	데이터 수집 방법	가중치
발생가능성	지역 범죄 요인	• 핵심/부가 지표 (ISO 37120) • 경찰 신고 건수	• 공식 범죄 데이터 • 대상 지역 설문 조사 • 대상 지역 인터뷰	
	사회인구학적 요인	• 빈부의 차 • 자가소유 비율 • 실업률 • 지난 10년간 인구 변화 • 인종 다양성 • 성별 분포 • 주거 안정성 • 주민 유대교류	• 인구조사 데이터 • 설문조사	
	물리적 요인	• 가디언십 • 취약성 • 지역 이미지 및 환경 • 공격 대상의 매력성 • 부정적 토지이용 • 주택 유형 • 도로망의 유형	• 국가/지방자치 단체 통계 자료 • 설문 조사 • 현장 조사	
영향(결과)	사회경제적 영향	범죄 유형별 범죄 비용	관련 연구 결과	
	심리적 영향	범죄 두려움의 정도	대상 지역 피해자 조사	

리스크평가 과정에서 조직은 범죄리스크의 수준을 추산할 때 정의된 리스크 기준과 비교하여 이를 통해 리스크 수준의 심각성과 리스크 유형을 결정해야 한다. 범죄리스크 평가의 결과는 CPTED 이해관계자들에게 범죄예방 전략의 우선순위와 선택에 대한 정보를 제공해야 하고, 이러한 체계적인 리스크평가는 해당 지역에 존재하는 리스크 수준과 대응하는 맞춤형 CPTED를 기반으로 한 리스크 처리를 가능하게 한다.

프로젝트팀은 대상 지역이나 부지의 범죄리스크를 파악, 분석 및 측정한 후 그 평가 결과는 책임기관과 논의해야 한다. 또한 프로젝트 팀은 범죄리스크 평가 결과 및 성과목표에 따라 CPTED 프로젝트의 실행을 위한 구체적인 범죄예방 전략과 조치를 선택 및 실행해야 한다.

<표 6-5>는 리스크수준에 기반한 범죄예방 조치의 예시이다. 이 표 역시 실제 ISO 22341 표준의 WG 논의과정에서 너무 상세한 내용이라서 추가적인 표준으로의 개발에 활용되는 것이 좋겠다는 합의로 인해 제외되었으나 독자들의 편의와 정보 제공을 위해 제시하고자 한다.

▼ 표 6-5 리스크 기반 범죄 예방 조치의 예시

리스크 수준	리스크 수준에 따른 대책	범죄 예방을 위한 조치 예시
범죄 최고리스크	범죄예방을 위한 예산의 신속한 투자 우선순위 설정 및 대응 방안 수립	Highest input 조직적 접근방법 높은 수준의 기계적 접근방법 자연적 접근방법
범죄 고리스크	사용 가능한 범죄 예방 예산으로 대응책 수립 및 구현	High input 상당히 조직적 접근방법 상당히 기계적 접근방법 자연적 접근방법
범죄 중리스크	단기 범죄예방 예산 및 조치의 수립 및 구현	Medium input 적절한 조직적 접근방법 적절한 기계적 접근방법 자연적 접근방법
범죄 저리스크	장기적인 범죄예방 예산 및 조치의 수립 및 이행	Low input 조직적 접근방법 없음 제한된 기계적 접근방법 자연적 접근방법
범죄 최저리스크	지속적인 모니터링 및 검토	No or Lowest input 자연적 접근방법

마지막으로 범죄리스크 처리(risk treatment) 단계이다. 책임기관은 CPTED 전략과 조치가 범죄 리스크 처리에 적용되어야 하는지를 결정하고, 필요한 경우 프로젝트팀이 계획의 어떤 측면을 더 구체적으로 다루어야 하는지 결정한다. 각처리 단계는 모니터링의 대상이 되며 모니터링은 안전 및 보안 요구사항이 충족되는지 여부를 확인해야 한다.

가장 적절한 CPTED 개선 옵션을 선택하는 것은 목표 달성과 관련하여 발생할 수 있는 잠재적 편익과 구현의 비용, 노력 또는 단점 사이의 균형을 맞추는 것이다. CPTED 개선 옵션의 선택은 조직의 목표, 리스크 기준 및 가용한 자원에 의하되 가능한 한 예방적 조치를 우선적으로 고려해야 한다.

적용된 처리 옵션의 효과는 평가되어야 하는데 평가 프로그램은 정의된 상태와 빈도 및 방법의 중요성을 고려하여 계획되어야 하고 평가 전문가 선정 및 평가 실시는 평가 과정의 객관성과 공정성을 보장해야 한다.

더불어 각 단계마다 지속적으로 이루어지는 모니터링, 검토, 기록 및 보고 요소가 있다. 모니터링과 검토는 범죄리스크 관리를 위한 CPTED프로세스의 한 계획적인 부분이어야 하며 정기적인 검사나 감사를 포함해야 한다. 모니터링 및 검토에 대한 책임은 명확하게 정의되어야 하며 조직의 모니터링 및 검토 프로세스는 다음과 같은 목적을 위해 CPTED 프로세스의 모든 측면을 포함해야 한다.

- 그러한 통제기제가 설계와 운용 모두에서 효과적이고 효율적인지 확인
- 범죄리스크 평가 개선을 위한 추가적인 정보 획득
- CPTED의 교훈, 변화, 트랜드, 성공 및 실패를 분석하고 학습
- 발생하는 새로운 범죄리스크의 식별

CPTED 프로세스와 그 결과는 적절한 메커니즘을 통해 문서화되고 보고되어야 한다. 문서화된 정보의 생성, 보유 및 처리에 관한 결정을 고려해야 한다. 또한 CPTED 이해관계자 간의 의사소통을 향상시키고 책임을 다하는 최고 경영진과 책임기관을 지원하기 위해 보고를 수행해야 한다.

마. 연관 표준 'ISO 23234 건축환경에서의 보안계획'

CPTED와 연관성이 강한 국제표준으로서 ISO 23234 Buildings and civil engineering works−Security−Planning of security measures in the built environment(건축 및 토목 공사−보안−건축환경에서의 보안계획) 은 2011년 7월 22일, 노르웨이 노동당 정부와 노동당 청년 캠프의 민간인을 대상으로 발생한 백색테러[14] 공격으로 유명한 '2011 노르웨이테러' 사건 이후 노르웨이에서 제정

---

14) 백색테러(white terror)란 정치적 목적을 달성하기 위해 암살, 파괴 등을 수단으로 하는 우익세력의 테러. 그 행위주체가 극우 또는 우익으로, 좌익에 의한 테러인 '적색테러(red terror)'와

된 국가표준 NS 5834 – 건물, 건축 및 재산에 대한 보안 조치 계획으로서 NS 5834는 건물, 시설 및 자산을 의도적인 공격 행동으로부터 보호해야하는 기업이 정의된 리스크회피 목표를 달성하기 위한 효과적인 보안을 계획할 수 있는 방법을 제시한다. 즉, 이 표준을 기초로 노르웨이에서 프로젝트를 주도하고 있다.

▌그림 6-7   2011 노르웨이 오슬로 중심가 차량폭탄테러 공격

출처: 노르웨이 보안전문가 Tommy Hansen 제공

이 표준의 목적은 건설 환경(건물, 공장 및 부동산)을 폭탄테러 등 의도적인 공격으로부터 보호해야 하는 기업들이 정의된 보안 목표를 달성하기 위해 보안 대책을 효과적으로 수립할 수 있는 방법에 대한 가이드라인을 제공하는 것이다. 즉 이것은 기능, 재무 및 미적 측면을 보장하면서 테러, 범죄 등 모든 종류의 악의적 행위로부터 자산을 최적으로 보호하는 것이다.

이 표준은 의도적인 공격에 대한 보호의 일부로 물리적 보안을 추구하는 모

구별되어 사용되는 말이다. 즉 사적인 이해관계 등에 의한 살인이나 폭력이 아닌 정치적 목적이 개입된 조직적인 행위를 뜻하는 개념이다. 2011 노르웨이 테러사건은 2011년 7월 22일, 노르웨이 오슬로와 인근 우퇴위아섬에서 아네르스 베링 브레이비크(Anders Behring Breivik, 사건 당시 32세)라는 극우주의자가 일으킨 대규모 연쇄테러사건으로서 브레이비크는 오슬로 정부청사에서 폭탄을 던져 인명을 살상한 후, 집권 노동당의 청소년캠프가 있는 우퇴위아섬(오슬로에서 약 30km 떨어진 섬. 면적 0.106㎢)으로 이동하여 여름캠프에 참가한 청소년들을 향해 총기를 무차별 난사하여 모두 77명을 숨지게 하였다. 희생자 중 34명은 14~17세, 22명은 18~20세였다. <네이버 지식백과> 백색테러 <white terror> (두산백과)

든 조직과 기업이 사용할 수 있다. 이 표준의 목적은 보안컨설턴트의 조언과 의견을 건설 단계에 맞게 조정할 수 있으며, 그러한 전문적 조언은 적절한 수준의 세부적인 사항을 적시에 제공되도록 하는 것이다. 실무적으로 사용할 수 있도록, 개별 기업은 자신의 프로젝트 모델 및 기타 기업 특성에 맞게 이 표준을 적용할 수 있다.

이 표준은 각 단계에서 특정 단계와 정의된 보안 결과물을 가진 구축 환경의 보안에 대한 접근방식을 설명한다. 또한 이 표준은 설계 및 시공 프로세스에 보안전략이 적용될 수 있도록 하는 많은 역할을 정의하고 있다. 또한 이 문서는 다른 리스크분석 표준 및 지침에 기초하여 사용될 수 있다.

ISO 23234는 건설프로젝트와 관련된 일반적인 역할 외에, 특별 보안요구(security requirement)가 있는 사업들은 다음의 5가지 전문적인 보안 역량을 필요로 한다.

- 보안 계획가
- 보안 리스크 어드바이저
- 전문 건축가 및 조경 설계사, 구조 및 시스템 분야를 포함하는 기술 보안 어드바이저
- 운영보안 전문가
- 프로젝트 보안 컨트롤러

이러한 역할에 대해, 현재 전문 훈련프로그램이나 인증 체계가 있다. 따라서 대부분의 프로젝트에서 그러한 역할의 필요성, 역량의 상세 기준, 그리고 개별 어드바이저 또는 컨설팅팀이 그러한 역량을 확보해야 하는지 여부는 프로젝트 관리자나 프로젝트 계획 관리자에게 달려있다.

보안전문가들의 분석과 조언이 기본계획, 기본설계, 실시설계, 시공, 준공검사, 건축물 사용, 건물 폐기/철거 등의 단계에 다양하게 적용되어야 한다. 특히 건축공사의 첫단계인 기본계획 단계에서의 위협평가와 위협시나리오에 대한 설정과 분석이 중요하다. 위협 평가, 시나리오 선택 및 설계기반 위협의 정의는 보안리스크 전문가가 다음 5단계에 따라 수행한다.

1) 잠재적 위협 행위자의 식별

2) 행위자의 존재, 능력, 의도, 역사 및 타겟 설정

3) 행위자의 수법 평가

4) 공격 시나리오의 개요

5) 설계기반 위협의 정의

위협 평가(Threat Assessment)는 잠재적 특정 위협행위자 및/또는 가능한 행위자의 확인으로 시작된다. 행위자들의 범주는 예를 들면 침입범, 국가, 테러리스트, 활동가 그리고 정신적으로 불안정한 사람들 등이며 위협행위자는 외부 또는 내부에 존재할 수 있다. 각 관련 행위자의 자산 또는 기업과 관련된 존재, 능력, 의도, 역사 및 타겟을 평가한다. 또한, 행위자가 전형적으로 대상을 공격하는 방법을 분석, 평가해야 한다.

보안리스크 전문가는 위협평가에 기반하여 가능한 의도적 공격행위의 시나리오를 분석한다. 시나리오는 관련된 위협행위자와 이들의 운영방식 및 관련 자산에 기초한다. 발생된 시나리오의 수는 가능한 조치의 광범위한 스펙트럼을 검토하는 데 기여하여 충분한 범위의 시나리오를 논의할 수 있도록

충분히 커야 한다. 간단한 프로젝트의 경우 몇 가지 시나리오만 있을 수 있다. 크고 복잡한 프로젝트의 경우 많은 수의 시나리오를 개발해야 한다.

위협평가 및 시나리오에서 설계기반 위협에 대한 해석과 설명은 간단명료해야 하며 보호하기로 결정된 사항에 대한 간략한 설명을 제공해야 한다. 예를 들면 다음과 같다.

• 사무실의 주요 입구로 침입 후 물건을 훔치는 경우

• 스프레이페인트로 건물 전면을 훼손하는 행위

• 현관에서 잠을 자려고 하는 사람(노숙자)

• 회의실에 무선송신기가 있는 마이크 설치

• 외부에서 레이저를 사용하여 컴퓨터장비로부터 데이터 읽기

• "x" 킬로그램의 TNT 차량폭탄이 건물 전면 통해 안으로 들어가는 경우

• "y" 밀리미터 총기를 사용하여 창문을 통해 발사

• 전자장비에 대한 전자적 조작

- 정의된 공구를 사용하여 도어를 통한 침입
- 카드판독기 조작
- 임원들의 납치행위

일부 위협(폭발물, 화기 등에 의한 공격)은 주로 물리적, 기술적 보안 대책을 필요로 한다. 기타 위협에는 조직, 절차 등에 대한 조치가 요구된다. 즉, 노숙자와 같은 위협은 반드시 기업의 자산을 직접적으로 위협하지는 않지만, 유인경비와 통제에 대한 인적 자원 요구사항에 영향을 미칠 수 있기 때문에 포함된다.

보안리스크 전문가, 기술보안 및 운영보안 전문가는 보안에 대한 기술적, 인적 및 조직적 요구사항을 파악 및 평가하고 그 비용을 추정해야 한다. 보안조치 요건은 보안 조치에 대한 모든 필수 또는 권장되는 전제조건을 규정한다. 여기에는 보험회사의 요건과 거리, 구조물의 최소 강도, 전면(facade), 문, 창문 등과 같은 모든 기술적 요건이 포함될 수 있다. 선호되는 솔루션은 향후 계획의 기초로 사용될 수 있도록 명시되어야 하는데 이는 건축물이 유지해야 하는 보안 수준을 달성하고, 향후 프로젝트 관련 비용이 모두 포함되도록 하기 위하여 중요한 부분이다.

이 조직 및 인적 보안 조치는 보안 목표를 달성하기 위해 기술적 조치와 일치해야 한다. 사용자 조직이 있는 프로젝트의 경우, 이 보안의 조직 및 인적 보안 조치에 대한 요구사항을 정의할 때 이 조직을 참여시키는 것이 적절하다.

기술보안 자문관은 보안요건이 있는 건축요소가 기술되는 입찰서에 대한 입력 정보서를 작성하여야 한다. 개발 및 기술적 설계와 관련하여, 기술적 시설(HVAC, 전력 및 통신)에 대한 도면뿐만 아니라 건설, 토목, 구조 및 내부 작업에 대한 입찰 도면을 준비해야 하고 보안 솔루션은 민감한 정보를 보호하기 위해 별도의 도면에 표시되어야 한다. 또한 보안 결과물 및 보안 요건 표준에 따라 정의된 입찰 문서 설명문과 전체 입찰 기반에 포함되는 모든 보안 솔루션에 대한 설명문을 준비해야 한다. 각 개별 프로젝트에 대해 특정 조달 프로세스도 선택해야 한다.

기술보안 자문관은 입찰요청 시 제시한 기준에 따라 입찰자를 평가하여야 한다. 보안 조치 유형에 관한 입찰자의 역량을 평가하되 모든 평가는 입찰 요청서에 명시된 기준에 따라 투명하게 진행되어야 한다. 입찰 요청 시 공인된 규격,

인증 또는 인정된 승인 및 승인 체계 측면에서 확인할 수 있는 역량 요건에 대해 설명되어야 한다.

시공 단계(Construction stage)에서는 모든 작업은 규정된 요건에 근거하여 공급자가 관리하되 검증은 기술보안 자문관이 대행해야 한다. 모든 건물 공사에는 문서화된 내부 통제장치가 적용되며 계약자는 모든 실행이 프로젝트 문서를 준수하는지 확인해야 하며, 이 사실이 확인되었음을 문서화할 수 있어야 한다. 이러한 목적으로 검사 목록, 결과물, 사진 등을 사용한다. 특수한 보안구조의 프로젝트 기획자가 이 검증을 위한 특별한 요건을 정의할 수 있으며 긴설부장은 독립적인 현장 점검을 통해 통제할 책임이 있다. 또한 시공 기간 동안, 주계약자는 정의된 요건이 충족되고 기능 구현과 장비 설치가 시스템의 기밀성, 무결성 또는 가용성을 약화시키지 않도록 보안 솔루션을 문서화하는 등 적절히 통제를 해야 한다.

보안 성능(Security performance)에 대한 시험 관련하여 공급자는 필요한 시험을 수행해야 한다. 운영 시공 조치 및 보안 시스템의 기능은 기록하고 확인해야 하며 검증은 기술보안 및 운영보안 전문가가 실시한다. 잠금장치, 이동식 차량 장벽, 보안 장치 등과 같은 건물 구성품을 시험하고 문서화해야 한다. 이 기간 동안 계약자나 공급자는 법률 및 표준 계약의 일반적 요건 이상으로 모든 보안 시스템이 합의된 시험 프로그램 하에 기능하는지 테스트해야 한다.

공급자는 주계약자의 운영조직에 대한 지원문서로서 모든 보안설비에 대한 상세한 운영 및 유지관리매뉴얼을 마련해야 한다. 보안 설비의 효과적인 운영 및 관리를 위해 이러한 설비에 대한 관리, 운영 및 유지보수 지침(운영 및 유지보수 매뉴얼)도 마련되어야 하며 주요 인력은 필요한 보안교육을 받아야 한다. 보안설비에 관한 필요한 정보가 수록된 상세한 운용 및 유지관리 설명서는 원칙적으로 보안상 민감하다고 간주되는 문서(국가보안규정에 따른 프로젝트의 경우 문서에는 보호 표시를 해야 할 수 있다)가 된다.

건축물의 폐기와 철거 시에도 보안 기준은 적용되어야 한다. 즉, 민감한 설치, 장비 및 보안 대책을 주의 깊게 매핑해야 하며 그 건물은 처분 전에 허용 가능한 상태로 복구되어야 한다. 민감한 시스템과 공장의 해체와 민감한 문서 수집 및 분쇄가 수반되며 이는 보안리스크 및 기술보안 전문가가 수행해야 한다. 프로젝트 폐기 프로세스 실행 시 리스크 처리를 위해 프로세스를 정지시킬 수 있는 조건에 특히 주의를 기울여야 한다. 그러므로 건물, 공장 또는 재물의 철거 또는 처분 프로세스에 앞서 해당 건물, 공장 또는 재물에 민감한 장비, 설비 또는 보안 조치가 포함되어 있는지 여부를 조사해야 한다. 국가보안 규제 하에서 건물, 공장 또는 부동산이 중요한 국가자산으로 분류되는 경우, 처분되기 전에 기업도 기밀을 해제해야 하며 기업에 대한 기밀정보(예 보안조치 정보)는 기밀 해제와 파괴에 의해 처리되어야 한다.

건물, 발전소 또는 재산의 처분 전 제거, 은폐해야 할 사항(매각, 인도, 철거 등)의 평가를 기초로 보안 전문가는 문서 및 구조물에 대한 보안리스크 분석을 수행해야 한다. 위협 평가는 이 자산들이 어떻게 의도적인 범죄 또는 테러 행위자에 의해 부정적인 영향을 받을 수 있는지를 보여주며 취약성 평가는 식별된 민감한 장치를 검사하고 각 구성 요소의 취약성을 평가한다.

제5절 ISO 22311 영상감시 송출 상호운용성

1. ISO 22311 개관

공공 및 민간 지역(예 기차 및 지하철 역, 버스와 열차의 탑승, 상업 지역 내부, 기업 건물 내부)에서 보안 감시 카메라의 수가 증가하고 있다. 일부 추정에 따르면 런던에는 40만 대 이상의 카메라가 있으며, 프랑스 파리에서는 파리교통공단(RATP) 관리 지역에만도 약 9000대의 카메라가 설치되어 있다. 이런 상황에서, 이 두 거대한 유럽의 수도에 살고 걷는 사람은 하루 동안(런던에서 최대 300회) 여러 개의 비디오 감시 시스템(예 교통 감시 카메라, 지하철의 카메라, 상업 중심지의 카메라)에 의해 무수히 탐지되고 있다.[15]

한국도 공공CCTV가 2017년에 이미 100만대를 넘어섰고[16], 인구 대비 거의 최고 수준의 극한영상감시사회(maximum video surveillance society)로 진입했다 할 것이다. 최근에는 강력 성범죄자 조두순의 출소에 따는 안산 거주 문제로 인해 안산시는 내년 상반기까지 현재 3622대인 관내 CCTV를 2배로 늘리기로 했고 안면 인식 카메라 30대도 도입한다. 안산시 도시정보센터는 조두순의 행동을 CCTV로 직접 확인하며 그를 감시한다는 방침이다. 센터 관계자는 "경찰의 범죄분석 결과와 지역 주민 민원 등을 고려해 CCTV를 설치하고 있다"며 "최근엔 우리 집 앞에도 CCTV를 달아달라는 민원이 빗발치고 있다"

15) Codreanu, D., Ana-Maria Manzat, Florence Sedes (2013). Mobile objects and sensors within a video surveillance system: Spatio-temporal model and queries. International Workshop on Information Management in Mobile Applications-IMMoA 2013, Aug 2013, Riva del Garda, Italy. pp. 52-59.
16) 노컷뉴스, '공공기관 CCTV 올해 1백만대 넘을 듯' 2017년 09월 04일자, (http://www.nocutnews.co.kr/news/4841182)

고 말했다.[17]

　일각에서 민간용 CCTV를 포함한 전체 대수는 600만 개 이상이라고 추산하고 있을 뿐이며, 국가인권위원회가 지난 2010년 조사한 결과에 따르면 일반인이 CCTV에 노출되는 회수는 하루 평균 83.1회에 달한다.[18] 사실상 차량에 설치하는 이동식 무선 stand-alone 저장형 감시카메라(소위 블랙박스), 스마트폰 연동 앱, 네트워크 카메라 등 CCTV의 유형이 하루가 다르게 다양화되고 있어서 통계를 집계하는 것조차도 쉬운 일이 아닐 것이다. 우리와 인구 규모가 유사한 치안 선진국 중 하나이며 CCTV 최대감시국으로 불리던 영국은 인구(약 66백만 명) 대비 2015년 현재 전국 600만대의 CCTV 중에 약 10만대만이 공공용 CCTV(관에서 운영 중인 것만 한정할 때)이다.[19]

　2008년에 157,197대에 불과하던 공공CCTV(범죄예방 용도 포함)의 대수는 2009년에 53.6%의 순증가를 보이다가 2011년에는 5만 5천여 대만 증가하여 17.8% 증가율을 보여 다소 하락하다가 다시 2012년과 2013년 각각 26.7%, 22.5%로 증가세를 이어갔고, 이후 매년 평균 약 13.9% 내외의 안정적 증가세를 보여주고 있다(표 6-6 및 그림 6-8 참조).[20]

▼ 표 6-6　공공기관 CCTV 설치 및 운영대수

연도	총 CCTV 설치대수(대)	전년대비 증가대수(대)	전년대비 증감비(%)
2008	157,197	57,240	57.3
2009	241,415	84,170	53.6
2010	309,227	67,812	28.1
2011	364,302	55,075	17.8
2012	461,746	97,444	26.7
2013	565,723	103,977	22.5

---

17) 중앙일보[2020.11.19.] "조두순 재범 위험률 76%" 지금 안산은 CCTV 설치민원 폭주
18) 아주경제, '중국서 초고화질CCTV 등장...안면 인식 기능 넣어 '감시사회' 현실화', 2018년 01월 04일자, (http://www.ajunews.com/view/20180104153941844)
19) The Guardian, 'UK public must wake up to risks of CCTV, says surveillance commissioner', 2015년 1월 6일자,
20) 이후 지속 증가하여 2019에는 115만대 가까이까지 크게 증가하였다. 개인정보보호종합지원시스템현황자료(http://www.index.go.kr) 참고

연도	총 CCTV 설치대수(대)	전년대비 증가대수(대)	전년대비 증감비(%)
2014	655,030	89,307	15.8
2015	739,232	84,202	12.9
2016	845,136	105,904	14.3
2017	954,261	109,125	12.9

출처: http://www.index.go.kr[21])

┃그림 6-8 공공기관 CCTV 설치 및 증가대수

출처: http://www.index.go.kr

반면 보안 및 범죄예방 목적 CCTV의 경우에는 2008년에 전체 공공CCTV 총 157,245대 중 51,682대로 32.8%에 불과하다가 2017년에는 954,261대 중 459,435대로 48.1%를 차지하는 등 공공영상감시시스템 중 가장 높은 비중을 차지하게 되었다.[22]) 2015년까지 가장 큰 비중을 차지한 시설안전화재예방 목적 CCTV의 대수를

---

21) 공공기관 CCTV 설치 및 운영현황은 2011년(2010년 자료)까지 공공기관별 조사 수합하였으나, 2012년(2011년 자료)부터 공공기관이 매년 3월말까지 개인정보보호종합지원시스템에 현황을 등록함

22) 범죄예방 목적 CCTV 설치 현황에 대해서 경찰청이 발간한 「2016년 치안전망」 등에서는 2015년 9월 현재 141,687대로 행정안전부 340,758대 통계화는 큰 차이가 있는 것으로 확인되었다. 이는 통계 오류가 아니고 CCTV 설치 대수를 집계하는 개별 기관의 방식 차이에서 비롯된 것으로 추정된다.

2016년에 처음으로 앞지른 것이다(표 5-7).[23]

▼ 표 6-7 분야별 공공기관 CCTV 설치 및 운영 현황

연도	계	범죄예방	시설관리 및 화재예방	교통단속	교통정보 수집·분석
2008	157,197	51,700	98,011	5,668	1,818
2009	241,415	59,917	170,460	7,088	3,950
2010	309,227	107,258	192,662	6,288	3,019
2011	364,302	141,791	207,343	11,636	3,532
2012	461,746	188,168	249,947	15,046	8,585
2013	565,723	260,098	278,002	17,111	10,512
2014	655,030	291,438	332,581	18,927	12,084
2015	739,232	340,758	363,331	21,243	13,900
2016	845,136	409,028	396,590	23,620	15,898
2017	954,261	459,435	443,542	29,690	21,594

출처: http://www.index.go.kr

중국 국영 방송사인 CCTV는 지난해 다큐멘터리 프로그램 '휘황중국'을 통해 중국 공안이 약 2000만 대의 CCTV 치안망를 운영한다고 밝힌 바 있다.[24] 그리고 베이징시민을 보면 2015년 현재 약 47만대의 공공CCTV를 운영하고 있으며 약 2100만명의 인구 규모를 가진 베이징시가 세계에서 단일 도시로서 영상감시가 인구대비 CCTV설치율은 가장 높은 도시라고 할 것이나[25] 반면 면적을 대비하는 CCTV설치밀도(density)로 보면 베이징시가 서울시보다 28배나 된다. 안전행정부에서 2013년 기준으로 집계한 자치단체가 공공장소에 직접 설치한 CCTV 전체 56만대 중 서울시는 44,942대였으나 2017년을 기준으로 하면 전국적으로 100만대를 넘었으므로 서울시도 2008년 7월 현재에는 10만대에 육박할 것으로

---

23) 이후 지속 증가하여 2019에는 범죄예방용 CCTV가 59만대를 넘겼다. 개인정보보호종합지원 시스템현황자료(http://www.index.go.kr) 참고

24) 아주뉴스, 중국서 초고화질CCTV 등장...안면 인식 기능 넣어 '감시사회' 현실화, 2018-01-04일자, (http://www.ajunews.com/view/20180104153941844)

25) http://www.pajiba.com/miscellaneous/which-cities-have-the-widest-cctv-coverage-in-the-world-.php

추산된다. 이를 기초로 한다면 서울시는 CCTV설치밀도(coverage) 면에서는 베이징시를 몇 배(약 5.9배)나 앞선다고 할 수 있고 단일 도시로는 세계 최고 수준의 공공영상감시도시라 아니할 수 없게 된다.

전 세계에서 국가중요시설이나 사회 기반 인프라를 재난이나 테러, 범죄 등으로부터 보호하기 위한 이러한 영상감시의 다양한 기술표준이 마련되어 왔다. <그림 6-9>에서는 영상분석 및 중요한 인프라 보호와 관련된 주요 표준을 개략적으로 설명한다. 표준의 주요 범주는 ① 경보 시스템(alarm system), ② 멀티미디어(multimedia), ③ 법과학(forensics), ④ 비디오감시(video surveillance) 상호운용성, ⑤ 리스크관리(risk management)다.

▌그림 6-9 중요시설 보호를 위한 영상감시 표준 체계

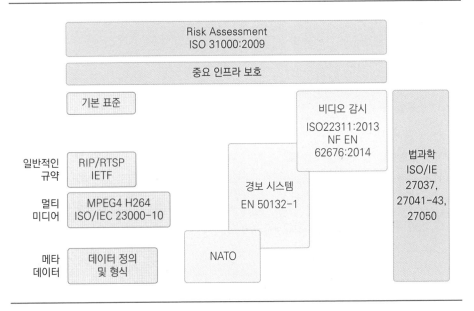

출처: Sulzer, J.-F., 'Video-surveillance standardization and expected operational benefits', on Emerging Surveillance Capabilities and Requirements, 2014.

물론 무분별한 CCTV감시망 구축의 확대는 사용 목적 별 중복 설치 문제를 가져 왔고, 필요시 이기종간 상호 운용을 통한 효율적 관제가 불가하는 등 비용 효율성 문제도 불거지게 되었다. 이에 대한 대안으로 추진된 통합관제센터는 교통, 안전, 재난방재, 시설, 통신 등의 다양한 서비스를 통합적으로 제공할 수 있

는 최첨단 시스템으로 교통, 방범, 불법주정차 실시간 관리, 재난·재해 감시, 공공시설 훼손 감시 등 도시를 관리할 수 있는 한 장소에서 통합 대응할 수 있는 곳이다. 통합관제는 CCTV 설치를 사전 조정해 무분별한 중복 설치를 방지하고, 부서별로 관리되던 CCTV를 총괄하는 부서를 지정 운영해 체계적으로 관리하는 체계로서 특히 범죄사건이나 교통사고 등 관련 증거자료 협조체계를 일원화시켜 신속한 사건사고 해결을 지원한다. 전국적으로 시·군·구 통합관제센터는 행정안전부(2017) 행정자치통계연보에 의하면 2012년에 87개소에서 2016년 190개소로 2.18배나 꾸준히 증가하여 왔다.

이기종 간 상호운용성 문제에 대해서도 국제사회의 고민이 이어졌다. 특히 테러나 범죄 사건 수사를 위한 법과학 지원 등 사회안전을 위한 최소요건은 당국이 주어진 장소와 다른 CCTV 시스템에 의해 수집된 데이터를 빠르게 사용할 수 있는 것이다. 기존 비디오 보안 감시 시스템의 대부분은 수동 또는 반자동이다. 처리해야 할 영상 콘텐츠가 엄청나게 많다는 점을 감안해 순전히 수동적 접근 방식(비디오를 시청하고 이벤트를 감지하는 에이전트)으로는 곤란하다. 비디오 감시의 주요 목적은 사용자에게 검색 공간과 그에 따른 응답 시간을 줄여 검색에 도움이 될 수 있는 도구를 제공하는 것이다. 이러한 도구는 검색 배경과 복잡성에 따라 달라진다(예 대규모 사건의 실시간 감시, 경찰 조사). 조사자가 검색을 통해 관련 요소(예 사람, 사건)를 강조/분리하는 것을 돕기 위해 데이터의 사후 처리는 경찰 수사에서 매우 중요하다. 경찰과 수사관들은 다양한 비디오 감시 시스템(예 공공, 민간)의 녹화된 영상을 검색하고 활용한다. 수사관들의 업무에 도움을 주기 위해서는 시스템의 서로 다른 산출물이 상호운용이 가능해야 하며, 상호운영성에 대한 표준이 없어서 문제가 되어 왔다. 카메라가 거의 없는 단순한 시스템에서 대규모 시스템으로의 모든 비디오 감시 시스템 간의 상호운용성 지원이 표준 ISO 223111의 주요 목표다. 그것은 검색과 조회 상황에서 영상감시 시스템 간에 교환될 수 있는 데이터 형식을 지정해 준다.

2. ISO 22311 주요 내용

ISO 22311 국제표준은 디지털 비디오 보안 감시 컨텐츠를 보장하는 형식 및 최소 기술 요구사항과 재생 시스템과 호환되며, 적절한 품질 수준을 설정하고, 처리에 필요한 모든 컨텍스트 정보(메타데이터)를 포함하는 데이터 송출의 상호 운용성 프로필을 제공한다. 이 표준은 프라이버시 보호 조치가 구현될 수 있음을 보장하기 위한 규정도 포함하고 있다. 개인의 권리를 보호하기 위해 이 표준은 개별적으로 개발되고 미시적인 개별 기술표준(예 IEC/TC 79, 경보 시스템 및 전자보안, ITU 국제전기통신연합표준 등)에 크게 의존하는 실행 방법이나 기술적 해결책을 제시하지는 않는다. 다만, 사회적 보안 목표를 달성하기 위해 필요한 표준과 실무 프로필의 조합을 통해 최소 수준의 상호운용성 프로필 또는 그 하위 구성요소를 제공한다.

위에 언급한 기술 표준에 따라 다음과 같은 형식적 구성요소가 제시된다(ISO 22311:2012).

- 비디오 및 오디오
- 기술(위치, 카메라 식별자 등)
- 동적 요소(날짜, 시간, 이동, 기울이기, 확대축소, 식별 결과 등)
- 출력 파일의 캡슐화/포장
- 데이터/액세스 보안 및 무결성
- 개인정보 보호 조항
- 사용자에게 프레젠테이션과 관련된 정보 데이터

CCTV 장치는 보통 하드웨어, 소프트웨어, 인간 요소로 구성된다. 시스템의 다양한 부분과 기능, 그리고 인간 이해당사자와의 상호작용을 나타내는 기능적 블록으로 표시되는 보안 애플리케이션을 위한 CCTV 시스템은 <그림 6-10>에 요약되어 있다.

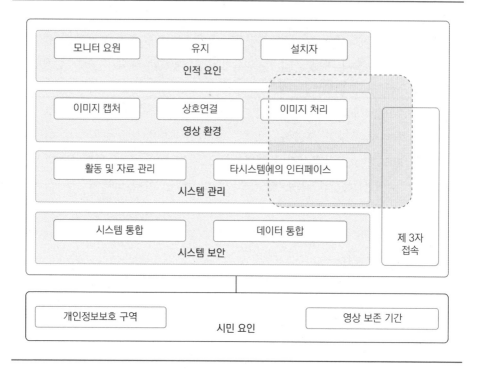

출처: ISO 22341

　　<그림 6-10>에서 점선으로 표시된 영역은 시스템 외부의 비디오 및 시스템 관리 기능 블록과 사회안전을 위한 최종 사용자 간에 교환되는 데이터의 형식을 명시하고 있다. 또 CCTV 시스템의 서로 다른 기능 모듈의 구성 요소들 간의 상호작용은 IEC 62676 시리즈 표준 문서에 명시된다. 본 국제 표준은 IEC 62676-1-1(공개 예정) 규정을 구현한 것으로, 생산된 데이터의 계획적 사용을 허용하는 모든 필요한 정보의 산출을 요구한다. 따라서 이 국제표준은 IEC 62676 시리즈에 필요한 추가 요건을 포함하되 이에 모순되지는 않는다.

　　사회 안전과 보안은 디지털비디오 보안 감시 시스템의 상호운용성을 요구한다. 이 국제표준은 이러한 상호운용성을 달성하기 위해 수집된 콘텐츠(비디오, 오디오 및 관련 메타데이터[26])를 내보내는 데 사용되는 파일 형식에 적용되는 최소

---

26) 이 표준은 메타데이터를 생성할 수 있는 시스템(레벨 2 시스템)을 구별하고 센서와 이벤트 (즉, 메타데이터)를 기술하기 위한 일반적인 구조와 사전(dictionary)을 제공한다.

요건을 정의한다. 수집된 모든 정보는 UTC(Universal Time)를 참조해야 하며 그 형식은 소스에서 추출한 데이터 조각의 파일 내보내기를 허용해야 한다. 송출 과정(이동식 미디어 또는 데이터 전송)이 있는 경우에는 내용 간 시간적 연계성을 유지해야 한다. 형식은 공통 타임베이스를 사용하여 서로 다른 시스템(동일한 장면을 커버하는)을 통해 내보낸 파일을 호환이 되고 비교 가능한 방식으로 처리해야 한다. 또한 보안, 무결성 및 프라이버시 보호 조치의 구현을 지향해야 한다.

이 표준은 널리 사용 가능한 운영체제(OS)의 독립적 툴을 활용하여 법과학 조사관과 같은 법집행 및 보안 기관이 받게 되는 표준화된 파일을 원만하게 처리할 수 있도록 해야 하며, 최소한 다음 사항이 보장되어야 한다(ISO 22311:2012).

- 비디오 및 메타데이터 표시
- 비디오를 표시하지 않고 메타데이터에 직접 액세스
- 비디오 콘텐츠 시간 간격 선택
- 이름 또는 장면 위치로 정의된 소스에 대한 액세스

ISO 28000 공급사슬 보안경영시스템 표준 시리즈

제6절

1. ISO 28000 시리즈 개관

경기도의 한 물류창고(연면적 6만2천m², 7층 철골구조 창고)에서 2015년 5월 25일 오전 2시 16분경에 화재가 발생하였다. 소방관 837명, 장비 133대가 출동하여 최종 진화까지 총 16시간이 소요되었다.

┃그림 6-11 경기도의 한 물류창고에서 방화공격으로 발생한 화재

출처: 국토교통부(2017)

화재 발생 원인은 조사 결과 운송하청 계약사 소속 화물차 지입차주(범인)의 의도적 방화로 밝혀졌으며 방화 범죄 과정 상 물류보안의 문제점을 들어낸 사건이다. 피해 규모는 다음과 같다.[27]

---

27) 국토교통부(2017) 공급사슬 물류보안 수준 제고를 위한 육상 물류보안 유형별 가이드라인.

- 인명피해 – 사망 2명(경비원 1명, 범인(추정) 1명)
- 재산피해 – 건물, 의류·원단(1,600톤) 전소 등 총 280억원(소방서 추정)
- 업무피해 – 관련 브랜드 온라인/오프라인 주문 및 배송 서비스 중지

물류보안 측면에서 물리보안, 접근통제, 인적 보안, 보안 교육훈련 등 여러 면에서 지적되고 개선되어야 할 점들이 있음을 알 수 있다.

이렇게 공급사슬 내에서 물류보안은 수출입 등에 관여하는 대기업과 중소기업 등 유통관련 업체에게 매우 중요하고 꼭 알고 챙겨야 할 것이 많다. 이에 국토교통부의 경우에는 2017년 12월에 육상 물류업무와 관련한 보안 강화를 위해 글로벌 물류보안 제도들의 보안활동 유형을 참고로 내륙 분야에서도 참고·적용 가능한 내용을 담은 '육상 물류보안 유형별 가이드라인'을 발표한 바 있다.

물류보안은 '물류시설(또는 전체 체계)에 대한 의도적인 위해(또는 불법) 행위를 사전에 방지하는 일체의 활동을 의미한다. 육상 물류보안 가이드라인은 <표 6-8>과 같이 육상 물류분야에 필요한 보안유형(8개)과 각 유형별 보안활동을 정의했다.

▼ 표 6-8 육상 물류보안 보안유형 및 보안활동

유형	보안활동
① 물리적 보안	보호장벽, 잠금 및 경보장치 설치 등
② 접근통제	사람, 차량에 대한 접근통제시스템 구축 등
③ 공급사슬 운송 보안	운송수단 자체 보안활동 등
④ 인적 보안	직원식별 및 권한부여 등
⑤ 보안교육 및 훈련	의사소통 및 교육프로그램 참여 등
⑥ 화물취급 절차보안	물류활동 프로세스, 보관·봉인절차 등
⑦ 문서처리 및 정보보안	문서처리활동, 정보보안 등
⑧ 거래상대자 보안	상호협정, 정보공유 및 협조 등

출처: 물류뉴스(http://www.logisonnews.co.kr)

현행 우리나라 물류정책기본법에서 '물류보안'은 협의의 관점으로 정의되고 있으며, '물류체계 내부 및 외부 요인 전체'보다는 '개별 물류시설'에 대한 불법

적인 위해 행위를 사전에 방지하는 것에 초점을 두고 있다. 원론적인 관점에서의 물류보안 범위는 글로벌 공급사슬 전체가 대상이나, 현실에서는 주로 국제물류 구간(항만, 공항 등 무역 관문)을 중심으로 관리가 이루어지고 있다. 해외 주요국 및 국제기구에서 시행 중인 물류보안 제도의 공간적 적용 범위를 글로벌 공급사슬 전체 대상으로 표현하면 다음 <그림 6-12>와 같다.[28]

▌그림 6-12 글로벌 공급사슬에서의 물류보안 제도의 범위와 틀

| 수출업체 | 운송업체 | 항만운영자 | 해운업체 | 항만운영자 | 운송업체 | 수입업체 |

24 Hours Advance Manifest Rule

CSI (Container Security Initiative)

ISPS (International Ship & Port Security Code)

C-TPAT (Custom-Trade Partnership Against Terrorism)

ISO 28000 (물류보안경영인증)

WCO Framework (Authorized Economic Operator, AEO 인증)

출처: 국토교통부(2017)

물류보안 활동에 참여하는 주체들은 세계관세기구(WCO), 국제해사기구(IMO), 국제표준기구(ISO) 등 관련 국제기구가 설정한 기준과 요구사항을 준수해야 하며, 필요시 물류보안 관련 공인인증(AEO, ISO 28000 등)을 획득하기 위해 노력해야 한다.

이 중에서 공인인증 표준인 ISO 28000 용어정의에 의하면 공급사슬(supply chain)이란 원재료 조달에서 시작하여 운송모드를 거쳐서 최종 이용자에게 상품

---

28) 국토교통부(2017) 공급사슬 물류보안 수준 제고를 위한 육상 물류보안 유형별 가이드라인.

이나 서비스 인도를 하는 데까지 확대되는 자원 및 프로세스의 연결 세트를 말한다. 그리고 공급사슬은 판매자, 제조자, 물류공급자, 내부의 배송 센터, 유통업자, 도매업자 및 최종 이용자에게 전달하는 기타 단체를 포함한다.

국내에서 산업통상자원부 국가기술표준원은 국가별로 상이한 물류 보안 규정을 따르는 데 어려움을 겪고 있는 수출 기업을 지원하기 위해 2008년부터 ISO 28000 인증제도를 도입하였고, ISO 28000 인증을 취득한 항만이나 기업은 국제표준에 맞는 물류보안체계를 갖추었다는 것을 국제적으로 공인받을 수 있게 되었으며, 국내 ISO 28000 인증 업무는 (사)한국선급이 맡고 있다.[29] 이후 물류관련 기업인 포스코, 종합물류기업 범한판토스, CJ GLS, 모락스, 등이 ISO 28000 인증을 획득하면서 해외법인 및 각국의 대리점을 기반으로 한 글로벌 물류 사업에서 통관절차 간소화와 대기시간 단축을 통해 물류비용을 절감하고, 동

▎그림 6-13 국내 물류전문기업의 ISO 28000 인증 획득

출처: http://www.klnews.co.kr

---

29) 머니투데이 <2008.04.06.일자>, 물류 보안인증 'ISO 28000' 도입.

시에 잠재 리스크를 완화하여 협력업체와 잠재 고객들에게 보다 신뢰성 있는 서비스를 제공할 수 있게 되었다.

　ISO 28000시리즈의 이러한 공급사슬에 관한 보안경영시스템 구조 및 적용 범위는 프로세스 접근방식(Process Approach)을 채택하고 있는 PDCA (Plan-Do-Check-Act) 사이클을 기반으로 하며, 이미 효과가 충분히 입증된 ISO 14001규격을 모델로 하고 있다. 그러므로 리스크 요소에 기초한 접근방법(Risk-Based Approach)에 의해 공급사슬의 보안 위험성 및 위험요인을 분석할 수 있다. 이 표준은 단독으로 사용될 수 있으며, ISO 9001 또는 ISO 14001 규격과 통합시스템으로 운영될 수도 있다. ISO 28000은 공급사슬에 포함된 제조, 서비스, 보관 및 운송의 각 단계에 위치한 대, 중, 소 규모의 어떠한 조직에도 적용이 가능하다. 현재 및 미래의 보안관련 법규를 파악하여 충족하게 하도록 체계적인 접근방법을 제공한다. 이를 통해 물류보안 관련 리스크에 대한 효과적인 관리가 가능하고 조직이나 기업의 방침에 대한 실행 의지를 확인하며 목표 달성을 위한 지속적 개선을 유도한다. 또한 원자재의 효율적인 사용과 성과 개선을 통하여 비용이 절감되고 독립적인 심사를 통한 신뢰도가 증진하며 다른 경영시스템 규격인 ISO 9001, ISO 14001, ISPS Code[30] 등과 병행하여 사용할 수 있으며 이는 품질, 환경, 안전, 보안 시스템이 하나의 경영시스템에서 운용될 수 있음을 의미한다.

　ISO 28000 시리즈는 산업전반의 공급사슬보안을 확보하기 위해서 제정된 규격이며, 조직이 공급사슬 전반의 보안경영시스템을 수립할 수 있는 높은 수준의 경영규격이다.

　ISO 28000은 공급사슬 보안경영시스템의 구축 및 실행, 유지, 개선을 위한 규격, ISO 28001은 공급사슬보안, 평가 및 실행을 위한 모범사례, ISO 28003은 공급사슬 보안경영시스템 심사 및 인증, ISO 28004는 ISO 28000 실행 지침에 관한 내용을 담고 있다(표 6-9).

---

30) 선박 및 항만시설 보안규칙(International Code for the Security of Ships and of Port Facilities)

구분	표준명(영문)	표준명(한글)
제정 표준	ISO 28000 Specification for security management systems for the supply chain	공급사슬 보안경영시스템 (구축 및 실행, 유지, 개선을 위한) 규격
	ISO 28001:2007 Security management systems for the supply chain – Best practices for implementing supply chain security, assessments and plans – Requirements and guidance	공급사슬보안, 평가 및 계획 실행을 위한 모범관행 – 요구사항 및 지침
	ISO 28002 Security management systems for the supply chain – Development of resilience in the supply chain – Requirements with guidance for use	공급사슬 보안경영시스템– 공급사슬에서 회복력의 개발–활용지침 및 요구사항
	ISO 28003 Security management systems for the supply chain – Requirements for bodies providing audit and certification of supply chain security management systems	공급사슬 보안경영시스템 심사 및 인증을 제공하는 기관에 대한 요구사항
	ISO 28004 Security management systems for the supply chain – Guidelines for the implementation of ISO 28000 (Part 1–4)	ISO 28000 실행 지침

2. ISO 28000 시리즈 주요 내용과 전망

가. 공급사슬 보안프로세스

ISO 28000은 전체 네 개의 장으로 구성되어 있으며, 4장에 구체적인 보안경영시스템의 요구사항인 일반 요구사항, 보안 경영방침, 보안리스크 평가 및 기획, 실행 및 운영, 점검 및 시정조치, 경영검토 및 지속적 개선을 언급하고 있다.

첫째, 일반 요구사항이다. 조직은 물류 관련 보안리스크를 식별하고 그 영향을 통제하는 한편, 보안 리스크를 최소화하고자 효과적인 보안관리시스템을 구축, 실행, 유지, 그리고 지속적으로 개선하여야 하며 이를 위해 먼저 보안관리시스템의 범위를 명확히 정의하고, 또한 조직이 물류 보안관리 절차의 일부를 외부에 위탁할 경우 이를 통제할 수 있어야 한다.

둘째는 보안 경영방침이다. 조직의 최고경영자는 조직의 보안관리 방침을 수립하고 승인하여 문서화하여 관리해야 한다.

셋째, 보안리스크 평가 및 기획 단계로서 다음과 같은 내용으로 요약될 수 있다.

① 보안리스크 평가

조직은 보안 위협뿐만 아니라 보안경영 관련 리스크를 식별 및 평가하고 필수 경영관리 수단의 확립 및 이행하는 지속적인 프로세스를 개발하고 유지하여야 하며, 보안 위협 및 리스크인식, 평가와 관리방법들은 조직의 운영특성 및 규모에 적합해야 한다.

② 법률, 강제 요구사항 및 그 밖의 보안규정 요구사항

조직은 보안관리 법률 및 보안규정에 대한 최신의 정보를 확보하여 이 정보가 조직의 보안위협과 리스크에 어떻게 영향을 미치는지 검토할 수 있는 절차를 마련하여야 하며, 이러한 정보는 종업원뿐만 아니라 관련된 제3자들도 공유하여야 한다.

③ 보안경영목표, 보안경영 세부목표 및 프로그램

조직은 내부적으로 문서화 된 보안경영 목표를 수립하고 실행하여 지속적으로 관리해야 하며, 보안경영목표는 조직의 방침으로부터 도출되고 정책과 일관성을 유지하여야 한다. 문서화된 보안경영 세부목표를 수립, 실행하여 지속적으로 관리하며 일관성을 유지한다. 보안경영 프로그램은 조직의 목표 및 세부목표 달성을 위해 실행하여 지속적으로 관리한다.

넷째, 실행 및 운영 단계로서 그 내용을 요약하면 다음과 같다.

① 보안경영의 구조, 권한 및 책임

보안경영 방침, 목표, 세부목표 및 프로그램을 위한 조직의 역할, 책임, 권한을 수립하고 관리한다. 이러한 역할분담, 책임, 권한에 대한 개념을 정립하고 문서화되어 실행과 유지보수를 책임지고 있는 담당자와 의사소통이 되어야 한다.

② 적격성, 교육훈련 및 인식

보안장비 및 프로세스를 설계, 운영, 관리할 책임자는 충분한 교육수준, 훈련, 그리고 경험을 보유하고 있는지를 보장하여야 하며, 조직은 보안 관계자를 위한 프로그램을 마련하고 운영해야 한다.

③ 의사소통

보안경영 관련 정보는 종업원을 비롯하여 제3자, 이해관계자들과 공유할 수 있는 절차를 마련하고 보안과 관련된 정보가 무단으로 외부에 유출되는 것을 방지하기 위하여 배포하지 전에 충분한 검토를 하여야 한다.

④ 문서화, 문서 및 데이터 관리

조직은 보안경영 문서화 시스템을 수립하고 유지해야 한다. 또한 문서, 데이터, 정보를 통제하기 위한 절차를 마련하고 관리해야 한다

⑤ 운영관리

조직은 보안경영시스템의 효과적 이행을 위해 관련 운영과 활동을 파악하고, 이를 관리하기 위해 문서화된 절차를 수립하고 유지해야 하고, 보안 관련 툴의 설계, 설치, 운영, 개조 및 변경에 대한 관리를 포함해야 한다.

⑥ 비상시 대비, 대응 및 보안복구

조직은 보안사건 및 비상사태의 잠재적 발생 가능성을 파악하고, 이에 대한 대응 및 복구에 관한 적절한 계획과 절차를 수립·이행·유지해야 한다. 이러한 계획 및 절차는 비상사태 중이거나 이후에 필요한 장비, 시설, 서비스의 공급 및 정비에 관한 정보를 포함해야 한다.

다섯째는 점검 및 시정조치 단계이다. 보안 경영 및 관리를 실행한 것에 대한 점검과 평가 감사를 통해 문제점을 확인하고 개선하기 위한 것으로서 요약하면 다음과 같다.

① 보안성과 측정 및 모니터링

조직은 보안경영시스템 및 보안의 성과를 모니터링하고 측정할 수 있는 절차

를 수립 및 유지해야 하며, 주요 성과요소의 측정/모니터링 주기를 판단할 때 심각한 보안위협 및 리스크를 고려해야 한다.

② 시스템 평가

조직은 보안경영 계획, 절차 및 능력을 평가하기 위해 주기적으로 검토, 시험, 사후 보고서 작성, 교훈, 성과평가 및 연습 등을 이행하고, 주요변경 사항이 있으면 즉시 반영한다. 또한 관련 법제도 및 강제규정, 모범사례에 대한 적합성 여부, 조직의 방침 및 목표의 적합성을 주기적으로 평가하고, 이에 대한 기록을 유지해야 한다.

③ 보안 관련 실패, 사고, 부적합 사항, 그리고 시정조치 및 예방조치

조직은 보안 실패, 사고, 부적합 사항, 시정조치 및 예방조치 등과 관련한 책임 및 권한을 규정하는 절차를 수립, 실행 및 유지해야 한다.

④ 기록 관리 및 감사

조직은 보안경영시스템 및 규격의 요구사항에 대한 적합성과 달성된 결과를 실증할 수 있도록 필요한 사항을 기록하고 유지해야 한다. 조직은 보안경영 감사 프로그램을 수립, 실행 및 유지하여야 하고, 보안경영시스템에 대한 감사가 계획된 주기에 따라 수행됨을 보장해야 한다.

마지막으로 경영검토 및 지속적 개선이다. 최고경영자는 지속적인 적절성, 충족성 및 효과성을 보장하기 위하여 계획된 주기로 보안경영시스템을 검토해야 한다. 경영검토 이후 지속적 개선에 대한 의지 및 일관성이 있도록 보안방침, 목표 및 보안경영시스템의 변경 등에 관련된 결정과 조치를 포함해야 한다.

다만 조직이 조직과 공급사슬의 리스크를 관리하기 위하여 회복력 방침과 경영시스템을 설계하고 이행하기 위해 먼저 조직이 운영되는 내외부 전체 관계 틀을 평가하고 이해하여야 한다. 경영 전체 관계 틀 내에서 회복력 방침을 수립함에 있어서 조직은 조직 및 공급망과 관련된 내외부 변수를 고려하여야 한다(그림 6-14 참조). 전체 관계 틀은 리스크 평가 및 처리 프로세스에 필요한 리스크 평가목표, 리스크 및 회복력 합부 판정기준, 변수를 정하는 근거를 제공할 뿐만

아니라, 조직 및 공급망에 대한 리스크를 관리하는 데 필요한 적용범위 및 합부
판정기준을 결정할 것이다.

┃그림 6-14   공급망 내에서의 회복력 경영 전체 관계 틀의 이해

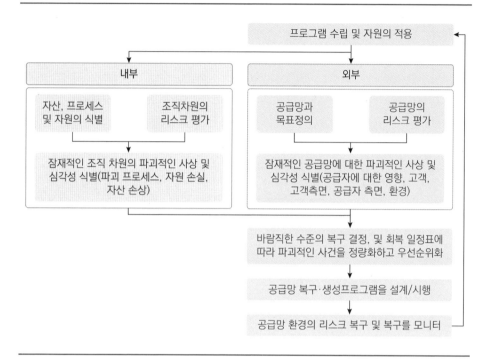

출처: ISO 28002

　ISO 28000 시리즈 표준을 적용하는 국제적인 공급사슬의 조직은 공급사슬의
영역을 통한 보안을 관리하고 그 목표를 지원할 수 있는 경영시스템을 가질 것
이 요구된다. 이 표준은 보안사건을 일으킬 수 있는 활동으로부터 국제적인 공
급사슬에 대한 리스크를 경감하기 위하여 이행되고 수립되어야 하는 보안 실행
및/또는 프로세스를 요구한다. 이 표준을 이행하도록 되어 있는 공급사슬의 조
직은 적용선언서에 포함된 국제적인 공급사슬의 적용 가능한 범위에서 현재의
보안조치 및 절차를 실증하고 대책을 포함한 보안평가에 기초한 보안계획이 확
보되어야 한다. 주요 프로세스는 보안평가 범위의 식별, 보안평가의 실행, 공급
사슬 보안계획서의 개발, 공급사슬 보안계획서의 실행, 공급사슬 보안프로세스

의 문서화 및 모니터링, 보안사건 이후에 요구되는 조치, 보안정보의 보호 순이
다(그림 6-15).

┃그림 6-15 공급사슬 보안프로세스 도해

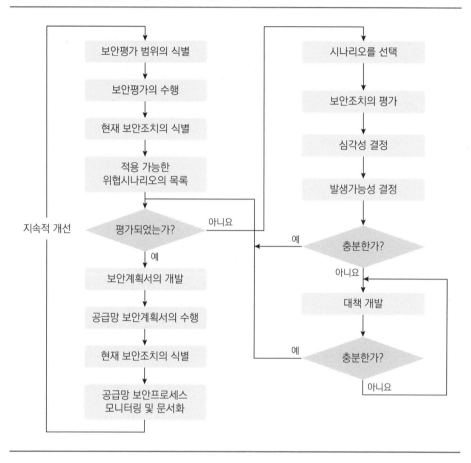

출처: ISO 28001: 2012

나. ISO 28004 실행지침

이 표준은 공급사슬의 보안관리시스템 사양인 ISO 28000:2007의 적용에 관
한 일반적인 조언을 제공한다. ISO 28000의 기본 원칙을 설명하고 ISO 28000의
각 요구사항에 대한 목적, 일반적인 입력, 프로세스 및 일반적인 산출을 설명한
다. 또한 공급사슬보안인증에 필수적인 사항이 포함된 보안경영시스템에 대한

요구사항을 규정한다.

보안경영은 기업경영의 다른 많은 사항과 연관되어 있다. 이러한 사항에는 공급사슬 보안에 영향을 주는 조직에 의해 관리되는 또는 영향을 끼치는 모든 활동이 포함된다. 이 다른 사항은 공급사슬을 따라 상품을 운송하는 것을 포함하여 보안경영에 영향을 주는 때와 장소에서 즉각적으로 고려되어야 한다. 이 표준은 다음 각 사항을 원하는 생산이나 공급사슬의 모든 단계에서의 제작, 서비스, 보관 또는 운송에 관계있는 규모가 작은 조직에서부터 다국적 기구에 이르기까지, 모든 규모의 조직에 적용 가능하다.

a) 보안경영시스템의 수립, 실행, 유지 및 개선
b) 조직이 선언한 보안경영방침과의 적합성 보증
c) 외부에 그러한 적합성을 실증
d) 공인된 제3자 인증기관에 의한 보안경영시스템의 인증/등록 추진
e) 이 표준에 대한 적합성을 자체 결정 및 선언

제3자 인증을 획득하는 조직은 공급사슬 보안에 현저하게 기여하고 있음을 부가적으로 실증할 수 있다. 미국의 MH&L(Material Handling and Logistics)[31]에 따르면 공급망 보안의 주요 요소를 다음과 같이 제시하고 있다.

- 안전한 비즈니스 파트너 선택: 모든 외국 제조업체와 파트너는 서면/전자 확인을 통해 C-TPAT (Customs Trade Partnership against Terrorism: 대테러 세관 무역업자 간 파트너십) 보안 기준을 입증해야 한다.
- 컨테이너 및 트레일러 보안 및 검사: 모든 컨테이너와 트레일러는 적절한 밀봉, 잠금 메커니즘 및 도어의 신뢰성 보장, 컨테이너/트레일러 또는 컨테이너/트레일러 보관 구역의 무단 진입 보고 및 해결을 포함한 보안 및 검사 절차를 필요로 한다.
- 직원 보안: 신입 및 현재 직원에 대한 정기적인 상세 신원 확인뿐만 아니라 직원 식별 시스템도 구현한다.
- 보안 절차: 화물 운송, 취급 및 보관을 추적 및 관리할 수 있는 보안 조치 및 절차가 수립되었는지 확인한다.

---

31) https://www.mhlnews.com/global-supply-chain/article/22049375/eight-keys-to-global-supply-chain-security 참고

- 문서 제어: 모든 화물 문서는 읽기 쉽고 정확해야 한다. 발송 및 들어오는 화물도 구매 및 배송 주문과 비교하여 확인해야 하며, 모든 운전자를 확실하게 식별해야 한다.
- 시설 보안: 모든 화물 및 보관 시설에는 펜스, 게이트, 보안 주차, 경보 시스템, 적절한 조명, 잠금 시스템 및 비디오 감시를 비롯한 물리적 장벽과 억제 장치가 있어야 합니다.
- 정보 기술 보안: 암호 보호 및 직원 교육과 같은 IT 보안 절차 및 정책을 만들고 구현한다.
- 보안 교육 및 위협 인식: 직원을 위한 위협 인식 프로그램을 만들어 테러리스트와 밀수업자들이 제기하는 가능한 위협을 식별할 수 있다.

일반 요구사항으로서 조직은 보안 위협을 식별하고, 리스크를 평가하여 관리하며 심각성을 경감시키기 위한 효과적인 보안경영시스템을 수립, 문서화, 실행, 유지 및 지속적으로 개선하여야 하며 조직의 보안경영시스템의 적용범위를 규정하여야 한다. 이 요구사항에 대한 적합성에 영향을 미치는 어떤 프로세스를 외주 처리할 경우, 조직은 이러한 프로세스가 관리된다는 것을 보장해야 하며 이러한 외주 프로세스에 대하여 필요한 관리와 책임은 보안경영시스템 내에서 파악되어야 한다.

ISO 28000의 모든 요건을 준수하는 관리시스템을 수립하고 유지해야 하는데 이는 조직이 보안 규정, 요구사항 및 법률을 준수하는 데 도움을 줄 수 있다. 보안관리시스템의 세부 사항 및 복잡성 수준, 문서화 범위 및 보안관리에 사용되는 리소스는 조직의 규모와 복잡성, 그리고 그 특성에 따라 달라진다.

보안관리 면에서 보안 정책은 최고 경영진의 보안에 대한 헌신을 요약한 것이다. 보안 정책은 조직을 위해 조직의 전반적인 방향을 수립하고 행동 원칙을 설정하며, 이는 조직 전체에서 필요한 보안 책임과 성과에 대한 보안 목표를 설정한다. 구체적인 ISO 28000 요구사항에 따라 조직의 최고경영자는 구체적인 보안경영 목표, 세부목표 및 프로그램의 틀을 제공하고 조직의 전반적인 보안 위협 및 리스크 관리의 틀과 맞으며, 조직에 대한 위협과 조직 운영의 특성 및 규모에 적합한 전반적 보안경영방침을 승인하여야 한다.

35.2%

Increase in new customers for transport and logistics companies

29.4%

Increased supply chain visibility

28.9%

Decreased supply chain disruptions

24.3%

Improved lead-time predictability

24.1%

Increase in sales

출처: Professional Evaluation and Certification Board(PECB) pecb.com

조직은 보안경영시스템을 운영하기 위하여 충분한 정보 및 지침을 제공하는 내부목적으로 상세한 보안경영방침을 선택할 수도 있고(일부는 대외비로 결정 가능) 조직의 이해관계자와 기타 이해관계자에게 배포하기 위하여 개략적인 목표를 나타내는 요약본으로 할 수도 있다. 보안 정책을 수립할 때 관리자는 특히 공급사슬과 관련하여 조직의 전반적인 비즈니스와 관련된 정책 및 목표, 조직의 과거 및 현재 보안 성과 등을 고려해야 한다.

공식적으로 전달될 보안 정책을 수립하고 승인할 때, 최고경영진은 그 보안 정책을 요약해보면 다음과 같다.

① 조직 보안 리스크의 성격과 규모에 적합한지 여부

위협 식별, 리스크 평가 및 리스크 관리는 성공적인 보안관리시스템의 핵심이며 조직의 보안 정책에 반영되어야 한다. 보안 정책은 조직의 미래에 대한 비전과 일관되어야 한다. 그것은 현실적이어야 하며 조직이 직면한 리스크의 성격을 과장하거나 경시해서는 안 된다.

② 지속적인 개선을 위한 노력을 포함

전 세계적인 보안 위협으로 인해 조직은 공급사슬에서 발생할 수 있는 리스크를 줄이라는 압력을 받고 있다. 세계관세기구(WCO)등의 기관에서 마련한 법적, 국가적, 규제적 책임과 기타 규정 및 지침을 준수하는 것 외에도 조직은 변화하는 국제 무역, 비즈니스 및 규제 요구에 대한 수요를 충족하기 위해 효과적이고 효율적으로 보안 역량과 보안관리시스템을 개선하는 것을 목표로 한다.

③ 적용이 가능한 보안 규정 및 조직의 요구사항 준수 노력을 포함

조직은 해당 보안 규정 요구사항을 준수해야 한다. 보안 정책 의지표명은 WCO프레임워크와 같이 어떤 규제나 다른 요구사항, 법적으로 위임되거나 자발적으로 수용한 표준을 존중한다면 조직이 이것을 준수할 의무가 있다는 것을 수용하는 것이다.

④ 문서화 시행 및 유지

보안정책 선언과 보안 목표는 제공할 수 있는 리소스가 부족하거나 부적절하기때문에 비현실적인 경우가 많다. 공식 선언 전에 조직은 필요한 재정, 기술 및 자원을 확보해야 하고 이 프레임워크 안에서 모든 보안 목표를 실현할 수 있는지 확인해야 한다. 보안 정책이 효과적으로 시행되기 위해서는, 지속적인 적절성을 위해 문서화되고 정기적으로 검토되어야 하며 필요 시 개정 또는 수정되어야 한다.

⑤ 임직원이 개인의 보안 의무를 인식할 수 있도록 전 직원에게 통지

성공적인 보안을 위해서는 직원들의 참여와 헌신이 필수적이다. 임직원들이 조직의 정책과 그들의 책임을 이해하지 못하고 그들의 필수적인 업무를 수행할 능력이 없으면 보안관리에 효과적으로 기여할 수 없다. 이를 위해서는 조직에서 직원들에게 보안 정책 및 보안 목표를 명확히 전달하여 직원들이 자신의 개인 보안성과를 측정할 수 있는 체계를 갖출 수 있도록 해야 한다.

⑥ 이해관계자들과의 정책 공유

조직의 보안 역량과 관련되거나 그 역량에 영향을 받는 개인 또는 그룹(내부 또는 외부)은 특히 보안정책에 관심이 있으므로 보안 정책을 전달하는 프로세스가 존재해야 한다. 이 프로세스를 통해 필요한 경우 이해관계자들이 보안 정책을 공유해야 한다. 다음은 영국정부의 5세대(5G) 통신망 인프라 구축사업에 공급망 불안과 보안 안전성 문제 방지를 위한 정책의 공유 예시이다.

영국정부가 5세대(5G) 통신망 사업에서 중국 화웨이의 장비를 2027년까지 배제하기로 했다. 가디언 등 주요외신들에 따르면 영국정부는 이날 국가안전보장회의에서 화웨이 제품을 전면 금지하기로 결정했다. 올리버 다우든 영국 디지털문화미디어체육부 장관은 "5월 미국이 추가로 내린 화웨이 규제가 이번 결정에 가장 큰 영향을 줬다"며 "화웨이의 공급망 불안, 시큐리티의 안전성 보장 난항으로 이를 더 이상 늦출 수 없었다"고 말했다.

보리스 존슨 영국 총리는 지난 5월 코로나19 확산을 계기로 2023년까지 영국 인프라 구축 사업에 중국이 관여할 여지를 '제로(0)' 수준으로 축소하는 계획을 세우라고 각 부처에 지시한 바 있다. 특히 영국은 코로나19 사태 이후 주요 의약용품을 비롯해 전략 물자에 대한 중국 의존도를 낮추는 '프로젝트 디펜드'를 실행 중이다.

[펜앤드마이크(http://www.pennmike.com) 2020.07.15. 기사의 일부를 인용함]

보안리스크 평가 및 기획 단계에서 조직은 보안 리스크 식별, 리스크 평가, 리스크관리 프로세스를 사용하고 난 후에 조직 내에서의 보안 리스크, 위협 및 취약성을 전체적으로 인식해야 한다. 보안 리스크 식별, 리스크 평가 및 리스크 관리 프로세스와 그 결과는 전체 보안 시스템의 기반이 되어야 한다. 보안 리스크 식별, 리스크 평가 및 리스크 관리 프로세스와 보안관리시스템의 다른 요소 사이의 연결을 명확히 설정하고 나타내는 것이 중요하다.

조직은 보안 위협뿐만 아니라 보안경영 관련 위협 및 리스크를 지속적으로 식별 및 평가하고, 필요한 경영 관리 수단을 식별 및 실행하기 위한 절차를 수립하고 유지하여야 한다. 보안 위협 및 리스크의 식별, 평가 및 관리 방법은 최소한 운영 조직의 특성과 규모에 적합하여야 한다. 이러한 평가는 사건, 사고의 발생 가능성과 그것으로 인한 모든 결과를 반드시 고려하여야 하며 다음을 포함하여야 한다.

a) 기능상의 마비, 우발적 손상 또는 테러 범죄 등과 같은 물리적인 위협
b) 조직의 성과, 상황 또는 안전에 영향을 미치는 보안관리, 인적요소 및 기타 활동을 포함하는 운영상의 위협 및 리스크
c) 태풍 등 보안 조치 및 장비를 무력하게 만들 수 있는 자연환경 요소
d) 외부에서 제공된 장비의 작동고장 및 서비스의 중단과 같은 변수

e) 법규정 사항 불이행 및 조직의 명성/브랜드 훼손과 같은 위협 및 리스크

f) 보안 장비의 설계 및 설치(대체, 정비 및 기타의 경우를 포함)

보안 리스크 식별, 리스크 평가 및 리스크 관리 프로세스는 이 세 가지 프로세스를 수행하는 비용과 시간 및 신뢰할 수 있는 데이터의 가용성을 고려해야 한다. 규제 또는 다른 목적을 위해 이미 개발된 정보가 이러한 프로세스에 사용될 수 있다. 조직은 보안 위협을 고려할 때 어느 정도의 실질적인 통제력을 가질 수 있는지도 고려할 수 있다. 조직은 현재 및 관련 과거 활동, 프로세스, 제품 및/또는 활동과 관련된 입력과 산출을 고려하여 보안 위협이 무엇인지 판단해야 한다. 보안리스크 평가 중에 <표 6-10>와 같이 위협시나리오를 최소한 포함하여 고려한다. 보안평가서는 또한 평가를 시행하는 정부당국, 조직의 경영 또는 보안 전문가에 의하여 결정된 다른 시나리오를 고려하여야 한다.

▼ 표 6-10   공급사슬 보안위협시나리오(예시)

공급망 보안 위협 시나리오 예시	리스크 처리 대안
• COVID-19 위기에서는 많은 국가들이 입국자의 백신 접종 의무화를 요구하고 있어 미접종자가 많은 해운업계가 타격을 받을 수 있다. • 코로나 관련 제품의 수요가 증가하고 있는 가운데 사용할 수 있는 콘테이너수는 제한되어 있는 상황이어서 공급망 차질이 더 악화될 수 있다. • 국제해운회의소(ICS)에 따르면 현재 해운업 종사자 170만명 중 절반 이상인 90만명이 개도국 국적을 갖고 있으나 이들 국가들이 오는 2024년까지 접종에 필요한 코로나 백신을 공급받지 못할 가능성이 높은 것으로 전해졌다.	• 개도국이 공급받는 코로나 백신이 바로 이들 필리핀이나 인도네시아, 인도 출신의 선원들에 의한 수송에 크게 의존된다며 이들에 대한 우선 접종을 위해 해운업계가 로비 활동을 벌임으로써 백신 확보. • 해운업계가 유엔해운기구인 국제해사기구(IMO)가 WHO의 백신 공동구매 프로젝트인 '코백스'를 통해 중저소득 국가들에게 제공될 백신을 우선 확보 추진.

파이낸셜뉴스 2021.03.22. 기사를 참고하여 작성한 시나리오임

보안리스크 평가는 문서화할 수 있는 공인된 방법론을 사용하여 자격을 갖춘 직원이 수행해야 한다. 평가에 대한 적절한 접근방식에는 체크리스트, 인터뷰, 직접적인 검사 및 측정, 이전 관리시스템 검사의 결과 또는 그 활동의 특성에 의존한 평가가 있다. 공급사슬에서 평가한 각 보안사고의 심각성은 높음, 중간

또는 낮음으로 등급이 나뉘어야 하며 만약 숫자 계산으로 등급을 매기면 계산의 결과는 정성적 시스템으로 변환되어야 한다.

실행 및 운영 단계에서는 효과적인 보안관리를 촉진하기 위해 역할, 책임 및 권한을 정의, 문서화 및 전달해야 한다. 보안에 중요한 작업에는 보안검사를 통과한 직원만 활용해야 하며 보안 작업을 수행하기 위해서는 적절한 자원이 제공되어야 한다.

최고경영자는 보안경영시스템(프로세스)의 개발 및 실행과 그것의 지속적인 효과성 개선에 대한 의지를 표현하여야 한다. 점검 및 개선조치 단계에서는 조직 전체에 걸친 보안 성과 및 공급사슬에 대한 주요 성과 지표를 파악해야 하며 여기에는 보안 목표가 달성되고 있는지 여부, 적절하게 통제되고 있는 위협과 효과적 대응책, 보안 실수 등 보안관리시스템 실패의 교훈, 이해관계자 인식, 교육, 커뮤니케이션 프로그램의 효과성, 보안관리시스템을 검토 및 개선에 활용할 수 있는 정보의 생산 및 사용 등이 포함된다.

조직은 보안경영시스템 및 보안의 성과를 모니터링하고 측정할 수 있는 절차를 수립 및 유지하여야 한다. 조직의 보안관리시스템은 사전 예방적 모니터링과 사후 대응적 모니터링을 모두 통합해야 한다. 보안 활동의 적합성을 점검하기 위해 사전 예방적 모니터링을 사용해야 한다(예 보안 검사의 빈도와 효과 모니터링). 사후 대응 모니터링을 사용하여 비상사태와 보안사고를 비롯한 보안관리시스템의 취약점을 분석 및 기록해야 한다.

다음은 보안 성능을 측정하는 데 사용할 수 있는 몇 가지 방법의 예시이다.

- WCO SAFE Framework of Standards, the United States' Customs–Trade Partnership Against Terrorism (C–TPAT) 및 European Commission Authorized Economic Operator (AEO) 규제 준수와 같은 보안 리스크 식별, 리스크 측정과 리스크 통제 프로세스의 결과
- 점검표를 이용한 체계적인 점검
- 보안 검사 및 새로운 공급사슬 물류 시스템 평가
- 물류 통계 패턴의 검토 및 평가 및 보안 장비의 상태 양호 여부 검사
- 공인된 보안 경험이나 공식 자격을 갖춘 전문 직원의 가용성 및 효율성
- 의심스러운 행동을 탐지하기 위한 직원의 태도 조사

조직은 리스크 수준에 따라 모니터링 세부목표 및 모니터링 빈도를 결정해야 한다. 보안 위협 식별 및 리스크 평가 결과에 기초한 점검 일정 및 규정 제정, 입법 및 법규는 보안관리시스템의 일부로 마련되어야 한다.

보안 감시 및 보장에 사용되는 보안 장비(예 카메라, 펜스, 게이트, 경보 등)는 고유하게 나열, 식별 및 제어되어야 하며 장비 작동의 정확성을 알아야 한다. 보안을 위해 사용되는 장비는 적절한 방식으로 유지되어야 하며 필요에 따라 작동할 수 있어야 한다.

마지막으로 경영 검토 및 지속적 개선 단계에서는 최고경영진은 보안관리시스템의 작동을 검토하여 보안관리시스템이 완전히 실행되고 있는지, 적절하게 유지되는지 그리고 조직의 정해진 보안 정책과 목표의 달성에 효과적인지 여부를 평가해야 한다. 또한 검토에서는 보안 정책이 계속 적절한지 여부도 판단해야 한다. 또한 향후 기간에 따라 지속적인 개선을 위한 새로운 보안 목표 또는 업데이트된 보안 목표를 설정해야 하며, 보안관리시스템의 모든 요소에 변경이 필요한지 여부를 고려해야 한다.

일반적으로 경영검토 프로세스에는 정기적으로 최고경영진이 수행하는 회의가 포함된다. 보안관리시스템은 보안관리시스템 내에서 정상적인 방법으로 처리해야 하기 때문에 검토는 보안관리시스템의 전반적인 성과에 초점을 맞춰야 한다.

다. ISO 28000 인증프로그램의 전망

한국해양수산개발원의 국내기업 물류보안 인증프로그램에 대한 연구를 수행한 바 있다.[32] 해당 연구 결과에 의하면 한국형 물류보안 인증프로그램인 '관세청의 종합인증우수업체(AEO)'에 관심을 가지는 기업은 AEO 인증을 통해 영업력 강화와 통관혜택에 주로 관심을 가지는 반면, ISO 28000 인증은 고객의 불만감소, 운영효율 증진, 화물의 가시성 확보에 관심을 두는 것으로 나타났다. 이는 국내에서 운영되고 있는 물류보안 인증제도는 서로 상이한 특징을 갖고 있다는 것으로 해석될 수 있다. 물류보안 인증제도는 물류보안 강화에 따른 추가적인 화물검사 및 정보교환 활동이 요구됨에 따라 화물의 지체현상을 초래하

---

32) 고현정 (2013). 국내기업의 물류보안 인증프로그램 도입에 관한 인식연구. 해양정책연구, 27(2), 33 – 54.

는바, 이러한 화물지체 현상을 최소화하고 안전하게 국제교역의 원활한 흐름을 보장하기 위한 방안이라는 측면에서 두 제도의 상호보완 운영전략이 요구된다 할 것이다.

또한 이 연구에 의하면 물류보안 인증제도 도입 시 '기업이 가장 큰 부담으로 인식하는 항목'으로서 국내 인증제도 운영의 비합리성을 지적하고 있다. 따라서 현재 운영되고 있는 AEO와 ISO 28000 프로그램의 연계성 확보를 통한 상호 보완하는 정부 정책이 요구된다. 이는 기업의 물류보안 인증프로그램 도입 시 단순히 통관혜택이나 영업력 강화뿐만 아니라 인증프로그램을 기업 관리의 일부분으로 포함시켜 전반적인 기업 경영시스템의 효율성을 향상시키는 것이 향후 중요한 부분임을 시사하고 있다.

그리고 기업의 특성, 즉 기업규모, 경영인증 프로그램 유무(ISO 9000, ISO 14000 등), 업종(제조업, 물류기업)에 따라 선호하는 물류보안 인증프로그램 형태는 기업규모에 무관하게 AEO와 ISO 28000을 동시에 취득하기 원하는 것으로 나타났다. 이는 물류보안 인증제도 도입을 통해 통관혜택 뿐만 아니라 화물흐름의 가시성 확보를 통해 최근 기업경영의 화두인 공급사슬관리(Supply Chain Management)의 효율성을 동시에 추구하고자 하는 의도라 볼 수 있다. 업종별로 보면 제조업은 AEO의 도입을 선호하는 경향이 있으나, 물류업은 ISO 28000 또는 AEO&ISO 28000을 도입하기를 원하고 것으로 분석되었다. 이는 물류기업이 공급사슬관리에 있어 가시성을 확보하는 역할이 중요하기 때문인 것으로 해석될 수 있으며, 더불어 업종별로 차별화된 인증평가 항목을 설정하여 기업의 특성을 반영하는 방안이 요구된다 할 것이다. 따라서 세계적으로 ISO 28000 인증의 요구는 지속될 것으로 보이며 우리나라 기업들도 이러한 추세에 맞추어 시의적절하게 인증을 획득하는 등 대비가 필요할 것으로 전망된다.

ISO/IEC 27000 정보보안(보호) 경영시스템 표준 시리즈

1. ISO 27000 시리즈 개관

현대의 정보통신과 인터넷의 확산으로 개인의 라이프스타일 및 기업의 업무가 급격히 그 모습이 바뀌게 되고 정보화 사회가 가속화함에 따라 주변의 모든 업무들이 ICT시스템에 의존하여 빠르고 편리하게 되었지만 급속한 정 보화의 흐름과 더불어 개인정보의 대량 유출, 고객의 정보 유출 및 핵심산업기밀의 유출 등 여러 부작용 또한 늘어나고 있어서 이러한 문제를 방지하기 위해 정보보안체계를 구축하고 있지만 이로 인해 개인의 정신적, 경제적 피해뿐만 아니라 기업은 물론 국가경쟁력 저하로 이어지는 막대한 피해를 가져오는 일이 발생하게 되었다. 이러한 정보 유출을 막기 위한 정보보안을 위해서는 정보보안[33](또는 보호)관리체계의 조직 내 구축, 정착 및 유지관리를 통하여 정보의 유출 및 손실을 최소화해야 한다.

ISO 27000 시리즈란 ISO/IEC 27000 패밀리라고 부르는 정보보안관리(또는 경영)시스템(ISMS: Information Security Management System)표준들을 의미한다. ISMS란 조직의 중요 정보를 안전하게 관리하기 위해 사람, 프로세스, IT 시스템에 리스크관리 프로세스(Risk Management Process)를 적용하는 체계적 접근 방법이다. 보다 구체적으로는, 조직의 자산에 대한 안전성 및 신뢰성을 향상시키기 위한 절차와 과정을 체계적으로 수립하고 문서화하여 지속적으로 관리·운영하고 정보보호의 목표인 정보의 기밀성, 무결성, 가용성을 실현하기 위한 일련의 과정 및 정보보호에 대한 지속적인 개선활동을 의미한다.[34]

---

33) 정보보안이라고 표현해야 하나 ICT업계와 학계에서는 주로 정보보호라는 용어를 사용해왔고 security이므로 본서에서는 이 두 가지를 혼용하기로 한다.

34) 장상수, 이호섭 (2010). 정보보호관리체계(ISMS) 인증심사 결함사항 분석에 관한 연구. 정보

기업 및 기관의 막연한 정보보안체계를 구체적인 정보보안체계로 갖출 수 있도록 하고 ISO/IEC 27001 정보보안 경영시스템 구축 및 인증을 통해 제3자 또는 거래하는 고객 및 상위의 기업에게 정보보안에 대한 신뢰성을 가져다 줄 수 있다. 실제로 많은 기업들이 Global 계약 체결 시, 자사 정보보호관리체계의 안전성을 입증하는 객관적 근거로 ISO 27001 인증서를 활용하고 있다.[35] ISO/IEC 27001은 정보보안 분야에서 가장 권위 있는 인증으로 영국표준인 BS 7799를 기반으로 하여 2005년 10월에 새로운 국제표준인 ISO/IEC 27001로 승격된 바 있다.

2017년 ISO 조사결과에 따르면, 2016년 12월 31일자로 3만 3,290개 기관이 ISO/IEC 27001 인증을 받고 있으며, 국내에는 364개 인증서가 발행돼 있다. 27000 패밀리 표준은 3개의 군으로 나누어진다. 첫 번째 '지침' 군에는 공통 용어를 다루는 27000, 통제 실무지침을 제공하는 27002, ISMS 구현을 위한 27003, 정보보안 수준파악을 위한 척도와 측정에 관한 27004, 정보보안 리스크관리에 관한 27005, 사이버 보험을 다루는 27102가 포함된다. 두 번째 '인정, 인증 및 감사' 군에는 인증기관의 인정에 대한 지침인 27006, 감사자를 위한 지침 27007, 정보보안 통제 평가를 위한 27008, 정보보안경영 전문가 자격 요구사항 27021이 있다. 세 번째로 '분야별 적용' 군이 있다. 여기에는 27001의 분야별 적용 요구사항인 27009가 포함되며, 분야 간 및 조직 간 소통을 위한 27010, 통신 분야 보안을 위한 27011, 27001과 20000-1(서비스 관리 시스템 요구사항)의 통합 구현을 위한 27013, 정보보안 거버넌스를 위한 27014, 클라우드 보안을 위한 27017, 에너지 유틸리티 분야를 위한 27019, 사이버 보안 표준인 27103이 포함된다.[36]

우리나라에서는 「정보통신망 이용촉진 및 정보보호 등에 관한 법률」 제47조에 <정보보호관리체계의 인증> 이라는 법적 근거를 두고 기술적·물리적 보호조치를 포함한 종합적 관리체계가 인증심사기준에 적합한지 여부를 방송통신위원회 산하기관인 한국인터넷진흥원으로부터 이 분야의 인증을 받도록 하고 있다.

보호학회지, 20(1), 31-38.

35) <칼럼> ISO 27001 인증과 기업의 정보보호 활동 (서정호 선임심사원)

36) https://www.boannews.com/media/view.asp?idx=65796&kind=2

2. ISO 27001 시리즈 주요 내용

정보보안관리체계 인증심사 기준은 2008년 5월 방송통신위원회 고시(제2008-11호)로 공표하였으며, 필수사항인 정보보호 5단계 관리과정 요구사항 14개 항목, 문서화 요구사항 3개 필수항목과 선택사항인 정보보호대책 120개 항목으로 총 137개로 구성되어 있다. 인증신청 기업은 137개 심사기준의 요구사항을 충족하여야 인증을 받을 수 있다. 실제로는 137개 심사기준에 대한 세부통제사항 수는 446개로 세분화될 수 있다. ISO 27001 규격에 따른 인증 획득을 통해 정보보안관리체계를 정착시키기 위해 단계별로 실행계획을 세우는 것이 중요하며 <그림 6-17>과 같이 제시될 수 있다.

┃그림 6-17 ISO 27001 인증 준비 프로세스(예시)〉

단계	실행 계획
1	ISO/IEC 27001 : 2013 구축에 필요한 팀 구성
2	변경 사항 파악, 관련 자료 수집 및 구성된 팀에 대해 충분한 교육 실시
3	단계별로 구축하기 위한 PDCA별 세부일정 수립
4	위험성 평가 및 문제점 도출
5	문제점에 대한 대응책 수립, 부적합 개선 및 시정조치
6	인증기관의 심사를 통한 인증서 획득

출처: ISO/IEC 27001: 2013 정보보안경영시스템의 특징과 적용 방안[37]

정보보안관리체계는 ① 정보보호정책 수립, ② 정보보호관리체계 범위 설정, ③ 리스크관리, ④ 구현, ⑤ 사후관리의 5단계 과정을 거쳐 수립·운영된다. 새로운 위협요소 및 취약성 발견 등 지속적으로 변화하는 IT 및 인터넷 환경에서 업체 내부의 주요 정보자산을 효과적으로 보호하고 관리하기 위해서는 주기적

---

37) 송경일, 장중순 (2014). ISO/IEC 27001: 2013 정보보안경영시스템의 특징과 적용 방안. 신뢰성응용연구, 14(2), 108-113

인 리스크분석을 통한 지속적인 사후관리가 필요하다. 이 관리과정은 일회적인 단계가 아니라, 지속적으로 유지 관리되어야 하는 순환 주기의 형태를 가진다.

정보보호관리체계 수립 및 운영의 근거는 정책, 지침, 절차 등으로 항상 문서화되어야 한다. 이러한 문서 관리에 대한 요구사항을 인증심사 기준에는 다음과 같이 문서요건, 문서통제, 운영기록 통제의 3개 사항으로 구성되어 있다. ① 문서요건 면에서는 정보보안관리체계와 관련한 문서는 기업의 모든 임직원 및 관련자들이 쉽게 이용할 수 있도록, 해당 기업의 규모 기능 등을 고려하여 문서화해야 한다. ② 문서의 통제 면에서는 작성된 문서는 문서의 발생 타당성 승인, 갱신, 개정, 배포, 폐기 등의 통제를 위한 절차를 수립하여야 한다. ③ 운영기록의 통제 면에서는 정보보안관리를 효과적, 효율적으로 운영하기 위해서 기록을 확인, 유지보수, 보존, 폐기하는 문서화된 절차를 수립하고 유지·관리하여야 한다.

정보보안관리체계는 쉽게 말해 정보보호에 관련된 리스크를 통제하기 위한 대책을 수립하고 관리하는 체계라고 할 수 있다. 따라서, 인증심사 기준에서는 15개 통제분야에 대해 120개 세부통제사항을 제시하고 있다(표 6-12).

▼ 표 6-12   정보보안관리체계 인증 정보보안대책[38]

통제분야	세부통제사항	항목수
1. 정보보호 정책	정책의 승인 및 공표, 체계, 유지 관리	5
2. 정보보호 조직	조직의 체계 및 책임과 역할	4
3. 외부자 보안	계약 및 서비스 수준협약 등	4
4. 정보자산 분류	정보자산의 조사 및 책임할당, 정보자산의 분류 및 취급	4
5. 정보보호 교육 및 훈련	교육 및 훈련프로그램 수립, 교육훈련의 시행 및 평가	4
6. 인적보안	책임할당 및 규정화, 직원의 적격심사, 데이터 센터 보안, 장비보호, 사무실 보호 등	5
7. 물리적 보안	물리적 보호구역, 물리적 접근통제, 데이터 센터 보안, 장비보호, 사무실 보호 등	12
8. 시스템개발 보안	분석 및 설계, 구현 및 이행, 변경 관리	13

---

38) '장상수, 이호섭 (2010). 정보보호관리체계(ISMS) 인증심사 결함사항 분석에 관한 연구. 정보보호학회지, 20(1), 31-38.' 참고

통제분야	세부통제사항	항목수
9. 암호통제	암호정책, 암호사용, 키관리	3
10. 접근통제	접근통제 정책, 사용자접근관리, 접근통제 영역 등	14
11. 운영관리	운영절차와 책임, 시스템/네트워크 운영관리, 악성소프트웨어 통제 등	22
12. 전자거래 보안	교환합의서, 전자거래, 전자우편, 공개서버의 보안관리, 이용자 공지사항	5
13. 보안사고 관리	대응계획 및 체계, 대응 및 복구	7
14. 검토, 모니터링 및 감사	법적 요구사항 준수 검토, 정보보호정책 및 대책 준수 검토, 모니터링, 보안감사	11
15. 업무연속성관리	업무연속성 계획 수립과 구현, 시험, 유지관리	7

　　국내에서는 ISMS와 ISO 27001 인증제도가 공존하고 있는 실정으로 ISO 27001 인증의 경우 BSI Korea와 같은 인증기관에, 국내 ISMS의 경우 KISA(Korea Internet & Security Agency, www.kisa.or.kr)에서 수행하고 있다. 신청기관은 인증범위, 인증심사 일정 등에 대해 인증기관과 협의해 인증심사에 대한 계약을 체결한다. 인증을 획득한 이후에도 ISO 27001 인증의 경우 6개월 주기로, 국내 ISMS의 경우 1년 주기로 사후 심사를 받아야 인증을 유지할 수 있다.

　　처음 27002표준 문서가 개발될 당시에 제안된 통제항목들 중 대부분은 특정 분야나 서비스에 상관관계 없이 모두 효과적인 정보보호 활동에 공통적으로 필요한 통제항목으로 선정되어 27002에 포함, 기술되었다. 그러나 일부 통제항목들은 특정 분야나 서비스에서만 적용되거나 법, 제도적으로 특정 서비스에 한하여 효과적인 대응책으로 판단되는 것들이 있었으며, 최근 클라우드, 빅데이터, IoT등 새로운 분야가 대두되면서 이들 분야에서 필요한 통제항목들이 새로이 제시되었다. 따라서 각 분야에 필요한 통제항목들에 대한 최적 실무의 개발 요구가 발생하게 되었다. ISO에서는 각 분야별 정보보호 경영 지침을 효과적으로 관리하기 위하여 이미 27002에 기술되어 있는 통제항목에 대해서는 필요한 경우 27002의 통제에 대하여 분야별 구현 지침을 추가하고, 27002에 기술되어 있지 않지만 해당 분야에 꼭 필요한 통제항목들은 별도의 부록 A에서 기술하는 방식으로 별도의 표준 문서들을 만들기로 합의하였다. 이 결정에 의하여 통신 분야에서는 27011, 의료정보 분야에서는 27799, 클라우드 환경에 대해서는 27017

과 27018등이 개발되었다.[39] ISMS표준 시리즈들 간의 관계는 <그림 6 - 18>과 같다.

▌그림 6-18 ISMS 표준 시리즈 관계

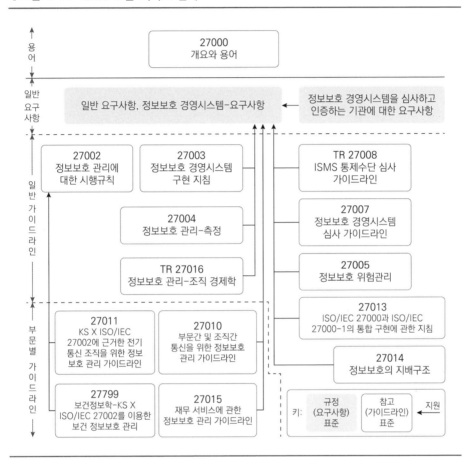

한편 ISO/IEC 27001은 Annex A를 참조하도록 되어 있고 이 Annex A는 27002에서 정의한 통제 및 통제 목표를 나열하고 있다. 이에 따라 27002 뿐만 아니라 위에서 설명한 분야별 표준들을 참조하여 정보보호경영시스템 인증제도를 운영할 수 있도록 하기 위하여 ISO/IEC 27009 "ISO/IEC 27001의 분야별 응용 -요구사항

---

39) 박태완, 오경희(2016). 분야별 정보보호 경영시스템 인증 동향. 정보보호학회지, 26(4), 16 - 21.

(Sector－specific application of ISO/IEC 27001-Requirements)" 개발이 개시되었고. 지난 2016년 6월 15일, 약 4년간의 표준화 활동의 결과로 ISO/IEC27009 국제표준 (International Standard)으로 통과되었다. 이와 같이 27009의 활용을 통하여 27001만 으로는 충분하다고 느끼지 못하는 각 산업 분야에서 분야별 인증 기준을 개발하려는 노력은 계속될 것으로 예상되며, 국제적으로 확산되고 있는 시장에서는 이러한 분야별 국제인증을 통하여 시장 점유율을 향상시키고자 하는 기업들이 경쟁적으로 인증 획득에 나설 가능성이 높다.40) 이슈가 되고 있는 이러한 분야들은 시장이 전세계적으로 형성되고 있어 이들 분야에서의 국제 인증이 개시 되면 실질적으로 큰 영향을 미칠 것으로 생각된다. 향후 빅데이터나 IoT 분야의 정보보안 표준이 본격적으로 개발되면 이에 기초한 인증표준도 검토될 수 있을 것이다. 국내의 많은 전문가들이 이러한 국제 표준 개발에 적극적으로 참여하고 있으나, 그에 비해 이러한 변화에 대한 국내 산업계의 전반적인 대응은 아직도 미흡한 부분이 있는 것으로 파악되고 있다.

---

40) 박태완, 오경희 (2016). 분야별 정보보호 경영시스템 인증 동향. 정보보호학회지, 26(4), 16－21.

제8절 ISO 37001 반부패(뇌물방지)경영시스템

1. ISO 37001 개관

2017년에 우리나라의 부패인식지수(Corruption Perceptions Index · CPI)가 180개 국 중 51위로 나타났다. 반부패운동 단체 '국제투명성기구'(Transparency International · TI)는 2018년 2월에 2017년 국가별 부패인식지수를 발표했다. 한국의 부패인식지수

▌그림 6-19 국가별 부패인식지수와 한국 순위

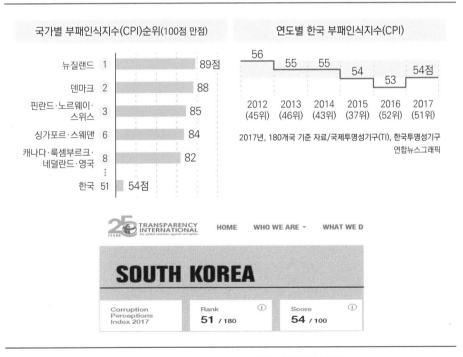

출처: 국제투명성기구 www.transparency.org

(CPI)가 경제협력개발기구(OECD) 35개국 중 29위로 전년과 같은 수준에 머물렀으며 전체 180개 대상 국가 가운데에서는 51위(54점)였다. 전체 순위 및 평가점수는 1단계·1점 상승했지만, 우리나라의 국격과 경제 수준을 고려하면 여전히 순위가 낮다는 지적이다.

한국의 CPI는 2009년과 2010년 39위를 기록했으나 2011년에 43위로 내려간 뒤 2015년까지 40위권에 머물렀고 2016년에는 52위(53점)로 하락했다.[41]

이러한 문제에 대응하여 국민권익위는 2018년 4월 18일 문재인 대통령 주재로 열린 '제2차 반부패정책협의회'에서 '5개년 반부패 종합계획'을 발표했다. 2017년 9월 1차 협의회 이후 두 번째로 개최된 이날 반부패정책협의회에는 반부패 관계기관뿐 아니라 '청렴사회 민관협의회' 위원도 참석해 보고내용을 공유했다. 이 같은 여건에서 국민권익위는 2022년 부패인식지수 세계 20위권으로의 도약을 목표로 공공과 민간을 포괄하는 종합적인 반부패 정책을 사회각계와 지속적으로 협업하여 추진하기로 했다. 이를 위한 4대 주요 전략 중에서 투명한 경영환경의 과제로 '기업의 반부패경영 지원 및 책임성 강화'와 '민간부문 청렴지수 조사를 통한 민간의 청렴노력 지원'이라는 두 개의 과제를 선정하였다. '기업의 반부패경영 지원 및 책임성 강화'의 실천을 위한 세부 이행 요구사항은 <그림 6-20>과 같다.

❙그림 6-20 기업의 반부패경영 지원 및 책임성 강화

---

2. 부패행위에 대한 기업(법인) 책임 강화 검토 [민관합동]

- (기업 책임) 회사 직원이 기업활동의 일환으로 부패행위를 행할 경우, 그 책임자인 법인도 상응하는 책임을 부여하는 방안 검토

  ※ (참고 사례)「청탁금지법」제24조는 법인 등의 대리인, 종업원 등이 공직자등에게 수수금지 금품등 제공 시 그 행위자 외에 법인도 제재하되, 상당한 주의와 감독을 기울인 경우는 면책

- (책임 감경) 대법원 양형위원회 등 관계기관과 긴밀하게 협의하여 반부패 실천 우수 기업에 대한 인센티브 부여 등 모색
  ※기업 반부패 가이드, ISO37001 등 국내외 가이드 이행 시 기업의 상당한 주의의무 이행 수단으로 인정하는 방안 등

출처: 국민권익위원회 블로그 http://blog.daum.net/loveacrc/11661

---

41) 뉴시스 <2018-02-22> 한국, 부패인식지수 세계 51위…"국정농단 사건에 추락"

한편 '민간부문 청렴지수 조사를 통한 민간의 청렴노력 지원'의 실천을 위한 세부 이행 요구사항은 <그림 6-21>과 같다. 그 평가방법에 '국제 평가기관의 글로벌 스탠다드의 적용'이라고 적시되어 있고, 글로벌 스탠다드 평가시스템이란 즉, ISO 37001 부패방지경영 시스템 적용이 평가기준이 되는 셈이다.

▌그림 6-21 민간부문 청렴지수 조사를 통한 민간의 청렴노력 지원

> 1. 민간의 자율적 청렴노력 지원 위한 청렴지수 조사 추진

민간부문 청렴지수 조사 방안(안)

▶ (평가대상) 민간부문 중 조사가 필요한 대상 영역을 범주화
　※ 예시) 건설업, 금융업, 유통업, 제조업 등 산업부문별로 구분하여 청렴지수 도출
▶ (평가방법) 민간부문 내·외부 이해관계자 대상 설문조사(부패인식·경험) 등 국제 평가기관의 글로벌 스탠다드 적용
▶ (추진체계) 민간부문의 자율적 개선을 유도할 수 있는 추진체계 마련
　※ 시민사회 또는 국책연구기관이 주관하는 방안 등

과제 추진일정

과제명	'18.상	'18.하	'19.상	'19.하	'20.상~
민간부문 청렴지수 조사를 통한 민간의 청렴노력 지원	연구용역 추진	시험 측정 실시	민간 청렴지수 측정	측정결과 발표	민간 청렴 노력 지원

출처: 국민권익위원회 블로그 http://blog.daum.net/loveacrc/11661

이에 따라 최근 들어 부쩍 많은 그리고 다양한 기업과 기관들이 ISO 37001 인증을 신청하고 획득하고 있는 것이다. 한국뿐만 아니라 많은 사회에서 뇌물은 만연하게 퍼져있는 현상이다. 심각한 사회적, 도덕적, 경제적 및 정치적 우려를 불러일으키고, 올바른 지배구조를 훼손하고, 개발을 방해하며, 경쟁을 왜곡한다. 뇌물은 정의를 무너뜨리고 인권을 침해하며 빈곤을 구제하는 데 장애가 된다. 또한 비즈니스 비용의 증가, 상거래에 대한 불확실성 초래, 상품 및 서비스 비용의 증가, 제품 및 서비스의 질 하락을 유발하여 생명과 재산의 손실을 초래하고, 기관에 대한 신뢰를 파괴하며, 공정하고 효율적인 시장 운영을 저해한다. 정부는 OECD의 「국제상거래에 있어서 외국공무원에 대한 뇌물 제공행

위 방지를 위한 협약」42)과 「부패방지를 위한 유엔 협약」43)과 같은 국제적인 협정과 국내 법률을 통해 뇌물을 다루는 정책을 진전시켜 왔다. 대부분의 사법 권 내에서 개인이 뇌물에 가담하는 것은 범죄이며 뇌물에 대한 책임은 개인뿐만 아니라 조직으로 점점 확대되는 경향이 있다. 그러나 법률만으로 이 문제를 해결하는 것은 충분하지 않다. 조직은 부패방지에 적극적으로 기여할 책임이 있다. 이는 이 표준이 의도하는 뇌물방지를 위한 경영시스템과 성실성, 투명성, 개방성 및 준법 문화를 수립하는 리더십을 통해 이를 달성할 수 있다. 조직 문화의 특징은 뇌물방지를 위한 경영시스템의 성공 또는 실패에 매우 중요하다. 잘 관리된 조직은 적절한 경영시스템과 준수방침을 통해 완전성에 대한 의지표명과 법적의무를 준수할 수 있을 것이다. 뇌물방지 방침은 전반적인 준수방침의 구성 요소이다. 뇌물방지 방침 및 지원 경영시스템은 조직이 뇌물 관련 비용, 리스크 및 피해를 방지하거나 완화하고 비즈니스 거래에 대한 신뢰와 명성을 높일 수 있게 한다.44)

▎그림 6-22   ISO 37001 부패방지경영시스템 인증서 및 수여식

출처: http://news.mt.co.kr 및 http://www.gukjenews.com

42) Organization for Economic Co-operation and Development (2010), Convention on Combating Bribery of Foreign Public Officials in International Business Transactions and Related Documents, Paris.

43) United Nations Convention against Corruption, New York, 2004. http://www. unodc.org/ documents/treaties/UNCAC/Publications/Convention/08-50026_E.pdf

44) KS A ISO 37001:2017 반부패경영시스템-뇌물방지를 위한 요구사항 및 사용지침

이 표준은 국제적 모범사례를 반영하며 모든 관할 범위에서 사용할 수 있다. 공공, 민간 및 비영리 부문을 포함하여 모든 분야의 소규모, 중간 규모 및 대규모 조직에 적용할 수 있다. 조직이 직면한 뇌물 리스크는 조직의 규모, 조직이 운영하는 지역 및 부문, 조직 활동의 특성, 규모 및 복잡성과 같은 요소에 따라 다양하다. 이 표준은 조직이 직면한 뇌물 리스크에 따른 합리적이고 비례적인 조직의 방침, 절차 및 관리에 의한 실행을 규정한다. 부속서 A는 이 표준 요구사항의 실행에 대한 지침을 제공한다. 이 표준에 대한 적합성이 뇌물 리스크를 완전히 제거할 수 없으므로 조직과 관련한 뇌물이 발생하지 않았거나 발생하지 않을 것이라는 것을 보장하지는 않는다. 다만, 이 표준은 조직이 뇌물을 예방, 탐지 및 대응할 수 있는 합리적이고 비례적인 조치를 실행하는 데 도움이 될 수 있다.[45]

이 표준은 ISO 경영시스템 표준의 요구사항과 일치한다. 이러한 요구사항에는 여러 ISO 경영시스템 표준을 실행하는 사용자에게 이점을 주기 위해 고안된 HLS(high level structure), 동일한 문구 및 정의가 있는 공통 용어가 포함된다. 이 표준은 다른 경영시스템 표준(예 ISO 9001, ISO 14001, ISO/IEC 27001 및 ISO 19600) 및 경영 표준(예 ISO 26000 및 ISO 31000)과 함께 사용할 수 있다.

2. ISO 37001 주요 내용

ISO 37001 반부패경영시스템표준의 주요 내용은 요약해서 보면 다음과 같다. 경영시스템표준의 HLS구조를 갖고 있으나 동시에 뇌물, 부패 방지에 특성화된 내용을 갖추고 있다. 그 중 뇌물 방지와 연관된 핵심 항목만을 요약하면 다음과 같다.

제4장 조직상황
    1) 조직과 조직상황의 이해
    2) 이해관계자의 니즈와 기대 이해
    3) 뇌물 방지를 위한 경영시스템 적용범위 결정
    4) 뇌물 방지를 위한 경영시스템
    5) 뇌물리스크 평가

---

45) 전게서

제5장 리더십
> 1) 리더십과 의지표명
> 2) 뇌물방지 방침
> 3) 조직의 역할, 책임 및 권한

제6장 기획
> 1) 리스크와 기회를 다루는 조치
> 2) 뇌물방지를 위한 목표와 목표 달성 기획

제8장 운용
> 1) 운용 기획 및 관리
> 2) 실사(due diligence)
> 3) 재무적 관리
> 4) 비재무적 관리
> 5) 통제 조직과 비즈니스 관계자의 뇌물방지 관리 실행
> 6) 뇌물방지에 대한 의지표명
> 7) 선물, 접대, 기부 및 유사한 이익
> 8) 뇌물방지 관리의 부적절성에 대한 관리
> 9) 우려 제기
> 10) 뇌물의 조사 및 조치

제9장 성과평과
> 1) 모니터링, 측정, 분석 및 평가
> 2) 내부심사
> 3) 경영검토
> 4) 뇌물방지 준수책임자 검토

출처: KS A ISO 37001:2017

이와 함께 부속서는 뇌물방지를 위한 경영시스템의 범위, 뇌물 예방, 탐지, 대응 조치의 합리성 및 비례성, 뇌물리스크 평가, 최고의결기구와 최고경영자의 역할과 책임, 뇌물방지 준수기능/책임자, 자원, 고용 절차, 인식 및 교육훈련, 실사, 재무적/비재무적 관리방법, 통제조직 및 비즈니스 관계자의 뇌물방지를 위한 경영시스템 실행, 문서화된 정보, 뇌물방지 의지표명, 선물/접대 기부 및 유사한 이익, 내부심사, 뇌물조사 및 조치, 모니터링, 뇌물방지를 위한 경영시스템의 변경 기획 및 실행, 공직자, 뇌물방지 프로그램 등으로 구성되어 있다.

부패방지를 위한 시스템 도입 계획이 있다면, 조직은 부패 리스크 예방을 위해 지원해야 하는 사항에 대해 알아야 한다. ISO 37001은 DO(실행단계)를 통해

체계화된 시스템이 성공적으로 정착될 수 있도록 조직이 내·외부 관련자들에게 지원해야하는 사항들을 제시하고 있다. 실행단계 중 제7장 '지원'에 해당되는 '인식과 교육훈련', '의사소통', '문서화된 정보'에서 요구하는 사항들은 아래와 같다.[46]

첫째, 인식과 교육훈련이다. 조직은 직원들에게 부패에 대한 인식을 제고하고 부패방지경영시스템을 준수할 수 있도록 최신화된 교육을 정기적으로 제공해야 한다. 또한 부패 리스크의 발생 가능성이 중간 이상인 비즈니스 관련자(예, 아웃소싱, 거래관계기업)에게도 동일한 교육훈련을 제공해야 한다. 이러한 교육훈련에는 조직의 부패방지 방침, 부패로 인해 초래되는 피해, 부패가 발생할 수 있는 상황과 그 상황을 인식하는 방법, 뇌물 및 청탁에 대응하는 방법, 우려사항을 보고할 수 있는 방법 등이 포함되어야 한다.

둘째, 의사소통이다. 부패방지경영시스템에 따라 비즈니스를 수행하기 위해서는 내용, 시기, 대상, 방법, 담당자, 언어(봉사 및 활동지역)의 내용을 포함하여 시스템의 절차 및 범위 등이 대내외적으로 잘 전달될 수 있어야 한다. 또한 부패방지 방침은 모든 내·외부 이해관계자들이 열람할 수 있어야 하며 중간이상의 부패 리스크가 있는 인원 및 관련자에게는 직접 전달되어야 한다.

셋째, 문서화된 정보이다. 조직은 부패방지경영시스템과 관련된 필요한 정보가 적절한 시기 및 장소에서 사용될 수 있도록 관련 정보를 문서화하여 보유해야 한다. 이를 위해 먼저, 문서화된 정보를 작성하거나 기존 정보를 갱신하게 될 경우 문서번호, 작성자, 내용, 형식 등이 적절함을 보장할 수 있도록 검토 및 승인절차를 진행해야 한다. 또한 기밀이 유출되거나 내용의 훼손 및 오용으로부터 문서를 충분히 보호하기 위해 절차에 따른 관리를 진행해야 한다(열람, 수정, 보유 및 폐기에 대한 절차 등).

제8장 운용은 부패방지경영시스템의 (1)실행을 위해, (2)실행과정 중에, (3)실행한 후에 수행해야하는 가이드라인을 제시하고 있다. 내부고발의 독려 또한 부패를 사전에 방지할 수 있는 효율적인 방안이 될 수 있다. ISO 37001은 제8장 운용을 통해 이러한 방안을 위한 요구사항과 적발된 부패를 관리하는 절차를 소개하고 있다. 제8장 운용 중 특히 '통제받는 조직과 비즈니스 관련자의 부패방지

---

46) 국민권익위원회 <ISO 37001 Study> ISO 37001 요구사항 <DO, 실행단계②−c>를 기초로 편집, 수정, 보완하였다.

관리 시행', '부패방지에 대한 의지 표명', '선물, 접대, 기부 및 유사한 편익'에서 요구하는 사항들은 다음과 같다.[47]

첫째, 부패방지 관리의 부적절성에 대한 관리이다. 조직이 통제할 수 없을 만큼 상당한 부패리스크가 실사를 통해 드러날 수 있다. 만약 기존의 부패관리 방안과 추가적인 방안을 고려할 경우에도 이를 통제하지 못할 것으로 판단된다면, 기존에 진행되어온 거래 등의 계약은 가능한 빨리 종결, 보류, 정지, 취소를 해야 하며 신규 계약은 연기 또는 거절해야 한다.

둘째, 문제/우려사항 제기이다. 구성원들에게 내부고발에 대한 안전한 절차가 마련되어 있다는 것은 알려지는 것만으로도 드러나지 않는 부패를 식별할 수 있을 뿐만 아니라 발생하게 될 부패의 예방에도 효과적일 것이다. ISO 37001은 타당한 확신에 근거한 정보와 선의의 제보는 신고 되도록 장려해야 하며 신고자 뿐만 아니라 신고문서에 참조된 인원에 대한 신원보호를 요구하고 있다. 또한 익명의 신고를 허용하고 보복으로부터 반드시 보호해야 하며, 이에 연루될 가능성이 있을 경우 적절한 인원에게 조언을 받을 절차가 마련될 것임을 알려야 한다. 조직은 모든 구성원에게 이렇게 안전한 절차가 있음을 인지시켜야하고 이용 가능하다는 것을 알게 해야 한다. 이러한 절차는 안전이나 위법 등에 대한 신고절차에 포함시킬 수 있으며, 기업 외부의 관련자가 절차에 대한 관리를 맡을 수 있다.

셋째, 부패의 조사 및 조치이다. 만약 신고자의 신고를 받거나 부패가 적발될 시 이를 조사해야 하며, 조사에서 해당 사건이 부패방지경영시스템 위반으로 밝혀질 경우 적절한 조치를 취해야 한다. 여기에서의 적절한 조치란 각각의 개별 사건마다 합리적이고 비례적인 절차를 의미한다. 사건이 발생하게 되면, 되도록 훈련된 조사자들에게 조사에 관한 권한을 부여한 뒤 조사대상에게 협조할 것을 요구해야 한다. 조사는 기밀로 수행되고 결과 또한 기밀로 유지되어야 하며, 조사의 현황과 결과는 CEO나 준법 책임자에게 적절히 보고되어야 한다. 조사를 통해 충분한 근거가 수집되었을 경우 이슈의 상황과 심각성을 고려하여 처벌 등의 후속조치를 취해야 한다.

---

47) 국민권익위원회 <ISO 37001 Study> ISO 37001 요구사항 <DO, 실행단계②−c>를 기초로 편집, 수정, 보완하였다.

마지막으로, 제10장(개선)에 따라 이러한 이슈가 조직의 부패방지에 대한 절차가 부적절하였기 때문에 발생한 것은 아닌지 한 번 더 검토해야 하며, 절차 개선을 위한 신속하고 적절한 조치를 취해야 한다. 일부 국가의 지역에서는 위 요구사항 중 일부를 법적으로 금지시키는 경우도 있다(익명의 신고 등). 이러한 경우 법적 금지로 인해 이를 수행할 수 없음을 문서화해야 한다.

한편 우리 조직이 ISO 37001의 요구사항을 잘 이행하고 있는지는 어떻게 알 수 있을까? 또한 조직 내 부서별로 특별한 주요 역할이 있을까? 국민권익위원회 에서는 ISO 37001 해설가이드를 통해 이번호의 ISO 37001 요구사항 이행 현황 에 대한 자가 분석 틀과 관련 부서별 주요 역할에 대해 설명하고 있다(그림 6-23 및 6-24).

▌그림 6-23 ISO 37001 요구사항 이행 진단을 위한 자가 분석(요약)

구분		진단결과			진단내용 및 의견 등
		적합	보완	개선	
조직의 이해	반부패 활동과 관련한 내부 및 외부 이슈에 대한 대응 및 조직의 반부패 대상 범위				
리더십	최고위층이 부패를 용납하지 않겠다는 결단과 의지의 표현 이 있어야 한다는 원칙과 의사소통				
계획	내외부 이슈, 조직의 변화, 부패사건 발생, 위험평가 결과 등을 반영한 계획을 수립				
지원	재무적 지원, 교육 및 채용을 통한 인재 확보, 이를 위한 규정된 지침 마련				
운용	반부패를 위한 재무적, 비재무적 통제 구축 및 제3자 실사				
성과평가 및 개선	반부패와 관련된 성과평가 측정 Tool, 경영진의 주기적인 검토, 개선				

출처: 국민권익위원회에서는 ISO 37001 해설가이드

┃그림 6-24 ISO 37001 이행관련 부서별 주요 역할[48]

준법감시 / 내부감사	회계 / 재무	법무	인사 / 교육
일반 • 윤리적 기준에 따른 의사 결정 촉구 • 성과달성에 대한 압력을 통제 • 기타관련 부서들과 부패 이슈 사항 발생 시, 신속한 커뮤니케이션 **매년 부패 위험 평가 수행** • 국가별 뇌물 / 부패 위험 평가 • 감사프로그램에 뇌물 / 부패 위험 요소반영 **자율준수 프로그램** • 효과적인 내부 제보 프로세스 구축 • 에이전트, 대리점에 대한 주기적인 감사 수행	• 반부패 통제/모니터링 담당자 지정 • 공무원에 대한 접대비 사용 현황 추적 • 별도 계정으로 "급행료" * 기록 • 정부와의 계약서 별도 관리 • 커미션과 보너스가 합리적인 수준에서 지급되었는지 검토 • 역외기업에 대한 비정상적인 지급 건 파악 • 사업관계자 지급 조건에 대한 정기적 검토 및 평가	• 모든 에이전트 대상, 관계 파악 및 거래 승인 총괄 • 매년 에이전트에 대한 정기 실사 및 승인 등 수행 • 반부패 조항이 삽입된 표준 계약서 사용 • 준법서약서 요구	• 글로벌 윤리 규정에 반부패/ FCPA**가이드라인 반영 • 지역별/직급별/업무 성격별 적절한 반부패 교육 실행 • 종업원들로부터 매년 준법 서약서 징구

출처: 국민권익위원회에서는 ISO 37001 해설가이드

---

48) 급행료(또는 청탁금, facilitation payment)란 대개 제공자가 금품의 지불 없이도 합법적으로 받도록 되어있는 서비스에 대해 제공하는 불법 또는 비공식적 금품이라는 의미의 용어이다. 이는 일반적으로 비자 발급, 취업 허가, 통관 또는 전화 설치와 같이 일상적인 조치 또는 필요한 조치의 성과를 보장받거나 촉진하기 위하여, 공무원 또는 인증 담당자에게 제공하는 상대적으로 적은 규모의 금품이다. 비록 청탁금이 그 특성상 사업을 수주받기 위한 뇌물 등과는 다른 것으로 받아들여지기는 하나, 대부분의 지역에서 이는 불법이며 이 표준의 목적상 뇌물로 취급한다. 따라서 조직의 뇌물방지를 위한 경영시스템에서 금지되어야 한다.

제9절　법과학 표준

1. 법과학 표준 개관

2012년에 설립된 ISO/TC 272 법과학(Forensic sciences)은 법과학 분야의 표준화 및 지침 여기에는 물리적 증거의 탐지 및 수집, 증거의 분석 및 해석, 결과 및 결과의 보고와 같은 광범위한 일반 영역에서 실험실 및 현장 기반 법과학 기술과 방법론에 관련된 표준의 개발이 포함된다.

▌그림 6-25　ISO/TC 272 법과학 표준화 전문가와 참여국

출처: 국제법과학전략연맹 http://www.ifsa-forensics.org

2019년 1월 현재 ISO/TC 272 법과학에서는 아래의 3개의 표준이 제정 완료되었고 3개는 개발 진행 중에 있다(표 6-13).[49]

▼ 표 6-13   법과학 ISO 표준 시리즈

구분	표준명(영문)	표준명(한글)
제정 표준 (완료 단계 포함)	ISO 18385:2016 Minimizing the risk of human DNA contamination in products used to collect, store and analyze biological material for forensic purposes-Requirements	법과학적 목적을 위해 생물학적 물질을 수집, 저장 및 분석하는 데 사용되는 제품의 인간 DNA 오염 리스크 최소화-요구사항
	ISO 21043-1:2018 Forensic sciences -- Part 1: Terms and definitions	용어정의
	ISO 21043-2:2018 Forensic sciences -- Part 2: Recognition, recording, collecting, transport and storage of items	증거물의 인식, 기록, 수집, 운반 및 보관
	ISO/NP 20964 Specification for consumables used in forensic process -- Requirements for product manufacturing and kit assembly	법과학 공정에 사용되는 소모품 사양-제품 제조 및 키트 조립 요건
	ISO/NP 21043-3 Forensic Sciences -- Part 3: Analysis	증거 분석
	ISO/NP 21043-4 Forensic Sciences -- Part 4: Interpretation	분석결과의 해석
	ISO/NP 21043-5 Forensic Sciences -- Part 5: Reporting	보고체계

법과학 국제 표준의 개발은 법과학적 증거의 신뢰성, 투명성 및 신뢰도를 높이기 위해 중요하다. 표준은 국경 간 조사에 대응하여 서로 다른 국가의 법과학 시설이 협력적으로 작동하도록 작업 관행을 균형 있게 일치화한다. 또한 한 국가의 역량을 초월하는 수준의 큰 재난이나 사고가 닥쳤을 때 서로 다른 나라의 장비와 시설들이 서로를 지원할 수 있게 할 것이다. 또한 표준은 법과학적 서비스가 목적에 부합되도록 데이터베이스 공유를 포함한 법과학적 결과, 정보 및

---

49) 이 중에서 제정 표준 3건에 대해서 필자가 책임연구자로서 국가기술표준원의 위탁을 받아 KS 부합화 작업이 2020년 10월에 완료되었고, 예고 고시 예정이다.

지식(intelligence)의 교환을 촉진한다. 법과학적 증거를 수집, 분석, 해석 및 보고하는 방식의 표준화는 증거 활용 방법에 대한 일반적인 접근방식에서 매우 중요하다. 이를 통해 국가 간 정보 및 정보를 공유함으로써, 무죄를 입증하거나 범죄자를 기소할 수 있다.

법과학 공동체 내에서 일관되고 인정된 기준은 법률 및 법과학 전문가뿐만 아니라 일반 대중을 포함한 형사사법 제도의 모든 사용자에게 이익이 된다. 여러 국가의 최근 이슈는 특히 머리카락 분석, DNA 해석, 지문과 같은 패턴 매칭 과학에서 표준이 제공할 수 있는 장점을 보여준다. 법 집행 및 법과학 분야에 대한 관련 표준의 플랫폼을 준수하면 방법론이 견고하고 반복 가능하며 검증되며 국가 간 교육이 일관성 있게 이루어질 수 있다. 이것은 법정에서 제시된 과학적 증거의 품질과 직접적인 관련이 있을 것이고, 성공적인 사법서비스로의 귀결 가능성을 증가시킨다.

ISO/TC 272 법과학 시리즈 표준들은 현장에서 법정까지 법과학 과정의 다양한 구성 요소를 포함한다(그림 6-26 참조). 이 시리즈는 주로 "어떻게" 또는 "누

▌그림 6-26 법과학 프로세스 요소들과 ISO 21043 시리즈 내 조항 간 관계도

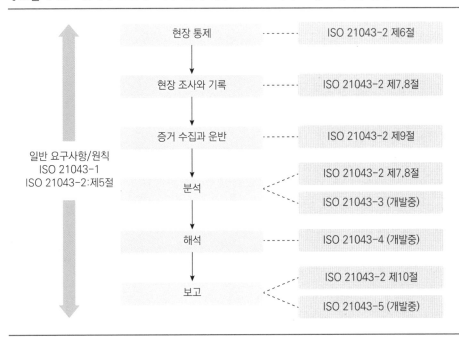

출처: ISO 21043-1:2018

가"가 아니라 "무엇"이 표준화되었는지 설명한다. 모범사례 매뉴얼 및 표준 운영 절차는 이 문서의 요건을 "어떻게 충족하는지"를 설명해야 한다. 국가 규정과 정책은 누가 이 시리즈의 요구사항을 충족시켜야 할지를 결정한다.

2. 법과학 표준 주요 내용

가. ISO 18385:2016 법과학 DNA 등급 표준

독일에서는 경찰관을 살해한 후 '하일브론 유령(Phantom of Heilbronn)'으로 불리는 여성이 유명했었는데 이 여성 연쇄살인범은 40건의 범죄와 연루되었고, 그 중 6건은 살인이었다. 이런 일련의 살인과 기타 범죄들 간에는 공통점이 거의 없었고 각 범죄 현장에서 발견된 한 명의 DNA를 제외하고는 같은 범인을 가리키고 있었다. 결론이 나지 않은 그 증거로 인해 결국 범죄 수사관들은 재검토를 시작했고, 발생한 범죄의 수와 다양성 문제로 인해 증거물 오염에 대한 의심을 품기 시작하였다. 인간 유전 물질이 실수로 법의학 표본 추출 장비로 옮겨져 일련의 범죄 수사가 원점으로 돌아간 것이다. 그 범죄자를 추적하는데 많은 시간[50]을 보낸 후, 팬텀의 미스터리는 2009년 3월에 풀렸는데 수사관들은 그 유령 범죄자는 실제는 존재하지 않고, 범죄 현장에서 발견된 DNA가 그 샘플을 채취하기 전에 면봉에 이미 존재했다는 결론을 내렸다. 즉, 현장 자체 또는 실험실 분석 중 범죄 현장 샘플에 외부 DNA가 끼어드는 것은 수사에 큰 실패를 초래할 수 있다는 점이 확인된 것이다.

하지만 정확히 어떻게 외부 DNA가 샘플에 끼어들 수 있을까? 그것은 DNA 물질의 복구와 처리에 사용되는 소모품의 제조 과정에 있었다. 이 케이스에 사용된 면봉은 모두 같은 공장에서 나왔는데, 이 공장에서는 여러 명의 여성을 고용하고 있는데, 이 중 한 명이 범죄 현장에서 발견된 DNA와 일치했던 것이다. 면봉은 적절한 살균 절차를 거쳤지만(박테리아, 곰팡이, 바이러스를 죽이는 데 사용됨) 피부 입자, 땀, 침 또는 기타 신체 분비물 등의 인간 세포에 오염되었다.[51]

---

50) 호주 뉴질랜드 경찰자문기관의 법의학연구소(National Institute of Forensic Science)소장 Linzi Wilson-Wilde 박사에 의하면 경찰은 이 사건으로 인해 독일, 오스트리아, 프랑스 전역에 걸친 40개 이상의 범죄와 연계된 이 여성연쇄살인범 검거를 위해 경찰관 등이 2백만 유로 비용의 16,000 시간의 초과 근무를 보냈다고 한다. https://www.iso.org/news/ 2016/07/Ref2094.html

법과학 DNA 연구소는 이러한 오염된 DNA로 인한 간섭을 최소화하면서 고품질 제품을 공급하기 위해 안전한 시약 및 플라스틱 제조업체에 의존한다. STR[52] 증폭 시스템의 감도가 증가함에 따라, 이전에 발견되지 않은 오염 DNA 레벨은 이제 부분적인 프로파일을 생성할 수 있다. 소모품에서의 DNA 오염 가능성과 이러한 무결성에 관한 전 세계 실험실의 위협 요소를 해결하기 위해 ISO 18385는 제조 과정에서 인간 DNA 오염의 리스크를 최소화하기 위한 요구사항을 제시하고 있다.

법과학 제품 등급의 소모품에 대한 아이디어는 Forensic Science International: Genetics 4 (2010): 269 – 270에서 처음 제안되었다. 유럽의 법과학 연구소, DNA 분석 방법에 대한 과학 워킹그룹, 호주의 생물학전문가자문그룹(Biology Specialist Advisory Group, 호주)은 신제품 등급, 법과학 등급을 추천하는 공동 성명서를 발표했는데, 이는 네 가지 범주로 요약 된 몇 가지 조치를 이행함으로써 충족 될 수 있다. 제조업체는 일회용 플라스틱 제품 및 기타 소모품 생산 중에 인체 DNA 오염을 일으킬 가능성을 최소화해야 한다. 또한 GMP(세포치료제 제조 및 품질관리기준)가이드라인을 따르고, 사후 생산처리를 수행하고, 제품을 지속적으로 QC(Quality Control) 테스트하고, 오염 이벤트 발생 시 검색 가능한 제거 데이터베이스를 유지관리해야 한다.[53]

2012년에는 제조업체가 따를 수 있는 특정 지침을 간략히 설명하는 두 가지 국가 별 표준이 도입되었다. 첫 번째는 PAS 377: 2012로 영국 내무부에서 발행하였다. 이 가이드라인은 테스트 조건과 실험실 소모품에 대한 기준을 설명하여 검출 가능한 인간 DNA는 없는 것으로 간주한다. 영국 가이드라인은 케이스워크 소모품의 QC 테스트를 위해서만 STR분석을 허용하였다. 두 번째 표준은 호주, ISO/PC 272에 의해 도입되었다. 호주 표준은 테스트 방법 또는 통과 기준을 지정하지 않았으므로 표준이 적합성을 입증할 만큼 민감한 한 STR 테스트를 허용

---

51) https://www.iso.org/news/2016/07/Ref2094.html
52) 개개인에 따라 다양성을 갖는 DNA 부위는 그 종류에 따라 STR(short tandem repeat), VNTR(variable number of tandem repeat) 등으로 구분되는데 이러한 부위를 분석하는 행위를 유전자감식(DNA typing, DNA profiling, DNA fingerprinting)이라고 한다. <네이버 지식백과> 유전자감식기법 (시사상식사전, 박문각)
53) 국제인간HD심포지움 웹사이트 https://www.ishinews.com/iso – 18385 – the – creation – of – a – forensic – grade – standard – 2/

한다. 환경 모니터링, 품질 시스템, 제조 후 처리 및 라벨링 요구사항에 대해 간략히 설명하였다. 2013년 4월 호주 문서는 ISO 18385의 작업 초안이 되었다.

오스트레일리아 표준이 ISO 문서 초안이 되면서 미국은 과학수사위원회 (Forensic Sciences committee)에서 ISO에 참여하게 되었다. ISO의 미국 NSB인 ANSI는 미국을 대표하는 기술자문그룹(TAG)을 설립하여 기여하게 된다. ISO 18385 문서 초안을 시작으로 주요 법과학 리더와 제조업체를 모두 포함하는 국제위원회 위원은 제조 프로세스 중 인간 DNA 오염의 리스크를 최소화하는 테스트 조건, 통과 기준 및 절차 요구사항을 개선하기 위해 함께 작업하기 시작하였다.

2014년 1월 미국은 제안된 초안 표준을 검토하기 위해 최초의 TAG 회의를 개최하였고 2014년 3월 첫 번째 표준 초안이 발표되었다. ISO 18385는 PAS 377 및 ISO/PC 272에서 제안된 많은 절차를 포함한다. ISO 18385는 제조업체가 품질 시스템을 갖추어야 하고, 직원 오염 감지 시스템에 대한 정책을 수립하고, 잠재적인 인체 오염에 대한 리스크 평가를 수행하도록 요구한다. 환경 모니터링 절차, 처리가 제품 성능에 부정적인 영향을 미치지 않는 제품의 사후 처리 및 사후 처리 된 일괄 릴리스 제품을 구현한다.

이 표준의 발표에 따라 이제 법과학 실험실들은 인간 DNA 오염의 가능성을 최소화 하도록 특별히 고안된 조건 하에서 '법과학 등급'이라는 레이블이 붙은 제품 및 소모품을 생산한다는 증빙을 해야 한다. 공인된 기관의 제3자 인증은 제조사에게 중요한 이정표가 되었고, 제품이 ISO 18385에 따라 제조되었음을 고객이 확신 할 수 있게 되었다.

ISO 18385:2016은 법과학적 DNA 분석을 위한 생물학적 물질의 수집, 저장 및 분석에 사용되는 제품의 생산 요구사항을 지정하지만, 사후 분석에서 사용되는 소모품 및 시약에 관한 기준은 아니다. 이 국제표준에서 다루는 소모품 및 시약에는 스왑, 용기 및 포장 등과 같은 증거 수집(샘플링 키트)에 사용되는 제품 및 튜브 및 기타 플라스틱 제품, 일회용 실험실 코트, 장갑 및 기타 소모품 등 DNA 샘플 분석에 사용되는 제품도 포함된다.

ISO 18385:2016은 지속적인 사용을 위해 세척이 필요하지 않은 소모품 및 시약 생산에 적용된다. 이 국제 표준은 기술 제품 사양(즉, 제품 설계)을 다루지 않으며 미생물 시험을 제외한다. ISO 18385:2016은 글로벌 법과학 커뮤니티가 사용하는 제품에서 검출 가능한 인간 핵 DNA 오염의 발생 리스크를 최소화하도록 제조업체의 요구사항을 지정하고 있다.

▌그림 6-27 ISO 18385 표준 탄생의 배경이 된 '헤일브론유령' 미제사건

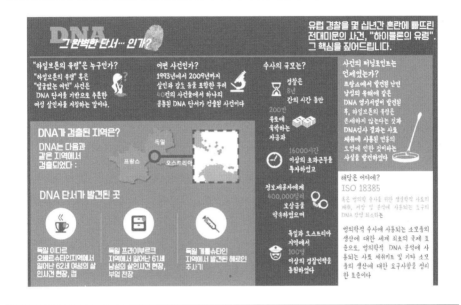

출처: http://www.ksamedia.co.kr/ksa/201608_192/sub_3.html

나. ISO 21043-1:2018 법과학 용어정의

이 표준은 법과학과 관련된 용어의 사용과 의미를 표준화하는 어휘를 제공한다. 이 용어들은 지금까지 개발된 법과학 표준에 포함된 것처럼 법과학 과정에서 사용되는 표준 용어에서 따온 것이다. 다음은 그 중에서 핵심적인 용어정의들이다. ISO 21043−1: 2018의 주요 용어들 중에 특히 중요한 개념만을 소개하였다.

• 증거물 관리체계/관리 연속성(chain of custody): 증거의 수집 시점에서부터 최후의 반환 또는 처분까지 증거의 처리와 보관에 대한 발생 순서대로의 기록으로서 증거물 관리 체계는 증거의 무결성에 기여하는 하나의 요소이다.

- 소모품(consumable): 법과학 프로세스에 사용되는 일회용 또는 제한된 사용 재료

- 오염(contamination): 법과학 절차의 어느 시점에서든 증거물에 대한 바람직하지 않은 물질의 input

- 대조군(control sample): 알려진 특성을 가진 재료, 시험 성능을 평가하고 얻어진 데이터가 유효한지 확인하기 위해 분석되는 표본

- 고객(customer): 법과학 서비스를 요청하는 고객, 기관, 조직 또는 개인

- 검사(examination): 검색, 탐지, 녹음, 우선순위 지정, 수집, 분석, 측정, 비교 및/또는 해석하는 행위 또는 프로세스. 검사는 사람으로부터 증거물을 수거하는 것을 포함할 수 있다.

- 시설(facility): 법과학 프로세스의 다른 측면을 지원하거나, 무결성을 보호하거나, 테스트를 수행하는 데 사용되는 물리적 환경(예 건물, 지정된 구역, 텐트, 보관 구역, 이동 사무소 또는 실험실 및 차량)

- 초동대응자(first responder): 즉각적인 조치를 담당하는 현장에 도착하는 첫 번째 법 집행인력. 검시관, 과학수사 요원 등

- 법과학(forensic): 소송절차에 이용될 수 있는 결론 및/또는 의견, 사실, 결과을 확립하는데 사용되는 방법, 기술, 과정과 관련됨. 법과학 프로세스(forensic process)란 서로 관련이 있거나 상호작용하는 법과학 활동의 집합. 법과학 프로세스에는 취급 및 통제, 검사, 보고 및 증언이 포함될 수 있다.

- 증거물(item): 법과학 프로세스의 일부로 수집, 파생 또는 샘플링되는 물체, 물질 또는 재료

• 기록 통제(record control): 추적성을 보장하고 기록의 식별, 저장, 보호, 검색, 보관 및 폐기에 사용되는 시스템

• 참조표본(reference specimen): 법과학 과정에서 비교 목적으로 사용되는 알려진 출처의 자료. 사람으로부터 채취한 생물학적 물질(예 머리카락, 혈액, 침)과 비생물학적 물질(예 카펫, 페인트, 직물)이 포함된다. 기준 샘플은 증거물에서 채취하여 기질이 시험 성능에 부정적인 반응을 보이지 않도록 할 수 있다. 여기서 기질(基質: substrate)이란 물질이 침전된 표면 또는 재료이다.

• 리스크 평가(risk assessment): 법과학 과정 전반에 걸쳐 인지되거나 잠재적 리스크를 식별하고 평가하는 체계적인 프로세스

• 샘플(sample): 전체 또는 모집단에서 추출한 검사/시험의 대상(전체 전체를 대표할 필요는 없음). 한 사람으로부터 채취한 생물학적 물질(예 머리카락, 혈액, 침)을 포함한다. 약물 테스트용 분말에서 추출한 대표적인 샘플.

• 현장(scene): 법과학 검사의 장소 또는 대상. 범죄 현장은 추정된 범죄가 발생한 현장에 대한 일반적인 설명이다. 사람이나 동물도 현장이 될 수 있다.

• 표준 운영 절차(standard operating procedure: SOP): 활동 또는 프로세스를 수행할 수 있는 공식적이고 문서화된 방법

다. ISO 21043-2:2018 법과학 증거물의 인식, 기록, 수집, 운반 및 보관

이 문서는 잠재적 법과학적 가치를 지닌 (증거)품목의 인식, 기록, 수집, 운송 및 보관에 초점을 맞춘 법과학 프로세스에 대한 요건을 명시한다. 여기에는 현장 평가 및 검사에 대한 요건이 포함되지만 검사를 위한 법과학시설 내에서 발생하는 활동에도 적용되며 품질 요구사항도 포함되어 있다. 다만, 이 문서는 ISO/IEC 27037에서 다루는 디지털 저장 매체로부터의 데이터 복구 절차에는 적용되지 않는다. 그러나 저장 매체 자체는 법과학적 가치의 추가 항목을 산출

할 수 있다(📌 지문 또는 DNA). 다음은 ISO 21043-2의 핵심 내용을 요약한 것이다.

① 일반 요구사항

일반 요구사항으로서 품질 관리를 위해 정책 또는 절차를 문서화하고 다음을 사항을 포함해야 한다.

a) 문서 관리
b) 인원들의 역량 확보를 위한 교육 및 훈련에 필요한 사항
c) 시정조치의 진행, 기록 및 검토를 위한 방법
d) 방침과 절차의 적합성 모니터링 및 기록
e) 동료 검토를 포함한 품질 확인
f) 기록 관리
g) 인원의 책임, 권한 및 역할
h) 표준운영절차
i) 외부 서비스 공급자의 활용

이 문서의 범위에 속하는 정책과 절차는 관련 직원이 쉽게 접근 할 수 있어야 하며, 해당 직원은 이러한 요구사항을 숙지하고 운영해야 한다.

검사 서비스 요청이 있을 때에는 법과학적 검사 전략을 수립하면서 고객의 요청을 기록하고 고려해야 한다. 법과학 검사가 시작되기 전에 고객의 요청과 과제의 범위가 항상 명확하지는 않다. 조직 내에서의 검사의 공정성과 기밀성에 관한 정책, 직원 및 모든 활동을 문서화해야 한다. 얻은 정보는 법과학의 공정성에 영향을 미쳐서는 안 된다. 법과학 과정의 공정성에 잠재적으로 영향을 미칠 수 있는 정보를 기록해야 한다.

건강 및 안전 리스크 평가는 관련 리스크를 완화 또는 통제하기 위한 적절한 조치를 통해 전체 법과학 과정 동안 수행되어야 한다. 확인된 관련 리스크를 기록하고 법과학 과정 내내, 특히 검사 전략의 개발 중에 고려해야 한다.

법과학 직원의 역할 및 책임은 사전에 규정되어야 하며 법과학서비스의 외부 전문가를 포함, 법과학 과정에 참여하는 인력은 역할을 수행할 자격이 있어야

한다. 법과학 서비스 제공자의 역량에 대한 요건은 다음을 포함해야 한다.

　　a) 법과학의 다양한 분야에 대한 이해
　　b) 증거의 처리, 통제 및 증거물 관리 체계
　　c) 멸실, 열화, 오염 및 변경의 방지 (부속서 B 참조)
　　d) 잠재적으로 법과학적 가치가 있는 증거들에 대한 인지
　　e) 법과학적 절차에 적절한 구체적인 조사 및/또는 증거 채취 방법

　　최소 교육, 훈련 및 경험과 입증된 역량을 정의하고 문서화해야 한다. 문서화된 정책에는 지속적인 교육 및 역량 재평가와 같은 기술과 전문성의 유지가 포함되어야 한다. 해당 직원의 역량을 입증하고 기록해야 한다.

　　장비 및 소모품은 의도한 용도에 적합해야 한다. 법과학 서비스 제공자는 결과의 신뢰성에 큰 영향을 미칠 수 있는 장비와 소모품을 식별해야 하며 a) 교정 및/또는 성능 점검, b) 세척, c) 오염 방지, d) 유지보수, e) 운영상의 용도, f) 추적성, g) 작업 환경 및 보관 요구사항을 포함하는 문서화된 절차를 가져야 한다.

　　식별된 장비의 유지보수, 교정 및 성능 점검은 기록되어야 한다. 적절한 품질 관리 조치를 포함하는 감지, 선별 및 강화 기술의 사용을 위해 문서화된 절차가 수립되어야 한다. 결과의 신뢰도에 큰 영향을 미칠 수 있는 감지, 선별 및 개선을 위해 사용되는 장비 및 시약은 단일 사용 키트를 제외하고 일정대로 성능을 점검해야 한다. 단일 사용 시약의 성능 검사는 가능한 경우 각 배치에 대해 수행되어야 한다. 성능 점검 결과는 규정된 성능 기준에 따라 기록 및 평가해야 한다.

　　검사 시설은 용도에 적합해야 하며 법과학 서비스 제공자는 오염 리스크를 줄이기 위한 문서화된 절차를 수립해야 한다. 여기에는 공인된 작업자만 접근할 수 있는 깨끗한 환경 유지가 포함되어야 한다. 법과학 서비스 제공자는 장비 및 품목의 보관 및 취급을 위한 안전한 구역을 확보해야 한다.

② 현장 초동 대응

　　법과학 서비스 제공자는 현장의 온전성을 확보하고 유지하기 위한 손실, 열

화, 오염 또는 변경을 최소화하기 위해 경찰 출동대응팀, 과학수사팀, 검시관 등 초동대응자에게 지침을 제공해야 한다. 현장에 참석하기 위해 호출할 수 있는 외부 전문가도 지침을 이용할 수 있어야 한다. a) 사건의 성격, b) 사건의 위치/시간/날짜, c) 2차 현장의 위치 등 사건의 관련 세부 사항은 고객 요청, 필요한 인원 및 장비를 포함하여 필요한 법과학적 대응의 방향을 결정할 수 있도록 최대한 빨리 파악해야 한다. 또한 현장에 참석하는 즉시 다음 사항을 검토해야 한다.

1) 출입저지선의 필요 여부 및 현재 설치한 저지선의 적절성 여부
2) 현장 혹은 증거와 관련된 세부적인 안전 위험요소와 조사 중에 사용할 PPE의 수준 (보호 장비는 조사관을 보호하는 동시에 현장의 오염을 방지해야 한다.)
3) 무언가 옮겨지거나 바뀌거나 접촉이 있었는지를 포함하여 사건 현장에서 접촉이 있었거나 관련이 있는 사람과 그 목적에 대한 정보
4) 사건에 관련되었을 소지가 있는 관계자 및 목격자들이 제공하는 정보.

③ 법과학 시험 검사

모든 법과학 검사는 잠재적인 법과학 가치가 있는 증거 항목의 인식과 수집을 최적화하기 위해 체계적이고 공정하며 적절히 계획되고 문서화되어야 하며 대체 가설을 고려해야 한다. 다원적 및/또는 복잡한 응답이 필요한 검사에 조정된 접근방식을 사용해야 한다. 시험과정은 사건의 경로에 대한 사실을 검증하여 발생한 사건, 장소, 시간, 경위, 관련된 사람을 포함하는 정보를 제공하는 것을 목표로 해야 한다.

또한 현장을 평가할 때 다음 요소를 고려해야 한다.

a) 입장/퇴장 경로 설정 등 현장 보존을 위한 방법
b) 조사가 필요한 현장 내의 구역
c) 환경적 조건을 고려하여 특정 지역이나 증거물에 대한 처리 절차의 우선순위를 설정
d) 증거가 처리되거나 이동되기 전에 수행되어야 하는 조사

법과학적 검사를 수행하기 위한 전략이 개발되어야 한다. 이러한 전략은 사례 상황, 전문가 판단 및 당면한 정보에 따라 달라지며 자원의 가용성, 건강 및 안전 리스크 및 PPE를 포함한 적절한 주의사항, PPE를 포함한 오염 방지를 위해 필요한 보호 조치, 적절한 검색 방법, 수집해야 할 항목 및 수집 요건, 검사 순서, 활용할 기록 기법 등을 고려해야 한다.

현장이 최종 종료되기 전에 검사 전략을 검토하여 완료되었는지, 검사 목적이 충족되었는지 여부를 결정해야 한다. 상황 변화 또는 추가 정보가 조명될 경우 추가 검사가 필요할 가능성을 고려해야 한다. 이러한 상황이 발생할 가능성이 높은 경우 현장의 보안과 무결성을 유지해야 한다. 수집해야 할 증거물 또는 장비가 남아 있지 않도록 현장을 정리해야 한다.

④ 기록

항목들은 상황적인 맥락에서 기록되어야 하며 기록은 시험검사 내내 계속되어야 한다. 기록에는 노트, 다이어그램, 사진 또는 기타 전자 기록이 포함될 수 있다. 기록은 적절하게 훈련된 다른 검사자가 현장의 위치, 세부 설명 및 관련 시 환경 조건, 증거의 위치, 발견 사항, 법과학적 가치가 있는 관측 결과, 이미 진행되었던 조사에 대한 장소, 시간, 조사참여자 관련 정보 등을 정확하게 보고할 수 있도록 충분히 상세해야 한다.

⑤ 물품 처리 및 관리

다음 사항을 보장하기 위해 항목의 인식, 수집 및 후속 관리를 위한 문서화된 정책이 수립되어야 한다.

a) 증거물 관리 체계 유지 및 기록
b) 분석 가능성의 최적화
c) 멸실, 열화, 오염 및 변경 위험의 최소화
d) 증거의 보안과 무결성이 훼손되지 않았는지 여부

만약 법과학 과정에 있는 사람이 어떤 물건이 손상되었을 가능성이 있다고 의심한다면, 그러한 상황은 기록되어야 한다. 품목의 파괴적 취급 또는 열화가 예상되는 경우, 초기 상태의 품목에 대한 상세한 설명을 기록하여야 한다.

정기적으로 수집하는 다양한 유형의 증거 항목의 수집을 위해 a) 증거가 어떻게 채취되었고, 추출되었고, 표집되어야 하는 지에 대한 정보, b) 필요한 경우, 참고 샘플을 채취하는 방법, c) 멸실, 열화, 오염 및 변경의 위험을 최소화할 수 있는 방법을 포함한 문서화된 절차가 수립되어야 한다. 또 손실, 열화, 오염 또는 변경 리스크를 최소화하기 위해 일상적으로 수집되는 물품의 포장에 대해 문서화된 절차를 수립해야 한다. 절차에는 a) 포장 전에 증거물들을 안전하게 보존하기 위해 하는 조치, b) 여러 증거물을 함께 보관하는것이 훼손 가능성이 있을 경우, 별도로 포장해야 할 필요성, c) 사용될 포장의 유형, d) 밀봉되며 보안이 확보될 수 있는 포장 방식 등이 포함되어야 한다. 채취된 유해한 증거물품은 적절한 용기에 담아야 한다. 비정기적으로 수집된 물품에 대한 절차가 없는 경우도 이 원칙을 적용해야 한다.

모든 품목의 라벨링을 위한 문서화된 절차가 수립되어야 한다. 포장 및/또는 품목에는 관리 연속성을 추적할 수 있는 고유식별자(UID)가 표시되어야 한다. 고유식별자는 a) 품목에 대한 설명, b) 항목이 수집된 위치, c) 항목이 수집된 날짜, d) 항목을 수집한 사람의 이름 또는 식별자 등과 같은 세부 정보를 추적할 수 있어야 한다. 수집되는 품목 중 리스크 품목에는 적절한 경고 라벨이 표시되어야 한다. 라벨 표시에는 특정 보관 또는 취급 요건이 포함될 수도 있다.

품목 무결성과 관리 연속성을 유지하기 위해 수집된 품목의 등록, 운송 및 보관 방법을 설명하는 문서화된 절차가 수립되어야 한다. 이 항목은 전체 법과학 과정 동안 추적 가능해야 한다. 운송 및 보관 조건은 온도, 방사선 및 수분과 같은 환경 조건으로 인한 손실, 열화, 오염 또는 변경을 최소화해야 한다. 장기 보관 가능성과 향후 검사의 가능성을 고려하여 보관 조건을 고려해야 한다. 품목의 품질이 저하되기 쉬운 경우, 표본 추출과 같은 적절한 조치를 장기간 보관하기 전에 수행해야 한다.

⑥ 보고

보고서는 정확하고 명확하며 모호하지 않고 공정해야 하며 의도한 사용에 적합해야 한다. 보고서는 고객에게 제공해야 한다. 보고서는 고객에게 인도하기 전에 승인되어야 하며 필요한 경우 동료에 의해 이중검토되어야 한다. 문서화된 절차는 업데이트를 포함하여 서면 보고서의 무결성이 유지되고 체계적이고 추적 가능하며 검색 가능한 방법으로 보존되도록 배치되어야 한다. 고객에게 인도한 후 보고서에 대한 변경 사항을 기록하고, 해당되는 경우 고객에게 발송해야 한다.

⑦ 건강 및 안전 고려사항

사건 현장은 어떤 환경에서도 발생할 수 있다. 현장 훼손의 리스크는 상존하며 통제 곤란할 수 있다. 따라서 현장에 들어가기 전에 먼저 법과학자가 작업구역을 스캔하고 잠재적 리스크를 식별해야 한다. 전부는 아니지만 현장에서는 a) 생물학적, b) 화학 및 약물, c) 공간 제한, d) 전기 배선, e) 자외선 노출, f) 극한 온도, g) 화재, h) 흡입 가능한 먼지, i) 현장에 관련된 사람 및 동물(용의자, 애완동물, 가축), j) 전자적 함정(적재된 화기에 연결된 살아있는 배선, 폭발물, 철사), k) 물리적(화기, 기타 무기, 예기) 등의 리스크가 발생할 수 있다.

리스크를 평가하고 관련된 리스크에 대한 예방 조치를 취해야 한다. 기본 원칙은 자기 자신과 타인의 보호다. 확인되지 않은 물질은 섭취, 흡입 및 피부 노출을 방지하는 방식으로 취급해야 한다. PPE의 수준과 PPE의 변경이 필요한 상황은 리스크 물질 및 환경에 대한 노출, 증거품목의 오염 등과 같은 리스크를 완화하기 위해 결정해야 한다.

⑧ 오염 최소화

관련된 사람, 품목, 시설, 장비, 법과학 요원 및/또는 장면 간의 오염을 줄이도록 주의해야 한다. 오염 리스크가 있는 경우에는 a) 피해자, 용의자, 현장 항목을 수집하여 별도로 포장, b) 피해자와 용의자의 물품들은 각기 다른 개인이 수집, c) 수집 장비는 사용 후 폐기 또는 효과적인 세척으로 오염을 제거, d) 채취 장비 및 포장 시 오염 방지, e) 오염을 최소화하기 위해 필요한 경우 적절한 PPE를 착용하고 교체 등과 같은 조치를 취해야 한다.

⑨ 초동대응자의 행동

생명과 안전의 보존은 초동대응자의 생명과 안전의 보존이 가장 중요하다. 그리고 가능한 한 현장 확보의 가장 중요한 측면은 오염과 원래 상태의 방해를 최소화하면서 현장을 보존하는 것이다. 초동대응자는 가능한 한 a) 가능한 건강 및 안전 리스크 평가, b) 모든 부상자를 식별하고 지원을 제공, c) 가능한 침입구와 도주로를 분석, d) 현장의 손실, 열화, 오염 또는 변경을 방지하기 위해서 허가받지 않은 사람을 현장 제한시키고, 현장을 확보하고 폴리스라인 등으로 무단 침입을 방지하며, 잠재적 법과학적 가치 있는 증거항목과의 접촉을 최소화 등의 요소를 주의하고 진행해야 한다.

⑩ 법과학 과정에 대한 ISO 21043-2 적용성

<그림 6-28>은 이 문서가 법과학 과정에 어떻게 적용되는지에 대한 일반적인 체계다. 이 프로세스 맵은 법과학 과정이 항상 선형인 것은 아니며, 일부 단계들 사이에서는 회귀가 필요할 수 있다는 것을 설명하고 있다.

▌그림 6-28 ISO 21043-2의 법과학 프로세스 맵

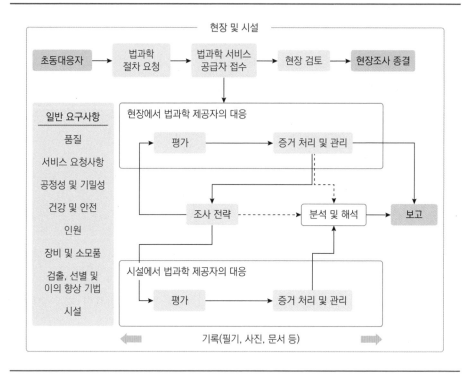

출처: ISO 21043-2:2018

긴급사태관리 및
커뮤니티 회복력

『산업보안 및 위기관리』
국제표준 개론

제1절 긴급사태관리 및 커뮤니티 회복력 관련 표준 개관

보안 분야에서 각종 의도적 범죄나 테러 공격으로부터 자산을 보호하고 신속한 피해 복구를 통한 업무연속성 관리체계를 확보하는 것이 중요한 만큼 비의도적, 자연적, 또는 인간 실수로 인한 각종 사건 및 사고 이벤트로 인한 파괴적 영향으로부터 자산을 보호하고 회복하는 체계도 매우 중요한 이슈이다. 이에 ISO TC 292에서는 WG3 긴급사태관리(Emergency management)와 WG5 커뮤니티 회복력(Community resilience) 등을 통해서 <표 7-1>과 같이 재난관리 및 위기관리 분야 표준화를 진행해 오고 있다.

▼ 표 7-1 긴급사태관리 및 커뮤니티 회복력 관련 표준

구분	표준명(영문)	표준명(한글)
제정 표준 (완료 단계 포함)	ISO 22320 Security and resilience – Emergency management – Guidelines for incident management	긴급사태 관리 – 사고 대응의 요구사항
	ISO 22315 Societal security – Mass evacuation – Guidelines for planning	재난안전-다중(대중)대피 –기획수립지침
	ISO 22322 Societal security – Emergency management – Guidelines for public warning	긴급사태 관리 – 공공 예보 · 경보 지침
	ISO 22324 Societal security – Emergency management – Guidelines for colour coded alert	긴급사태 관리 – 경보 컬러코드 기준
	ISO 22326 Security and resilience – Emergency management – Guidelines for monitoring facilities with identified hazards	긴급사태 관리를 위한 위험시설 모니터링
	ISO 22328 – 1 Security and resilience – Emergency management – Guidelines for implementation of a community – based natural disasters early warning system	지역사회 기반 자연재난 조기경보시스템 구현 지침

구분	표준명(영문)	표준명(한글)
	ISO/TR 22351 Societal security – Emergency management – Message structure for exchange of information	긴급사태관리 시 정보교환 메시지
	ISO 22329 Security and resilience – Emergency management – Guidelines for the use of social media in an emergency	긴급사태 시 소셜미디어 사용 지침
	ISO 22370 Security and resilience – Community resilience – Framework and principles for urban resilience	도시 회복력 프레임워크 및 원칙
	ISO 22395 Security and resilience – Community resilience – Guidelines for supporting vulnerable persons in an emergency	위기/재난 시 취약집단 보호 · 지원 지침
	ISO 22360 Security and resilience–Crisis management –Concept, principles and framework	위기관리 – 개념, 원칙, 프레임워크
	ISO 22361 Security and resilience–Crisis Management –Guidelines for developing a strategic capability	위기관리 – 전략적 역량 개발 지침

ISO 22320 '긴급사태 관리 – 사고 대응의 요구사항' 표준은 공공 및 민간의 사고 대응 조직들이 모든 형태의 긴급사태(예 위기, 중단 및 재난)를 다루는 능력을 증진할 수 있도록 한다. 다수의 사고 대응 기능들은 서로 다른 수준으로 책임을 갖는 민간 부문과 정부가 함께하는 조직 및 기관들 사이에 공유된다. 따라서 효과적인 사고 대응을 준비하고 수행하는 방법에 대하여 모든 참여관계자들에게 지침을 제시할 필요가 있는데 바로 이 표준은 최소한의 요구사항을 기초로 참여하는 조직들이 공동으로 최적의 효율성을 갖고 운영될 수 있도록 돕는다.

ISO 22315 '재난안전 – 다중(대중)대피 – 기획수립지침' 표준은 수립, 실행, 모니터링, 평가, 검토 및 준비성 개선 측면에서 다중(대중) 대피 계획에 대한 지침을 제공한다. 확인된 모든 리스크에 대한 대피 계획에서 각 활동에 대한 기본틀을 수립한다. 이는 조직이 증거에 기반하고 그 효과를 평가할 수 있는 계획을 개발하는 것을 돕는다. 대피의 필요성은 자연 발생 사건, 인간이 유발한 사건 (의도적과 비의도적 모두) 및 기술적 실패로 야기된 사건으로 인해 발생할 수 있는데 일부 사건은 즉각적인 대피를 요구하는 반면, 다른 사건은 사전 예·경보를 제공한다. 효과적인 대피 계획은 인간의 생명을 구하고 고통을 줄이는 데 중요하다. 계획은 효과적인 대응을 제공하고 비상사태 관리의 일부분이다. 더불어 ISO 22322 '긴급사태관리 – 공공 예보, 경보 지침'은 이 표준이 사고 전·중·후 공공 예보·경보를 개발, 관리 및 이행하기 위한 지침을 제공하며 공공 예보·경보를 책임지는 모든 조직에 적용할 수 있다. 이는 현지에서 국제적인 수준에 이르기까지 모든 수준에 적용할 수 있다. 공공 예보·경보 시스템을 계획 및 이행하기 전 잠재적 위험의 리스크와 결과에 대한 평가가 이뤄진다.

ISO 22324 '긴급사태 관리 – 경보 컬러코드 기준' 표준은 위험에 처한 사람들과 위험에 대한 초기 대응 요원에게 알리고 상황의 심각성을 표현하기 위해 컬러 코드 사용에 대한 지침을 제공한다. 어느 지역 및 모든 유형의 위험에 적용할 수 있는 이 표준은 컬러 코드 표시 방법, 디스플레이 보기와 관련된 인체 공학적 고려사항 또는 ISO 3864 – 1에서 다루는 안전 표지를 다루지는 않는다. 혼란을 줄이고 비상 상황에서 더 적절한 대응을 유도함으로써 색상에 의한 코드 경보를 더 잘 이해하게 할 것이다.

ISO 22326 '긴급사태 관리를 위한 위험시설 모니터링' 표준은 확인된 위험시설에 대한 위험 모니터링 과정을 수립함으로써 전반적인 긴급사태 관리 및 연속성 프로그램의 일환으로 시설 내 위험을 모니터링하기 위한 지침을 제공한다. 위험요소를 모니터링하면 위험요소로 인한 사고에 대한 예방, 경감, 대비 및 보다 효과적인 대응을 통해 잠재적 손실을 줄일 수 있다. 효율적인 모니터링은 공공 및 민간 부문 비상 관리에서 의사결정을 지원하는 지속적이고 시기적절하고 정확하며 쉽게 이해되는 관련 모니터링 데이터를 제공할 수 있다.

ISO 22328 – 1은 자연재해 조기경보시스템에 대한 지침을 제공하는 국제표준으로서 자연재해 등에 대한 정의를 제공하고, 이해를 향상시키는 것을 목표로 하며, 조기경보시스템을 구현해야 할 방법과 절차를 기술하고, 활동 유형의 예를 제공한다. 이 표준은 이차적 영향은 고려하지 않고 자연재해에 취약한 지역사회에 적용되며 인구 행동대응 계획을 준비의 핵심 부분으로 인식한다. ISO 22315와 차별적으로 자연재해에 대한 추가 사양을 제공한다.

ISO/TR 22351 '긴급사태관리 시 정보교환 메시지' 기술보고서 표준은 긴급사태관리와 관련된 조직 간 정보교환을 위한 메시지 구조를 설명한다. 조직은 메시지 구조에 기반하여 수신된 정보를 자체 운영 상황도에 포함할 수 있다. 구조화된 메시지는 EMSI(긴급사태관리 시 공유된 정보)라고 한다. 이 기술보고서는 기존의 정보 체계와 새로운 정보 체계 간의 운용성을 용이하게 하기 위하여 구축된 메시지 구조에 대해 설명한다. 이 기술보고서는 긴급사태관리 통제실의 엔지니어, 정보 체계 설계자 및 의사결정권자를 위한 것이다. EMSI는 공통 예보 프로토콜(CAP)과 같이 다른 메시지 프로토콜과 보완적으로 사용할 수 있다.

ISO 22329는 긴급사태 시 소셜미디어 이용지침을 규정하는 국제표준으로서 긴급 비상사태 전후에 소셜미디어 이용 방법과 소셜미디어가 비상 시의 업무를 어떻게 지원할 수 있는지에 대한 지침을 제공한다. 한편, 이 지침은 긴급사태 관리에 관련된 당국(정부 및 비정부기구)과 비상상황에서 소셜미디어를 이용하려는 시민을 위한 지침이며, 소셜미디어 사용자가 가능한 한 효율적으로 새로운 미디어를 사용할 수 있도록 돕는다.

ISO 22370 '도시 회복력 프레임워크 및 원칙' 표준은 이 프로젝트 제안서가 도시 회복력의 강화된 상태를 달성하기 위해 적용할 수 있는 2030년 지속 가능한 개발 어젠다(아래 참조) 전체와 일관성이 있는 프레임워크와 원칙을 설명하는 기술 보고서의 개발을 포함한다. 이 문서는 또한 더 탄력적인 인간 거주지를 건설하기 위한 지역 당국과 다른 도시 이해관계자의 노력을 지원하고 인식하기 위한 표준 포트폴리오를 구성하기 위한 틀로서 UN Habitat의 개발된 지표와 모델을 사용할 것을 제안한다. 주로 도시 거버넌스에 대한 책임이 있는 단체에서 사용하도록 되어 있다. 단, 위에서 언급한 이해관계자 공동체를 대표하는 조직의 모든 유형과 규모, 특히 전 세계 도시의 도시 계획, 개발 및 관리 프로세스에 역할을 하는 조직에도 동일하게 적용된다.

ISO 22395 '위기/재난 시 취약집단 보호·지원 지침' 표준은 조직이 자연 및 인간에 의해 유발한(의도적 및 비의도적) 재난에 가장 취약한 개인을 확인, 개입, 의사소통 및 지원하기 위한 지침을 제공한다. 또한 재난 시 취약한 개인들에 대한 지원 제공을 지속적으로 개선하기 위한 지침을 포함한다. 이 문서는 재난 시 취약집단을 대상으로 하는 계획의 일부 또는 전부에 관여하거나 책임이 있는 조직에서 사용하기 위한 것이다. 이 문서는 지역, 지방 및 국가 정부, 법정 기관, 국제 및 비정부 기구, 기업, 공공 및 커뮤니티 단체와 같은 재난 대비, 대응 및 복구 활동에 관여하는 모든 유형 및 규모의 조직에 적용된다.

마지막으로 가장 최근에 표준화가 시작된 ISO 22360 '위기관리' 시리즈 표준은 ISO 22360 '위기관리 – 개념, 원칙, 프레임워크'과 ISO 22361 '위기관리 – 전략적 역량 개발 지침'으로 구성되어 있다. ISO 22360 위기관리 – 개념, 원칙, 프레임워크는 모든 관리 시스템 표준을 보완하지만 그 자체가 관리 시스템 표준은 아니다. 조직 내의 기존 관리 시스템을 대체하지는 않지만 전략적 계획 및 조직 내 일상적인 비즈니스 운영, 관행 및 프로세스 활동을 강화하기 위한 목적으로 상호의존적 관리 시스템 표준을 효과적으로 통합할 수 있는 촉매제를 제공한다.

ⓘ **제2절** | # ISO 22320 긴급사태 관리 가이드

1. ISO 22320 개관

이 국제표준은 2011년판을 대체하는 ISO 22320:2018 Security and resilience－Emergency management－Guidelines for incident management의 제2판으로서 다음을 포함하는 사고 관리에 대한 지침을 제공한다.

- 사고 관리의 가치를 전달하고 목적을 설명하는 원칙
- 역할과 책임, 업무와 자원 관리에 초점을 맞춘 프로세스와 구조를 포함한 사고 관리의 기본 구성요소
- 공동의 방향과 협력을 통해 함께 일하는 것

이 문서는 모든 유형과 규모의 사고에 대응하는 데 관련된 모든 조직에 적용되며 하나의 조직 구조를 가진 모든 조직뿐만 아니라 자신의 조직 구조를 계속 사용하거나 결합된 조직 구조를 사용하면서 함께 일하기로 선택한 두 개 이상의 조직에 대해서도 적용할 수 있다. ISO 22320의 개정을 담당하는 프로젝트 리더인 레이너 코흐(독일)는 "ISO 22320은 모든 유형의 비상사태(ⓔ 위기, 교란, 재난)에 대한 대처를 개선하기 위한 지침을 제공한다. 사건 대응의 복수 기능은 민간부문과 정부가 관할권이 다른 조직과 기관 간에 공유되는 경우가 많다. 따라서 사고 대응의 준비 및 이행 방법에 대해 모든 관련 당사자를 가이드 할 필요가 있다. 사고 대응 시 조직 간, 지역 간 또는 국가 간 상호 지원은 영향을 받는 집단의 요구에 적합하고 문화적으로도 민감할 것으로 예상된다. 따라서 적절한 경우 사고 대응 조치의 개발 및 구현에 대한 지역사회의 참여가 매우 바람직하다.

관여된 조직들은 지리적, 정치적, 조직적 경계를 넘어 공통된 접근방식을 공유할 수 있는 능력을 요구한다"고 강조한다.

2. ISO 22320 주요 내용

표준은 시의적절하고, 관련 있고, 정확한 정보를 생성하기 위하여 프로세스, 작업 시스템, 데이터 포착 및 관리를 지정하는 사고 대응을 위한 운영정보에 대한 요구사항을 수립한다. 조직 내에서 내부적 및 외부적으로 다른 관련 당사자와 조정 및 협력뿐만 아니라 지휘통제 프로세스를 지원하고 조직 간 조정 및 협력에 대한 요구사항을 규정한다.

이 국제표준은 다음 사항을 행하는 조직을 포함하여 국제, 국가, 지역 또는 지방 수준에서 사고를 준비 혹은 대응하는 모든 (민간, 공공, 정부 또는 비영리)조직에 적용된다.

a) 사고 방지 및 회복력 대비 책임 및 참여
b) 사고 대응 지침 및 지시 제공
c) 지휘 및 통제를 위한 규정 및 계획 개발
d) 사고 대응을 위한 다기관/다자간 조정 및 협력 개발
e) 사고 대응을 위한 정보 및 통신 시스템 개발
f) 사고 대응, 정보 및 통신, 데이터 상호운용성 모델 분야 연구
g) 사고 대응에 있어 인간 요인 연구
h) 대중과의 소통 및 상호작용 담당

또한 이 국제표준이 다루는 핵심 용어를 설명하면 먼저 ① 지휘통제(command and control)는 '목표 지향적 의사결정, 상황 평가, 계획 실행, 의사결정 이행 및 이행이 사고에 미치는 영향을 통제하는 활동'이다. ② 지휘통제 시스템(command and control system)이란 '대비, 사고 대응, 연속성 및/또는 복구 프로세스에서 모든 가용자산의 효과적인 긴급사태 관리를 지원하는 시스템'으로 정의된다. ③ 조정(coordination)이란 '공통 목표를 달성하기 위하여 서로 다른 (공공 또는 민간) 조직 또는 동일 조직의 일부가 함께 일하거나 행동하는 방식'으로서 조정은 관련 당사자

(공공 기관 또는 민간 조직 및 정부 포함)의 개별 대응 활동을 통합하여 사고 대응이 통일된 목표를 갖는 범위에서 시너지 효과를 얻고 각 사고 대응 활동과 관련하여 투명한 정보 공유를 통해 활동을 조정한다. ④ 긴급사태 관리(emergency management)란 '긴급사태를 방지하고 발생한 긴급사태를 관리하는 총체적 접근'으로서 일반적으로 긴급사태 관리는 잠재적으로 불안정 및/또는 중단적 사건의 발생 전, 중, 후 이에 대한 방지, 준비, 대응 및 복구를 위한 위험 관리 접근을 이용한다. ⑤ 사고 지휘(incident command)는 '조직된 사고 대응 구조의 일부'로서 사고를 관리하는 동안 진화하는 지휘 구조 내에서 수행되는 절차이다.

한편 ⑥ 사고 대비(incident preparedness)는 '사고 대응을 준비하기 위해 취하는 활동'이며, 사고 대응(incident response)은 '임박한 위험의 원인을 막고 잠재적으로 불안정 또는 중단적 사건의 결과를 완화하고 정상적인 상황으로 복구하기 위해 취하는 조치'를 말한다. 마지막으로 ⑦ 운영정보(operational information)는 '상황 및 상황의 가능한 진화에 대한 이해를 제공하기 위해 맥락화 되고 분석된 정보'를 의미한다.

이 표준은 크게 '① 지휘통제 요구사항, ② 운영정보 요구사항, ③ 협력 및 조정' 등 3개의 장으로 구성되어 있으며 그 내용 중에 핵심이 되는 부분들을 간단히 요약하여 설명하면 다음과 같다.

첫째, ① 지휘통제 요구사항은 사고 대응을 위한 목표 수립, 역할 및 책임 관계 결정, 규칙 및 일정 수립, 법률 준수 및 책임 보호 보장, 상황 및 진행 상황에 대한 모니터링과 평가 및 보고, 주요 결정 및 가정 기록, 자원 관리 및 정보 배포, 의사결정 및 의사소통 및 결정의 후속 조치 등이다.

지휘 및 통제 시스템의 목표는 생명을 구하고 부작용을 최소화하기 위한 조치를 지원하기 위해 조직이 관련 당사자와 협동하여 그리고 독립적으로 효율적인 사고 대응을 수행할 수 있게 하는 것이다. 표준 요구사항에 부합한 지휘통제 시스템을 설정하고 조직 내 및 다른 조직, 행위자 및 관련 당사자와 함께 임무에 대한 공통된 이해, 운영상의 그림, 지휘 계통 외 조직과의 관계, 적절한 리더십 위임 권한을 가진 사람의 임명 등 지휘체계(예 사고 지휘관 지정)를 확보해야 한다. 다음은 코로나19 백신 수송에 따른 사고대비 지휘통제시스템 관련 뉴스 기사이다.

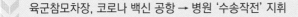
육군참모차장, 코로나 백신 공항 → 병원 '수송작전' 지휘

국방부는 21일 청와대에 한 새해 업무보고 자료에서 질병관리청의 코로나19 예방접종대응추진단 (이하 추진단) 소속으로 '코로나19 백신 수송지원본부'(이하 지원본부)를 설치해 운영한다고 밝혔다. 지원본부는 박주경 육군참모차장(중장)을 본부장으로 관련 분야 전문 인력을 중심으로 군인 34명, 공무원 4명, 경찰 2명, 소방 1명 등 총 41명으로 구성된다. 박 본부장은 추진단 공동부 단장도 겸한다. 국방부는 여기에 더해 57개 부대·528명으로 구성된 각급 제대별 지원TF를 추가 편성해 지원본부를 지원하도록 할 방침이다.

지원본부는 백신이 공장 및 공항에서 보관장소, 접종 기관에 도달하기까지 유통 및 수송 전 과정을 관제한다. 실제 수송은 민간 인프라를 최대한 활용하되, 이 과정에서 문제가 발생하 면 즉각적인 상황을 통제하고 조정하는 데 주력할 방침이다.

이번에 국내에 도입될 예정인 코로나19 백신의 경우 종류별로 보관·수송·접종 절차가 상 이하다는 점에서 그 어느 때보다 안전하고 신속한 수송이 관건으로 꼽힌다. 특히 지난해 발 생한 독감 백신의 '상온 노출' 사고 등으로 인한 백신 유통과정에 대한 우려도 여전한 만큼, 이 부분에 대한 철저한 대비와 대응도 군의 몫이다.

[아시아경제 2021.01.21. 기사를 일부 인용함]

위의 모든 문제는 계획시행 및 연습 중 고려하여야 한다. 지휘 및 통제 시스 템은 다양한 사고 유형 및 관련 조직에 맞게 확장 가능해야 한다. 또한 다양한 사고 대응 조직 및 관련 당사자를 통합하고 사고 진화 및 사고 대응 결과에 대 하여 유연하게 대응할 수 있어야 한다.

지휘통제의 사령관은 해당 조직 내에서 지휘 및 통제에 대한 전반적인 책임 을 공식적으로 부담해야 하며, 그 책임 범위에는 사고 대응에 대한 모든 조치의 시작, 조정 및 임무, 조직 구성, 가동 및 종료 프로세스, 법·기타 의무 확인 및 충족 등이 포함된다. 지휘 및 통제 구조는 사령관이 권한을 위임할 수 있는 방 식으로 조직되어야 하며 그 구조는 다양한 유형의 결정이 여러 시간 범위 내에 서 취해지는 다양한 수준(예 전술, 운영, 전략 및 규범 수준)으로 구분되어야 한다. 사고 대응 수준 측면에서는 사전 정의된 전략적 및 전술적 지휘 구조에 상응하 여 사고의 심각도를 범주화하여야 하는데 이는 가능한 한 합리적이고 신속하게 적정 수준의 지휘 및 통제를 이행하기 위함이다.

진행 중인 지휘통제 프로세스를 수립하고 관찰, 정보 수집, 처리 및 공유, 예측을 포함한 상황의 평가, 계획수립, 의사결정 및 결정 내용 전달, 이행, 피드백 수집 및 통제 조치 등을 해야 한다. 지휘 및 통제 절차는 사고 지휘관의 행동 조치뿐만 아니라 사고 지휘 팀과 관련된 모든 사람에게 적용되어야 한다.

단일 계층 지휘 하 조직과 관련된 사고에 대한 지휘통제 프로세스의 예는 <그림 7-1>에 제시하였다.

▌그림 7-1 단일 계층 조직에서 지휘통제 프로세스의 예시

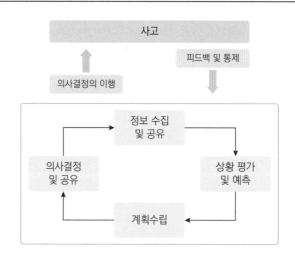

출처: KS A ISO 22320:2014

지휘통제, 조정 및 협력 원칙은 단일 또는 다중 계층 구조에 관계없이 모든 조직에 적용한다. 지휘통제 프로세스 내 주요 역할 및 책임은 사고 규모에 따라 적절해야 하며 최소한 ① 인사, 행정 및 재정, ② 상황 인식 및 예측, ③ 운영(기획, 의사결정, 기록 및 실행), ④ 물류, ⑤ 언론 매체, 의사소통 및 전달, 연계조직, ⑥ 경보 및 연락, ⑦ 안전(예 현장 요원의 보건 및 안전) 등의 항목을 포함하여야 한다.

관련된 의사결정은 가능한 한 명확하고 투명해야 하며 의사결정은 조직 내 및 다른 관련 조직뿐만 아니라 일반 시민에게도 전달되어야 한다. 지휘통제 자원으로서 의사결정 및 장비 사용을 위한 적절한 위치 및 시설을 확보하고 필요에 따라 자원을 사용할 수 있고 기능을 갖추도록 보장하는 프로세스를 수립하여

야 하는데 그 프로세스에 '통제센터 설립'을 포함할 수 있다. 지휘통제 기능이 수행되는 지휘 사령부는 이동식 또는 고정식일 수 있으며 부속 지휘 사령부를 현장 또는 현장 외부에서 설치할 수도 있다.

인적 요소도 고려하고 적절한 조치를 취해야 하는데 작업량 분산, 보건 및 안전, 인원 교체, 인간－기계－시스템 인터페이스 설계 등이 고려할 인적 요소에 해당한다. 지휘 및 통제 구조, 프로세스 및 장비를 규정하고 설계할 때에는 역량 수준, 문화, 언어, 기술 및 운영 프로토콜과 같은 사용자 차이를 고려하여야 한다. 또한 관련된 모든 행위자는 전반적인 운영 구조를 숙지해야 하며, 훈련 및 연습을 통하여 자신이 관리하는 자산을 다룰 역량을 갖추어야 한다. 인간－시스템 인터페이스를 설계할 때에는 행위자의 특성, 한계, 기술 및 업무 필요성이 우선 고려되어야 한다. 전자 또는 기계 시스템이 지휘 구조의 일부인 경우, 운영자는 인간－기계 시스템에 대한 전문성이 강해야 한다. 행위자가 경험하는 정서적, 심리적 스트레스를 다루기 위한 적절한 조치도 취해야 한다.

둘째는 ② 운영정보 요구사항이다. 사고 대응 활동을 효과적으로 관리하기 위해서는 사고 대응 중에 운영정보가 필요한데 운영정보는 상황 인식을 돕고, 자원을 조직하며 활동을 통제하는 데 도움을 준다. 운영정보는 사고, 위치 및 사고 대응 활동에 관한 정보 처리(그림 7－2 참조)의 결과이다. 운영정보는 사고 별

▎그림 7-2 운영정보 제공 프로세스

출처: ISO 22320:2014

동적으로 생성되거나 위치와 관련된 정적 정보(예 건물, 인프라, 인구)로 제공될
수 있다.

조직은 운영정보를 제공하기 위하여 계속 진행되는 프로세스를 수립하여야
하며, 계획 수립 및 지시, 정보 수집, 처리 및 이용, 분석 및 생산, 배포 및 통합,
평가(evaluation) 및 피드백 등의 활동을 포함한다. 운영정보는 지휘통제 프로세
스의 일부로서 계획되고 준비되어야 하며 대응 운영의 수행을 위한 지시 및 임
무에 대한 준비, 주요 질문사항의 명세화, 수집 방법 및 결과물에 대한 지침을
이용한 정보 수집 계획 수립, 정보의 접근 권한 및 제한 계획 수립, 참여 당사자
의 정보 니즈와 요구되는 정보에 대한 시간 제약과 같은 사항들이 포함되어야
한다.

수집은 특정 정보 출처에 대한 지시, 일정 계획 및 통제의 결정을 위하여 운
영정보의 획득과 관련된 활동을 말하며 접근 가능한 정보출처의 식별, 정보의 획
득, 출처 및 시간의 식별을 포함하여 획득한 정보의 기록 및 일지 기재(logging)
등이 포함되어야 한다. 처리 및 이용 활동 중에 수집된 데이터는 모든 수준의 의
사결정권자 및 운영정보 니즈가 있는 이용자들에 의해 쉽게 활용될 수 있는 형
식으로 변환된다. 효과적인 배포를 위하여 적절한 형식으로 정보를 각색하거나
정보의 최초 평가(정보출처 타당성 및 신뢰성 등급화), 오류 정보의 제거, 배포 수준
의 표시 및 분류, 정보의 신뢰성(credibility)에 대한 평가 등이 포함된다.

분석 및 생산 활동 중, 모든 가용 처리 정보는 운영정보를 만들기 위하여 통
합, 평가, 분석 및 해석된다. 산출물은 사고 처리 지휘자의 우선적 요구사항
(requirement) 또는 정보 요청사항(request)을 만족하여야 하며 정보의 수정, 정보
의 우선순위화 및 범주화, 정보의 대조·취합 및 합성, 리스크 식별 및 리스크
분석 등이 포함된다. 배포 및 통합 활동 중 운영정보는 범주화에 기초하여 전달
되고, 의사결정권자 및 기타 이용자들에 의해 사용된다. 배포는 다양한 수단을
이용하되 그 수단은 이용자의 니즈, 운영정보의 내용 및 중대성, 그리고 가용 전
송 방법에 의해 정해진다. 결과평가 및 피드백 동안 조직은 운영정보의 제공 활
동들의 적절한 수행 여부를 평가하여야 한다.

셋째는 ③ 협력 및 조정에 대한 요구사항이다. 공통의 이해와 가치에 입각하
여 효과적 사고 대응을 위해서 사고 대비의 한 부분으로서 필요한 협력 협약이
체결되어야 한다. 이 협력은 조직에 대하여 발생 가능한 사고 시나리오로부터

식별된 리스크 및 결과에 기반하는 것이 좋다. 예를 들면, 협력은 다음의 경우에 필요하다.

- 대규모 재난 시 공공 서비스에 대하여 상호지원과 관련이 있는 국가(states), 지방자치단체 또는 공공기관(public authorities) 사이
- 사고 대응 자원을 제공하는 비정부 조직과 여러 수준의 정부기관 사이(예 경보를 위한 방송국과의 협약, 비정부 조직과의 일반 협약)
- 사고 대응 지원 활동을 위한 민간업계와 정부 사이(예 음식물, 대피소, 보건 서비스, 수송, 통신)
- 일정 수준의 재난 복구를 제공하는 민간 업체와 정부 사이(예 의약품, 백신의 배달, 비상전력, 식수 공급)

먼저 협력(Cooperation) 차원에서 조직은 효과적인 사고 대응에 대한 대비를 위하여 기타 조직, 행위자(actors) 및 참여 관계자와 협력의 필요성을 판단하여야 한다. 필요시 협력 협약을 체결하고, 전문가 교류에 의한 협력 파트너를 지휘통제 프로세스에 통합할 수 있도록 한다. 또한 주기적으로 협력을 위한 협약내용

▌그림 7-3 강화된 조정 관련성을 가지는 복수 계층 지휘통제 프로세스 순환도

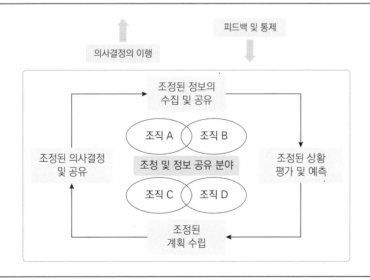

출처: KS A ISO 22320:2014

을 평가 및 개정하여야 한다. 조정(Coordination) 차원에서는 사고 대비의 한 부분으로서 관련 행위자 및 관련 당사자와 조정 필요성을 평가하며 필수적인 협력 관계를 구축하여야 한다. 이 조정은 조직에 대하여 발생 가능한 사고 시나리오로부터 식별된 리스크 및 결과에 기반하는 것이 좋다.

참여한 조직들 간에 최선의 조정을 위하여 복수계층 지휘통제 프로세스를 수립하여야 하며 이 프로세스는 기존 협력 협약을 기초로 해야 한다. 참여 조직은 다른 조직을 평가하여야 하며 그 조직들에게 영향을 줄 수 있는 의사결정에 다른 조직들이 참여할 수 있도록 하여야 한다. 모든 조직들은 영향을 줄 수 있는 특별한 결정사항의 경우에는 다른 조직들에게 통보하여야 한다. 복수 계층 지휘통제 프로세스에서 현장 초동대응자는 가용한 인력과 경험을 바탕으로 조기에 현장을 조정해야 하고, 조정에 참여하는 모든 조직은 영향을 받는 정책, 절차, 전략 및 계획 결정에 참여하여야 한다. 또한 운영 상의 공정성과 기회균등을 반영해야 한다.

조직은 모든 운영 수준에서 효과적으로 지속적 조정을 달성하기 위하여 목표를 분명히 하고 우선순위를 설정해야 한다. 조직은 실제적인 사고 대응 활동과 관련하여 지휘통제 구조의 수립과 투명한 의사결정 절차 식별, 정보 공유 및 상황 인지 정책의 이행, 의사소통 흐름 계획 및 의사소통 지침의 이행 등의 조정 목표를 평가하고 적용성을 평가하여야 한다.

정보 공유는 조정 및 협력의 기반이며, 참여 조직들 사이의 신뢰가 요구된다. 다수 조직 또는 다수 국가 공동의 사고대응 성공 여부는 시의적절하고 정확한 정보와 효과적인 운영정보 공유에 달려 있다. 가장 시의적절하고 정확한 운영정보는 기관 간 및 국가 간 운영정보가 하나로 통합되는 것이며 통합은 시너지를 발휘한다. 공유 필요가 있는 모든 정보에 대하여 실제 사고와 참여 조직에 적합하게 정보 공유가 가능한 수단을 확보해야 한다.

조직 구조, 체계 및 장비에 대해 규정하고 설계하는 경우, 역량 수준, 문화적 배경, 운영 프로토콜 및 언어와 같은 차이점이 고려되어야 하며 이런 상황에서는 가장 낮은 수준의 교육훈련을 고려하는 것이 일반적이다.

제3절 ISO 22315 다중대피계획 지침

1. ISO 22315 개관

이 국제 표준 22315:2014 Societal security-Mass evacuation-Guidelines for planning은 대비(preparedness)를 수립, 구현, 모니터링, 평가, 검토 및 개선한다는 측면에서 대규모 대피 계획에 대한 지침을 제공한다. 이것은 다중인원의 대피에 대한 계획의 일부 또는 전부를 책임지거나 관여하는 조직에서 사용하기 위한 것으로서 지방자치정부, 중앙 정부, 법령 기관, 국제 및 비정부 기구, 기업, 공공 및 사회 단체와 같은 집단 대피 계획에 관련된 모든 유형과 규모에 적용된다. 이 국제 표준은 확인된 모든 위험에 대한 다중대피 계획에서 각 활동에 대한 프레임워크를 설정하고 조직들이 증거 기반이고 효과성을 평가할 수 있는 계획을 개발할 수 있도록 돕니다.

위험이나 위협에 대응한 대피는 지정된 지역에서부터의 사람들의 이동이다. 이러한 맥락에서 대규모 대피는 다기관 협업과 자원의 필요성에 의해 특징지어지며 일반적으로 매우 많은 수의 사람들이 위험하거나 광활한 지역을 포함한다. 재해 성격, 지역사회, 대응자의 역량이 모두 다르기 때문에 대규모 대피를 숫자나 규모 면에서 규정하기는 어렵다. 단, 도시, 지역, 인구밀도 높은 지역의 피난 등 일상적인 대응 규모를 초과하는 대피 인구의 수를 고려할 수 있다.

ISO 22315의 프로젝트 리더 던컨 쇼(영국)는 "이 표준은 실제 대피 상황 안에서 보다 효과적인 대응을 하기 위한 대규모 대피 계획을 다룬다. 그것은 단체들이 인간의 생명을 구하고 고통을 줄여야 할 의무를 이행하는데 도움이 될 것이다"라고 설명하고 있다.

대피의 필요성은 자연 발생 사건, 인간이 유발한 사건 (의도적과 비의도적 모두) 및 기술적 실패로 야기된 사건으로 인해 발생할 수 있다. 일부 사건은 즉각적인 대피를 요구하는 반면, 다른 사건은 사전 예·경보를 제공한다. 효과적인 계획은 인간의 생명을 구하고 고통을 줄이는 데 중요하며 계획은 효과적인 대응을 제공하고 비상사태 관리의 일부분이다. ISO 22315는 대중 대피 계획을 수립

---

1) 그림 출처: (좌)http://www.hurricanescience.org/history/storms/2000s/rita/, (우)세종시교육청 홈페이지

하고, 의사결정을 지원하고, 효과적인 대응을 위한 잠재력을 높이고, 대중과 조직의 준비를 강화하기 위한 지침을 제공한다. 또한 반려 동물, 귀중한 재산 또는 생계를 유지하는 품목에 대한 우려와 같이 사람들이 대피하는 것을 방해할 수 있는 장벽이 있음을 인식한다.

이 국제표준은 대량 대피 계획을 수립하고 대량으로 대피자들을 수용할 장소를 마련할 책임이 있는 사람들이 사용하기 위한 것이다. 여기에는 다음과 같은 8가지 활동이 포함되어 있으며, 이 표준은 제4조~제11조의 8개의 절에 체계적 구조를 제공한다.

▼ 표 7-2 ISO 22315의 제 4-11 조

대피 계획을 위한 일반적인 측면 (제4조)						
공공의 다중(대중) 대피 준비 (제5조)	리스크하에 있거나 영향을 받는 영역 시각화 (제6조)	대피 결정 (제7조)	공공 예·경보 (제8조)	대피자 움직임 분석 (제9조)	대피자 대피처의 요구사항 평가 (제10조)	평가 및 지속적 개선 (제11조)

출처: ISO 22315: 2014

위 <표 7-2>는 대피 계획을 위한 일부 일반적인 측면(제4조)(例 리스크 평가 및 행사)이 있으며 제5조에서 제11조까지의 조항을 지원함을 보여준다. 대중에게 효과적으로 대응할 준비를 하는 계획(제5조) 및 리스크 지역 및/또는 영향을 받는 지역을 이해하고 시각화하기 위한 계획(제6조)은 의사 결정자에게 대피를 위해 전화를 할 것인지 여부를 결정할 수 있는 정보를 제공한다. 대피를 요구하는 결정을 내릴 계획(제7조)은 의사결정 과정, 목표 및 참가자가 적절한지를 확인하는 것을 목표로 한다. 공공에게 권고된 대로 대응할 필요성을 예·경보하는 계획(제8조)은 의사소통 및 지역사회 기반 예·경보 시스템에 대한 규범을 고려한다. 계획은 또한 교통 수요, 요구사항 및 가용성을 이해하기 위해 안전 영역에 대한 대피자 이동 분석(제9조)을 고려한다. 계획은 또한 대피자 대피처 요구사항 평가(제10조)를 목표로 한다. 예를 들어, 대피처에 대한 수요를 파악하고 대피처를 제공하기로 합의할 수 있다. 대피 계획을 평가하고 지속적으로 개선하기 위한 계획(제11조)이 뒤따른다.

2. ISO 22315 주요 내용

이 표준의 핵심용어를 몇 가지 정의하면 ① 사고관리 시스템(incident management system)이란 '인력의 역할과 책임 및 사고관리에 사용되는 운영 절차를 정의하는 시스템'으로 정의되며, ② 준비(preparedness)란 '임박한 또는 현재의 리스크 사건이나 상황의 영향을 효과적으로 예상하고 대응하며 그로부터 회복하기 위해 개발된 지식과 역량'을 말하고, ③ 지역사회 기반 예·경보 시스템(community-based warning system)이란 '설정된 네트워크를 통해 대중에게 정보를 전달하는 방법'이며, ④ 리스크 하에 있는 지역(area at risk)이란 '재해로 영향을 받을 수 있는 장소'로서 예방대피 관련 용어이고, ⑤ 영향을 받은 지역(affected area)이란 '재해로 영향을 받은 장소'로서 즉각적인 대피와 관련된 용어이다.

조직은 투명한 의사 결정 프로세스를 개발, 구현 및 문서화해야 하며 그 중 일부는 다중(대중) 대피 계획을 위한 모든 활동에서 공통적이다. 공통되는 계획 수립 내용에는 리스크 평가, 법규 및 정책 준수, 정보 수집 및 분석, 운영 자원 배분 계획, 기획 및 프로세스 문서화, 여러 기관 간 파트너 협약, 훈련 및 연습 등이 포함된다.

예를 들면 리스크 평가 측면에서는 조직은 ISO 31000 및 ISO/IEC 31010에 따라 리스크 평가를 수행하는 것을 포함하는 리스크 관리 프로세스를 개발하여야 하고 리스크 평가는 ① 전략적(대피 명령시기 관련 리스크) 또는 전술적(재난취약 인구 비율이 높은 지역의 대피 소요 시간) 평가, ② 특정 지역(대피처 지역 포함) 리스크, ③ 알려진 리스크 및 다른 대피 시나리오, 그리고 ④ 리스크, 인구, 인프라 및 운송과 관련한 상황 변화에 따라 대피 전, 도중 및 후에 평가 여부 등을 고려해야 한다.

조직은 다양한 출처의 계획 정보에서 정보를 수집하고 각 측면의 가치를 고려하여야 할 것이다. 수집된 정보는 사고 하에 있는 구역의 사람들의 인구 통계, 대피 수송을 할 사람들의 비율, 대피처를 이용할 사람들 등이다. 수집된 정보의 질을 평가하고, 정보 업데이트 빈도, 출처, 정보 수집 방법, 정보 사용의 세부 수준 등의 기준을 사용하여 신뢰성, 잠재적 장기, 단기 결과 및 대피 결정에 미치는 영향을 결정한다.

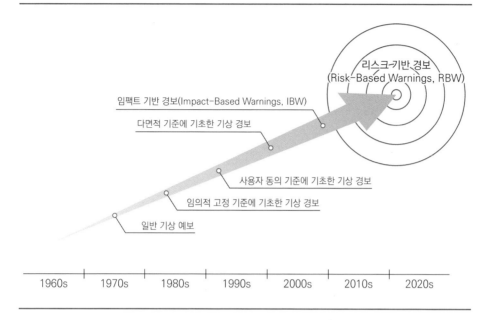

리스크-기반 경보
(Risk-Based Warnings, RBW)

임팩트 기반 경보(Impact-Based Warnings, IBW)

다면적 기준에 기초한 기상 경보

사용자 동의 기준에 기초한 기상 경보

임의적 고정 기준에 기초한 기상 경보

일반 기상 예보

| 1960s | 1970s | 1980s | 1990s | 2000s | 2010s | 2020s |

출처: 세계기상기구(public.wmo.int) 홈페이지

또한 조직은 ISO 22320의 긴급사태 관리 절차에 따라 정보의 신뢰성 및 진실성을 평가하되 다중(대중) 대피 계획에 증거 기반 접근을 위해 기존 또는 새로운

---

2) 언론 보도의 증가와 재난 발생의 가속화에 대한 인식은 개인들이 피해로부터 그들의 생명, 재산, 생계를 구하기 위해 제때에 행동할 수 있도록 하는 더 나은 정보를 요구하는 대중들의 격렬한 항의를 불러 일으켰다. 따라서 지난 50년 동안 정부와 국민들은 "날씨가 어떻게 될 것인가"를 알고 싶어하던 것에서 "날씨가 무슨 변화를 줄 것인가" 즉 사회경제적 영향을 알고 싶어하는 쪽으로 전환해 왔다. 둘 다 재해 위험을 완화하고 줄이기를 원한다. "영향 예측 및 경보 서비스에 대한 WMO 지침(WMO Guidelines on Impact Forecast and Warning Services)"은 국가기상및수문학서비스(NMHS)가 단순히 기상 정보를 제공하는 것에서 기후가 생명, 기반 시설 및 경제에 어떤 영향을 미칠지 표현하는 것으로 전환함으로써 이익을 얻을 것임을 강조한다. 그들의 목표는 사회경제적 영향, 즉 리스크 기반 EWS를 향한 진화에 초점을 맞춘 서비스를 제공하는 것이어야 한다. 리스크 기반 EWS를 제공하기 위해 특정 수문 기상학적 극한의 영향은 위험 확률과 위험에 대한 특정 인구 또는 경제의 취약성(또는 취약성) 및 리스크에 대한 노출 수준을 결합하여 결정해야 한다. 이러한 맥락에서 위험 기반 EWS는 리스크 확률을 가진 임팩트 기반 EWS의 단순한 형태다. 리스크 기반 EWS의 장점 중 하나는 불확실성을 명시적으로 고려하는 것이다. 따라서 예상 리스크(즉, 잠재적인 사회 경제적 영향)을 결정할 때 CMA가 채택한 리스크 기반 경고 수준은 리스크 불확실성, 취약성 및 노출과 관련된 요소를 통합한다. 'WMO (2014), Guidelines on Participation of National Meteorological and Hydrological Services in the WMO World Weather Information Service'에서 인용함.

연구 정보를 사용하여야 할 것이다. 기존 연구의 문헌 소스는 학술 연구, 사전 대피 및 사후 대피 조사, 종사자 보고서, 재해 후 보고서, 연습 후 보고서, 과거 프로젝트, 연구, 전문 및 정부 기관의 출판물 및 웹 사이트 등이다. 새로운 연구는 증거 기반의 계획 및 결정을 뒷받침하는 상황 별 정보를 제공할 수 있다. 조직 및 파트너 관계 조직은 합리적이고 최악의 시나리오 시뮬레이션을 사용하여 정보를 분석하여 재난에 대한 가정이 변화할 때 발생할 수 있는 상황을 이해하여야 한다.

조직은 여러 기관과 파트너십을 맺기 위해 다른 조직 및 단체를 확인하여야 하며 복수기관 파트너십은 기관들 간 연합된 대응이 필요할 때 계획 프로세스의 폭, 깊이 및 효율성을 향상시키고 협업에 대한 장벽을 줄이기 위한 권한 위임을 규정하여야 한다. 파트너 조직은 화재, 경찰, 구급 의료 서비스 및 기타 응급 대응 부서, 군대, 중요한 인프라 시설 주체, 환경 및 지방 정부 공무원, 원자력 전문가 및 지진 학자와 같은 영토 전문가, 비정부 기구, 지역 미디어 및 소통 채널, 주민 대표 등이다.

연습과 훈련을 통해 다양한 시나리오에 대응하고 ① 다중(대중) 및 주요 비즈니스와의 의사소통, ② 다중(대중) 기관의 효율적 조정과(예 정보 전파를 위한 통신 시스템) ③ 대피자 수송 및 피해 지역의 재난약자를 위한 지원, ④ 대피 싸인 및 대피 경로, ⑤ 공급 업체가 대피처에 필요한 자원을 확보하고 제공할 수 있는 대피처 확인 및 운영와 같은 준비 상황을 테스트 할 수 있도록 직원을 교육할 수 있다.

그럼 본격적으로 이를 단계 별로 살펴보면 첫째가 ① 공공의 다중 대피 준비 단계이다. 조직은 다중(대중) 대피의 경우 준비하고 대응하는 방법에 대해 대중에게 알리는 계획을 개발하여야 할 것이다. 구체적으로는 그 계획은 일반 다중 대피 대비 방법, 연구결과에 기초한 계획, 해당 인구의 주요 특징, 식별된 각 사회적 그룹 평가, 대비를 향상시키는 제품 및 서비스와 활동 소개, 대규모 대피 준비에 대한 장애 완화 방법 등에 대해 기술한다.

이 중에서 조직은 주요 사회집단을 확인하고 그들의 필요성을 평가하며 적절한 의사소통 방법을 사용하여 영향을 받은 지역 또는 위험에 처한 지역 내의 모든 집단에 접근되어야 할 것이다. 모든 공공 또는 사회 집단이 동일한 정보를 필요로 하는 게 아니고, 일부는 자신의 특정 요구에 따라 특별한 의사소통 방법을 필요로 한다. <표 7-3>은 그러한 대중집단의 특성을 분류하여 설명한다.

▼ 표 7-3 대중의 특성

특성	잠재적 고려 사항
나이	다양한 연령대에 맞는 의사소통 자료 제작. 예를 들어, 어린이를 위한 그림, 고령자를 위한 큰 텍스트 및 소셜 미디어를 사용하여, 청소년 및 젊은 성인에게 다가 갈 수 있는 대규모 원본(텍스트)
문화	문화적 민감성을 고려한 조언 및 자료 제작
해당 지역의 기간 (영주권자 또는 고정 된 기간 동안 해당 지역)	일정 기간 동안 해당 지역에 있는 대중을 대상으로 함. 통근자를 위한 주요 교통 허브, 관광객을 위한 호텔 및 안내 센터, 학생용 대학교 및 전문대학 및 주요 비즈니스 (직원 및 고객 용)에 커뮤니케이션 자료를 보급
사회 경제학	다양한 사회 경제적 단체에게 접근할 수 있는 방식으로 정보 제공
성별	다양한 성별 요구 및 기대를 반영한 의사소통
말하는 언어	다양한 언어로 그리고 다양한 수준의 문자 해독 능력을 위한 의사소통
리스크에 대한 위치 및 근접성	다양한 지리적 영역에 대해 서로 다른 리스크 지도 작성
이동성 및 운송	대피 중에 도움을 줄 수 있는 정보 및 서비스로 이동성이나 교통 지원 이 필요한 사람들에게 제공
직업상의 의무	직업과 관련된 책임과 의무를 지닌 사람들은 대피 중에 특별한 요구를 할 수 있다. 예를 들어, 농민들은 대피 중에 그들의 가축을 어떻게 처 리해야 할 일에 대한 정보를 요구할 수 있다.
정치적 제휴	다양한 정치적 제휴에 맞는 의사소통
종교	다양한 종교의 요구에 맞는 의사소통
취약점	대피하는 동안 취약한 사람들에게 지원 가능한 정보 서비스를 제공한다. 예를 들어, 청각 장애인은 문자 메시지로 예·경보를 받을 수 있다.

출처: ISO 22315: 2014

조직은 사회 집단에 대한 정보를 기반으로 다양한 제품, 서비스 및 활동을 제공하는 것을 고려해야 하는데, 응급 처치 키트, 의약품, 의료 용품 등 개인 용품 및 대피 용품 목록(예 경보 및 알림 서비스), 대중이 리스크를 이해하고 자신의 개인적 대피 계획을 세우는 데 도움이 되는 리스크 평가 정보, 안내 센터 및 전시, 지역 리스크 및 위협에 대한 워크숍 및 정보 세션, 인터넷 기반 서비스 및 웹 사이트에 의한 특정 리스크 요소의 모니터링, 교육용 컴퓨터 소프트웨어 및 대피 시 컴퓨터 게임 등이 그 예이다.

둘째는 ② 리스크 하에 있거나 영향을 받는 영역 시각화 단계이다. 조직은 다중(대중) 대피를 계획할 때 매핑 및 시각화 기술을 사용하는 방법을 고려하여야 할 것이다. 리스크에 처한 지역 또는 영향을 받은 지역에 대하여, 영향을 받는 영역에 대한 데이터를 매핑하고, 지도에 캡처할 정보의 유형을 고려하며, 지도를 작성하기 위한 데이터의 호환성을 보장하기 위한 요구사항을 기술해야 한다. 파트너간에 공유되는 시각화된 정보가 양질이며, 접근 가능하고, 사용 가능하고, 상호운용 가능하며, 이를 사용하는 사람들을 위한 모범 관행(good practice)을 고수하고 사용되도록 하는 것을 목표로 하여야 할 것이다. 시각화할 수 있는 다양한 유형의 정보는 다음과 같다.

- 특정 외국어 사용 지역의 인구 밀도와 관광객 등 일시적인 인구 밀도
- 운송 네트워크를 포함한 환경 및 자연 지형
- 경찰 및 소방 등 비상사태 대응 자원
- 의료, 교육 및 교도소 등 특수한 시설
- 변전소, 발전소 및 상수도 공급업체와 같은 중요 인프라
- 비상 대피소 및 안전 구역
- 축산업 지구 등 토지이용의 형태

셋째는 ③ 대피 결정 단계이다. 조직은 의사결정권자가 철수 명령을 내리고 이행의 준비를 할 수 있는 프로세스를 식별하여야 할 것이다. 그 절차는 「대피 결정 과정 개발 → 대피 목표 수립 → 충돌하는 대피 목표 해결 → 대피 명령에 필요한

▌그림 7-6 지진 및 화재 대피 훈련

출처: 행정안전부 공식 블로그

정보 확인 → 의사 결정자가 필요한 정보에의 접근 보장 → 특정 리스크에 대한 결정을 내리는 요인 확인 → 결정을 추적하고 기록하기 위한 시스템 개발」순이다.

여기서 대피 목표의 수립을 위한 목표의 측정은 <표 7-4>에 의한다.

▼ 표 7-4　대피 목표 및 그 목표의 측정

목표	본 목표 측정
인간의 생명을 구하는 것이 주 목표가 되어야 할 것이다.	
대중을 리스크나 위협으로부터 보호	리스크/위협에 대한 대중의 사망률 및 부상률 및 영향을 받은 지역을 떠나는 대피자 (또는 거주하는 대피자)에 대한 평가
생명을 살릴 때 고려할 수 있는 다른 목표들	
대피로 인한 경제적 혼란의 방지	서로 다른 대피 조치로 인한 현지 기업 및 대중에 대한 금전적 손실 측정
비상 조직 대피 비용의 최소화	참여하는 모든 대피 단체(예 응급 서비스, NGO)에 대한 대피 조치의 금전적 비용 측정
대피 명령으로 인한 공황 상태 및 혼란 최소화	대중의 공황 및 장애의 평가는 사건 발생 후 일반 대중 및 재난관리자와의 조사를 통해 달성될 수 있다.
향후 대피 명령에 대한 대중의 무시 최소화	연구 결과를 사용하여 측정하거나 거짓 대피가 대중에게 미칠 수 있는 영향을 통합
공무원에 대한 대중의 신뢰의 극대화	측정에는 다양한 대피 시나리오 결과가 비상 공무원에 대한 신뢰감에 어떻게 영향을 미치는지에 대한 대중의 태도에 대한 조사가 포함
범죄 수사의 완전성 유지	대피 결정에서 조사까지 지연기간(시간 또는 일)으로 측정
대피자 및 대중에 대한 지속적인 심리적 효과의 최소화	건강관리 시스템을 통한 지속적인 심리적 지원 제공 비용 측정

출처: ISO 22315: 2014

대피 명령을 내리거나 다른 대응을 통해 각 목표가 어떻게 충족되는지에 대한 데이터를 분석한다. 조직은 개선의 여지를 확인하기 위해 대피 전 및 도중에 대피 목표에 대한 성과를 정확하게 측정한다.

또 대피 목표가 상충하는 상황이 발생할 수 있다. 예를 들어, 상충되는 두 개의 목표는 생명의 손실을 완화할 수 있는 대신 경제적 혼란을 증가시킬 수 있는 결정을 내리게 되는 경우가 있다. 따라서 전기, 가스 및 수도 공급을 위한유틸리티 공급 업체, 대응자 및 조직 간의 충돌이나 갈등 가능성을 확인하고 발전 플랜트 또는 기타의 인프라를 폐쇄하는 데 따른 혼란을 감안해야 한다. 농사 및 가축과 같은 상업 활동에 대한 대피의 영향을 파악하는 것도 중요하다.

▌그림 7-7 홍수 조기경보시스템 작동 원리

〈홍수 예경보 시스템 작동 원리〉	
관측 자료 수집	CCTV, 우량계, 수위계 등으로 자료 수집하여 통합적으로 관리
자료 관리	이상치 검출 시 자료 검보정 이후 모니터링 시스템으로 전달
실시간 모니터링	공간정보 시스템과 수문정보 자료를 연계하여 모니터링
예측 모형 적용	개발 유출모형을 실행 및 결과 분석
홍수 경보	홍수상황 전파를 위한 경보 발송

출처: 대외경제협력기금(EDCF) 공식 블로그

특정한 기준에 도달하면 대피 행동을 예측하는 데 도움이 되기 위한 위해 및 리스크 상태를 모니터링해야 한다. 예를 들면, 홍수의 높이 또는 방사성 분산으로 인한 피폭량과 같은 특정 리스크에 대한 심각성 임계치를 포함하여 대피 권고가 변경될 수 있는 조건에 대한 임계치나 대피 임계치에 접근함에 따른 리스크 요인 등을 확인해야 한다.

다음 넷째 ④ 공공 예보·경보 단계이다. 조직은 공공 예보·경보 메시지가 의도된 목표 그룹에 적합한지 확인하여야 할 것이다. 지역사회 기반 경보 시스템은 대중에게 적시에 대피할 수 있도록 예·경보하기 위해 사용할 수 있다(그림 7-7 참조). 대량 대피를 위해 대중에게 예·경보하는 활동으로는 대중에게 예·경보하고 알려주는 시스템, 지역사회 기반 예·경보 시스템 홍보, 다양한 이해관계자와의 의사소통을 위한 프로토콜, 예·경보 메시지를 위한 템플릿 설계 및 테스트, 대중에게 예·경보 할 예상 시간 분석 등이 있다.

공공에게 예·경보하고 알려주기 위한 체계로서 사이렌, 공개 공지, 텔레비전, 라디오, 자동 전화 송신 시스템 및 인터넷 시스템을 포함한 모든 공식 예·

경보 시스템을 계획에서 확인해야 한다. 또한 이러한 시스템이 다중 대피를 위해 활성화되고 사용되는 방법을 기록하며 대피 예·경보 계획에 공식 예·경보 시스템 및 문서 계약 외에도 예·경보 전파 프로세스에서 다른 미디어 대행사의 역할을 공식화해야 한다. 파트너와의 선도 조직을 확인하여 예·경보 및 정보 제공 시 시스템 및 미디어 대행사와도 협력해야 한다. ISO 22322(Guidelines for public warning)는 다중(대중)에게 예·경보하는 방법 및 절차를 더 자세하게 안내하고 있다.

조직은 소셜 네트워크 간의 자연스런 의사 소통을 통한 예·경보 및 알림 메시지의 보급을 향상시키기 위해 커뮤니티 기반 시스템을 사용하여야 할 것이다. 조직은 지역사회 기반 시스템을 평가하여 메시지 목적, 통신 방법 별 효과(소셜 미디어; 인쇄물; 신문, 텔레비전 및 라디오를 통한 광고, 전화 번호부 및 우편), 사회 집단의 정보 요구와 바람직한 정보 수신 시스템을 확인하는 연구 결과, TV와 같은 시스템이 더 많은 사람들에게 도달할 수 있지만 비용은 훨씬 높은 통신에 할당된 예산 등을 고려하여 대피 준비 메시지를 전파하여야 할 것이다.

조직은 긴급 헬프라인, 미디어 및 소셜 미디어와 같은 커뮤니케이션 시스템을 사용하여 대응 방법에 관하여 다중(대중)에게 정보를 입수하거나 제공하고, 다중(대중)으로부터 추가 정보를 얻어 당국에 제공하며, 대피 행동과 의사소통에 우선순위를 부여(예 재난취약계층) 등을 실행한다. 또한 특수 시설로서 병원, 장기 요양 시설, 요양원, 학교, 교도소, 교육 센터 및 일반 대중들에게 예·경보 할 수 있는 것 이외에 재난약자들이 많이 거주하는 지역과 많은 수의 사람들을 수용하는 주요 건물들과 의사소통하기 위한 프로토콜을 개발해야 한다.

다섯째는 ⑤ 대피자 움직임 분석 단계이다. 조직은 보행자 및 교통 대피자가 안전장소에 도달하기 위해 필요한 시간을 분석하여야 할 것이다. 조직은 데이터를 수집하고 대피 움직임을 분석하며 실험을 수행하고 결과를 분석하여 계획이 안전하고 신속한 대피를 장려하도록 하여야 할 것이다. 대피자 움직임은 잠재적인 인구 이동, 대피자들의 운송 형태, 운송 네트워크의 수요 및 가용성 확인, 운송 성능 척도 및 목표 확인, 운송 전략 및 정책 분석, 대중에게 운송 정보 전달 등을 통해 분석한다.

비상 관리 시나리오나 다중(대중) 대피를 위해 구체적으로 생성되지 않은 경우에도 일반 인구 이동 정보를 이용할 수 있어야 할 것이다. 조직은 대피 별 인구 이동 모델을 확보하고 테스트 또는 운영 연습을 통해 이를 검증하여야 할 것이다. 또한 보행자 및 교통 대피자를 안전 장소로 데려 가기 위해 필요한 시간을 분석하고 이러한 정보를 사용하여 대피 계획을 다른 단계에 알리고 대피 결정에 사용할 수 있는 시간을 판정한다.

교통망 수요와 가용성 확인을 위해서는 정상적인 작업 동안뿐만 아니라 계획된 도로 폐쇄, 역방향 통행 또는 속도 제한 도중 데이터를 수집하고, 운송의 품질 및 데이터의 시의성을 분석하며, 데이터를 사용하여 다양한 운송 수단의 일일 사용량을 추산한다. 대피자 수송을 위한 성과 척도를 파악하고, 대피자들의 운송이 적절한 성과를 달성하도록 운영 목표를 설정한다. 대피자 당 총 대피 시간, 대중에게 경보 직후 대피자가 안전한 목적지에 도착할 때까지의 시간, 전반적인 대피 시간 등이 운영 목표로 포함된다. 분석을 사용하여 미리 계획된 대피 경로, 역방향 통행, 교통신호 시스템, 단계별 대피, 도로 폐쇄와 같은 속도, 차량 유형 제한, 대피자를 위한 특별 픽업포인트에 대한 다양한 전략의 영향도 확인한다.

여섯번째는 ⑥ 대피자의 대피처 요구사항 평가 단계이다. 조직은 대피자의 대피처 요구사항을 평가하고 대피처를 식별, 할당 및 관리하여 대피처 대기 기간이 다를 수 있다는 점을 고려하여 대피처의 가용성이 충분한지 확인한다. 대피처 수요 예측, 적합한 대피처 확인, 대피처 약정 체결, 사고 발생시 대피처 가용성 분석, 대피자 등록 및 지원 서비스 관리, 대피처 공급용품 및 상호 원조 조직화, 안전한 복귀 계획 수립 등은 대피처 요구사항을 파악하는 방법들이다.

이를 위해 대피처 수요 예측, 필요한 대피처 능력, 자원에 대한 공공 조사, 대피 후 신고 및 인도주의 기관의 정보를 사용한다. 정부, 비정부기구, 인도주의 단체, 종교 단체 및 사회 단체가 제공하는 대피처를 사용하려는 대피자의 수와 가족, 친구 또는 자신들이 제공하는 대체 대피처의 개산서(概算書)를 계획에 포함시킨다. 대피처와 그 특정 요구사항을 사용할 가능성이 있는 사람들이 누구인지를 파악하기 위하여 노인 및 이민자 그룹과 같은 인구 통계 그룹이 다양한 지역사회 내에서 대피처 요구를 차별화한다. 재난약자들을 적절한 대피처에 배정하는 것을 포함하여 대피처에 사람들을 배정하는 것도 고려하고 동물과 다른 소유물과 메커니즘을 보호하고 대피 후 소유자와 반려동물을 만나게 해주기 위해 가용한 자원도 고려한다.

특정 지역에 대해 충분한 수용량이 계획되도록 대피 계획에 대피처 정보를 포함시켜야 하여야 한다. 대피처 위치 및 수용 규모, 열쇠 보유자 연락처 세부 정보, 내진 및 보안과 같은 특별보호 조치와 상수도, 주방, 화장실 및 장애인 시설을 포함한 유효한 생명줄(라이프 라인) 시설 등이 그러한 대피처 정보에 해당한다.

조직은 개인 정보 보호에 관하여 의무사항에 관한 신원, 주소, 가족 세부 정보 및 의료 기록을 포함하여 대피자의 세부 정보를 등록하기 위해 각 대피처 위치에서 사용할 수 있는 컴퓨터 데이터베이스 시스템을 만들어야 한다. 나아가 화학적, 생물학적, 방사선학적 또는 핵 사고의 경우, 대피자를 오염 제거시킬 필요가 있는지 또는 오염제거가 된 것인지 여부를 나타내는 데 본 시스템을 사용하여야 할 것이다. 조직은 대피 전에 사전에 이민자 및 노인과 같은 다른 대상 그룹의 잠재적인 대피처 요구를 파악하기 위한 정보를 사용하여야 할 것이다. 수집된 정보에는 외국어 정보, 요실금 패드, 특수 의자나 쿠션 또는 사회심리적 지원과 같은 특별 조항과 인구통계학적 특성 등이 포함되어야 한다.

마지막으로 ⑦ 평가 및 지속적 개선 단계이다. 조직은 정기적으로 다중(대중) 대피 계획을 평가하고 개선하여 모든 활동을 지속적으로 개선할 수 있는 공식 프로세스를 수립하고, 실행 및 유지하여야 할 것이다. 특히 새로운 학습을 포함하는 서면 계획의 업데이트, 전문 기술의 유용성 등을 개선한다.

제4절 ⓘ

ISO 22322/22324 공공 예보·경보와 경보 컬러코드

1. ISO 22322 및 ISO 22324 개관

ISO 22322는 재난, 테러 공격, 그리고 다른 주요 사건들은 생명을 구하고, 위해와 피해를 완화하고 효과적인 사고 대응을 위해 필요한 공공 예보·경보를 담당하는 모든 조직에 도움이 되는 표준이다. 긴급 대응 조직은 악화하는 비상 상황에 경보를 통해 신속하게 대응할 필요가 있다. ISO 22322를 집필한 프로젝트 리더 하야시 하루오(일본)는 "소통하는 시간은 한정되어 있고 종종 실질적인 행동을 수반하는 구체적인 예보 및 경보 메시지는 큰 집단에게 전파된다. 예보·경보 메시지를 효율적으로 보내고 원하는 대응을 만드는 간단한 절차는 생명을 구하고, 건강을 보호하며, 큰 혼란을 막을 수 있다. 효과적인 사고 대응에는 체계적이고 미리 계획된 대중 경보가 필요하다. ISO 22322에서 공공 예보·경보는 위험 모니터링과 경보 전파의 두 가지 기능을 기반으로 한다. 리스크 식별, 리스크 모니터링, 의사결정, 경보 전파에 대한 메커니즘을 구축하고 평가 및 개선해야 한다."고 설명한다.

한편 ISO 22324 표준은 위험에 처한 사람들과 최초 대응 요원에게 리스크에 대해 알리고 상황의 심각성을 표현하기 위한 색상 코드(color code) 사용에 대한 지침을 제공한다. 그것은 어느 위치에서나 모든 유형의 위험에 적용된다. 색상 코딩된 경고는 안전 또는 위험 연속체의 상태 변화 위험에 있는 사람들에게 적절한 조치를 취할 수 있도록 하기 위해 사용된다. 이 색상 코드 경고 국제 표준은 혼란을 줄이고 비상 상황에서 더 적절한 대응을 유도하는데 도움을 준다. ISO 22324는 다양한 색상과 사용 방법을 설명한다. RED는 위험과 연관되어 있으며 위험에 처한 사람들에게 즉시 적절한 안전 조치를 취하도록 통지하는 데 사용되어야 한다. YELLOW는 주의사항과 연관되어 있으며, 위험에 처한 사람들에게 적절한 안전 조치를 취할 준비를 하도록 알리는 데 사용되어야 한다. GREEN은 안전한 상태와 연관되어 있으며, 위험이 있는 사람들에게 어떠한 조치도 필요하지 않다고 알리는 데 사용되어야 한다.

2. ISO 22322 주요 내용

먼저 ISO 22322의 핵심 용어를 정의하자면 ① 경보(alert)는 '긴급사태가 전개되는 당시의 초기 대응자 및 리스크에 처한 사람들의 주의를 끄는 공공 예보·경보의 일부'이며, ② 경고 전달 기능(warning dissemination function)은 '리스크에 처한 사람들에게 위험 모니터링 기능으로부터 받은 증거 기반 정보에 기초하여 적절한 메시지를 발송하는 활동'을 말하고, ③ 통지(notification)는 '긴급사태에 대처하는 데 필요한 의사결정 및 조치와 관련한 필수 정보를 리스크에 처한 사람들에게 제공하는 공공 예보·경보의 일부'이며, ④ 공공 예보·경보 체계(public warning system)란 '긴급사태가 전개될 때 리스크에 처한 사람 및 초기 대응자에게 통지/예보 메시지를 전달하는 공공 예보·경보 정책에 기반 한 일련의 프로토콜, 프로세스 및 기술'로 정의된다.

공공 예보·경보 시스템조직은 정의된 영역 내에서 발생할 수 있는 잠재적 리스크와 각각의 잠재적 리스크 수준을 평가하여야 한다. 이 평가 결과는 향후 참조를 위해 필요할 수 있고 문서화할 수 있는 공공 예보·경보의 유형을 결정하여야 한다. 조직에서 개발한 공공 예보·경보 시스템은 다음과 같은 요소를 갖추어야 한다.

- 법적 및 기타 의무적 요구사항을 준수
- 공공 예보·경보 목표 설정의 프레임워크를 제공
- 시스템을 계획, 이행, 유지 및 개선할 수 있는 인력 및 기술 자원 확보
- 조직 내외부 관계인들에게 전달하고 주요 대응자에게 적절한 훈련을 제공
- 잠재적 리스크에 처한 사람들이 이용하거나 그들에게 전달될 것
- 지역사회 대표자(지역사회 단체, 공제 네트워크 등) 또는 공익 관련 기관과의 적절한 협의 및 자문

조직은 위험 모니터링 및 예보·경보 전달이라는 두 가지 기능을 기반으로 프레임워크를 설계하여야 한다. 공공 예보·경보 발령의 책임은 개별 전문가, 전문가 집단 또는 조직[3]인 이해관계자에게 있으며, 지역, 국제 수준의 민간 또는 공공 부문에 있다. 두 기능에 기여하는 사람들은 공공 예보·경보 시스템의 기능을 잘 이해하여 관련성, 정확성, 신뢰성 및 시의성을 갖춘 예보·경보를 발령 및 전달하여야 한다. 대중의 인식을 고양 및 유지하기 위하여 지속적으로 노력하고 예보·경보 내 안전 조치를 규정하여야 한다. 다음은 재난 예경보 시스템이 제대로 작동되지 않는 문제로서 이러한 문제 리스크에 대한 고려도 중요하다고 볼 수 있다.

⬇⬇ '재난예경보시스템' 독점위해 불공정행위…마을방송은 먹통

CBS노컷뉴스의 취재를 종합하면 전라북도의 재난예·경보시스템 서버를 구축한 0업체가 통신 프로토콜(네트워크간 통신 규약)을 임의로 변경하는 불공정 행위를 벌여 순창군의 마을방송이 작동하지 않고 있다는 것이다.

H업체는 지난 2019년 7월 전북 순창군의 제2차 마을무선방송시스템 설치 사업을 낙찰받았다. 그러나 이 업체는 지난 2019년 9월 16일 군청 공무원 등이 참관한 최종 시연에서 방송을 작동시키지 못했다.

H업체에 따르면 0업체가 도청 서버의 통신 프로토콜을 고정형(CID) 방식에서 변동형(OTP) 방식으로 변경해 마을방송을 방해했다.

현재 각 시·군의 마을방송은 기술적 특성상 전라북도청의 서버와 연결돼야만 한다. 그러나 도청 서버가 발송하는 통신 프로토콜이 임의로 변경되면 마을방송 장치가 이를 수신하지 못해 방송이 나오지 않는다.

[노컷뉴스 2021.02.23. 기사를 일부 인용함]

위험 모니터링은 모니터링할 위험을 결정하기 위해 수행된 리스크 평가를 기반으로 한다. 위험 모니터링 기능에 관련된 사람들은 지역 기관에서 국제 기관까지의 위험 모니터링 활동에 대한 이해 및 그들과 통신할 수 있는 채널을 확보하고, 정의된 영역 내 및 전문 지식 범위 내 확인된 리스크에 대한 지속적인 모

---

3) 기관, 과학 기구, 정부 부처, 산업, 수송 서비스, 국제기구, 비상 조직 등

니터링을 하며, 이머징 리스크와 변화되는 리스크 수준에 대한 초기 및 후속 정보를 제공해야 한다.

예보·경보 전달 기능은 즉각적인 공공 예보·경보 전달 절차를 활성화하고, 증거 기반 정보를 통보 및 예보 메시지로 변환하며, 예보·경보 메시지 전달 절차를 규정하고, 리스크에 처한 사람들 및 다양한 취약집단의 정보 니즈를 검토하는 것을 포함한다. 조직은 국가 또는 지역 내 법규정 또는 조직의 자체 책임 구조에 따라 공공 예보·경보를 승인할 책임이 있는 개인 또는 집단을 확인하여야 한다. 승인은 공공 예보·경보 정책의 요구사항 등을 기반으로 한다.

조직은 위험 모니터링 기능과 예보·경보 전달 기능 사이의 효과적인 조직 간 협력 및 조정은 물론, 지역사회 집단 등 관련 이해관계자 간 조정에 관여해야 한다. 공공 예보·경보 프로세스 내 모든 운영은 개인정보 및 데이터 보호 규정에 따라 기록되어야 하며, 위험 모니터링 및 예보·경보 전달 기능을 정기적으로 평가하고 그 평가결과에 따라 개선 포인트를 확인하여야 한다. 평가 프로세스는 5년 이내의 일정 간격으로 진행하며, 예보·경보 전달 기능은 통신 채널의 선정뿐만 아니라 통지 및 예보의 내용 및 적시성을 평가하여야 한다. 공공 예보·경보 프로세스는 <그림 7-8>에 나타난 모든 요소를 포함하여야 한다.

위험 모니터링 프로세스는 모니터링 대상 위험을 확인하는 것으로 시작된다. 위험 모니터링 기능은 관련 위험을 확인 및 나열하여야 하고, 위험 요소의 상태를 모니터링 할 지표를 확정하고, 공공 예보·경보 발령을 위한 과학적 근거나 기준을 마련하여야 한다. 또 통지, 예보 및 위험 해제 발행 기준을 확인하고 각 리스크 영역에 대한 기준을 마련하여야 한다.

위험 모니터링 기능에는 그 분야 운영 관련 지식을 가진 사람들을 배정하여야 하고, 리스크에 처한 지역 별 리스크 평가를 위한 과학적 데이터를 수집하여야 하며, 예보·경보 전달 기능에 대한 공공 예보·경보 발행에 관한 의사결정을 준비하여야 한다.

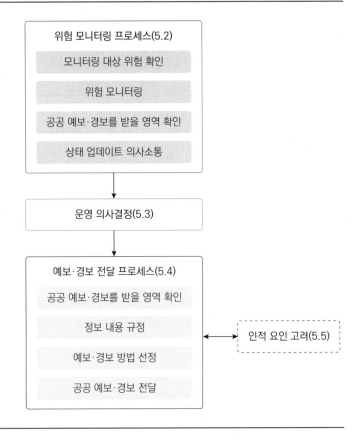

출처: ISO 22322: 2015

리스크에 처한 각 지역에 대해 위험 요소 모니터링 기능은 'ⓐ 예보 · 경보가 전송될 리스크에 처한 지역, ⓑ 해당 지역 내 리스크에 처한 사람들, ⓒ 해당 지역을 책임지는 예보 · 경보 전달 기능, ⓓ 잠재적으로 영향을 받을 수 있는 인접 지역에 대한 리스크'를 확인해야 한다. 아울러 위험 모니터링 기능은 예보 · 경보를 승인하는 책임자 및 적절한 경우 리스크에 처한 사람들에게 예보 · 경보 전달 기능에 대한 정기적인 위험 상태 정보의 업데이트를 제공하여야 한다. 상태 업데이트를 수신하였다는 확인을 요청하여야 하며 리스크에 처한 사람들에게 각 지역의 위험 기준치를 알려야 한다.

다음으로 조직은 다음 항목을 포함하는 의사결정 프로세스를 수립하여야 한다.

a) 위험 모니터링 기능의 투입요소 평가

b) 리스크에 처한 사람들에게 전달될 공공예보·경보의 유형 및 내용

c) 공공 예보·경보의 전달 방법 및 예보·경보 발령의 기간

d) 가용 자원과 조정/협력 필요성 평가

예보·경보 전달 기능은 위험 모니터링으로부터 받은 정보를 평가하여 위험 지역 내 리스크 수준을 결정하여야 하고, 정보의 수신 및 예보·경보 발동 사이의 지연을 최소화해야 한다. 통지, 경보 및 해제 등 명확한 기준에 따라 현지 리스크를 평가하되 정기적으로 기준을 평가 및 갱신하여야 한다.

공공 예보·경보를 받을 지역을 확인할 때 리스크의 본질 및 심각성, 지역의 지리 및 지형 특징, 잠재적 피해자의 수와 그 취약성, 기상 조건 및 예보를 확인해야 한다. 예보·경보 전달 기능은 공공 예보·경보를 발행하여야 하는 사람, 정보 수신 대상자, 예보·경보가 발행되는 시기, 조치를 취하기를 기대하는 사람 및 조치가 필요한 이유, 기대되는 조치 및 조치 시기, 위험에 놓인 사람들이 정보에 접근할 수 있는 방법 등의 내용을 규정하여야 한다.

공공 예보·경보는 예보 및 통지로 구성되어야 한다. 예보는 청각, 시각 및 촉각을 자극하여 적절한 안전 조치를 취하고 추가 정보를 찾도록 하여 긴급사태가 전개되는 상황에 있는 사람들의 주의를 끄는 것이다. 예보·경보 전달 기능은 취약집단의 요구사항을 포함하여 리스크에 처한 사람들의 특성 및 조건을 고려하여야 한다. 반면 통지는 사고 이전에 위험에 놓인 사람들이 긴급사태를 대처하는 데 필요한 의사결정과 행동을 위하 정보를 제공하는 것이다. 통지는 시의성이 있어야 하고 잠재적 피해자들에게 적절하여야 하며, 현재의 상황을 잘 반영해 주어야 한다. 정보는 픽토그램, 그래픽 기호 및/또는 표지로 보완하여야 한다. 통지를 준비할 시 예보·경보 전달 기능은 발령될 예보의 유형 및 목적, 통지를 요하는 위험·위협 또는 긴급사태, 긴급사태의 예상 발생 시기, 통지 대상인 잠재적 피해자들, 취해질 적절한 안전 조치, 추가 정보를 받는 시기 및 방법 등을 고려하여야 한다.

예보·경보 전달 기능은 'ⓐ 사람들이 지시를 따르는 데 필요한 시간(적시성), ⓑ 가용성, 효과성 및 기술적 신뢰성, ⓒ 취약집단을 포함한 사람들이 전송된 메시지에 얼마나 쉽게 접근할 수 있는지' 등의 요인을 고려하여 적절한 예보·경

보 방법을 결정하여야 한다. 또한 예보·경보 전달 기능은 통신 채널 범위의 역량을 고려하여 최대한의 보도 및 시의적절한 전송을 준비하여야 한다.

┃그림 7-9 지진조기경보 시스템 설명도

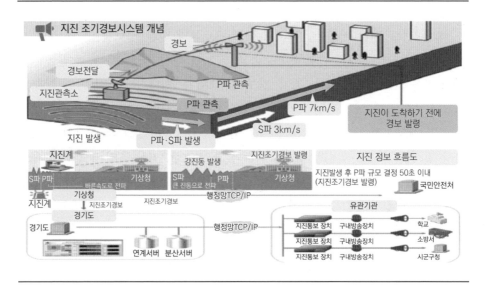

출처: 경기도청 제공

다목적 공공 직접 통신(전화, 팩스, 휴대폰), 공공방송(TV, 라디오, 모바일 방송), 인쇄 매체(신문), 전용 예보·경보 체계(사이렌, 연기 경보기, 실내 수신기, 확성기, 대형 확성기 시스템이 있는 운송수단), 정보통신기술(ICT) 기반 매체(웹페이지, 이메일, SMS 및 소셜 미디어) 등이 기존 통신 채널의 예시이다. 예보·경보 전달 기능은 여러 통신 채널을 동시에 그리고 보완적으로 사용하여야 하며 가급적 첨단 통신 채널의 사용을 강구하여야 한다.

예보·경보 전달 기능은 적절한 언어로 다중 통신 채널을 사용하여 반복적으로 정보를 송신하여야 한다. 반복적이고 주기적인 공공 예보·경보에 대한 발행 날짜 및 시간을 확인하여야 하며 지역 환경에 익숙하지 않은 단기 체류 인구의 니즈를 고려하여야 한다. 예보 및 통지의 내용 및 관련정보가 취약집단의 니즈를 충족하는지 확인하여야 한다. 매스컴은 리스크에 처한 사람들에게 알리는 데 중요한 역할을 하며 언론 매체와의 관계 수립에는 많은 이점이 있다. 매스컴과 보다 효과적으로 협업하기 위하여 매체의 뉴스 주기 및 원고 마감 시간에 대한 이해가 중요하다.

인간 요인으로서 리스크에 처한 사람들, 특히 장애가 있는 사람들이 공공 예보·경보 메시지를 받고 이해하는 능력도 고려하고, 리스크에 처한 사람들이 취할 수 있는 안전 조치의 효과에 영향을 미치는 요소들도 고려하여야 한다.

3. ISO 22324 주요 내용

먼저 ISO 22324의 핵심 용어를 정의하자면 ① 색맹(color blindness)은 '특정 색조 구별에 대한 전체 또는 부분적 무능력(출처: ISO 5492:2008, 정의 2.34)'을 말하며, ② 컬러 코드(color-code)란 '특정 의미를 나타내기 위해 상징적으로 사용되는 색상 집합(출처: ISO 17724:2003, 정의 11)'이고, ③ 색조(hue)란 '시각적인 감각의 속성으로 인식되는 색상, 적색, 황색, 녹색 및 청색 또는 이들 중 두 가지 조합(출처: ISO/IEC 8632-1:1999, 정의 4.1.61)'을 의미한다.

컬러 코드 사용 지침으로 위험의 상태를 나타내기 위해 적색, 황색 및 녹색(그리고 색조의 관점에서 스펙트럼 사이의 색상)을 사용하고 흑색, 자주색, 회색은 위험에 관한 보충적 정보를 제공하기 위해 사용 한다(표 7-5). 위험 상태를 표현하기 위한 컬러 코드는 일반적으로 적색은 위험과 관련이 있으며 즉시 위험에 처한 사람들에게 적절한 안전 조치를 취해야 함을 알리는 데 사용하고, 황색은 주의와 관련이 있으며 위험에 처한 사람들에게 적절한 안전 조치를 준비해야 함을 알릴 때 사용하며, 녹색은 안전 상태와 관련이 있으며 위험에 처한 사람들에게 조치가 필요 없다는 사실을 알리는 데 사용하여야 한다. 이에 따라 전문가는 위험 상태를 위험, 주의, 또는 안전으로 분류하여야 한다.

▼ 표 7-5 컬러 코드

컬러(색상)	연관 의미	제안 행위
적색	위험	적절한 안전 조치 즉각 시행
황색	주의	적절한 안전 조치 준비
녹색	안전	필요한 조치 없음

출처: ISO 22324: 2015

컬러 코드 시스템의 컬러 코딩 유형으로는 위험 수준을 표현하기 위해 세 가지 색상 이상이 필요한 경우, 색상 및 지원 정보는 사용되는 색상의 수를 제한하기 위하여 위험 수준의 수를 최소화하여야 하고, 적색과 녹색 스펙트럼 사이의 색상을 선택하여야 한다. 또한 혼동을 피하기 위하여 7가지 이하의 색상을 사용한다. 보충 정보(예 텍스트, 숫자, 모양, 기호, 크기), 위치 코딩 등을 포함한 사용자가 이해할 수 있는 지원 정보가 추가되어야 한다.

적색, 황색, 녹색 스펙트럼 순서 및 위치에 있어서 색상의 순서는 위치 단서를 제공하여 사람들이 예보의 의미를 쉽게 인식할 수 있으며 적색, 황색 및 녹색의 스펙트럼을 표시하고 사용하는 여러 가지 방법이 있다(그림 7-10 참조). 하지만 이 색상들은 항상 위험 수준이 높아지는 순서로 배치하여야 한다.

┃그림 7-10   컬러 코딩의 순서 및 위치의 예시

출처: ISO 22324: 2015

보충 정보를 주는 컬러 코드로서 적색, 황색, 녹색 스펙트럼 외에도 흑색, 자주색, 청색 및 회색을 사용하여 추가 정보를 제공할 수 있다.

▼ 표 7-6   보충 컬러 코드

컬러(색상)	관련 의미	추가 정보
흑색	치명적 위험	적색과 더불어 치명적인 위험에 대한 보충 정보 제공에 사용
자주색	치명적 위험	적색과 더불어 치명적인 위험에 대한 보충 정보 제공에 사용
청색	정보 목적	보충 정보 제공 시 사용, 단, 위험의 수준을 나타내는데 사용 불가
회색	가용 정보 없음	가용 정보가 없음을 명시적으로 나타내는데 사용

출처: ISO 22324: 2015

흑색 또는 자주색은 치명적인 위험에 사용하는데 사용자는 문화적 중요성에 따라 흑색 또는 자주색을 선택할 수 있다. 흑색은 흑백 바둑판으로 대체할 수 있다. 컴퓨터 화면이나 LED 디스플레이에서 치명적인 위험을 표현할 때 흑색은 비발광 색상이므로 문제가 될 수 있다. 이 경우, 흑백 바둑판의 사용을 권고한다. 청색은 안전 상태 또는 다른 위험 수준을 나타내기 위하여 사용되어서는 안 된다. 청색은 위험 수준을 나타내지 않는 순수한 정보 제공 목적으로 사용하여야 한다. 회색은 명시적으로 가용 정보가 없음을 나타내는 데 사용하여야 한다.

컬러 코딩된 경보가 표시되고 디스플레이 장치의 성능 및 관련 인체공학적 요구사항에 주의해야 하며 한 번에 한 가지 색상을 구분하는 인간의 한계에 대해 특별히 고려하여야 한다. 컬러 코드에만 의존하는 안전에 대한 판단은 다양한 색상을 구별하는 인간의 능력을 고려하여야 한다. 컬러 코딩에만 기초한 인간의 판단이 요구될 때마다 적색, 황색 및 녹색만 사용하여야 한다. 색 구별이 제한된 사람들이 위험에 처한 사람들에 포함될 것으로 예상될 때마다 사용된 색상에 대한 보충 정보를 제공하여야 한다. 보충 정보는 모든 종류의 색맹(ISO/TR 22411 및 ISO 9241 참조)에 대한 인체공학적 조언을 따라야 한다. 적색 및 녹색을 구별할 수 없는 것이 가장 일반적인 색맹이다(ISO/IEC Guide 71:2001, 8.5.1).

적절한 경우 컬러 명칭을 위험에 처한 사람들에게 경고하는 보조 수단으로 사용하여야 한다. 공공 주소 시스템을 통한 청취 가능한 '적색 경보'는 사람들에게 경고하는 데 사용할 수 있다. 적절한 경우 텍스트를 사용하여 사용되는 색상을 명확히 하고 이러한 텍스트는 별도로 배치하거나 색상 위에 중첩할 수 있다. 적절한 텍스트 글꼴을 선택하려면 인체공학적 요구사항을 고려하여야 한다. 글꼴 선택은 가독성에 상당한 영향을 미치며 적절한 글꼴은 보기 거리, 조명 수준 및 색상 대비와 같은 조건에 따라 다르지만 이에 국한되지는 않는다.

ⓘ

제5절 ISO 22328-1 자연재난 시
조기경보시스템 지침

1. ISO 22328-1 개관

이 표준은 자연재해 조기경보시스템에 대한 지침으로서 시스템을 구현하는 방법과 절차를 기술하고, 활동 유형을 제공한다. ISO 22315 다중대피의 지침과 차별화하여 자연재해 시 조기경보시스템에 대한 추가 사양을 제공한다. ISO 22328－1 개발을 책임지고 있는 프로젝트 리더인 테우쿠 파이살 파타니(인도네시아)는 "자연재해는 대지진, 쓰나미, 화산폭발, 홍수, 가뭄, 산사태, 허리케인 사건 등 파괴적인 영향을 미칠 수 있는 지구의 자연적인 과정이다. 자연재해는 재난에 취약한 지역에 사는 누구에게나 언제든지 일어날 수 있다. 이러한 재난은 인간의 생명을 다치게 하고 죽였으며 경제, 사회, 환경에 엄청난 손실을 초래했다. 자연재해가 지구의 자연현상이라고 여겨지지만, 그 발생은 인류의 인구와 요구가 증가함에 따라 인간의 안전과 복지에 위협이 되었다. 자연 재해의 완화는 하드(hard)하고 소프트(soft)한 접근법에 의해 수행될 수 있다. 하드한 접근법에는 자연재해에 대한 예방작업과 보호시설 건축이 포함되는데, 이는 높은 비용과 시간을 필요로 한다. 더욱이 자연재해가 다양하고 광범위한 영향을 미칠 수 있다는 점을 고려할 때 이러한 조치의 시행은 효과적이지 않을 수 있다. 따라서, 조기경보시스템의 구현에 관한 지역사회의 대비 태세를 향상시키기 위해 하드 접근법뿐만 아니라 이러한 소프트 접근법을 구현함으로써 효과적인 재해 위험 감소를 달성해야 한다. 지역사회 기반 자연재해 조기경보시스템은 위험 발생 지역에 살았던 개인과 지역사회에 충분한 시간 내에 대피할 수 있도록 하고, 부상, 인명 손실, 재산 및 환경 피해 등 자연재해로 인한 손실을 줄일 수 있도록 하는 것"이라고 설명하고 있다.

2. ISO 22328-1 주요 내용

ISO 22328-1의 핵심용어들을 개념 정의하면 먼저 지역사회기반 조기경보시스템(community-based early warning system)이란 '확립된 네트워크를 통해 대중에게 정보를 전달하기 위한 커뮤니티 기반의 조기경보시스템 방법'으로 정의된다.[4] 대피 훈련(evacuation drill)은 '대피와 관련된 특정한 기술을 연습하고 종종 같은 것을 여러 번 반복하는 활동'을 의미하며 예를 들면, 재해로부터 이웃이나 마을을 안전하게 대피시키기 위한 훈련이 있다.

재난 조기경보시스템은 위험평가, 지식의 전파 및 통신, 모니터링 및 경보 서비스, 대응 역량, 조기경보시스템의 지속가능성에 대한 당국 및 지역사회의 기여 등의 내용으로 구성되어 있다. 이는 다음 UN-ISDR[5]에 따른 완전하고 효과적인 조기 경보 시스템의 4가지 주요 요소와 일맥상통한다.

a) 위험 지식
b) 모니터링 및 경고 서비스
c) 보급 및 통신
d) 대응 능력

조기경보시스템은 공학뿐만 아니라 인구통계, 경제, 문화 등 사회적 측면에 통합되어 있다. 이 문서는 일반적으로 사회적 측면을 고려하여 지역사회의 재해에 대한 적극적인 대응을 장려한다.

먼저 리스크 기반 평가는 ISO 31000에 근거해야 하며 취약한 지역사회에 대한 기술적, 제도적, 사회경제적, 문화적 조사 분석으로로 구성되어야 한다. 위험 식별을 위한 기술적 조사를 실시하여 취약지역의 물리적 상태를 파악하고, 위험의 종류와 범위를 분류하고, 재해 지표에 관한 정보를 수집하고, 취약지역과 안전지대를 결정해야 한다. 이러한 지표는 잠재적 위험 영역을 나타내는 특정 상태를 포함할 수 있으며 조기경보 시스템 계측기의 배치를 결정하는 데 사용될

---

4) 경보 시스템은 위험 지식, 모니터링 및 경고 서비스, 보급 및 통신, 재해에 대한 회피, 위험 감소 및 대응 능력 등으로 구성될 수 있다.

5) UN-ISDR (2006). Developing early warning systems: a checklist: third international conference on early warning (EWC III). 27-29 March 2006, Bonn, Germany

수 있다. 이와 관련된 제도적 조사의 목적은 현재 재해 발생 지역에서 감시와 완화를 담당하는 기성 조직이 있는지 파악하기 위한 것이다. 사회경제문화조사에서는 인구, 연령, 교육 및 재정상황, 가구 수, 차량 및 가축 수, 문화적 고려사항 등의 지역인구에 관한 정보를 수집한다. 그것은 또한 재난에 관한 지역사회의 지식에 대한 정보를 제공한다. 이 정보는 재난 및 재해 위험 경감 수단에 대한 지역사회의 통찰력을 제공하여 조기경보 시스템의 성공적인 도입을 유도하고 지역사회의 취약성과 복잡성에 대한 이해를 돕는다.[6]

▌그림 7-11 일본 정부의 쓰나미/지진 조기경보 및 대비 시스템

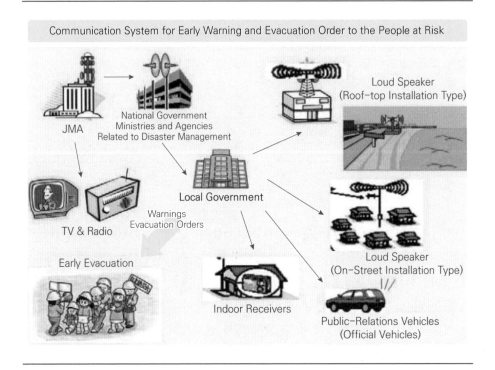

출처: 일본 내각부 공식 방재정보웹사이트(www.bousai.go.jp)

---

6) 잠재적 취약 거주자와 재해로 인한 기반시설 영향에 대한 정보는 지역사회 취약성의 수준을 결정하는데 중요하다. 지역사회의 적극 참여 열망과 동기는 지역사회 환경에 적합한 재해 위험 경감 프로그램의 설계 전략과 관련이 있다. 또한 이 프로그램은 지식을 제공하고 재난으로부터 자신을 예방하고 보호하기 위해 해야 할 일을 결정할 수 있는 능력을 증가시킬 수 있다.

지식·정보의 전파와 통신은 지역사회에 재해 가능성에 대한 이해를 제공한다. 보급과 통신의 방법은 리스크 평가의 예비 데이터에 근거하여 개발되어야 한다. 지역사회는 재해의 유형, 재해 발생 방법 및 원인, 사고를 통제하고 촉발하는 요인, 그리고 조기경보 시스템, 경고의 수준 및 신호를 포함한 결과(피해)를 완화하기 위한 구조적 및 비구조적 전략에 대한 정보를 제공한다. 지식의 보급과 통신은 명확한 언어를 사용하고, 유용한 정보를 제공하며, 권위 있는 기관을 식별하고, 최대한 많은 인원에게 도달할 수 있도록 복수의 통신 방법을 제공해야 한다(그림 7-11 참고). 효과적인 보급은 재난에 대한 더 나은 이해와 조기경보 시스템 적용으로 위험을 최소화하는 방법을 제공하며 재해대책 팀에 참여하는 주요 인사들의 식별로 이어져야 한다.

조기탐지 장비는 리스크가 높은 구역을 포함하는 공간에 배치해야 한다. 장비의 설치는 안전 보장과 장비의 양호한 상태 유지를 위해 당국 및 지역사회와 협의해야 한다. 조기탐지의 유형과 양, 경보 수준은 재해의 유형과 규모에 비례해야 한다. 조기경보 시스템을 지원하기 위해 설치된 조기탐지 장치에는 조기경보 시스템의 작동을 보장하기 위한 필수 장치와 측정 정확도 개선 도구가 포함되어야 한다. 지역사회 기반 재해 조기경보 시스템을 구현하려면 모니터링 및 조기탐지를 위한 최고도의 기술을 사용해야 한다.

지역사회는 대응역량을 확보하기 위해 재해대책반 설치, 피난처 지정, 피난지도 및 경로 개발, 표준운영절차 개발, 대피훈련 실시 등을 통해 충분한 시간 내에 적절한 방식으로 대응할 것이 권장된다. 재해대비 팀원은 재해 대비, 예방, 완화 및 재해 후 관리에 대한 지식과 능력을 바탕으로 선발해야 한다. 재해대비 팀은 재난 발생 지역에 대한 지식, 데이터 및 정보 관리, 조기경보 및 대규모 대피 시스템, 응급처치, 물류, 보안 등 전문지식을 갖춰야 하며 재해대비팀에 필요한 추가 전문성은 지역사회의 필요에 따라 결정된다. 재해대비팀은 'a) 위험 구역, 대피소 및 대피 경로 결정, b) 지역사회를 리드 및 준비시키고, 훈련을 이행, c) 기술 시스템의 설계-설치-작동-유지 관리 구성'과 같은 대비활동을 수행하여야 한다.

대피 과정은 적절한 대피소, 대피소 내 지원시설 및 대피경로가 지원되어야 한다. 대피소의 지원 시설은 연중 내내 준비되어야 하며 비상 상황 시 기본적인 필수품들로 구성되어야 한다. 대피소는 기술적 위험 평가에 기초하여 재해로부터 안전하다고 간주되는 장소에 위치해야 하며 공공건물은 피난처로 이용될 것을 권장한다. 대피 경로는 도보 및/또는 차량을 통해 모든 방향으로 대피소를 출입할 수 있어야 한다.

대피 지도와 노선은 재해대비팀과 지역사회가 미리 정해진 경로를 따라 위험 구역을 벗어나 대피소에 집결할 수 있도록 운영지침으로 개발해야 한다.

위험 구역의 식별에 기초하여 대피 지도를 개발해야 하고 대피 지도는 집합 지점 및 대피소로 향하는 대피 경로로 사용할 안전한 장소에 대한 구체적인 세부사항을 제공해야 한다. 위험 구역(risk zones)은 재해 대비 팀원이 결정한 후 해당 지역 당국이나 기관 관계자 또는 전문가에 의해 검증되어야 한다. 대피 지도에는 'a) 고위험 및 안전 구역, b) 각 거주자 수의 추정을 포함한 주택 현황, c) 지역사회 시설: 학교, 예배 장소, 지역 보건소, 사무실, 시장 및 랜드마크, d) 거리와 강, 해안선, e) 조기경보 시스템 설치 위치, f) 경보 초소 및 집합 지점, h) 대피 경로 및 대피소 위치' 등의 정보가 포함될 수 있다.

표준운용절차(SOP)에는 재해 조기경보 장치로 발령된 경보에 대응할 책임이 있는 재해대비팀, 개인 및 자치단체에 대한 절차와 지침이 포함된다. SOP는 관련 이해관계자 및 당국의 지시에 따라 재해대비팀 각 부서의 논의와 합의를 토대로 작성하여 경고 정보, 전달 메커니즘 및 대피 명령의 흐름을 따라야 한다. SOP는 다음과 같은 경고 수준을 포함할 수 있다. 물론 이러한 모든 SOP 수준이 모든 지역사회에 적용되는 것은 아니다.

- 레벨 1(주의: 재해 발생 가능)
- 레벨 2(경고: 재난 발생 가능성)
- 레벨 3(대피: 재난 발생 임박)

리스크 평가를 실시하고, 재해대비팀을 구성하고, 대피 지도와 루트를 결정하고, 대피 SOP를 이용할 수 있고, 장치를 설치하고 나면 훈련(evacuation drill)을 실시해야 한다. 훈련은 SOP에 따른 시나리오에 기초하여 기기의 기능 및 대

---

7) Workshop on World Landslide Forum (2017) Promoting a Global Standard for Community-Based Landslide Early Warning Systems, Advancing Culture of Living with Landslides pp 355-361.

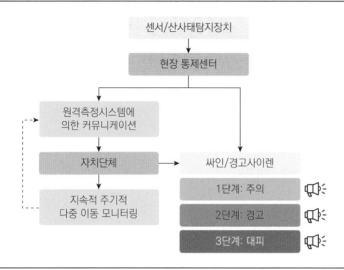

출처: ISO 22328-1

비할 지역사회의 역량에 맞추어야 한다. 대피훈련의 목적은 재해 발생 시 신속하고 적절하게 대응할 수 있는 재해대비팀, 지역사회 및 지역 당국의 역량을 향상시키는 것이다. 대피 훈련은 또한 대피 시 지역사회 주민이 스스로의 책임하에 이루어지도록 하고 조기경보 탐지장치에 의해 발생되는 경보나 알림(사이렌 소리, 조명 또는 기타 적절한 경보채널)을 주민들에게 숙지시킨다. 대피훈련은 1년에 한 번 이상 실시해야 한다.

당국과 지역사회는 재난 조기경보시스템에 대한 강력한 의지를 보여주고 시스템의 운영과 유지보수를 지속해야 한다. 조기경보시스템의 소유, 설치, 운용, 유지보수 및 보안에 대한 책임은 각 지역의 당국과 지역사회에 의해 결정되고 합의되어야 한다.

ISO 22326 긴급사태 관리를 위한 위험시설 모니터링

1. ISO 22326 개관

ISO 22326 표준은 확인된 위험이 있는 시설에서 위험 모니터링 프로세스를 설정하여 전체적인 비상 관리 및 연속성 프로그램의 일환으로 시설 내의 위험 모니터링에 대한 지침을 제공한다. 여기에는 확인된 위험요소가 있는 시설을 감시하기 위한 시스템 개발 및 운용 방법에 대한 권고사항이 포함되며 모니터링 시설의 전 과정을 망라하고 있다. ISO 22326의 목적은 사람, 운영, 재산 및 환경에 대한 위험을 줄이려는 전체적인 비상 관리 프레임워크에 기여하는 것이다. 이 지침은 계획, 실행, 작동 및 제어, 검토, 지속적인 발전 등을 포함하여 확인된 위험요소가 있는 시설의 위험 모니터링 프로세스 전체에 대해 설명해준다.

ISO 22326 개발을 책임지고 있는 프로젝트 리더 올레그 볼코프(러시아)는 "최근 몇 년 동안 매우 큰 영향을 미치는 산업 재해와 자연 재해의 수가 크게 증가했다. 이 사실은 그러한 재난의 발생을 감소시키고, 유형 및 무형의 손실과 인과관계를 줄이기 위해 위험요소가 있는 시설의 위험 모니터링 프로세스에 의한 사고 예방 조치의 추가 개발과 구현의 중요성을 나타낸다"고 강조하였다.

2. ISO 22326 주요 내용

먼저 ISO 22326의 핵심 용어를 정의하자면 ① 모니터링 프로세스 소유자(monitoring process owner)란 '데이터의 수령, 통합, 생성, 분석, 전송, 산출을 담당하는 개인 또는 법인[8]'을 말하고, ② 핵심 지표(critical indicator)란 '사고, 우발

---

8) 모니터링 프로세스 또는 모니터링 프로세스 내 체계 소유자는 하도급업자와 같이 표현될 수

사고 또는 긴급사태의 발전 가능성을 확인하기 위해 모니터링되는 위험을 평가하는 데 사용되는 정량적, 정성적 또는 기술적 측정'을 의미한다.9) ③ 시설(facility)이란 '뚜렷하고 정량화된 서비스의 비즈니스 기능을 지닌 플랜트, 기계, 부동산, 건물, 육/해/공 수송 단위, 기반 시설 또는 플랜트의 기타 항목 및 관련 체계'로 정의된다.

이 표준은 크게 위험시설의 모니터링 프로세스와 데이터의 특성, 분석 및 해석, 산출물 등에 대한 파트와 모니터링 프로세스의 실행과 운영 파트로 구분되어 있다. 모니터링은 사고로 이어질 수 있는 확인된 위험 시설의 역학적 위험 전개를 확인하여야 한다. 이는 위험에 대한 시의적절하고, 타당하고, 신뢰할 수 있는 데이터의 제공을 포함하여야 한다. 모니터링을 수행할 위험의 선택은 위험 요소 확인 및 리스크 분석 결과를 기반으로 하여야 하며 사고가 확대됨에 따라 모니터링을 통해 점진적인 정보를 제공하여야 한다. 모니터링은 최소한 정상－주의－긴급사태의 단계를 제공하여야 하며 행정 및 조직의 고려 사항을 반영하여야 한다. 모니터링 프로세스를 지원하기 위하여 위험 수준에 맞는 하드웨어 및 소프트웨어를 포함하여야 한다.

모니터링 프로세스에는 데이터의 수신, 통합, 생성, 분석, 전송 및 출력이 포함된다. 이 프로세스는 시설 소유자, 안전 및 보안을 담당하는 당국 및 모니터링한 데이터를 얻는 데 관심이 있는 다른 이해관계자가 포함된다. 또 이 프로세스는 데이터 공유를 위한 사전 수립된 절차를 따라 시설 소유자, 당국 및 이해관계자에게 데이터를 제공하여야 한다.

모니터링 프로세스는 위험 및 핵심 지표를 모니터링하고, 시설 운영 모드에 인간 개입으로 인하여 야기되는 정보를 포함하여야 한다. 또한 지속적이고, 신뢰할 수 있고, (시설의 유지 보수 서비스와 독립적이라는 의미의) 신임할 수 있고 확인된 위험에 적용할 수 있는 역동적 핵심 지표를 제공하여야 하며 핵심 지표 변경 시 실시간 데이터 전송을 제공하여야 한다. 아울러 자동 및 수동으로 운영되는 체계 사용에 대한 우선순위를 부여하고 모니터링 프로세스의 가능한 개선 결과를 평가하여야 한다.

데이터 특성과 관련하여 모니터링 프로세스는 데이터가 시설에 축적되어 있

있다.

9) 핵심 지표는 시설의 구조적 상태의 가장 중요한 통합 특성에 대한 정보를 제공한다.

고, 합의된 특성을 가지며, 쉽게 분석 및 해석되고 보안 채널을 통해 전송되며, 의사결정을 지원하기 위해 통합될 수 있도록 해야 한다. 모니터링을 통해 데이터가 분석 및 해석되어 긴급사태 관리 요구를 충족시키고 의사결정을 지원하기 위해 우선순위에 따라 시설 지표를 표시해야 하며, 최근의 관련 지표가 쉽게 확인될 수 있도록 데이터가 표시되어야 한다.

데이터는 문자 메시지, 역학 프로세스를 나타내는 것을 포함한 그래픽, 가청 신호, 비디오 등과 같이 포괄적이고 이해하기 쉬운 형식으로 표시하여야 한다. 데이터는 자동 체계가 최신이고 가장 타당한 지표를 쉽게 확인할 수 있도록 표시되어야 하고 모니터링 체계를 지속적으로 개선하고 전반적인 대비를 향상시키기 위하여 사고 통계 및 예측 모델을 사용하여 데이터를 분석하여야 한다.

█ 그림 7-13 중요 시설 모니터링 장면

출처: https://www.spektrum-sg.com/border-monitoring

증가한 리스크 사건 중 모니터링 프로세스의 결과를 미리 확인된 당국 및 이해관계자와 공유하여야 하며 이해관계자는 모니터링 프로세스의 개발 및 개선 단계에서 확인한다.

모니터링 과정의 시행과 운영 면에서 모니터링 프로세스 소유자는 프로세스 소유자와 프로세스(계획수립, 이행, 운영 및 통제, 검토 및 지속적 개선)에 관련된 다른 사람 간 상호작용을 설명하는 합의를 도모해야 한다. 모니터링 체계를 계획할 때 모니터링 소유자는 모니터링 프로세스 개발을 지원하기 위해 모니터링 관계자의 의견을 구해야 하고 적용 가능한 표준 및 업계 규범을 고려하여야 한다. 또한 고려되는 위험에 대한 대응 모니터링 체계에 관한 프로젝트 설계를 반영해야 한다. 또한 범위, 목표, 프로세스 승인 절차를 포함한 모니터링 체계 및 프로세스를 설계, 이행 및 운영할 직원에게 필요한 적절한 역량 및 자격을 보장하여야 한다. 필요한 경우, 요구되는 역량과 자격요건을 충족시킬 수 있도록 모니터링 체계를 설계, 이행 및 운영할 인원에게 특수 훈련을 제공한다.

안전 및 보안 문제를 담당하는 모니터링 프로세스 소유자 및 당국은 모니터링에 대한 프로젝트 설계 대책에 관한 합의를 하여야 한다. 시설 소유자에게 모니터링 개발을 위해 필수적인 기술 요구사항을 제공하고, 시설 밖에서 모니터링 데이터의 전송을 보장하여야 하며, 최소한의 정상－주의－긴급사태에 대한 통지, 모니터링 단계의 수준을 발행하는 절차에 대해 동의하여 계획된 대응이 이루어질 수 있게 하여야 한다.

이행 모니터링 프로세스 책임자는 개발된 계획에 따라 체계의 이행, 시험실시 및 승인이 되도록 하며 모니터링 프로세스 소유자는 시설 보유자와 관련 기관 간 합의에 따라 이행되도록 보장하고 합의된 준비사항에 따라 모니터링이 수행되도록 한다. 또 모범 사례 및 적용 가능한 요구사항을 기반으로 이행, 시험실시, 승인을 수행하여야 한다. 나아가 모니터링 데이터 및 데이터의 모든 송신자와 수신자가 운용성을 갖도록 보장하고 직원은 적절한 보안 허가 및 예보·경보 체계에 대한 접근 및 발동 권한을 득해야 한다. 모니터링 이행과 관련된 모든 사람들이 필요한 업무를 수행할 수 있도록 적절하게 훈련되어야 한다.

모니터링이 이행되면, 모니터링 프로세스 소유자는 모니터링 프로세스의 모든 측면에 관한 설비 및 권한을 부여 받은 직원의 역량 및 신뢰성을 확인하기 위한 조치를 취하여야 한다. 이해관계자와 안전 및 보안 문제를 담당하는 당국은 수신된 모니터링 데이터에 대한 상호작용 절차를 포함한 모니터링 데이터를 송수신하는 운용성을 확보하여야 한다.

운영 및 통제 면에서 모니터링 프로세스는 적용범위와 목적에 따라 모니터링 소유자가 운영하여야 하고 확인된 역할과 책임에 따라 자격이 있고 훈련 받은 직원이 운영하여야 한다. 이행 프로세스에서 개발된 운영절차에 따라 운영하여야 하며 안전 및 보안 문제를 담당하는 당국과 협력하여 운영하여야 한다.

모니터링 프로세스 소유자는 다음 사항을 기반으로 필요에 따라 모니터링 프로세스를 평가 및 업데이트 하여야 한다(ISO 22326:2018 참조).

- 위험 확인 및 위험 분석 또는 사전 확인된 시나리오의 변경
- 모니터링 프로세스가 설계된 대로 운영되지 않는다는 표시
- 구성요건 및 전체 프로세스의 유효성 검사 시험실시 및 연습

모니터링 프로세스 소유자는 모니터링 프로세스가 계획된 간격으로 검토되도록 해야 하며 검토 결과는 문서화되어 모니터링 프로세스의 이해관계자에게 제공하여야 한다. 그 검토는 모니터링 프로세스에 적합한 평가 방법론을 사용해야 하고, 적절한 전문 기술을 갖춘 인력이 수행해야 한다. 위험 확인 및 리스크 분석의 변화, 그리고 조직의 변화를 고려하여야 한다. 체계 운영, 시험실시 및 연습 모니터링의 결과를 고려해야 하며 안전, 보안 및 긴급사태 대응 목표가 충족되도록 정기적으로 모니터링 활동을 평가하여야 한다. 지속적인 의사결정에서 평가 결과를 활용해야 하는데, 예를 들어 시설이 폐쇄 중이거나 리스크 감소 활동을 수행 시 모니터링 체계 지원의 중단을 결정할 때에는 그 평가 결과를 활용해야 하며 평가 결과에 기초하여 체계 개선을 이행하여야 한다.

제7절 ISO 22351 긴급사태관리 시 정보교환 메시지 구조

1. ISO 22351 개관

명확한 상황 인식은 효과적인 비상 대응을 위한 핵심 요인이다. 운용을 위한 틀의 구축은 대응자 및 기타 정보원의 서로 다른 팀에서 수집한 정보의 통합과 평가에 기초하며 이것은 정보의 교환에 의존한다. 정보를 적시에 안전하게 교환할 수 있는 능력은 비상 관리의 효과적인 수행에 매우 중요하다. 이런 맥락에서 ISO/TR 22351은 기존 정보시스템과 새로운 정보시스템 간의 상호운용성을 촉진하기 위해 구축된 메시지 구조를 설명한다. 구조화된 메시지를 EMSI(Emergency Management Shared Information: 긴급사태관리공유정보)라고 한다.

ISO/TR 22351 개발을 담당하는 프로젝트 리더인 마르틴 쿠티에(프랑스)는 "이 기술 보고서는 이러한 교환을 용이하게 하기 위해 구조화된 메시지를 제안한다. 그 메시지는 국가와 단체의 규제에 관해서 융통성이 있다. 그것은 특히 민군(civil-military) 간 협력, 국경 간 협력 또는 다기관 비상사태에서와 같이 다른 용어 또는 다른 언어를 사용하는 경우 조직 간의 운영정보 교환에 도움이 된다. 모든 관련 조직이 ISO 22320에 설명된 높은 수준의 상호운용성과 협력할 수 있도록 지원한다"라고 설명한다.

2. ISO 22351 주요 내용

이 표준의 구성은 ESMI 메시지 파트에서 내용과 구조, 요소에 대한 정의 및 요소 리스트 규칙을 다루고 ESMI코드 사전에서는 코드의 역할과 코드 구조, 코드요소의 규칙 등을 다룬다.

EMSI는 특정 시간에 일부 운영 상황도를 설명한다. 이는 정보를 전송하고 사건, 자원 및 임무를 설명하기 위하여 노드 간에 교환된다(그림 7-14참조).

▌그림 7-14 조직 간 EMSI 교환

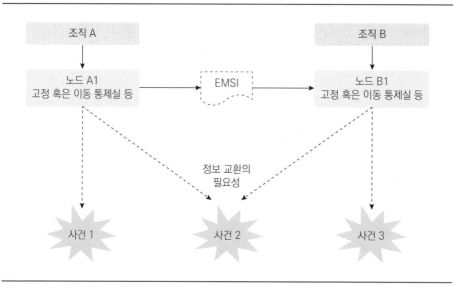

출처: ISO 22351: 2015

EMSI는 명령 계층의 동일한 수준에서 수평적으로 또는 계층 구조의 위아래로 사용할 수 있다. 이 정보는 계획과 행동의 조정을 용이하게 하기 위한 조직의 상황 인식에 기여한다. <그림 7-15>은 EMSI에 관련된 개체를 객체 모형으로 설명한다.

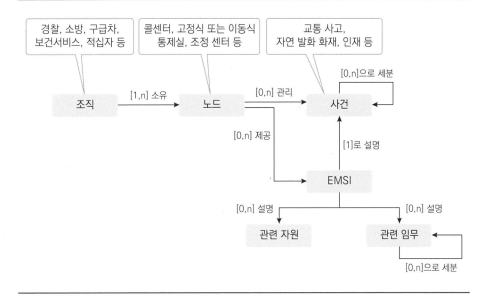

출처: ISO 22351: 2015

조직은 하나 이상의 노드를 소유하고 노드는 사건을 관리할 수 있다. 메시지 구조는 사용자에게 표시되지 않으며 EMSI를 다루는 응용 프로그램은 자신의 기호집합을 적용하여 자신의 언어로 사용자에게 정보를 제공한다. 이 기술보고서의 목적은 몇 가지 메시지 속성들(예 ① 대응자와 지휘통제자 간 공유에 유용하다, ② 사용에 합의할 수 있을 만큼 단순하다, ③ 계획 및 의사결정 프로세스를 지원할 만큼 충분히 광범위하다)에 대한 일련의 정보에 합의하는 것이다.

EMSI 정보는 다음의 EMSI 확인, 사건, 자원, 임무의 명세 내용을 포함한다.

a) EMSI 확인: 개별 메시지 확인자, 창작자 확인, 생성 시간, 다른 EMSI와의 관계, 조직 수준, 정보의 기밀성 및 긴급성, 외부 정보로의 연결, EMSI 생성 날짜 및 시간
b) 사건 명세: 사건의 제한된 평가, 사건이 선언된 날짜 및 시간, 관찰 날짜 및 시간, 사건 장소 및 관련 지리 정보, 발견된 사상자 목록, 미래 사상자 예측
c) 자원 명세: 각 조직이 사건에 사용할 수 있는 자원, 사용 중인 자원, 자원 역 량, 자원 위치
d) 임무 명세: 진행 임무, 예상 임무

EMSI 내 요소(element)는 이름, 정의, 유형, 카디널리티[10] 및 값 영역으로 설명된다. 요소는 계층적으로 더 세분화될 수 있는 하위 요소로 계층적으로 나뉠 수 있으며 계층 구조의 모든 하위 요소는 '요소'로 간단히 칭해진다. 다음 세 가지 유형의 요소를 EMSI 구조에서 사용할 수 있다.

a) 유형 자체로 정의되는 요소: 문자 유형, 정수 값, double 값, 소수 값, 이 값들은 다음을 포함하여 제한될 수 있다: 문자열의 제한된 수의 문자, 수치 요소의 최소값 및 최대값.
   ※ 예시: 확인자, 좌표(위도, 경도, 고도), 주소
b) 유형(항상 문자열)에 의해 정의되지만 유효한 값의 한정된 고정 목록으로 제한되는 요소
   ※ 예시: SECLASS, EMSI의 보안 분류, 문자열 (목록). CONFID = 기밀; RESTRC = 제한된; SECRET = 비밀; TOPSRT = 일급 비밀; UNCLAS = 분류되지 않은; UNMARK = 표시되지 않은
c) 유형(항상 문자열)에 의해 정의되지만 유효한 값의 광범위한 목록으로 제한되는 요소
   ※ 예시: R TYPE CLASS, 자원 유형: 구조 팀, 운송수단, 텐트, 정수기 등, 문자열; 값들의 완전한 목록은 데이터 요소의 특정 부분 및 사전 형태의 코드 규격으로 설명할 수 있다.

<요소 이름> 필드의 내용은 실제 세상의 개체를 반영하여 영어로 표시하되 32자를 넘지 않아야 한다. <값 도메인> 필드의 자유 입력 텍스트 사용은 자동 해석 또는 번역될 수 없으므로 제한하되 500자를 넘지 않아야 한다. 값 도메인이 확장 목록인 경우, 요소 설명의 <값 도메인> 필드는 코드 사전을 참조한다. EMSI를 이행할 시 XML[11]의 사용을 권장한다. EMSI 코드 사전 파트에 의하면 자유 입력 텍스트 대신 코드를 사용하면 정보를 사용자에게 적합한 언어로 자동 번역할 수 있다.

---

10) 정보·통신 분야 용어로서 관계 데이터베이스에서 하나의 릴레이션을 구성하는 튜플의 개수, 또는 하나의 데이터 타입으로 정의되는 데이터 레코드의 개수. <네이버 국어사전 인용>
11) 인터넷 웹페이지를 만드는 HTML을 획기적으로 개선하여 만든 언어이다. 홈페이지 구축기능, 검색기능 등이 향상되었고, 웹 페이지의 추가와 작성이 편리해졌다. 확장성 생성 언어(擴張性生成言語)로 번역되며, 1996년 W3C(World Wide Web Consortium)에서 제안하였다. HTML보다 홈페이지 구축 기능, 검색 기능 등이 향상되었고 클라이언트 시스템의 복잡한 데이터 처리를 쉽게 한다. 또한 인터넷 사용자가 웹에 추가할 내용을 작성, 관리하기에 쉽게 되어 있다. <네이버 지식백과>

제8절

ISO 22329 긴급사태 시
소셜미디어 사용 지침

1. ISO 22329 개관

조직 간, 대중과의 효율적인 커뮤니케이션이 긴급사태 관리 및 비상경영의 중요한 측면이다. 텔레비전, 라디오, 신문 등 전통적인 미디어 외에 소셜 미디어의 등장은 더 많은 통신 선택권을 제공하고 통신 능력을 향상시켰지만, 또한 의사소통을 더욱 어렵게 만들었다.

조직은 소셜 미디어에 내재된 잠재적 유익성과 위해성을 인식하고 소셜 미디어를 위기 커뮤니케이션(crisis communication)을 포함한 커뮤니케이션 전략에 포함시키는 것이 중요하다. 소셜 미디어는 상황 인식 개선, 의사소통 능력 향상, 비상사태 시 시민들이 서로를 지원할 수 있도록 도울 수 있다. 소셜 미디어는 어떤 사건과 사건에 대한 반응에 관한 잘못된 정보를 퍼뜨릴 수도 있다. 따라서 조직은 소셜 미디어를 모니터링하고 사용하여 잠재적인 이점을 활용하고 소셜

┃그림 7-16 자연재해 시 소셜 미디어의 활용

미디어에서 발생할 수 있는 부정적인 결과를 방지할 수 있는 능력을 갖추는 것이 중요하다.

이 ISO 22329 표준은 소셜 미디어를 비상 관리 시 통신에 통합할 수 있는 방법에 대한 지침을 제공한다. ISO 22329 프로젝트 리더 라이너 코흐는 "좋은 위기관리의 일부는 항상 관계 당국과 응급 서비스, 그리고 당국과 시민들 사이의 최적의 위기관리 커뮤니케이션이다. 입증되고 작동하는 의사소통 채널은 좋은 위기대응을 위해 필수적이다. 클래식 통신 채널(텔레비전, 라디오 또는 신문 등) 다음으로 소셜 미디어(페이스북, 트위터, 구글+ 등)가 점점 중요해지고 있다. 이러한 새로운 미디어는 점점 더 전통적인 통신 채널을 확장하고 있다. 따라서 당국은 이러한 추세에 직면하고 소셜 미디어를 업무에 통합할 필요가 있다. 당국이 평소 소셜미디어에 대한 경험이 적기 때문에 이런 통합은 도전적일 수 있다"고 말했다.

2. ISO 22329 주요 내용

ISO 22329의 핵심 용어를 살펴보면 먼저 소셜 미디어(social media)[12]는 '전통적인 일대다 상호작용을 다대다의 상호 작용으로 변화시키면서 사람들이 서로 의견, 통찰력, 경험 및 관점을 공유하기 위해 사용하는 온라인 기술과 관행'으로 정의된다. 가상 자원봉사자(virtual volunteer)란 '사건 발생 시 조직에 원격 지원을 제공하는 개인'으로서 여기에는 디지털 인문학, 프로페셔널 네트워크, 가상운영지원팀 등 외부 전문가의 통합이 포함된다. 가상운영지원팀(virtual operation support team: VOST)이란 '소셜 미디어를 사용하여 긴급사태 관리를 가상으로 지원하는 인력'을 말한다. 메타데이터 태그(metadata tag)란 검색을 용이하게 하기 위해 정보에 할당되는 소셜 미디어에서 사용되는 키워드(예 해시태그)를 의미한다.

---

12) 소셜 미디어는 트위터(Twitter), 페이스북(Facebook)과 같은 소셜 네트워킹 서비스(social networking service, SNS)에 가입한 이용자들이 서로 정보와 의견을 공유하면서 대인관계망을 넓힐 수 있는 플랫폼을 가리킨다. 소셜 미디어는 구어 뉴스 시대를 전자적으로 완전 복제했다는 데 의의가 있다. SNS를 통해 사람들은 자신의 입으로 직접 뉴스를 말하거나 전달하고, 그 뉴스를 들으려고 전달자 주변에 몰려든다. 오늘날 우리는 미디어의 유형만 다를 뿐, 구어 뉴스 시대의 커피하우스 같은 SNS에 모여 들어 새 소식이 없는 지 기웃거리고, 뉴스가 있으면 큰 소리로 전하는 크라이어(crier)의 역할을 하면서 살고 있다. <네이버 지식백과> 소셜 미디어 (뉴스 미디어 역사, 2013. 2. 25., 이인희)

소셜 미디어를 통한 정보 교환은 조직의 커뮤니케이션 전략과 사고 전, 사고 후 조직이 어떻게 운영되는지에 따라 달라질 것이다. 소셜 미디어와 관련하여 조직은 다음 상황을 고려해야 한다.

• 소셜 미디어를 통해 조직의 비상 상황 관리 능력을 개선하는 방법
• 소셜 미디어가 비효율적인 커뮤니케이션의 영향을 받을 수 있는 위험을 고려하여 조직의 리스크를 줄이는 방법
• 조직의 소셜 미디어 정책 및 절차, 필요한 경우 변경

소셜 미디어의 활용을 이행(implementation)하는 것에는 적절한 소셜 미디어 툴의 획득이 포함되므로 소셜 미디어 사용을 위한 자원을 확인할 필요가 있다.

내부 자원은 외부 자원에 의해 보충될 수 있으며 이러한 자원은 할당된 책임을 수행할 수 있어야 한다. 소셜 미디어를 사용하기 위한 자연스러운 진행은 소셜 미디어를 모니터링한 다음, 프로그램 목표를 지원하기 위해 정보를 보급한 다음, 소셜 미디어 사용자(공용 또는 다양한 이해관계자)와 상호 작용하여 질문에 답하고 소셜 미디어 청중과 신뢰를 쌓는 것이다. 소셜 미디어에 대한 정기적인 리뷰는 조직의 전반적인 지속적인 개선 과정의 일부분이다.

소셜 미디어 모니터링의 목적은 조직이 청중이 사용하는 소셜 미디어 플랫폼을 식별할 수 있도록 하고 조직, 운영 및 위험에 의해 영향을 받을 수 있는 대중과 다양한 이해관계자가 조직을 어떻게 인식하는지를 확인하기 위함이다. 또한 현재 문제 상황을 파악하고 조직과 관련될 수 있는 소셜 미디어 및 메타데이터 태그의 영향력 있는 사용자 및 대응이 필요한 문제를 확인하기 위함이다. 더불어 유사한 위험 및/또는 긴급사태 관리 메시징을 가진 다른 긴급사태 서비스 또는 조직을 식별하는 것이다. 조직이 모니터링할 대상, 그룹 또는 개인은 조직과 조직의 목표에 따라 달라지며 모니터링의 지리적 범위는 상당히 좁고 한 지역사회로 제한될 수 있으며 또는 전 세계적으로 넓어질 수 있다. 이렇게 모니터링의 범위는 사건의 규모, 성격 및 영향에 따라 달라진다.

소셜 미디어를 모니터링하여 얻은 정보의 품질을 평가하여 높은 품질을 확보하는 것이 중요하다. 예방과 준비, 특히 대응 및 복구 중 상황 인식 개선을 위해 정보를 사용하기 전에 품질에 영향을 미치는 정확도와 품질 요인에 대한 정보의 출처와 발생 시기, 누가 작성했는지, 그 이유 등 정보를 검증하는 것이 중요하다.

소셜 미디어의 모니터링 및 분석을 위한 적절한 ICT 툴을 선택하면 모니터링 효율성과 효과를 개선할 수 있다. 조직이 추적하고자 하는 정보에 적합한 키워드와 메타데이터 태그를 사용하면 모니터링 프로세스에 도움이 될 수 있다. 전반적인 모니터링 대상은 전통적인 미디어와 각종 블로그와 독자들이 논평할 수 있는 조직의 웹사이트 등이다. 소셜 미디어는 이러한 플랫폼에서 확인된 부정확한 정보를 수정하는 데 사용될 수 있다.

긴급사태 대응 및 복구 단계 중 소셜미디어 모니터링은 특정 사건에 대한 대응 및 복구에 관한 소셜 미디어 커뮤니케이션에 초점을 맞춘다. 상황에 대한 인식과 판단을 개선하며 부정확한 정보를 확인함으로써 보다 효과적인 대응을 가능하게 한다. 또한 의도적으로 오해의 소지가 있는 정보를 식별하여 대처할 수 있게 하며 평판 관련 문제도 파악하면서 참여한 자원봉사자들도 확인하는 것을 돕는다. 소셜 미디어 커뮤니케이션의 양이나 강도는 일반적으로 대응 및 복구 단계에서 상당히 크며, 대응 단계가 가장 큰 편이다. 필요 자원(resource requirements) 수준이 이용 가능한 자원을 빠르게 초과할 수 있으므로, 적절한 모니터링이 유지될 수 있도록 외부 자원을 확인할 필요가 있다. 아울러 추가 자원으로는 응급 구조대, 가상 운영지원팀에 도움이 되는 유사 관심사를 가진 조직, 소셜 미디어 서비스 제공 전문 기관 등이다.

보급/확산(dissemination)의 목적은 공공 및 다양한 이해관계자에게 지속적인 정보를 제공하는 것이다. 사건 발생 전에 전달된 메시지는 긴급사태를 예방하거나 대비하는 데 그리고 사건 발생 시 소셜 미디어를 효과적으로 사용하기 위한 팁을 제공하는데 초점을 맞춘다. 사건이 발생한 경우, 전송된 정보는 주로 특정 사건이나 긴급사태에 대한 대응과 복구에 초점을 맞춘다. 예를 들어, 일반 대중과 다양한 이해관계자에게 보내는 일반적인 메시지는 다음에 대한 정보를 포함할 수 있다.

- 신고나 제보의 공식/비공식 방법
- 비상사태에 대한 정보를 수신할 수 있는 모든 플랫폼 및 채널
- 잠재적 위험 요소(예 건조한 기간 중 잠재적 산불)
- 경보 시스템, 경보 및 예상 조치 테스트
- 공식 업데이트가 게시되는 장소 및 시기와 사건 대응 조직 및 그 역할

공공 경고 기능을 수행하는 조직의 경우, ISO 22322는 공공 경보를 소셜 미디어와 통합하는 방법에 대한 지침을 제공하고 모니터링과 보급 사이에 발생할 시의적절한 의사결정에 도움을 준다.

소셜 미디어를 통한 상호 작용(interaction)의 목적은 조직과 대중 사이의 관계와 신뢰를 구축하고 유지하는 것이므로 조직이 소셜 미디어 사용자와 적시에 소통하는 것이 중요하다. 소셜 미디어 사용자들은 이메일을 통해 전송되는 요청에 대한 기대보다 온라인에 게시된 의견이나 질문에 대한 빠른 응답을 기대하고 있다. 예를 들어, 조직은 ① 리스크 질문에 대한 대답, 예를 들어 위험에 대한 일반인의 대비 및 대응 방법 및 개인 시민이 지원할 수 있는 방법(예 기부, 자원

봉사), ② 대중의 준비 수준, 비상 절차의 인식, 기꺼이 도울 의지와 현황을 평가하기 위해 정보를 요청하고 수집, ③ 관련 정보 공유를 위한 지침 제공, ④ 적절한 소셜 미디어 행동의 안내와 잘못된 정보의 수성 활동 등을 통해 소셜 미디어 사용자와 상호 작용할 수 있다. 다음은 대중과 재난대응당국인 자치단체 간 소통 강화를 위한 국내 대표적 소셜 미디어 기업과 지자체 간 협약 사례이다.

카카오톡, "서울시 플러스 친구로 재난 정보 공유해요"

서울시와 손잡고 폭설·수해·지진 등 각종 재난에 대비한 실시간 정보 공유 플랫폼을 구축한다고 밝혔다. 이날 양측은 서울시 시장집무실에서 '안전한 서울 구축을 위한 서울특별시-다음카카오 상호 업무 협약'을 체결했다. 업무 협약 식에는 서울시장과 다음카카오 대표가 참석해 협약서에 서명했다.

 업무 협약의 주요 내용은 다음카카오의 주요 서비스(카카오톡·다음앱·미디어다음 등)를 통한 서울지역 재난 상황 안내, 카카오톡의 '서울시 플러스친구'를 통한재난예방 및 생활안전 정보 안내, 시민이 안전한 서울을 구축하기 위한 공동 사업 개발 및 상호 협력 관계 도모 등이다.

 이후 카카오톡 사용자는 서울 시내 폭설, 수해, 지진 등 자연재해와 화재, 사고 등 재난상황이 발생했을 때 상황 안내, 시민행동요령, 재난 처리현황 및 교통 통제정보 등 재난·재해 관련 안내 메시지를 빠르게 받아볼 수 있게 된다. 카카오톡에서 플러스친구 찾기 또는 ID검색으로 '서울시'를 검색한 뒤 서울시와 친구를 맺으면 된다. 평상시 서울시 플러스친구는 재난 예방법은 물론, 황사 및 폭염 대비 등 다양한 생활안전 정보도 알려준다.

[디지털투데이 2015.01.30. 기사를 일부 인용함]

본격적으로 기획(Planning) 단계에서는 법규정, 정책, 리스크, 목적, 소셜 미디어 전략, 리소스 등이 키워드이다. 소셜 미디어 사용에 따른 정책과 절차를 수립할 때 적법성 여부를 확인해야 한다.

조직은 긴급사태 관리를 지원하기 위해 소셜 미디어를 사용할 때와 사용하지 않을 때의 리스크를 주의 깊게 고려해야 하고 조직은 이러한 위험을 해결하기 위한 전략과 목표를 개발해야 한다. 리스크를 최소화하기 위해 소셜 미디어의 이용에 대해 다음 사항을 고려해야 한다.

- 긴급 상황 또는 위기 상황에서 소셜 미디어를 사용할 수 있는 능력을 개발하고 유지하기 위한 적절한 재정 및 훈련된 인적 자원을 제공한다.
- 소셜 미디어 정보가 의도한 용도에 적합한 품질을 보장하기 위해 어떻게 평가하고 검증할 것인지를 결정한다.
- 기밀 또는 부적절한 정보를 게시하지 않고 소셜 미디어에 게시된 잘못된 정보를 다루기 위한 절차를 개발한다.
- 긴급 상황 보고를 위한 소셜 미디어의 이용, 소셜 미디어 게시물에 대한 대응, 정보를 유지하기 위해 소셜 미디어를 사용할 필요성에 대한 대중 및 다양한 기관 및 사람들의 이해관계를 관리한다.

조직은 소셜 미디어 정책과 연계하여 긴급사태 상황 파악 역량의 제고, 시민들에게 알릴 담당기관의 의무에 대한 인식 제고, 공공 및 다양한 이해관계자와의 신뢰 및 관계 개선, 자체 소셜 미디어 플랫폼 및 채널을 활용한 직접적인 정보 제공, 즉각 조치의 역량(직접적인 채널, 명확하고 시의적절한 정보)으로 대중 및 다양한 이해관계자와의 상호작용을 개선, 추가 직통 채널에 대한 통제력 증대, 소셜 미디어 참여 관리를 위한 표준운영절차를 수립, 긴급사태 관리 지원, 개선된 정보 흐름을 통한 효율 향상, 적절한 외부 자원의 확보 등을 고려하여 목표를 설정해야 한다.

또한 조직은 소셜 미디어가 전반적인 커뮤니케이션 전략을 어떻게 지원하는지를 파악해야 하고 그 전략은 모니터링, 보급 및 상호작용을 위한 소셜 미디어 사용에 관한 단기 또는 장기 목표를 다루어야 한다. 그 전략은 대상 고객을 식별하고 전달 메시지의 유형 및 긴급사태의 모든 단계를 지원하는 방식으로 대상 청중과 관계를 구축 및 강화할 수 있어야 한다. 선택된 소셜 미디어 채널에서 메시지를 적시에 모니터링 및 배포하고 소셜 미디어 사용자와 상호작용하며, 소셜 미디어 전략에 외부 계약 및 디지털 자원봉사자 및 가상 운영지원 팀을 포함할 수 있는 방안을 다루어야 한다. 또한 소셜 미디어 기술 사용과 관련하여 역할을 수행하기 위한 직원 교육이 요구된다.

소셜 미디어의 목표와 전략은 소셜 미디어가 ISO 22320 긴급사태 관리에 설명된 운영 의사결정을 지원하는 방법을 찾도록 돕는다. 즉, 긴급사태 상황 파악을 돕고, 시민과 당국 간 대화의 질을 개선하며, 경보를 적시에 전파하고, 시민들의 피드백을 통해 긴급사태 관리 활동을 평가한다. 자원봉사자의 지원 기회를 보다 효율적으로 확인, 평가 및 관리하며 긴급사태 시 자활공동체의 개발 및 운영을 지원하게 된다.

조직은 특히 긴급 상황이나 위기 상황에서 소셜 미디어를 사용할 수 있는 능력을 개발하고 유지할 수 있는 적절한 내부 및 외부 리소스를 확보하여 제공해야 한다. 소셜 미디어 운영을 위한 리소스는 ① 직무를 수행할 수 있는 직원, ② 다른 조직 및 가상 운영지원팀과의 리소스 계약, ③ 모니터링, 보급 및 상호작용을 위한 적절한 소프트웨어 및 하드웨어 등 3가지 요소로 확보될 수 있다.

리소스의 하나로서 조직은 모니터링, 보급 및 상호작용을 위해 적절한 ICT 툴을 선택해야 한다. 그 ICT툴 선정을 위해서는 현재 사용 중인 소셜 미디어 채널, 소셜 미디어 활동량, 청중의 다양성(예 언어, 접근성) 및 지원할 리소스, 전체 작업 부하(예 긴급사태 동시다발 시), 긴급사태의 규모, 유형 및 기간, 정보의 필터링 및 클러스터링, ICT 인프라의 기술적 제약, 협력하는 조직의 ICT툴과의 호환성 및 데이터 교환 표준 등을 기준으로 해야 한다.

다음 소셜 미디어 사용의 실행(Implementation) 단계에서는 조직과 사건에 적합한 소셜 미디어를 모니터링해야 한다. 모니터링 관련 이슈는 긴급사태 시 사용되는 소셜 미디어 채널 및 기존 매체, 지정된 지리적 영역, 영향력 있는 사용자(influencer), 잘못된 정보와 의도적으로 오해를 불러일으키는 정보, 타 조직과 공유해야 하는 정보, 적절한 키워드, 유사한 위험요소를 갖는 타 비상 조직, 자원봉사 기회, 다양한 이해관계자에게 제공하는 위험 정보, 조직의 역량 또는 명성에 관한 특정 사건 및 여론 등이 있다.

조직은 소셜 미디어를 모니터링하여 정보를 얻은 후 품질과 정확성을 평가해야 하며 이를 위해 다른 비상 서비스, 유사한 이해관계를 가진 다른 조직과의 협력, 다른 조직과 공유해야 하는 정보 식별, 인식된 위협 수준과 같은 소셜 미디어 보급 및 상호작용을 위한 우선순위 및 조치 포인트를 파악하는 절차의 수립 등을 고려해야 한다.

전파(Dissemination) 차원에서는 조직은 소셜 미디어를 통해 정보를 배포하여 소셜 미디어 정책, 전략 및 목표를 지원해야 한다. 이 정보의 배포는 이해관계자의 기대, 정보 내용의 지정(사전 정의된 텍스트 포함 가능), 정보가 적용되는 지리적 영역 또는 위치, 선택된 정보 채널 사용, 특정 채널과 시청자의 문화를 존중, 다수의 소셜 미디어 사용자에게 도달하기 위한 반복적 전파 등을 반영해야 한다.

소셜 미디어 전파 내용의 지정을 위해서 메시지 내용은 특정 사건 또는 긴급 사태에 대한 경고를 포함해야 한다. 또한 메시지가 전달되고 피드백이 적절하게 처리되도록 선택된 소셜 미디어 채널에 적합한 글씨 스타일이어야 한다. 위험 상황 때문에 피해야 하는 영역에 대해 대중과 다양한 이해관계자에게 통보해야 하여 긴급사태와 관련된 공식 업데이트가 게시되는 장소 및 시기를 대중과 다양한 이해관계자에게 통보해야 한다. 사건이나 긴급사태에 대응하고 있는 조직과 각 조직의 역할에 대해 대중과 다양한 이해관계자에게 알려야 하며 긴급 상황을 신고하기 위해 소셜 미디어를 사용하는 것은 자제되어야 한다는 점을 명확히 해야 한다. 긴급 상황을 신고하거나 정보를 받기 위한 모든 애플리케이션에 대해 정보를 제공(예 모바일 애플리케이션)해야 한다.

소셜 미디어 사용자와 교류할 때 연령, 사용 사례, 새로운 개발 측면에서 특정 채널의 문화를 존중해야 하며 공유된 정보는 알기 쉬워야 한다. 소셜 미디어 사용자와 상호 작용하는 경우 질문에 대해 성실하게 답변해야 하고, 게시된 정보에 대응하여 가이드를 제공해야 한다. 또한 정보를 요청하거나 부적절한 행동에 대해서는 대응하고, 잘못된 정보는 수정하며, 다른 조직과 적절하게 업무를 조정해야 한다. 특정 채널의 문화는 존중해야 하며, 공유된 정보는 사실적이고 알기 쉬워야 한다.

대중안내(Citizen guidance) 차원에서 조직은 대중에게 긴급사태 관리를 위해 소셜미디어를 어떻게 활용해야 하며, 대중은 소셜 미디어에서 조직과 어떻게 가장 효과적으로 상호작용할 수 있는지에 대한 지침을 제공해야 한다. 소셜 미디어 사용 실행 후 검토(Review)는 조직의 지속적인 개선 정책의 일부가 되어야 한다. 검토는 정기적으로, 중대한 사건 및 연습 후, 조직의 주요 변경 후, 상당한 기술 변경 후 이루어져야 한다.

또한 소셜 미디어 사용의 지속적인 개선을 위해서는 조직의 커뮤니케이션 목표와 일치시키고, 조직의 소셜 미디어 정책 및 전략과 연계하며, 사회의 기대 변화를 고려하고, 이용 가능한 소셜 미디어 채널의 변화 및 채널의 인기나 소셜 미디어 처리를 위한 기술(ICT툴)의 발전을 감안해야 한다. 사건 전후에 소셜 미디어를 사용하여 얻은 교훈, 대중 및 다양한 이해관계자와의 상호작용, 소셜 미

디어를 포함하는 테스트, 연습 및 감사 결과, 조직의 소셜 미디어 사용에 관한
분석 정보 등을 고려해야 한다.

ISO 22370 도시 회복력 프레임워크 및 원칙

1. ISO 22370 개관

이 기술보고서(technical report) 프로젝트는 도시 회복력의 강화된 상태를 달성하기 위해 적용할 수 있는 2030년 지속 가능한 개발 아젠다 전체와 일관성이 있는 프레임워크와 원칙을 기술하는 기술 보고서의 개발을 포함한다. 이 문서는 또한 더 복원성 있고 탄력적인 인간 거주지를 건설하기 위한 지역 당국과 다른 도시 이해관계자의 노력을 지원하고 인식하기 위한 표준 포트폴리오를 구성하기 위한 틀로서 UN Habitat[13])의 개발된 지표와 모델을 사용할 것을 제안한다. 주로 도시 거버넌스에 대한 책임이 있는 단체에서 사용하도록 되어 있다. 단, 위에서 언급한 이해관계자 공동체를 대표하는 조직의 모든 유형과 규모, 특히 전세계 도시의 도시 계획, 개발 및 관리 프로세스에 역할을 하는 조직에도 동일하게 적용된다.

ISO/TR 22370의 제안자인 Dan Lewis(UN Habitat)는 이 프로젝트의 정당성을 "도시에 대한 체계와 원칙의 개발은 도시 회복력을 위한 강력한 표준을 개발하는데 필수적이다. 도시 회복력 달성을 위한 글로벌 표준 세트의 정당성은 분명하다. 경제 성장의 엔진인 도시는 2050년까지 100억에 가까운 전 세계 인구의 3

---

13) 유엔인간정주계획<United Nations Human Settlements Programme (UN-HABITAT)>은 요약 주택과 관련 사회시설 분야에 대한 기술 원조 및 국제 협력을 위해 설립된 기구. 사회적, 환경적으로 지속 가능한 도시를 만들고 인류에 적절한 쉼터를 제공하는 것을 목적으로 설립된 기구로, 각국 정부와 개발자에게 정책 및 제도 개혁 등을 제안한다. 도시화 과정을 모니터링하고, 열린 도시의 계획 및 운영, 모두를 위한 토지·주택·기반시설 건설과 환경 문제 최소화, 거주지 제공을 위한 자금 지원 등을 목표로 하는 세계도시화포럼(World Urban)을 개최하여 도시화와 관련된 이해관계자들 간의 소통을 지원하며, 자문 활동을 통해 정책 및 제도 개혁을 촉진시킨다. <네이버 지식백과> (두산백과)

분의 2를 위한 생활 및 작업 환경을 제공할 것으로 예측되는 반면, 각 지역, 국가 및 세계에서는 도시 재난으로 점점 더 비용이 많이 들고 있다. 예를 들어, 지난 10년간 발생한 극적 재난 사건만으로도 100만 명이 넘는 생명을 앗아갔고, 25억 명 이상의 사람들에게 영향을 미쳤으며, 1조 달러 이상의 경제적 손실을 초래했다."라고 설명한다.

▌그림 7-18 UN Habitat의 URBAN RESILIENCE HUB 웹사이트

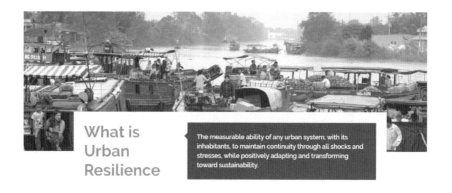

출처: http://urbanresiliencehub.org/what-is-urban-resilience/

　UN Habitat의 도시 복원 프로그램은 세계 각지의 도시에서 발생하는 위험에 대한 수요에 부응하기 위해 개발되었으며, 그들의 도시를 모든 종류의 위험 및 취약성에 대해 보다 안전하고 탄력적으로 만들기 위한 지원을 제공하였다. 따라서 이러한 요구를 충족시키는 첫 번째 과제는 어떤 상황이나 상황에서든 인간의 정착을 이해하고 회복력을 측정하는 보편적 접근법의 개발이었다.

2. ISO 22370 주요 내용

이 기술보고서는 크게 용어정의, 도시 회복력 구축의 원칙, 도시 회복력의 특성, 도시 회복력 프레임워크, 회복력을 위한 조치들, 연관 ISO 표준과 프레임워크의 평가, 미래 표준화 등으로 구성되어 있다.

먼저 이 기술보고서의 핵심용어를 살펴보면 ① 생물 다양성(bio-diversity)이란 '육지, 해양 및 기타 수생 생태계와 유기체가 속한 생태계 단지를 포함한 모든 공급원의 생물들 간의 변동성'을 말하고, ② 시민 사회(civil society)란 '회원 및 타인의 이익을 대변하고 나타내는 광범위한 개인, 그룹, 네트워크, 운동, 협회 및 조직'을 의미하며, ③ 긴급사태에 대비 계획(contingency planning)은 '재해 위험을 분석하고 사전 준비를 수립하여 시기적절하고 효과적이며 적절한 대응을 지원하는 관리 프로세스'로 정의된다. 또한 ④ 지방 분권(decentralized authority)은 '주 행정 당국과는 구별되는 지방정부 당국은 선출된 자치체로서 책임을 다하기 위한 자신의 권한, 자원 및 능력과 권력이 어떻게 행사되는지를 법령의 틀에 상세히 기술되어 있고 지역 당국이 관할지역의 주민들에게 책임을 지도록 하는 것'을 말하고, ⑤ 도시 집중(urban agglomeration)은 '확장된 도시나 도시 지역 또는 중심지 및 교외의 건설된 지역이나 인구 밀도가 지속적이고 연계된 도시 개발로 연결되는 대규모 도시 클러스터의 물리적 구조와 구성'을 의미한다. ⑥ 도시의 회복력(urban resilience)이란 '도시 시스템이 주민과 함께 변화하는 환경에서 충격을 예측, 준비, 대응 및 흡수하고, 스트레스와 도전에 직면하여 긍정적으로 적응하고 변화하며, 포괄적이고 지속 가능한 개발을 촉진할 수 있는 능력'을 말한다. ⑦ 도시시스템(urban system)이란 '보편적, 상호의존적 차원(물리적, 기능적, 조직적 및 공간적)으로 특징지어지는 인간 정착, 통합적이고 복잡한 시스템 구성요소 집합으로서 효과적인 거버넌스 메커니즘을 통해 관리되는 사람, 프로세스 및 자산으로 구성되는 체계'로 정의된다. ⑧ 쇼크(shocks)란 '도시 시스템의 목적이나 목적에 영향을 미칠 가능성이 있는 불확실하고 갑작스럽거나 장기간에 걸친 사건'이며, ⑨ 스트레스(stresses)란 '도시 시스템 내에서 발생하며 목표 달성을 위한 시스템의 역량에 누적적인 영향을 미칠 수 있는 만성적이고 지속적인 동적 압박'으로 정의된다. ⑩ 도전(challenges)이란 '새로운 위험과 기회를 해결하기 위한 도시 시스템의 능력과 능력에 영향을 미칠 수 있는 상황적 또는 환경적 변화'를 의미한다.

두 번째인 도시 회복력 구축에 있어서 크게 5대 원칙을 강조하고 있다. 원칙 1은 도시 회복력의 동적 특성이다. 회복은 시스템이 현재와 미래의 상황과 변화에 진화, 변형, 적응하지 않는 한 유지될 수 없는 상태를 말한다. 따라서 회복력을 구축하려면 상황별 유연한 계획, 그리고 위험과 회복력의 동적인 특성에 맞춰 조정할 수 있는 조치를 구현해야 한다.

원칙 2는 체계적 접근법이다. 도시 지역이 복잡한 네트워크를 통해 상호 연결된 시스템으로 구성되어 있고, 한 부분의 변화가 전체 네트워크를 통해 전파될 가능성을 가지고 있다는 것을 인식하고, 회복력을 구축하려면 도시 시스템이 교란에 노출되었을 때 이러한 상호의존성을 고려한 광범위하고 전체적인 접근법이 필요하다.

원칙 3은 기획 및 거버넌스에 대한 참여의 촉진이다. 탄력적인 시스템은 포괄성을 촉진하고 특히 취약한 상황에 있는 모든 사람들, 특히 기획과 다양한 거버넌스 과정에 포괄적이고 의미 있는 참여를 촉진함으로써 주민의 생명 보존, 부상 완화 및 번영(prosperity) 향상을 보장한다. 그러한 접근방식은 소유의식을 보장할 수 있고, 따라서 계획과 행동의 성공적인 구현을 달성할 수 있다.

원칙 4는 복수 이해관계자의 참여이다. 탄력적인 시스템은 주민이 의존하는 거버넌스, 경제, 상업 및 기타 기능 및 흐름의 연속성을 보장해야 한다. 이를 위해서는 공공단체, 민간부문, 시민사회단체 및 학계에서 모든 주민에 이르는 광범위한 이해관계자 사이의 개방적 의사소통을 촉진하고 통합적 협력을 촉진해야 한다.

원칙 5는 개발목표를 향한 노력이다. 회복력 구축은 개발 목표를 향해 나아가고, 보호하며, 지속시켜야 한다. 회복력에 접근하는 것은 위험을 줄이고 특정 취약성을 완화하려는 노력이 다른 취약성을 발생시키거나 증가시키지 않도록 보장해야 한다. 또한 그것은 어떠한 상황에서도 인권이 존중되고 보호된다는 것을 보장해야 한다.

도시 회복력에는 무엇이(지속성, 적응성, 포괄성) 그러한 탄력성을 구성하는지, 그리고 어떻게(통합성, 반사성, 변혁성) 회복력이 확보되는지를 설명하기 위한 6가지 특징이 있으며 그 특징은 다음과 같다.

① 지속성(Persistent)이란 견고성과 중복성(redundancy)[14]을 확보하여 사람, 자산 및 프로세스를 보호하면서 동시에 장애를 극복할 수 있는 역량을 의미한다. 이는 현재 및 미래의 충격과 스트레스에 대비하기 위해 영향을 예측하는 것을 포함한다.

② 적응성(Adaptable)은 변화를 기회로 만들어냄으로써 동적으로 대응하면서 변화하는 상황에서도 흡수, 조정, 진화하는 유연성을 추구하는 것이다. 적응성은 예측 가능한 위험을 고려할 뿐만 아니라 현재와 미래의 불확실성을 수용한다. 또한 적응성은 시스템을 다양화하고 대안을 설정함으로써 중복성을 넘어서는 것이다.

③ 포괄성(Inclusive)이란 사람들을 중심으로 하고 사회적 포용력, 결속력, 참여를 지향하는 한편, 특히 취약한 상황에 있는 사람들을 부정적인 영향으로부터 보호하는 것이다. 포괄성은 취약한 상황에 있는 사람들이 위험에 가장 많이 영향을 받는 사람들 중 하나임을 인식하며, 인권에 대한 평등, 형평성 및 이행을 촉진하며, 모든 거버넌스 프로세스에 포괄적이고 의미 있는 참여를 촉진한다.

④ 통합성(Integrated)이란 분리할 수 없고 상호의존적이며 상호작용하는 시스템으로 구성되고 영향을 받는다는 것을 인식함으로써 초학문적(transdisciplinary) 협업을 가능하게 한다. 통합성은 투입이 전체적이고 일관성 있고 공통적인 목적을 위해 상호 지지되도록 하기 위해 많은 관점을 결합하고 조정한다. 또한 개방적인 커뮤니케이션을 장려하고 전략적 조정을 촉진한다.

⑤ 반영성(Reflexive)은 구조를 체계적으로 업데이트하고 개선하기 위해 지속적으로 변화하는 시스템과 상황에서 학습하는 것이다. 과거의 추세가 현재의 도시 프로세스를 형성하면서도 시간이 지남에 따라 충격과 스트레스를 통해 변화할 수 있는 잠재력을 높이 평가한다.

⑥ 변혁성(Transformative)은 독창성을 기르고 미래지향적이고 혁신적인 솔루션을 추구하여 긍정적인 변화를 창출하기 위해 적극적으로 노력하는 것이다. 변혁에는 시간이 지남에 따라 시스템이 더 이상 부정적인 영향을

---

14) 대리 기능성(어느 장치가 고장났을 때 그와 같은 기능을 할 수 있는 장치를 설치한 상태). 어떤 한 장치가 오동작을 할 경우 시스템 전체가 잘못되는 것을 방지하기 위해 같은 장치를 여러 개 두는 것. 출처: 네이버 국어사전.

받지 않게 되는, 감당할 수 없는 상황으로부터의 완화를 모색하는 것이 포함된다.

<그림 7-19>은 위 6가지 특징들을 포함, 도시 회복력의 통합적인 모델을 보여주고 있다.

▌그림 7-19 도시 회복력의 통합 모델[15)]

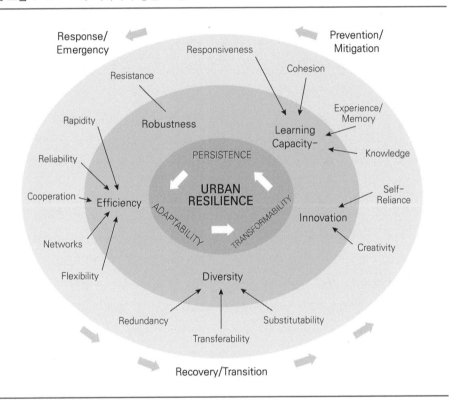

세 번째는 도시 회복력의 프레임워크이다. 도시 회복력 프레임워크는 회복력 기반 지속 가능한 도시 개발을 위한 횡단적인 진단과 경로를 제공한다. 이를 위해 도시 시스템 전체를 망라하는 정보가 지도화, 분석 및 상호 관련되는 복수의 분석 렌즈를 채택하여 심층적인 그림으로 이어지며, 이에 따라 리스크를 해소하

---

15) Adriana Galderisi (2014) Urban resilience: A framework for empowering cities in face of heterogeneous risk factors, Z magazine (Boston, Mass.) VOL: 11(NO: 1):36-58

고 탄력성을 구축하기 위한 구체적이고 우선순위화된 조치의 개발을 위한 기초를 제공한다.

프레임워크는 데이터, 분석, 진단 및 조치(Data, Analysis, Diagnosis, and Actions)의 네 가지 겹치는 단계를 중심으로 구축된다. 첫 번째 단계는 도시 맥락과 성과에 관련된 정보를 수집하는 것과 관련이 있지만, 두 번째 단계는 세 가지 주요 렌즈에 따라 정보가 그룹화되고 상호 연계되는 것이다.

- Who 렌즈: 지방 정부 및 이해관계자(LGS)
- Why 렌즈: 쇼크, 스트레스 및 도전(SSC)
- How 렌즈: 계획, 정책 및 이니셔티브(PPI)

도시 시스템 성능에 대한 정보와 함께 세 가지 분석 렌즈가 진단을 이끈다. 조치 단계는 회복 조치를 통해 쇼크, 스트레스 및 도전에 대한 검증 가능한 증거를 통해 긍정적인 변화를 시작하기 위해 진단 및 잠재적 개발 시나리오에 기초하여 지방 정부 및 기타 관련 이해관계자와 공동으로 로드맵을 작성하는 것이다. 도시 지역은 사람, 자산, 프로세스 등으로 구성되고 효과적인 도시 거버넌스 메커니즘을 통해 관리되는 복잡하고 상호의존적이며 통합된 사회-생태학적 시스템으로 기능한다. 도시 시스템은 크기, 문화, 위치, 경제 및/또는 정치적 환경에 관계없이 도시 지역 내의 요소들의 연결, 상호작용, 운영 및 구성의 과정을 말한다.

도시 지역은 그 자체로 볼 때 경제, 사회, 정치 또는 자연 이벤트의 영향에 성공적으로 대응할 수 있으며, 그 전체는 그 경계 내에서 또는 그 경계를 넘어 모두 연결되어 있다(UN Habitat, 2017).[16] 이러한 복잡성과 상호연관성을 인식하여, 도시 시스템 모델은 충격, 스트레스 또는 도전에 노출되었을 때 강점과 약점을 포착하는 진단을 체계적으로 수집하고, 정보를 분석하고 형성하는 것을 목표로 한다. 도시 시스템 모델을 운용하기 위한 방법론은 5개의 동적 및 상호의존적 차원(공간, 물리적 특성, 기능, 조직성, 시간)을 분석하여 인간 정착지의 회복력을 평가하는 것이다.

---

16) UN Habitat (2017), Trends in urban resilience. https://unhabitat.org/books/trends-in942 urban-resilience-2017 참고.

또한, 도시 맥락에 관한 데이터를 체계적으로 수집하고 회복력 측면에서 성과를 평가하기 위해, 프레임워크는 어떤 지표를 채택해야 하는지를 결정하기 위한 수단으로 이러한 지표를 사용해 왔다.

도시 시스템의 요소는 크게 ① 건축환경 요소, ② 공급망 및 물류 요소, ③ 기초적 인프라 요소, ④ 모빌리티 요소, ⑤ 자치공공서비스 요소, ⑥ 사회적 포용 및 보호 요소, ⑦ 경제 요소, ⑧ 생태 요소 등 여덟 가지로 구분된다.

첫째, 건축환경 요소(Built environment element)는 4개 레이어로 도시지역을 분석하여 도시기반지역의 진화, 구성, 건전성을 평가한다. 첫 번째 층인 도시 형태는 성장 패턴과 이것이 어떻게 건축된 공개 지역에서 해석되는지에 대한 전체적인 관점을 제공한다. 토지 소유권은 주택과 함께 안전하고, 접근 가능하고, 저렴하며, 적절히 건설되고, 위치해 있는 피난처에 대한 권리를 다룬다. 네 번째 층은 도시지역과 그 거주자에게 필수적인 서비스를 제공하는 자산과 중요 시설의 물리적 품질을 평가한다. 건설된 환경에 대한 이러한 종합적인 분석은 비공식성, 소유권의 불안정성, 토지 사용의 비효율성 등과 같은 중요한 이슈를 드러낼 수 있으며, 도시 시스템 자체만으로 다른 위협의 영향을 더욱 악화시킬 수 있다.

둘째, 공급망 및 물류 요소(Supply chain and logistics element)는 비인적자원(non-human resouces)에 대한 접근, 분산 및 관리 방법을 다룬다. 식품, 물, 에너지 자원의 다양성, 가용성 및 소비에 초점을 맞추고, 일반 재료와 상품의 중요한 진입점과 유통 지점을 평가한다. 이러한 자원의 부족은, 자연 공정의 변화에서 과소비까지, 그리고 전달 수단의 부족에 이르기까지 다양한 이유로 인해, 도시 시스템을 심각하게 마비시키고 취약성을 증가시킬 수 있다. 더욱이, 이 요소는 위기 상황에서 자원의 가용성과 이를 활용할 수 있는 기존 능력과 전략을 평가하기 때문에 인도주의적 문제와 중요한 연관성이 있다.

셋째, 기초 인프라 요소(Basic infrastructure element)는 도시화, 인구증가, 기후변화에 의해 제시되는, 회복탄력적인 도시환경을 제공하기 위한 기존 및 미래의 문제를 다루며, 공정하고 포괄적이며 지속가능한 개발을 지원한다. 회복력 있는 도시 지역은 저렴하고 안전한 식수 및 위생, 현대 및 재생 에너지를 포함하여 차별 없이 모두를 위한 지속가능한 기본 물리적 인프라에 공평하고 경제적인 접근을 촉진하기 위해 노력해야 한다. 폐기물 처리, 그리고 정보통신 기술 등의 서비스는 사람들과 지역사회가 그들의 경제적, 사회적, 환경적, 문화적 행복을 제공할 수 있도록 하는 중요한 자원이다. New Urban Agenda의 약속에 따라, 이 프레임워크는 혁신적이고, 자원효율적이며, 접근하기 쉽고, 상황에 따라 그리고 문화적으로 민감한 지속가능한 해결책을 고려하여 이러한 도시 시스템 성과를 평가한다.

넷째, 모빌리티 요소(Mobility element)는 지역 및 직할/수도권을 포함한 도시 지역 내에서, 그리고 도시 지역으로 이동하는 사람들의 현재 및 예상 수요를 충족할 수 있는 능력을 평가한다. 그것은 도시 지역에 존재하는 다양한 교통 수단의 다양성, 중복성 및 견고성을 파악하여 회복력을 위한 운송 능력을 평가하는 것을 목표로 한다. 또한 이 요소는 이용 가능한 다양한 모드(공간, 물리적, 사회경제적 포함)의 접근성뿐만 아니라 공공당국이 제공하는 운송 기반구조의 적용을 평가한다. 이 요소의 데이터 분석을 통해 이동 시스템 내에서 발생하는 현재의 스트레스를 감지할 수 있을 뿐만 아니라 미래의 스트레스 및 잠재적 쇼크와의 후속 상호의존성을 예측할 수 있다.

다섯째, 자치 공공서비스 요소(Municipal Public Services Element)는 '정부가 직접(공공 분야를 통해) 서비스 제공 자금 조달을 통해 관할 구역에 거주하는 사람들에게 제공하는 도시 시스템의 필수 요소'이다. 그것은 지방자치단체가 제공하는 서비스를 심층적으로 분석할 수 있도록 하며, 탄력성 관점에서 특정한 주의가 필요하다. 여기에는 인도주의적 관점에서 그리고 문화 및 종교적인 관점에서 문화유산, 문화활동, 공동묘지, 화장장 등의 서비스가 포함된다. 또한, 긴급 서비스, 안전 서비스, 그리고 시민들이 내는 세금의 대가로 일반적으로 제공되는 기타 서비스를 포함한다.

여섯째, 사회적 포용 및 보호 요소(Social inclusion and protection element)란 지역 정부가 주민과 관련하여 얼마나 책임감을 가지고 있는지, 사회적 포용을 위해 얼마나 노력하고 있는지에 대한 개요를 제공한다. 이 요소의 데이터 분석은 인권의 형평성, 평등성 및 이행의 원칙에 기초하여 기본적인 사회 보호와 교육, 보건, 식품 및 사회 서비스에 대한 사람들의 접근성을 평가하고 사회적 회복력을 기르기 위해 잠재적인 쇼크와 스트레스를 예측하게 한다.

일곱째, 경제 요소(economy element)로서의 도시 지역은 쇼크, 스트레스 및 도전에 대처하는 능력을 향상시킬 수 있는 정책을 채택해야 한다. 경제적인 측면에서, 회복탄력적인 시스템은 흡수, 빠른 회복 및/또는 경제적 충격을 피할 수 있는 능력을 가지고 있다. 경제적 메커니즘이 반응하고 부작용을 감소시킬 수 있다면 충격이 흡수될 수 있다. 예를 들어, 경제 시스템이 필요할 때 더 강한 수요를 가진 부문으로 자원을 이동시킬 수 있기 때문에 경제적 다양성은 잠재적 충격의 흡수를 돕는다. 더욱이 경제시스템이 빨리 회복되기 위해서는, 위기 후에 오뚜기처럼 회복되는(bounce back) 유연성을 갖는 것이 필수적이다.

여덟째, 생태학적 요소(ecology element)로서 인간의 정주는 음식, 신선한 물, 깨끗한 공기, 예배를 위한 공간 등을 제공하기 위해 주변 생태계에 의존하고 교류한다. 그러나 기후 변화뿐만 아니라 인간 활동에 의한 과잉 소비, 오염은 한 지역의 생물 용량, 생물 다양성 및 환경의 질에 영향을 미친다. 이러한 영향은 생태계를 변화시키고, 잠재적으로 자연과 환경적 위협을 노출시키며, 그 고유의 사회적 취약성을 악화시킨다. 현재와 미래 세대의 생계 및 모든 시민의 신체적, 정신적 안녕을 보호하기 위해, 이 프레임워크는 도시 생태계를 분석하고 시민의 건강과 관련된 환경 회복력을 평가하기 위한 참조 프레임워크로서 생태계 서비스 접근방식을 채택한다.

제안된 프레임워크는 도시 맥락 및 성능(Urban Context and Performance) 전체에 걸쳐 수집된 모든 데이터를 분석하고, 쇼크, 스트레스 및 도전에 노출되었을 때 도시 요소와 구성요소 간의 상호 관계를 매핑하며, 이해관계자의 책임과 상호연결을 묘사하는 세 가지 분석 렌즈를 채택한다.

Who Lens(LGS)와 Why Lens(SSC)는 현재의 맥락과 성능에 비추어 도시 지역의 현재 시나리오를 명확하게 설명한다. How Lens(PPI)는 이전의 두 렌즈의 결과를 더욱 필터링하여, 법적 계획 및 개발의 궤적을 바탕으로 트렌드 시나리오의 형성을 이끌어 낸다. 세 개의 렌즈가 함께 진단의 기초를 구성한다.

첫째, Who 렌즈의 주요 분석기능으로서의 지방 정부 및 이해관계자(LGS)를 살펴보면 Who 렌즈는 도시 맥락 및 성과, 특히 이해관계자와 관련된 데이터를 이용하여 구현 가능하고 특정 지역 니즈에 맞게 조정되는 회복력을 위한 의미 있고 적절한 조치를 위한 맞춤형 지원을 제공하기 위해 이해관계자와 프로세스를 다룬다. 어떤 도시 환경에서도, 이 렌즈의 설계는 각자의 힘이 이러한 프로세스에 어떻게 영향을 미치는지에 대한 철저한 이해와 함께 회복력과 관련된 공공 정책을 설계하고 실현하는 상호작용을 평가함으로써 이해관계자 및 그들의 역할에 대한 명확한 그림을 제공한다.

둘째, Why 렌즈의 주요 분석기능으로서의 쇼크, 스트레스 및 도전(SSC)과 관련하여, 도시 지역은 끊임없이 진화하고 변화하고 있다. 이 렌즈는 도시 시스템에 존재하는 충격, 스트레스 및 도전을 탐구함으로써 취약점, 압박 및 상황 변화를 포착하는 현실적인 진단을 하고, 이러한 위협으로 인한 영향을 감소시키기 위한 구현가능하고 적응력 있는 도시설계 기반을 마련한다.

셋째, How 렌즈의 주요 분석기능으로서의 정책, 계획 및 이니시어티브(PPI)는 기존의 성책과 법규를 분석하고, 복원 전략의 개발 및 구현 방법에 대한 기반을 제공한다. 따라서 이 렌즈는 증거에 기초한 조치를 공식화하는 데 중요한 역할을 한다. 기존 정책, 계획 및 이니셔티브에 대한 정보는 제안된 프레임워크의 데이터 단계로부터 필수적인 결과로서 도출된다. 일반적인 전략은 도시 맥락에서 도출되는 반면, 구체적인 정책, 계획 및 이니셔티브는 실현 상태와 특성을 포함하여 각 도시 요소의 관련 구성단위별로 도출된다.

회복력을 위한 조치(Actions for Resilience: A4R)는 이 프레임워크의 핵심 산출물이다. 그것은 도시의 회복적 탄력성을 개선하기 위해 위험 경감, 취약성 감소, 적응 및 역량 강화 조치를 지속가능한 개발과 결합한 공공 정책 기반 전략 계획 도구이다. 그것은 정치적 인식을 높이고, 행동의 이유를 제공하며, 무엇을 해야 하는지에 대한 지식을 제공하는 데 초점을 맞춘, 잘 관리된 거버넌스의 틀에서 증거 기반 조치(프로그래밍, 프로젝트 및 기타 이니셔티브)의 형태로 지방 정부를 가이드한다. A4R은 국제적인 틀 안에서 보다 회복적이고 지속가능한 도시 공간을 향한 변화에 대한 이해관계자 간의 공통된 비전을 개발하는 것을 목표로 한다. 이것들은 2016년 Habitat III 회의 이후 유엔 회원국들이 채택한 뉴어번아젠다(New Urban Agenda)라는 주제로 되어 있으며, 단기, 중기, 장기적으로 다차원적 조치를 제안하기 위해 전체적인 비전을 제시하고 지속가능한 도시 발전을 위한 '국가적 도시정책 및 지역 실천, 규칙과 규정 확립, 도시화를 위한 재정확보'라는 공동의 행동을 요구한다.

제10절

ⓘ

ISO 22395 위기/재난 시
취약집단 보호 · 지원 지침

1. ISO 22395 개관

ISO 22395는 재해 발생 직후뿐만 아니라 장기적인 대응방안 및 유사시 취약 계층 지원방안 개발 등에 관한 지침을 제공한다. 여기에는 일반 지침 원칙과 사용자를 위한 실무 지침이 모두 포함된다. 이 국제 표준은 비상 관리의 단계에서 보호되어야 할 취약 계층 및 집단과 함께 일하기 위한 계획의 일부 또는 전부를 책임지거나 관여하는 조직에서 사용하기 위한 것이다.

ISO 22395 개발을 담당하는 프로젝트 리더인 리사 피클린(영국)은 "비상사태에 취약한 사람들은 특별한 원조를 필요로 한다는 점에 대해서는 널리 공감대가 형성되어 있다. 그러나 다른 비상 상황에서 취약한 개인과 집단을 어떻게 인지할 것인가, 그리고 그들을 어떻게 지원할 것인가에 대한 이해와 지침은 부족하다. 이 국제 표준은 적절한 활동과 수준의 지원을 통해 해당 취약집단의 사람들을 목표로 하고 있음을 보장하고자 하는 조직에 도움이 될 것이다."라고 설명하고 있다.

2. ISO 22395 주요 내용

ISO 22395의 핵심용어를 살펴보면 돌봄인(carer)은 '취약한 개인을 지원하는 사람(돌봄인은 보수 또는 무보수 형태로 일함)'으로 정의되며, 취약한 개인(vulnerable person)'이란 '재난의 영향을 예측, 대처, 저항 또는 복구할 수 없는 개인'을 말한다. 단, ISO 22395는 취약한 개인을 취약성의 본질이 아니라 재난 시 개인의 상황에 따라 정의한다.

ISO 22395 표준은 크게 '① 긴급사태 시 취약한 개인의 식별, ② 긴급사태 시 취약한 개인과의 커뮤니케이션, ③ 긴급사태 시 취약한 개인에 대한 지원 제공, ④ 구현, 리뷰 및 개선' 파트로 구분되어 있다.

▌그림 7-20 고위험 집단 중 노령인의 취약성[17]

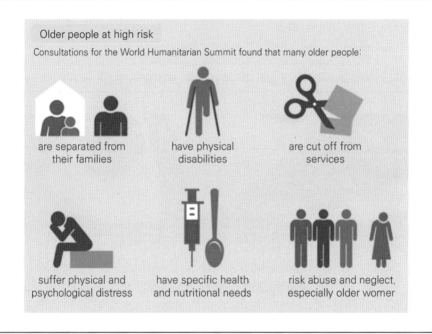

해설: 노인은 가족과의 격리, 심신장애, 보건영양, 기초서비스 결여 등에 노출됨

첫째, ① '긴급사태 시 취약한 개인의 식별'에서는 재난 시 취약한 개인들을 고려할 때 해결해야 할 일반적인 측면으로 취약성 유형 확인, 취약한 개인 확인, 취약한 개인이 다른 사람들을 도울 수 있는 방법 확인, 정보 공유 약정의 수립 등이 있다. 취약성 유형 확인을 위해 조직은 일부 개인을 재난에 취약하게 만드는 기여 요인(📋 신체·정신·정서·인지적 요인, 문화, 민족성, 종교, 언어, 시민권, 연령, 성별)을 확인하여야 한다. 또한 재난 시 존재하고 관련이 있는 다양한 종류의 취약성과 이러한 원인이 취약한 개인과 재난 간 상호작용에 미치는 영향을 확인하여야 한다(📋 대응 시간의 지체에 따른 결과). 재난 전·중·후 취약한 개인들이

17) https://www.helpage.org/what−we−do/emergencies/older−people−in−emergencies/

받을 수 있는 지원 유형과 일부 취약한 개인들이 재난을 대비하는 이유 및 다른 사람들이 대비하지 않은 이유를 확인하여야 한다. 재난에 대비하여 취약한 사람들의 준비, 대응 및 복구를 보조하고, 그들이 궁금해 하는 의문점들을 확인해야 한다. 취약한 개인들의 재난 준비, 대응 및 복구를 보조할 때 직면하는 어려움과 기회도 찾아야 한다. 취약한 개인들이 재난에 반응하는 방법을 확인하여야 한다 (예 공무원의 지시를 따를 것인가). 다양한 의사소통 방법이 취약한 개인들에게 미치는 영향을 평가하여야 한다.

▌그림 7-21 캐나다 온타리오 경찰의 취약집단 등록 사업 SNS 홍보

출처: https://twitter.com/PtboPolice/status/1083704931620597760

취약한 개인을 확인하는 프로세스는 먼저 취약한 개인에 대한 폭 넓은 이해를 위하여 지역 인구 정보를 사용하여 개인 정보를 분석하여야 한다. 그런 다음 의사결정에 이해관계가 잘 반영되지 않는 취약집단을 포함한 접근하기 어려운 집단을 포함하여야 한다. 또한 재난 계획수립 시 지역사회, 지방 당국 및 기타

조직을 참여시켜야 한다. 개인의 취약성은 시간이 지남에 따라 변할 수 있고, 취약한 개인들은 자신의 능력을 과대평가할 수 있어 대응 능력에 대한 정확한 추정이 어려울 수 있음을 인식해야 한다.

취약한 개인 확인을 위해서는 재난의 영향으로 개인이 어떻게 취약해질 수 있는지 분석하여야 한다. 또한 취약한 개인의 수와 그들이 있을 수 있는 장소(예 학교, 병원, 요양원)를 확인하는 프로세스를 개발 및 이행하여야 한다. 이 프로세스는 취약성 및 재난의 가변성을 반영하여야 하며 특히 인구통계학적 변화가 큰 경우 정기적으로 업데이트되어야 한다. 통신 등 각종 서비스 제공 업체의 데이터베이스를 사용하여 취약한 개인을 확인하고 우선순위화하여야 한다. 재난 이전에 취약한 개인 및 돌봄인이 자발적으로 등록할 수 있는 시스템도 제공하는 것이 좋다. 의사소통 전략의 일환으로 재난 이전에 취약한 개인들과의 접점을 확인하여야 하며 다양한 재난에 취약할 수 있는 개인의 수를 추정해야 한다.

취약한 개인이 다른 사람을 지원할 수 있는 방법의 확인을 위해 조직은 취약한 개인이 재난의 영향을 받는 다른 사람들을 지원할 수 있는 방법을 판단하여야 한다. 그리고 취약한 개인이 다른 사람에게 지원을 제공할 수 있는 기회를

▎그림 7-22 재난 시 취약집단 지원 지침과 자연재해 취약집단들[18]

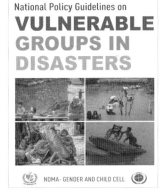

---

18) https://reliefweb.int/sites/reliefweb.int/files/resources/gcc_policy.pdf 및 https://www.theg
uardian.com/global-development/2010/oct/21/asian-cities-natural-disasters-risk

확인하여야 한다.[19]

정보 공유 약정의 수립 차원에서는 재난 시 취약한 개인을 지원하기 위한 정보를 효과적으로 공유하는 데 필요한 이해관계자(예 지역 재난관리 조직)를 확인하여야 한다. 해당 개인 정보보호 체계 내 이해관계자와 취약한 개인에 대한 정보와 이 정보를 공유할 수 있는 방법 및 시기도 확인되어야 하며 업무 수행 시 취약한 개인을 고려해야 할 지역 재난관리 조직과 정보를 공유하여야 한다.

둘째, ② '긴급사태 시 취약한 개인과의 커뮤니케이션'과 관련해서는 취약집단과 의사소통 시, 조직은 취약집단의 능력 및 니즈뿐만 아니라 재난이 그들에게 미치는 잠재적 영향을 고려해야 하고 취약집단과 함께 일하는 사람들에게 정보를 제공하여야 한다. 재난을 대비하고 이에 대처할 때 해결해야 할 일반적인 측면은 재난 전·중·후 취약집단과 정보 의사소통, 취약집단과 의사소통 시 다양한 매체의 한계에 대한 이해, 취약집단을 대상으로 일하는 방법에 대한 인식과 기술 및 지식의 제공, 취약집단이 관련 조직의 준비 사항을 알게 하기, 취약한 개인이 스스로 준비할 수 있는 방법에 대한 정보 제공, 재난 시 취약집단이 대응할 수 있는 방법에 대한 정보의 제공 등이다. 재난 전·중·후 취약집단과 정보 의사소통 면에서 조직은 공공 예보·경보 및 컬러 경보 코드의 일반 원칙에 익숙하여야 한다.[20] 또한 취약집단에 대한 정보를 의사소통 시, 조직은 다음 항목과 같이 모든 취약집단에게 제공될 일반적인 정보를 확인하여야 한다.

- 재난 시 조직의 지원 요청을 위한 연락 정보 또는 서비스 공급에 대한 심각한 불만을 처리할 수 있는 독립 기구의 연락 정보
- 회복력 제고를 위한 준비(예 지역사회 행동 계획 개발, 탈출 경로)
- 대피 수송 및 비상 대피소와 관련한 장애인 보조 동물(예 안내견) 및 非장애인 보조 동물(예 반려동물) 대비
- 리스크에 따라 이용 가능한 특정 정보(예 홍수 심각도 등)를 확인
- 신뢰할 수 있는 매체(예 TV, 인터넷, 라디오, 소셜 미디어 등)를 통하여 정보를 전달

---

19) 사고 대응 및 복구에 자발적인 자원 봉사자들의 참여 계획수립에 대한 추가 지침은 ISO 22319에 의한다.
20) 공공 예보·경보에 대한 자세한 내용은 ISO 22322를, 컬러 경보 코드는 ISO 22324를 참조할 수 있다.

- 니즈에 따라 의사소통 수단의 대안(예 수화, 시각 보조 자료)을 확인하고 다양한 언어로 메시지를 제공
- 취약집단이 재난 시 도움을 받아야 함을 다른 사람에게 알리는 방법(예 지정 전화 번호, 개인 관리 알람과 같은 가용 기술)을 제공

취약집단과 의사소통 시 다양한 매체의 한계를 이해하기 위해서 조직은 다양한 유형의 취약집단이 있을 수 있는 장소와 소통하기 위하여 다양한 채널의 효과성을 검토해야 한다. 또한 취약성의 원인을 고려하는 가장 적절하고 효과적인 방식으로 취약집단과 정보를 소통하는 방법(예 서면, 대면, 영상 비디오 녹화, 접근성)을 고려해야 하고 서로 다른 유형의 재난 전·중에 사용되는 통신 수단(예 전단지, 사이렌, 웹사이트)을 개발해야 한다. 취약한 개인에게 전송되는 자동 경보 메시지의 한계와 관련해서는 다이얼이 끊기기 전 충분한 시간을 제공하기 위하여 이동성이 떨어지는 사람이 전화 받는 데 소요시간, 취약한 개인이 첫 번째 전화에 미응답 시 다시 전화를 걸지 여부, 취약한 개인이 처음에 전화 메시지를 이해하지 못하는 경우 메시지를 반복재생 가능 여부 등을 고려하여야 한다.

취약집단을 대상으로 일하는 방법에 대한 인식, 기술 및 지식 제공 차원에서는 재난 대비 시 취약집단을 지원할 수 있는 잠재력에 대한 지역사회의 인식을 제고하여야 하며, 다양한 취약성 원인을 가진 개인들을 대상으로 일하기 위해 필요한 기술 및 지식을 확인하여야 한다. 또한 취약한 개인들과 함께 일하는 사람들의 추가 니즈(예 심리학적 치료 지원 제공)를 확인하여야 한다. 다음 뉴스기사는 취약한 사람들을 돕는 이들에 대한 심리 치료가 얼마가 중요한 것인지를 시사하고 있다.

 [탐사플러스] 심리치료도 없이…세월호 아픔 안고 간 그 경찰

세월호 참사 800일이 지났지만, 여전히 밝혀지지 않은 의혹은 한둘이 아닙니다. 아물지 못한 상처도 여전합니다. 희생자 가족들은 물론, 참사 현장에서 함께한 수많은 사람들, 모두 트라우마에 시달리고 있습니다. 사고 해역에 가장 먼저 달려갔던 경찰관은 얼마 전 스스로 목숨을 끊었고, 단 한 번의 심리치료도 받지 못했다는 사실이 알려졌지요.
세월호 참사 72일째인 지난 2014년 6월 26일 밤, 회식 후 집으로 오겠다던 진도 경찰서 소속의 김 모 경위는 팽목항 인근의 진도대교로 향했습니다. 김 경위는 세월호 참사 당일인

2014년 4월 16일, 가장 먼저 사고 해역으로 달려갔습니다.

이후 73일 동안 현장을 수습하고 유가족을 지원하는 업무를 맡았습니다.

팽목항과 진도체육관을 오가며 수습한 시신의 신원을 확인해 가족들에게 알렸습니다.

70여 일 넘는 동안 3일 밖에 퇴근하지 못할 정도로 업무 부담이 컸습니다. 하지만 정작 30분 거리에 있는 자신의 집은 거의 찾지 못했습니다. 심리치료는 한 번도 받지 못한 채 세상을 떠났고, 이에 유족들은 "업무상 스트레스로 우울증이 생겨 사망했다"며 보상을 요구했습니다.

[중앙일보 2016.06.28. 기사를 일부 인용함]

취약집단에게 조직의 준비 사항을 알리기 위해서 재난을 대비할 시 취약한 개인들이 그들의 지역에서 조직의 준비 사항 및 재난 전·중·후에 이용할 수 있는 필수 서비스를 인지하도록 하여야 한다. 취약한 개인들이 자신들을 조직에게 확인될 수 있도록 하는 내용(프로토콜 등)을 공유해야 한다.

취약집단이 스스로 준비할 수 있는 방법에 대한 정보 제공을 위해서는 재난 전 취약한 개인들에게 개인 안전에 관한 조언, 스스로 재난에 대비한 자산 및 소지품을 준비하는 방법(정보, 지원 얻는 장소 및 방법, 적절한 대피 경로 및 절차, 자산의 안전을 유지를 위한 단기적 변화), 다른 사람을 돕기 위해 스스로 준비하는 방법을 포함한 정보를 제공해야 한다.

재난 시 취약집단이 대응할 수 있는 방법에 대한 정보 제공을 위해서는 조직은 계획에 따라 취약집단에게 대피 후 예상 거주지와 거주 기간(취약집단이 꾸려야 하는 짐과 현금 등 자산을 준비하는 데 영향을 줌), 안전 장소로 가는 경로와 취약집단이 경보 메시지에 반응하는 방법(예 다른 사람을 통해 전달할 것인지 및 장애요인 등), 취약집단이 필수 리소스를 얻을 수 있는 장소(예 물, 실 수령품 등) 등의 항목을 포함한 정보를 제공하여야 한다. 다음은 재난 취약계층을 위한 정보이자 연습과 훈련 지침서인 행정안전부의 '장애인의 재난대응 안내서' 사례이다.

행정안전부 국립재난안전연구원은 10일 '장애인 재난대응 안내서'를 배포한다고 밝혔다. 지진과 화재 발생 시 장애인의 피해를 줄이고 신속하게 대응할 수 있도록 내용을 구성한 안내서다. 장애인은 위험 상황 인지와 대응이 늦어져 더 큰 피해를 입는 경우가 많다. 이에 장애인이 주로 이용하고 학습하는 시설과 주거 공간에서 활용할 수 있는 재난대응 안내서와 훈련 시나리오를 마련한 것이다.

재난유형 2개와 장애유형 4가지로 구분해, 총 8종이 개발됐다. 장애인뿐만 아니라 장애인을 도와주는 지원자의 역할도 담았다. 장애인 사고사례를 분석한 결과 사상자가 가장 많이 발생한 화재와 예고 없이 발생해 대비시간이 부족한 지진이 재난 유형으로 우선 선정됐다. 장애유형의 경우, 장애인의 신체적·정신적 특성과 자력대피 가능 여부를 고려해 △시각장애 △지적·자폐성장애 △지체·뇌병변 장애 △그 밖의 장애로 구분했다.

장애인과 지원자가 안내서에 포함된 훈련 시나리오를 활용해 재난발생 전, 재난발생 시, 재난발생 후 행동요령을 체계적으로 연습하고 훈련할 수 있다.

[파이낸셜뉴스 2020.08.10 기사를 일부 인용함]

셋째, ③ '긴급사태 시 취약한 개인에 대한 지원 제공' 면에서는 재난 전·중·후에 취약 집단 및 돌봄인을 지원하기 위한 실질적 조치로는 취약집단에게 생리

┃그림 7-23   취약집단을 위한 각종 피난처(shelter) 예시[21]

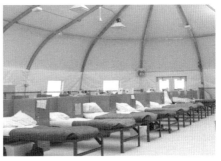

해설: 2009년 쓰나미 재난 때 실제 사용한 피난처임

---

21) https://www.sprung.com/case−study/american−samoa−tsunami−2009/

적, 심리적, 사회적 지원의 제공과 피해영향 지역에서 멀리 이동하도록 지원하고 취약집단의 대피소 니즈 파악 등을 포함한다.

조직은 재난의 전·중·후에 취약집단 및 보호자의 실질적 지원 니즈를 확인하기 위해 취약 집단이 관여될 때 필요한 기간을 확인하여야 한다. 또한 재정착에 대한 취약집단의 추가 니즈를 확인하고 실질적 지원을 공급할 메커니즘 갖추어야 한다. 공공 및 민간 부문, 비정부 기구 및 지역 자선 단체와의 관계 확립이나 취약집단을 지원하기 위한 지역사회 기반 네트워크를 활성화하며, 재난에 관심이 있는 클럽 및 단체(예 자율방범대)를 활성화하고 자원 봉사자와 지원이 필요한 개인을 매칭하는 것이 그러한 예이다. 아울러 접근하기 어려운 집단을 참여시키기 위한 전략 또는 추가 자원을 확인하고 취약집단에 대한 자원의 가용성도 점검하여야 한다.

취약집단에게 생리적 지원 제공을 위해서는 조직은 재난 전·중·후에 취약집단이 가지고 있는 생리학적 요구를 확인하여야 하고 환경 조건에 맞는 대피소를 제공하여 생존을 보장하여야 한다. 또 재난 전·중·후에 취약집단 및 돌봄인에 대한 스트레스를 줄이기 위한 생리적 지원을 제공하여야 한다. 그러한 생리적 지원의 예를 들면 사람들의 다양한 니즈에 적합한 기본적인 신체적 안락함(예 장애인을 위한 넓은 공간), 화장실 및 변기 겸용 의자, 요실금 패드, 양변기, 호이스트뿐만 아니라 다양한 화장실 소모품, 복잡한 건강 니즈가 있는 취약집단에 대한 의약 및 건강 지원, 통제된 약물의 보안관리와 이동 보조 기구(예 휠체어)의 활용, 취약집단을 지원하는 훈련된 돌봄인(예 움직일 수 없는 사람에 대한 이동·배변 전문가), 의학적 상태 관리를 위한 용품(예 당뇨병 용품, 알러지 이슈) 등이 될 수 있다.

취약집단에게 심리·사회적 지원을 하기 위해서 조직은 재난 전·중·후 취약집단이 가질 수 있는 심리·사회적 니즈를 확인하여야 한다. 심리·사회적 지원을 제공하여 취약집단 및 보호자를 대상으로 하는 재난 스트레스 요인을 줄여야한다. 심리·사회적 지원를 예시하면 심리사회적 안녕을 유지하는 방법에 대한 정보, 이야기를 들어주고 걱정을 공유할 수 있는 사람에게서 얻는 안정, 취약집단을 지원하도록 훈련된 돌봄인(예 심리치료사 등), 취약한 개인에 대한 스트레스를 줄이기 위하여 친척 또는 가까운 친구와 연락하는 방법, 사람들의 안정을 위하여 필요한 개인 용품(예 휴대 전화, 신발)에 대한 접근을 돕고 반려동물 염려를 줄이기 위한 동물의 제공 등이 있다.

영향 지역에서 멀리 이동할 수 있도록 실질적 지원을 제공하기 위해 조직은 재난 상황이 아닐 때 취약집단이 일반적으로 지역을 이동하는 방법을 확인하여야 하고 다양한 재난 유형 발생 시 이용 가능한 이동수단이 있는지를 파악해야 한다. 재난 시 어떤 대안을 이용할 수 있는지 고려(ⓔ 택시 기사가 가족을 태우는 경우엔 택시 회사가 운영 불가)해야 하고 대피 수송이 필요한 취약집단의 수를 결정하여야 한다. 재난 시 대중교통 수단에 대한 정보를 제공하여야 한다. 그러한 대중교통 수단을 예시하면 쉽게 접근할 수 있는 대피 수송 수단 탑승 장소와 신체적 제약이 있는 사람이 탑승 장소에 도달할 수 있는 방법, 신체적 제약이 있는 사람이 보조를 받을 수 있는 방법(ⓔ 장애인 승강장치로 계단 오르기), 재난 전·중·후 반려동물 및 다른 동물과 함께 해야 할 일에 대한 정보(ⓔ 동물들의 수송 및 보호 방법) 등이 있다.

취약집단의 비상 대피소 니즈를 결정하기 위해서는 취약집단이 비상 대피소로 이동하려는 의지가 판단되어야 하고 비상 대피소를 사용하려는 취약집단의 기대 및 요구를 확인하여야 한다. 또한 취약집단 및 돌봄인을 위한 충분한 대피소를 제공해야 하며 대피소에 있는 취약집단을 위한 적절한 수준의 지원 계획을 수립해야 한다. 취약집단의 비상 대피소 사용에 대한 의사를 파악해야 하고 관련 지원을 실제 제공할 가능성도 고려하여야 한다.

마지막으로 ④ '구현, 리뷰 및 개선'을 위해 조직은 취약 집단 지원 계획을 이행하여야 하고 계획을 검토 및 개선해야 한다. 취약집단 지원 계획을 이행하기 위한 절차와 거버넌스 구조를 개발해야 하고 계획 이행을 위한 요구사항을 확인하기 위하여 이해관계자(취약집단 및 대표 조직 포함)를 참여시키고 계획을 연습하여야 한다.22) 이어서 취약집단 및 돌봄인을 대상으로 일하는 것에 대한 계획 및 관행을 검토하고 연습과 최근 재난으로부터 얻은 교훈으로 계획을 개선하여야 한다. 재난 시 취약집단을 대상으로 일하는 사람들의 기술 및 지식 명세를 다시 명료화해야 한다. 취약집단에 대한 데이터베이스 및 자발적인 등록소를 유지 및 업데이트하고 넓은 범위의 이해관계자들로부터 관계를 구축하고 피드백을 구하여야 한다.

---

22) 연습 설계 및 이행에 대한 지침은 ISO 22398을 참고한다.

제11절 ISO 22360 위기관리 시리즈

1. ISO 22360 시리즈 개관

타 표준에 비해 가장 최근에 시작된 ISO 22360 시리즈 표준화는 TC 292 내 위기관리를 위한 품질 관련 표준의 개발 및 모든 TC 292 작업 프로그램 전반에 걸친 기타 중요한 표준의 기준을 설정하고 있다. TC 292 WG 전략 및 WG 활동을 보완하면서 위기관리 개념과 효과적인 위기관리 프로그램 및 리스크 완화 계획의 설계, 개발 및 구현을 지원하는 원칙과 프레임워크는 각각 표준개발을 위한 TC 292 워킹그룹 프로그램과 동일하게 적용된다.

ISO/TC 292 전반에 걸쳐 위기관리 방법론과 용어에 대한 일관된 접근방식 유지의 중요성을 강조하고 있다. 위기관리를 위한 중요한 정책 및 프레임워크를 만들고 위기 관련 표준 연구 분야를 구체화하는 것은 TC 292 전략 사업 계획에서 설명한 작업 범위를 보다 명확하게 하고 있다. 즉, ISO 22360 위기관리 – 개념, 원칙 및 프레임워크에서 개발된 틀은 모든 TC 292 내의 연구 및 작업 프로그램에 대한 공통적인 접근법을 보장하기 위해 현재 표준 개발 중에 위기관리 요소를 통합하는 모든 TC 292 WG에 대한 지침으로 사용될 수 있다. ISO 22360 시리즈 표준은 타 표준에 비하여 보다 최근에 추진되고 있으며 2020년 2월 현재 ISO 22360과 ISO 22361만 표준개발이 진행 초기 단계에 있다. 따라서 표준의 내용이 아직은 많지 않은 관계로 본 절에서는 간략히 뼈대가 되는 내용만 간략히 소개하고자 한다.

2. ISO 22360 시리즈 주요 내용

ISO 22360 위기관리 – 개념, 원칙 및 프레임워크 표준에서 설명하는 범위의 핵심 요소는 조직 관리 이론, 행동의 인적 요인 및 문화적 영향을 포함한다. 또한 문제 해결 및 의사결정, 목표 설정, 개인 및 조직의 비전 및 목표 달성을 위한 시스템 기반 접근법과 기대하는 수준의 조직 회복력을 다룬다.

현재 표준화가 초기 단계에서 진행 중인 ISO 22360의 주요 목차는 아래와 같다.

- 사회적인 맥락에서의 위기의 핵심 원칙과 위기관리의 프레임워크

- 효과적인 위기관리의 속성(attributes)
  - 리더십의 질적 수준 및 특성
  - 조직 행동
  - 지식 및 정보
  - 학습과 위기 시 의사결정
  - 성과 관리 및 효과적인 위기관리 역량
  - 모니터링
  - 사회적 자본(social capital), 신용 및 충성심

- 위기관리 역량의 확보
  - 조직적 맥락 수립과 위기관리의 목표, 목적, 전략의 수립
  - 헌신적 리더십과 협조적인 문화의 형성
  - 비즈니스 프로세스에 위기관리시스템의 반영

- 통합적 위기관리시스템 접근의 가치

- 위기관리역량의 지속 유지
  - 효과적 위기관리를 지속하고 개선하는 전략
  - 위기 시에 긍정적인 태도를 형성하는 활동들

- 효과적인 위기관리 경험을 가진 조직들의 특성
- 협조적인 문화의 형성과 위기관리 프로그램의 커뮤니케이션

• 위기관리 성과 평가 및 개선

3. ISO 22361 표준의 주요 내용

ISO 22361 전략적 역량 개발 지침은 조직의 전략적 의사결정자가 위기관리 역량을 계획, 구현, 수립, 운영, 모니터링, 검토, 유지 및 지속적으로 개선하도록 돕기 위한 위기관리 모범사례 지침을 제공하는 국제표준이다. 이 표준은 장소, 크기, 유형, 산업, 구조 또는 부문에 관계없이 모든 조직을 대상으로 하며, 위기관리의 맥락과 도전적인 특성에 대한 이해, 대비를 통한 조직의 위기관리 역량의 개발, 위기관리 팀이 실제로 직면하고 있는 복잡성의 인식, 위기 시 성공적인 의사소통, 위기관리를 통한 리뷰와 학습 등에 대한 구체적 지침을 제공한다.

이 표준은 위기관리 역량 발휘를 위한 전략적 책임을 가진 경영진을 위한 것이며 위기관리 계획 및 구조의 실행과 역량 관련 절차의 유지 및 보장을 위한 최고경영진의 지시와 정책 하에 이행을 하는 사람들을 위한 것이다. ISO 22361의 프로젝트 리더인 케빈 블레어(영국)는 "위기는 조직들에게 심대하고 광범위한 결과를 초래할 수 있는 복잡하고 어려운 과제를 부여한다. 이러한 결과는 특히 조직이 위기에 대비하지 못하거나, 관리하지 못하거나, 피해가 복구되지 못한 것으로 인식되는 경우 매우 치명적일 수 있다. 명성에 상당한 손상을 입힐 위험이 있으며, 사업과 사업 운영이 붕괴될 가능성이 있다. 즉, 위기는 조직에 잠재적으로 매우 큰 중요성을 지닌다. 이에 맞추어 이 표준은 공공 또는 민간 부문의 모든 규모의 전략적 의사결정자가 제공하는 위기관리 대응의 원칙과 모범 사례를 제공하며 조직의 위기관리 역량의 설계와 지속적인 발전을 돕기 위한 것이다."라고 설명하고 있다.

조직 위기관리가 얼마나 중요한지를 보여주는 사건 중 다음의 2017년 '유나이티드항공 오버부킹(Overbooking) 사건'은 대표적인 사례이다.

유나이티드항공 오버부킹(Overbooking) 사건[23]

개요

2017년 4월 9일, 오하이오공항에서 유나이티드항공 3411편에 탑승했던 데이비드 다오(David Dao)를 오버부킹으로 좌석이 부족하다는 이유로 하기시켰다. 하기를 거부하던 이 승객을 경찰을 동원해 강제로 하기하면서 폭력적인 방법이 동원됐고 피를 흘리며 항공기 밖으로 끌려나가는 모습에 전세계는 공분했다.

실제 해당 항공편 예약 상황은 오버부킹이 아니었다. 내부 사정으로 편승 승무원을 해당 항공기에 태워야 했던 유나이티드항공이 4명 승객을 하기시켜야 했고 데이비드 다오는 항공사와 의견 다툼을 벌이면서 벌어진 사건이었다.

결과

이 사건이 SNS와 온라인, 미디어를 통해 알려지면서 미국을 비롯한 전세계는 공분했다. 항공사 귀책이라고 할 수 있는 오버부킹을 이유로 승객을 폭력적으로 하기시켰다는데 용서할 수 없다며 유나이티드항공을 비난하는 분위기가 들불처럼 번졌다. 데이비드 다오는 초기에는 중국계 미국인으로 알려졌지만 실제로는 베트남계였으며 아시아인에 대한 인종 차별적 행태라는 비난까지 더해지면서 유나이티드항공은 빠져나올 수 없는 수렁으로 들어가 버렸다. 데이비드 다오 역시 법률회사를 통해 항공사를 정식으로 고소했고 유나이티드항공은 법적인 해결보다는 합의를 선택했다. 결국 데이비드 다오는 유나이티드항공에 대한 고소를 철회했고 유나이티드항공은 그에게 (수백만 달러로 예상되는) 거액의 보상금을 지급한 것으로 알려졌다.

영향

이 사건은 항공업계의 오버부킹 관습과 행태를 적나라하게 드러냈고, 사우스웨스트항공을 비롯한 다수의 항공사들이 공식적으로 오버부킹 제도 철폐를 선언하기도 했다. 이 사건은 소비자에게는 긍정적인 결과로 나타났는데, 실제 2017년 한해 미국 항공업계에서 발생한 오버부킹은 사상 최저를 기록했다. 2016년에만 해도 승객 1만 명당 0.62명 꼴로 좌석을 제공하지 못했으나 2017년에는 0.34명으로 대폭 줄어들었다. 사건 장본인 유나이티드항공 역시 2016년 3,765명에게 좌석을 제공하지 못했으나 2017년에는 2,111명으로 크게 줄어든 결과를 보여주었다. 그럼에도 유나이티드항공사는 불매운동의 여파로 상당한 매출에 타격을 겪어야 했다. 이와 같이 이 사건은 조직의 위기관리가 그 조직의 존재와 유지에 얼마나 중요한지를 생생하게 시사하는 사례인 것이다.

---

23) https://www.airtravelinfo.kr/wiki/index.php?title=유나이티드항공_오버부킹_사건을 참고하여 필자가 위기 관리의 맥락에 맞게 핵심을 요약 및 정리하였다.

CHAPTER

08

산업보안 및 위기관리
분야 국제표준화의 전망

『산업보안 및 위기관리』
국제표준 개론

앞에서 산업보안 및 위기관리 분야의 국제적 표준화 경향에 발맞추어 본질적 차원에서 보안과 회복력 분야의 학문성에 대해 심도 있게 탐색 및 논의하였고, 실용적으로도 이 분야의 개념과 내용, 범위 등에 대한 국제적인 기준을 체계적으로 설명하였다. 가급적 TC 292의 워킹그룹 별 표준화 항목에 따라 (1) 용어 정의 (terminology) 및 일반적 보안 기준, (2) 업무연속성 및 조직회복력(Continuity and organizational resilience), (3) 긴급사태관리 및 재난관리(Emergency management), (4) 제품·문서의 보안관리(Authenticity, integrity and trust for products and documents), (5) 커뮤니티 회복력(Community resilience), (6) 보호적/물리적 보안(Protective security), (7) 이벤트 지침(Guidelines for events), (8) 공급사슬보안경영시스템(Supply chain security management), (9) 위기관리(Crisis management)의 순으로 설명하려고 했으나 논리적 흐름과 맥락을 고려하여 기술 순서는 불가피 약간의 변경이 되었다는 점을 재삼 밝힌다.

제8장에서는 이러한 표준화를 통해 우리나라를 포함하여 전 세계에서 보안·회복력 분야의 서비스 및 산업이 어떻게 발전하고 있으며 앞으로 진화되어 갈 것인지와 산업보안 및 위기관리 분야 국제표준화의 향후 전망과 저술의 한계, 그리고 후속 연구 분야에 대하여 간략하게 언급하고 마무리하고자 한다.

표준화를 통한 보안·위기관리 분야 서비스 및 산업의 발전

ISO/TC 292는 국제사회에 필요한 솔루션과 시장 주도형 표준을 만들어 보안과 위기관리를 중심으로 한 지식체계를 구축해 나가고 있다. ISO/TC 292의 표준화는 표준 개발에 대한 중립적이고 전체적인 접근방식(discipline-neutral and holistic approach)을 촉진하며, 이러한 문제는 한 국가, 하나의 산업, 하나의 산업 협회 또는 하나의 기술위원회에 치우치지 않고 최대한 많은 산업, 협회, 국가 및 국제 표준 기구, 법집행기관 및 정부 기관과 민간 산업 및 시민사회단체의 참여를 장려하면서 폭넓은 서비스와 산업 분야의 발전에 기여할 것이다.

ISO/TC 292 웹사이트(http://www.isoTC 292online.org/about/objectives)에 의하면 이 기술위원회는 다음과 같은 목표가 있다.

- 이 위원회의 범위 내에서 개발되어야 할 표준에 대한 국제 사회의 요구에 대한 평가-접근방식은 시장 요구와 국가 표준기구의 기여에 의해 주도한다.
- TC가 개발한 표준이 필요하고 실용적이며 사용자에게 친숙하며 다른 시스템 및 관행에 호환되거나 통합될 수 있도록 한다.
- 국제표준을 통해 솔루션을 구축하는 데 있어 공공 및 민간 부문의 수익 창출에 기여하는 동시에 이해관계자의 경쟁적 이해관계를 존중한다.
- 표준화를 통해 영향을 받는 조직 및 개인의 산업보안 및 위기관리에 대한 인식과 역량을 제고한다.
- 공급망 및 비즈니스 상호 작용의 신뢰성 향상을 통해 국가 및 국제 무역을 향상시키는 표준을 개발한다.
- 산업보안 및 위기관리 리스크를 관리하고자 하는 기업에 표준화된 요구사항과 지침을 제공한다.
- 끊임없이 변화하는 역동적 리스크 환경에서 조직의 민첩성, 유연성 및 적응력을 향상시키는 표준을 제공한다.

- 중요한 통상 분야에 대한 중립적인 업무 및 전문지식 체계를 구축하고, 국제적인 전문지식의 포럼을 구축하여 컨센서스 중심의 솔루션을 제공한다.
- 표준을 통해 포괄적이고 효과적인 보안 솔루션을 개발하기 위해 다른 표준화 기관과의 협력을 강화한다.
- ISO/TC 292의 범위 내에서 다양한 분야를 수렴하고 반영하는 용어정의 사전을 확보한다.
- ISO/TC 292의 모든 표준화 영역에 대한 종합적인 작업 프로그램 및 로드맵을 개발하고 유지 및 관리한다.
- 최종 사용자의 피드백을 정기적으로 반영한다.

ISO/TC 292의 작업은 산업보안 및 위기관리에 대한 국가, 지역 및 국제 표준을 보완 해주고 완성 해주는 것이다. 이 표준화의 전반적인 이점은 조직이 보안과 회복력을 관리하고 보다 효율적이고 효과적으로, 그리고 동시에 보다 탄력적이고 안전한 사회에 기여하도록 돕는 도구를 제공한다는 점이다. ISO/TC 292의 작업 프로그램은 전 세계, 국가, 다면적, 지역사회 및 개인 등 모든 수준에서 사회에 직접적인 혜택을 준다.

이러한 표준화가 보안·회복력 분야 서비스 및 산업의 발전에 미치는 기여와 영향 요소는 다음과 같이 요약될 수 있다.

- 모든 행위자가 사건 및 사고 전후에 모든 단계를 처리하는 역량을 제고한다.
- 보안 분야의 국제적인 요구사항 기대치를 충족하고 보안 및 재난 관리 관련 모범 사례를 구축해준다.
- 조직이 제품과 서비스 산업 분야에서 인권 보호 및 존중을 기초로 한 보안 및 위기 관리를 지원한다.
- 시시각각 달라지는 보안 분야의 법적 규제적 컴플라이언스(compliance) 요건을 충족해준다.
- 비즈니스 운영 및 절차, 시스템 및 기술의 상호운용성을 개선해준다.
- 사업 및 개인의 재무적 손실을 감소해준다.
- 일치된 국제표준의 구현을 통해 산업보안 및 위기관리 관련 비용을 절감한다.

- 명확한 언어 및 사용자 요구를 반영하여 소비자와 생산자의 혼란을 방지하고 신뢰를 제고한다.
- 여러 부문, 관리 수준 및 학문 분야에 걸쳐 용어 및 실무의 일관성을 향상시켜 준다.
- 위조, 사기 등 불법행위의 완화를 위한 표준 제공을 통해 상품 및 서비스제공에 따른 보건 및 안전을 개선한다.
- 브랜드 상품 및 서비스 관련 지식재산의 가치를 유지하고 보호해준다.
- 작업 항목의 조정, 중복 방지 및 전문 이해관계자의 참여 확대를 위한 UN 등 타 국제기구 및 전문단체와 협력을 증진한다.
- 무역에 대한 기술적 장벽 제거를 통해 상품과 서비스의 통상을 촉진한다.

제2절 국제표준화의 전망

    ISO/TC 292는 사회의 안전성과 탄력성 제고를 목적으로 보안 분야의 기술 요건 표준과 지침 및 관리 시스템 표준을 모두 포함한 표준화를 건실히 담당해 왔다. 이 작업은 용어, 연속성 및 회복력, 긴급사태 관리, 사기위조 대책 및 통제, 공공 및 지역사회 회복력, 보안 서비스 등을 포함하되 이에 국한되지 않는 광범위한 영역으로 커져 가고 있다.

    산업보안 및 위기관리 분야 국제표준의 비즈니스 환경은 매우 복잡하고 빠른 속도로 진화하고 있다. 세계화의 증가, 제3자 조직에 대한 의존도 증가, 그리고 까다롭고 변덕스러운 경제 환경의 맥락에서 생성되는 광범위한 국제적인 산업 보안 및 위기관리 위협에 대한 높은 수준의 노출은 삼성 등 글로벌 기업이나 단체와 같은 조직들에게 큰 도전이 되고 있다.

    세계경제포럼(WEF)에 따르면 오늘날 사회가 직면하고 있는 위험은 복잡성 속에서 증가하고 있다. 새로운 기술, 급속한 도시화, 경제적 스트레스, 높은 실업률, 정보 흐름의 속도, 환경 압력 및 천연 자원의 압박은 모두 점점 더 복잡한 위험 환경과 사회 불안정을 야기한다. 그러나 WEF는 또한 2015년 Global Risks 보고서[1]에서 세계가 점점 더 복잡해지는 리스크 환경에 대한 준비가 불충분하다고 보고 있다.

    따라서 보안과 회복력은 모든 부문에서 관련성이 있으며 이러한 전 세계적 도전이 증가하고 조직의 복지와 존재에 영향을 미치기 때문에 점점 더 중요해지고 있다. 이러한 부문 내의 조직들은 규모, 복잡성 및 목적이 다양하기 때문에 보안성과 회복력이라는 다른 위험과 문제에 직면한다. 산업보안 및 위기관리의 원칙은 대부분의 조직에서 공통적일 가능성이 높지만 TC 292는 보안과 회복력

---

1) http://reports.weforum.org/global−risks−2015/?doing_wp_cron=1581343192.3356750011
  444091796875

을 향상시키기 위해 개별 산업 그룹과 섹터의 특정 요구에 적용할 수 있는 맞춤형 표준의 개발을 추진하는데 더욱 개방적이고 특화된 모습을 보일 것으로 전망된다. 특히 보안에 특화된 ISO TC 292는 유형, 크기, 성격 및 부문에 관계없이 모든 조직에 적용되는 표준을 개발하는 동시에 조직의 특성에 맞춤형 적용이 가능한 표준 개발에도 기여하는 균형적이고 유연한 방향을 지속할 것이다.

향후에도 보안과 회복력의 중요성이 증가할 것으로 예측하는 것을 뒷받침하는 광범위한 세계적 추세가 있다. 첫째, 정치적인 추세(political trend)이다. 세계의 정치 환경은 점점 더 불안정해지고 있다. 정부 간 협력을 보다 압박하고 있으며 조직의 보안과 회복력 리스크를 증대시키고 있다. 이러한 리스크들 중 다수는 이제 그 리스크들을 이해하고 다루기 위해 더 많은 정치적 협력을 요구했던 과거보다 더욱 더 글로벌한 양태를 보이고 있다. 이 문제는 보안 기획 및 재난 대응과 관련된 다양한 참여자들에 걸쳐 조정, 협력 및 통합이 이루어지리라는 일반인들의 기대감으로 인해 더욱 복합적으로 야기되고 있다. 또한 일부 국가에서 국제 보안 표준의 개발 및 사용에 대한 정치적 차원의 인식과 지원이 부족하면 ISO/TC 292가 달성할 성과와 목표의 보급과 확산에 장애가 발생하게 될 것이다.

둘째, 경제적 추세(economic trend)이다. 세계 경제 환경은 대부분의 조직에게 여전히 도전적이다. 정부와 조직에서 예산 정책이 긴축재정이거나 소극적인 경우에 때때로 보안과 회복력을 구축하는데 필요한 투자가 이루어지지 않는 문제가 발생하게 된다. 종종 이러한 산업보안 및 위기관리에 대한 투자나 활동들은 다른 활동들과 함께 조직의 위험 노출에 대한 전반적인 영향을 충분히 이해하지 못하면 언제든지 삭감할 수 있는 불필요한 비용으로 치부될 수 있다. 이러한 조직의 도전적 상황은 특히 경제적 불균형이 확대되고 기후변화와 같은 거시적 리스크의 출현과 더불어 재난 및 테러 사건을 통한 재정적 손실 증대 상황에서 발생된다. 조직운영 방식의 변화와 더불어 훨씬 더 글로벌 활동 범위와 공급업체에 대한 의존도가 높은 조직들은 이전에는 거의 우려하지 않았던 산업보안 및 위기관리 리스크에 더욱 더 많이 노출되어 있다. 이러한 리스크는 조직의 주요 운영 본부에서부터 멀리 떨어진 위치에서 공급망 장애 또는 디지털 경제와 사이버 범죄로 인한 일부 상품 위조 및 사기와 같은 문제를 포함하지만 이에 국한되지는 않는다.

셋째, 과학 기술의 추세(technical trend)이다. 기술의 급격한 변화는 엄청난 기회를 제공할 수 있는 잠재력을 가지고 있지만 또한 변화에 대응할 수 없는 기존 시장에 대혼란을 야기할 수 있다. 기술에 대한 의존도가 높아짐에 따라 효율성과 생산성이 크게 향상되었지만 운영을 지속하거나 운영 중단 후 적시에 복구할 수 있도록 가용성을 유지해야 하는 요구사항이 더욱 강화되고 있다.

넷째, 법과 규제의 추세(legal/regulatory trend)이다. 보안과 회복력을 위한 정부의 법 및 규제 정책은 일부 국가에서는 비교적 성숙하지만 다른 국가에서는 아직 미진하다. 이것은 TC 292가 현존하는 법과 규제를 보완하는 기준을 만들고 새로운, 정책 및 규제 프레임워크의 개발을 홍보할 기회를 창출하게 될 것이다. 사람들의 이동, 재해 감소 및 복구, 부패와 사기 방지에 관한 국제 규제 프레임워크를 지원하기 위한 표준의 요구사항이 증가하고 있다. 여러 증거들이 정부와 규제 기관들이 위에서 설명한 몇몇 동향에 의해 추진되는 보안과 회복력에 대해 증가하는 관심을 보여준다. 여기에는 범죄, 테러, 자연재해와 인재에 대처하는 기관 간 협업의 추진과 공급자와 협력업체를 포괄하는 보안 및 복원을 구현할 때 조직이 자신의 한계를 초월하여 고려해야 하는 요구사항이 포함된다. 또한 지역사회와 조직의 글로벌 상호연결성이 증가함에 따라 규제 및 법적 프레임워크 간의 협업과 조정의 필요성이 강조되고 있다. 이러한 맥락에서 표준화는 규제와 법률 구조에서 불필요한 변수를 줄이는 데 중추적인 역할을 할 수 있을 것으로 예상된다.

마지막으로 사회적 추세(social trend)이다. 보안과 회복력 분야와 관련된 많은 사회적 추세는 이미 앞에서 언급되었지만, 특히 관련성이 있는 것은 확대되는 경제적 불균형, 급격한 인구 변화, 기후 변화와 전쟁의 결과로 인한 대규모 대피 이주, 빈곤과 실업과 관련된 사회적 문제, 자연 재해의 후유증, 그리고 보안 제공이 인권에 미칠 수 있는 긍정적인 영향을 포함하는 거시적 경향이다. 특정 유형의 보안 서비스가 야기할 수 있는 인권에 대한 잠재적 위험뿐만 아니라 보안 서비스를 받을 권리를 포함하는 이 모든 문제는 산업보안 및 위기관리 분야와 관련이 있으며, 앞으로 국제표준 개발 프로세스에서 고려해 나아가야 할 것이다.

제3절 | 저술의 한계 및 후속 연구의 방향

　　지금까지 산업보안 및 위기관리 분야의 국제적 표준들을 본질적이고 학술적인 차원에서 탐색하고 기술하였다. 물론 ISO TC 292를 중심으로 한 워킹그룹별 표준화 분야를 주로 다루었지만 부패방지경영시스템 등 관련된 다른 TC의 표준도 분석하여 추가적으로 설명을 하였다. 이 저술이 ISO를 중심으로 한 산업보안 및 위기관리 분야의 글로벌 표준화의 방향과 내용을 상세하게 안내하고 설명해주는 가이드북의 역할과 관련 학문 분야의 학술적 기여에도 불구하고 불가피한 한계도 인정하지 않을 수가 없다. 즉, 각 표준 별로 제정이 완료되거나 완료 단계에 근접한 표준들이 더 많았지만 일부 표준들(특히 Crisis Management 표준)의 경우에는 아직도 시작단계에 머무르고 있어서 구체적인 내용을, 즉 알맹이를 제시하지 못하고 표준화의 범위나 뼈대만 간략하게 다룰 수밖에 없었다.

　　그럼에도 불구하고 본 저술서는 국내에서 처음으로 점차 중요성과 관심이 전 세계적으로 커져가고 있는 범죄, 테러, 자연재해, 위조 및 사기, 지식재산권 침해 등 안전 위협에 대응하는 산업보안 및 위기관리 분야의 글로벌 표준들을 체계적이고 논리적으로 종종 사례 제시와 함께 정리하여 제공하게 되었다는 점에 다소나마 의미를 부여하고 위안을 삼고자 한다. 더욱이 COVID-19 펜데믹 시대의 도래로 이러한 완전히 새로운 유형과 특성의 위기 시에 산업 보안과 위기관리 표준들이 어떠한 방향으로 나아가야 할 것인지의 질문에 대한 해답을 다소나마 제시했다고 자평하는 바이다.

　　향후 후속 연구들은 이러한 국제표준들이 실제로 제품 공급망, 산업과 보안관련 공공서비스 제공에 어떻게 기여하고 생산성과 안전도를 증진하였는지 등에 대하여 실증적인 연구가 이루어져야 할 것이다. 이 저술 연구가 국내의 관련 산업과 공공서비스 분야의 정책, 실무, 학술에 미력하나마 도움을 줄 수 있기를 간절히 바란다.

참고 문헌

1. 국내 문헌

고현정 (2013). 국내기업의 물류보안 인증프로그램 도입에 관한 인식연구. 해양정책연구, 27(2), 33-54.

국가기술표준원(2014). 국가기술표준백서.

국민권익위원회 <ISO 37001 Study> ISO 37001 요구사항

국토교통부(2017) 공급사슬 물류보안 수준 제고를 위한 육상 물류보안 유형별 가이드라인.

김도균, 박재묵 (2012). 허베이 스프리트호 기름유출사고 이후 재난관리 거버넌스 구축 실패와 재난 복원력의 약화. 환경사회학연구 ECO, 16(1), 7-43.

나대수, 정영환, 주정열, 한채옥(2016), 업무연속성 관리시스템 해설집(BCMS) KS A ISO 22301:2013, (사)한국비시피협회.

박태완, 오경희(2016). 분야별 정보보호 경영시스템 인증 동향. 정보보호학회지, 26(4), 16-21.

박현호(2016) ISO/TC 292에 의한 산업보안 분야 국제표준화의 동향, 한국경호경비학회지, 제48호.

선박 및 항만시설 보안규칙(International Code for the Security of Ships and of Port Facilities)

송경일, 장중순 (2014). ISO/IEC 27001: 2013 정보보안경영시스템의 특징과 적용 방안. 신뢰성응용연구, 14(2), 108-113

염흥열, 정보보호일반표준화로드맵 2006. TTA

유병태(2014). 재난분야 국제표준(ISO/TC 223) 현황분석 및 효율적 대응방안, 대한안전경영과학회지. v.16 no.1.

윤홍식 (2016). 건설회사 사업연속성관리(BCM)의 필요성. 대한토목학회지, 64(3), 12-17.

이재용 (2016). KSR인증원, ISO 22301 BCMS로 기업 리스크 관리 돕는다. Electric Power, 10(8), 32-33.

장상수, 이호섭 (2010). 정보보호관리체계(ISMS) 인증심사 결함사항 분석에 관한 연구. 정보보호학회지, 20(1), 31-38.

한국BCP협회(2011), 재난관리 기본과정 교육 교재, p. 387

한국산업표준 KS A ISO 37001:2017 반부패경영시스템-뇌물방지를 위한 요구사항 및 사용지침

한국형사정책연구원(2011). 범죄 및 형사정책에 대한 법경제학적 접근(Ⅱ): 범죄의 사회적 비용 추계(총괄보고서). 연구보고서.

KPMG Consulting(2016) 비즈니스 연속성 관리 전략 (공급망 리스크 관점에서 연속성 확보 전략), 이희정 역, HUINE.

2. 해외 문헌

Adriana Galderisi (2014), Urban resilience: A framework for empowering cities in face of heterogeneous risk factors, Z magazine (Boston, Mass.) VOL: 11(NO: 1):36−58.

Codreanu, D., Ana−Maria Manzat, Florence Sedes (2013). Mobile objects and sensors within a video surveillance system: Spatio−temporal model and queries. International Workshop on Information Management in Mobile Applications− IMMoA 2013, Aug 2013, Riva del Garda, Italy. pp. 52−59.

Counterfeiting Intelligence Bureau & International Chamber of Commerce (2007), Counterfeiting Intelligence Bureau. Overview of Counterfeiting.

Counterfeiting Intelligence Bureau, Countering Counterfeiting (1997), A guide to protecting & enforcing intellectual property rights.

Homeland Security Advisory Council (2008), Top Ten Challenges Facing the Next Secretary of Homeland Security.

Martin R. L. Sunley P. J . (2015), On the notion of regional economic resilience: conceptualisation and explanation, Journal of Economic Geography , 15: 1-42.

Mettler T, Raptis DA (2012), "What constitutes the field of health information systems? Fostering a systematic framework and research agenda". Health Informatics Journal. 18 (2): 147-56.

Organization for Economic Co−operation and Development (2010), Convention on Combating Bribery of Foreign Public Officials in International Business Transactions and Related Documents, Paris.

TC 292 N 265 TC 292 Draft Road map from ISO/TC 292/WG 6 Protective security.

UN Habitat (2017), Trends in urban resilience.

UN−ISDR (2006), Developing early warning systems: a checklist: third international conference on early warning (EWC III). 27-29 March 2006, Bonn, Germany.

WMO (2014), Guidelines on Participation of National Meteorological and Hydrological

Services in the WMO World Weather Information Service.

Workshop on World Landslide Forum (2017), Promoting a Global Standard for Community – Based Landslide Early Warning Systems, Advancing Culture of Living with Landslides pp 355 – 361.

3. 표준 문헌

ISO 22300 Societal security – Terminology

ISO/TR 22312 Societal security – Technological capabilities

ISO 22398 Societal security – Guidelines for exercises

ISO 22301 Business continuity management systems(BCMS) – Requirements

ISO 22313 BCMS – Guidance

ISO/TS 22317 BCMS – Guidelines for business impact analysis(BIA)

ISO/TS 22318 BCMS – Guidelines for supply chain continuity

ISO/TS 22330 Security and resilience – Business continuity management systems – Guidelines for people aspects on business continuity

ISO/TS 22331 Security and resilience – Business continuity management systems – Guidelines for business continuity strategy

ISO/IEC/TS 17021 – 6 Conformity assessment – Requirements for bodies providing audit and certification of management systems – Part 6: Competence requirements for auditing and certification of business continuity management systems

ISO 12931 Performance criteria for authentication solutions used to combat counterfeiting of material goods

ISO 16678 Guidelines for interoperable object identification and related authentication systems to deter counterfeiting and illicit trade

ISO 22311 Societal security – Video – surveillance – Export interoperability

ISO 18788 Management system for private security operations – Requirements with guidance for use

ISO 28000 Specification for security management systems for the supply chain

ISO 28001 Security management systems for the supply chain – Best practices for implementing supply chain security, assessments and plans – Requirements and guidance

ISO 28002 Security management systems for the supply chain—Development of resilience in the supply chain—Requirements with guidance for use

ISO 28003 Security management systems for the supply chain—Requirements for bodies providing audit and certification of supply chain security management systems

ISO 28004 Security management systems for the supply chain—Guidelines for the implementation of ISO 28000 (Part 1—4)

ISO 22320 Societal security—Emergency management —Guidelines for incident management

ISO 22322 Societal security—Emergency management—Guidelines for public warning

ISO 22324 Societal security—Emergency management—Guidelines for colour coded alert

ISO 22325 Security and resilience—Emergency management—Guidelines for capability assessment

ISO 22326 Security and resilience—Emergency management—Guidelines for monitoring facilities with identified hazards

ISO/TR 22351 Societal security—Emergency management—Message structure for exchange of information

ISO 22315 Societal security—Mass evacuation—Guidelines for planning

ISO 22319 Security and resilience—Community resilience—Guidelines for planning the involvement of spontaneous volunteers

ISO 22395 Security and resilience—Community resilience—Guidelines for supporting vulnerable persons in an emergency

ISO 22396 Security and resilience—Community resilience—Guidelines for information sharing between organisations

ISO 22397 Societal security—Guidelines for establishing partnering arrangements

ISO 22300 Security and resilience—Vocabulary

ISO 22398 Security and resilience—Guidelines for exercises

ISO/TS 22332 Security and resilience—Business continuity management systems—Guidelines for developing business continuity procedures

ISO 22383 Security and resilience—Authenticity, integrity and trust for products and documents—Guidelines and performance criteria for authentication solutions for material goods [CD—Revision of ISO 12931]

ISO 22384 Security and resilience—Authenticity, integrity and trust for products and documents—Guidelines to establish and monitor a protection plan and its implementation

ISO 22385 Security and resilience—Authenticity, integrity and trust for products and documents—Guidelines for establishing a framework for trust and interoperability

ISO 22340 Security and resilience—Protective security—Guidelines for security architecture, framework and controls

ISO 22341 Security and resilience—Protective security—Guidelines for crime prevention through environmental design

ISO 22342 Security and resilience—Protective security—Guidelines for the development of a security plan for an organization

ISO 22343 Security and resilience—Vehicle security barriers—Performance requirement, vehicle impact test method and performance rating

ISO 22328—1 Security and resilience—Emergency management—Guidelines for implementation of a community—based natural disasters early warning system

ISO 22329 Security and resilience—Emergency management—Guidelines for the use of social media in emergencies

ISO 22350 Security and resilience—Emergency management—Framework

ISO 22392 Security and resilience—Community resilience—Guidelines for conducting peer reviews

ISO 22370 Security and resilience—Community resilience—Framework and principles for urban resilience

ISO 22360 Security and resilience—Crisis management—Concepts, principles and framework

ISO 22361 Security and resilience—Crisis management—Guidelines for developing a strategic capability

4. 참고 웹사이트

http://www.dt.co.kr

https://dictionary.cambridge.org

http://bsiblog.co.kr/archives/1396

http://www.isoTC 292online.org

http://www.globalsecurity.org

http://www.di－focus.com/news/quickViewArticleView.html?idxno＝2310

https://www.symantec.com

https://www.skhynix.com/kor/sustain/bcpSystem.jsp

http://www.continuoussolutions.co.uk

http://www.getspp.com

https://www.skhynix.com

http://www.shahdeepinternational.com/product_authentication_solution/mobile_product
_authentication.php

http://www.tamperco.com

http://www.inktecinc.com

http://www.novavisioninc.com

http://www.securikett.com

http://www.zhihu.com

http://www.ipi－singapore.org

https://dictionary.cambridge.org

https://1pumplane.wordpress.com 및 http://conceptnewscentral.com

https://www.reconnaissance.net/tax－stamp－news/issues/december－2015

http://www.isoTC 292online.org/projects/iso－22340/

https://www.ifpo.org/

http://www.iraq－businessnews.com/2016/03/02/gardaworld－first－in－the－world－to
－certify－to－new－iso/

https://www.nij.gov/topics/law－enforcement/officer－safety/use－of－force/Pages/cont
inuum.aspx

http://www.unicri.it/topics/urban_security

http://www.nocutnews.co.kr/news/4841182

http://www.ajunews.com/view/20180104153941844

https://www.theguardian.com/world/2015/jan/06/tony−porter−surveillance−commissi
oner−risk−cctv−public−transparent)

http://www.ajunews.com/view/20180104153941844

http://www.pajiba.com/miscellaneous/which−cities−have−the−widest−cctv−covera
ge−in−the−world−.php

https://www.boannews.com/media/view.asp?idx=65796&kind=2

https://blog.naver.com/n_privacy/80195220578

http://www. unodc.org

https://www.iso.org/news/2016/07/Ref2094.html

https://www.iso.org/news/2016/07/Ref2094.html

https://www.ishinews.com/iso−18385−the−creation−of−a−forensic−grade−standa
rd−2/

http://www.hurricanescience.org/history/storms/2000s/rita/

https://www.yna.co.kr/view/AKR20191028061800004

http://www.hurricanescience.org/history/storms/2000s/rita/

https://www.yna.co.kr/view/AKR20191028061800004

https://unhabitat.org/books/trends−in942urban−resilience−2017

https://www.helpage.org/what−we−do/emergencies/older−people−in−emergencies/

https://reliefweb.int/sites/reliefweb.int/files/resources/gcc_policy.pdf 및

https://www.theguardian.com/global−development/2010/oct/21/asian−cities−natural
−disasters−risk

https://www.sprung.com/case−study/american−samoa−tsunami−2009/

https://www.airtravelinfo.kr/wiki/index.php?title=유나이티드항공_오버부킹_사건25

http://reports.weforum.org/global−risks−2015/?doing_wp_cron=1581343192.33567500
11444091796875

저자약력

학력

국립경찰대학 행정학과 졸업
영국 Portsmouth 대학교, 형사사법학 석사
영국 Portsmouth 대학교, 박사(보안 및 범죄과학)

경력

(현) 산업통상부 국가표준기술력향상사업 프로젝트 총괄책임자
(현) ISO/TC 292 Security and Resilience 프로젝트 리더
(현) ISO 22341 및 ISO 22380 프로젝트리더
    ISO/TC247 Fraud countermeasures and control 컨비너 역임
    ISO COPOLCO(소비자정책위원회)의 태스크그룹 컨비너 역임
(현) 용인대학교 경찰행정학과 교수 겸 범죄과학연구소(www.crimescience.kr) 소장
(현) 산업통상부 NEP 인증 심사위원
(현) ISO 표준 KS부합화 프로젝트 책임연구자
(현) 한국경찰연구학회 회장
(현) 한국셉테드학회 부회장
(현) 한국산업보안학회 및 한국경호경비학회 이사
(현) 국가기술표준원 공공서비스 전문위원
(현) 과학기술정통부 심의위원
    국립경찰대학 경찰학과 교수 역임

[저서 및 논문]

ISO/TC 292에 의한 산업보안 분야 국제표준화의 동향
제품 및 문서의 위조·사기 범죄 대응 관련 ISO 국제표준 고찰
Global trends in the standardization of the burglary-resistance testing of security hardware
산업분야에서 물리적·인적 보안 시스템의 개선방안
범죄유발 지역·공간에 대한 위험성 평가도구 개발·적용 및 정책대안에 관한 연구
주거시설에 대한 CPTED 평가인증 기준 개선방안 연구
주거침입범죄 예방을 위한 물리적 침입저항체계 기준 연구
범죄예방환경설계(CPTED)와 범죄과학(저술서)
민간보안론(저술서)

이 저서는 2017년 정부(교육부)의 재원으로 한국연구재단의 지원을 받아 수행된 연구임
(NRF-2017S1A6A4A01019362)

『산업보안 및 위기관리』 국제표준 개론

초판발행   2021년 8월 10일

지은이   박현호
펴낸이   안종만·안상준

편 집   염상호
기획/마케팅   장규식
표지디자인   BEN STORY
제 작   고철민·조영환

펴낸곳   (주)**박영사**
               서울특별시 금천구 가산디지털2로 53, 210호(가산동, 한라시그마밸리)
               등록 1959. 3. 11. 제300-1959-1호(倫)
전 화   02)733-6771
f a x   02)736-4818
e-mail   pys@pybook.co.kr
homepage   www.pybook.co.kr
ISBN   979-11-303-1325-2 93350

* 파본은 구입하신 곳에서 교환해 드립니다. 본서의 무단복제행위를 금합니다.
* 저자와 협의하여 인지첩부를 생략합니다.

정 가   25,000원